**Schattauer**

Johanna Gerngroß

# Stark durch krisenhafte Zeiten

Resilienz fördern bei sich selbst
und anderen

Schattauer

**Mag.ª Dr.ⁱⁿ Johanna Gerngroß**
Fakultät für Psychologie Sigmund Freud Privat Universität
Campus Prater Freudplatz 1
1020 Wien Österreich
johanna.gerngross@sfu.ac.at

Schattauer
www.schattauer.de
© 2023 by J. G. Cotta'sche Buchhandlung Nachfolger GmbH, gegr. 1659, Stuttgart
Alle Rechte vorbehalten
Gestaltungskonzept: Farnschläder & Mahlstedt, Hamburg
Cover: Jutta Herden, Stuttgart
unter Verwendung einer Abbildung von © Anna Gorbacheva / istock
Gesetzt von Eberl & Koesel Studio, Kempten
Gedruckt und gebunden von Friedrich Pustet GmbH & Co. KG, Regensburg
Lektorat: Karla Seedorf
Projektmanagement: Dr. Nadja Urbani
ISBN 978-3-608-40165-3
E-Book ISBN 978-3-608-12227-5
PDF-E-Book ISBN 978-3-608-20644-9

Bibliografische Information der Deutschen Nationalbibliothek
Die Deutsche Nationalbibliothek verzeichnet diese Publikation in der Deutschen National-
bibliografie; detaillierte bibliografische Daten sind im Internet über http://dnb.d-nb.de abrufbar

# Einleitung

## Wie dieses Buch zu lesen ist

Meine bisherigen Bücher hatten eher Lehrbuchcharakter, auch wenn sie sich durchaus an Praktiker*innen richteten und praktisch anwendbares Wissen vermitteln sollten. Das nun vorliegende Buch hat einen anderen Ansatz. Ich möchte Wissen über Krisen und traumatische Ereignisse sowie Möglichkeiten des Umgangs bzw. der Bewältigung für alle, die sich dafür interessieren, zugänglich machen. Mein Anspruch ist, dass das vorliegende Buch zwar fachlich fundiert, aber doch leicht lesbar ist, mit vielen Beispielen aus der Praxis, Übungen, Anleitungen, Möglichkeiten zum selbst Ausprobieren. Alle, die mich aus Seminaren, Lehrveranstaltungen oder meiner Praxis kennen, wissen, dass ich einen sehr direkten Zugang zu diesen Themen habe und auch der Humor nie fehlen darf. Ich kann mich erinnern, dass mir nach einer Fortbildung über das Thema »Suizidalität in der klinischen Praxis« als Feedback ein »tabuloser Umgang mit dem Thema Suizidalität« attestiert wurde. Das mag vielen Menschen gefallen, aber manchen vielleicht auch zu viel sein. Als Notfallpsychologin bin ich davon geprägt, dass schlimme Ereignisse nicht besser werden, nur weil man die Dinge nicht klar benennt und ausspricht, sondern dass es für Betroffene hilfreich ist, wenn sich jemand nicht davor scheut, »das Kind beim Namen zu nennen«. Denn es zeigt, dass ich als Helferin nicht davor zurückschrecke und mit dem Thema umgehen kann. Ich habe länger mit mir gerungen, ob dieser deutliche und »tabulose« Ton auch in einem Buch sein darf. Denn im persönlichen Kontakt im Rahmen eines Seminars habe ich die Möglichkeit, starke Betroffenheiten bei Teilnehmenden aufzufangen – dies ist bei Leser*innen natürlich nicht möglich. Zudem bringe ich eigene Erfahrungen und Erlebnisse ein und das macht mich zu einem gewissen Grad angreifbar. Meine Erfahrung ist allerdings, dass es oft für meine Klient*innen, Studierenden oder Seminarteilnehmenden eine positive Erfahrung ist, auch von meinen Schwierigkeiten und Fehlern zu hören. Wir alle sind »Lernende« und über sich selbst zu lachen ist oft heilsam. Dies ermöglicht eine Begegnung auf Augenhöhe. So bitte ich meine Leser*innen um Nachsicht, wenn Ihnen einige Aussagen überspitzt erscheinen, manchmal vielleicht auch etwas vereinfacht. Ich erhebe keinen Anspruch auf Vollständigkeit, absolutes Wissen oder Ähnliches. Natürlich ist jede Krise anders und jeder Mensch ist anders und erlebt Krisen zu verschiedenen Zeitpunkten seines Lebens unterschiedlich. Das sollten wir in der Arbeit mit Menschen in Krisen nie vergessen. Dennoch: Vielleicht ist in diesem Buch Interessantes, Hilfreiches, Neues für Sie dabei – das würde mich freuen! Es soll Ihnen Anregungen liefern, vielleicht Optionen aufzeigen, Sie zum Nachdenken und – auch wenn es um Krisen geht – ab und zu zum Lächeln bringen. Denn Lachen ist noch immer die beste Medizin!

Noch ein Wort zu den im Buch beschriebenen Fallbeispielen: Diese basieren auf realen »Fällen«. Ich habe sie aber stark verfremdet, zum Teil auch zerlegt und neu zusammengesetzt. Wichtig ist für mich die »Message« und dass sie nicht »nachverfolg-bar« sind. Sollte sich ein Klient oder eine Klientin von mir hier wiederfinden, bitte ich um Verständnis. Diese Fallbeispiele sind unverzichtbar und ermöglichen vielleicht auch anderen Menschen in ähnlichen Situationen, einen Weg für sich zu finden.

Die einzelnen Kapitel des vorliegenden Buches sind nur zum Teil aufeinander auf-bauend, können also auch nach Interesse in einer individuellen Reihenfolge gelesen werden. Lediglich Kapitel 1 empfehle ich, tatsächlich als Einstieg zu lesen, da darin grundlegendes Wissen über Krisen vermittelt wird. Dabei geht es um eine begriffliche Klärung, was unter psychosozialen Krisen zu verstehen ist, welche Arten von Krisen unterschieden werden können und wie die Abgrenzung zwischen Krise und Psycho-trauma aussieht. Dieses Einführungskapitel ist etwas theoretischer, lehrbuchartiger als das restliche Buch. Die beschriebenen Fallbeispiele lockern jedoch auf und stellen den nötigen Praxisbezug her. Kapitel 2 zeigt Wege aus der Krise auf – einerseits als Hilfe zur Selbsthilfe, andererseits als Unterstützung anderer Menschen in Krisen. Der Gesprächsführung ist Kapitel 3 gewidmet. Denn auch wenn wir ständig miteinander kommunizieren, heißt das nicht, dass wir mit dem, was für die Alltagskommunikation gilt, auch Menschen in Krisen helfen können. Häufig ist es sogar wichtig, gegen das eigene Bauchgefühl zu handeln, vor allem wenn es um das Ansprechen schwieriger Themen geht, über die wir uns vielleicht lieber ausschweigen würden, aus Angst, die Verletzung noch größer zu machen. Helfen, also andere Menschen in Krisen zu unter-stützen, zu begleiten und zu beraten, ist anstrengend und zugleich auch immer ein »zweischneidiges Schwert«, da es zu einem Gefälle kommt zwischen der Person, die hilft, und der Person, die Hilfe braucht. So widmet sich Kapitel 4 den Fragen, wie man mit Gefühlsansteckung, persönlichen Betroffenheiten und eigener Hilflosigkeit zurecht-kommt, wie man einer sekundären Traumatisierung vorbeugen und selbst Hoffnung und Zuversicht aufrechterhalten kann. Kapitel 5 geht schließlich der Frage nach, warum sich helfen gut anfühlt, wie man sein eigenes Helfersyndrom im Zaum hält und wie es dazu kommen kann, dass Hilfe abgelehnt wird. Das Buch schließt mit einem Kapitel zum Thema Suizidalität und Suizid. Auch wenn dies im ursprünglichen Kon-zept gar nicht vorgesehen war, erschien es mir doch zu wichtig, als dass es ausgespart werden dürfte. Neben Ursachen und Dynamik von Suizidalität wird der Frage nach-gegangen, wie sich diese entwickelt und vor allem, was bei (akuter) Suizidalität zu tun ist. Da Studien zeigen, dass gerade junge Menschen in der Pandemie sehr gelitten haben, wird auch das Thema Suizidalität bei Jugendlichen behandelt. Schließlich sind im Anhang verschiedene Settings der Krisenintervention beschrieben und Kontakt-adressen von Einrichtungen der Krisenhilfe angegeben für Deutschland, die Schweiz und Österreich. Diese Auflistung erhebt natürlich keinen Anspruch auf Vollständig-keit und ist eher als Ideengeber zu sehen, wohin man sich wenden oder nach welchen Stellen man suchen kann.

# Inhalt

# 1 Wissen über Krisen

## 1.1 Was sind psychosoziale Krisen?

»Es gibt kein Paradies auf Erden«, so formulierte es der Psychoanalytiker und Gründungsrektor der Sigmund Freud Privatuniversität Wien Univ.-Prof. Dr. Dr. h.c. mult. Alfred Pritz im Mai 2022 im Interview mit einer großen österreichischen Tageszeitung über eine Gesellschaft im Krisenmodus. Der Ausnahmezustand und die Veränderung seien das »neue Normal«.

Ja, Krisen gehören zum Leben und können jeden treffen. Dennoch kommen sie häufig überraschend und werden als bedrohlich erlebt. Sie sind typischerweise vorübergehend und bergen eine Chance zu Entwicklung und Wachstum. Dennoch sind sie meist mit Verlusten oder Kränkungen verbunden, stellen die bisherigen Werte und (Lebens-)Ziele infrage, erzeugen Angst und Hilflosigkeit und erfordern rasche Entscheidungen. Der betroffene Mensch erlebt sich als orientierungslos, ohnmächtig, hilflos, ohne Kontrolle, unter Druck. Die Erkenntnis, dass man sich in einer Krise befindet, lässt die Betroffenen Ressourcen aktivieren und verschiedene Wege der Bewältigung ausprobieren. Nicht immer mit Erfolg. Dabei sind die Anlässe, die uns in Krisen stürzen, individuell sehr unterschiedlich – so wie auch die Wege, die aus der Krise führen.

Der Begriff der Krise ist nicht erst seit der Coronakrise, Energiekrise oder Klimakrise in aller Munde und löst die verschiedensten Assoziationen aus. Ob in Wirtschaft, Politik, Medizin oder Psychologie, überall begegnen uns Krisen. Auch in die Alltagssprache haben die Begriffe Krise und Trauma Einzug gehalten. Das Wort Krise ist dem Altgriechischen κρίσις, Krisis, entlehnt und bedeutet Scheidung, Auswahl, Entscheidung (Gemoll 2006). Diese Bedeutung führt hin zum heutigen Gebrauch: Krise als schwierige Lage, Situation, Zeit (die den Höhe- und Wendepunkt einer gefährlichen Entwicklung darstellt), als Schwierigkeit, kritische Situation oder Zeit der Gefährdung, des Gefährdetseins (Duden online 2022). Schon in den Anfängen der Medizin, im sogenannten »Corpus Hippocraticum« (einer Sammlung von antiken medizinischen Texten), wird mit Krisis der Zeitpunkt benannt, an dem sich die Krankheiten verstärken, nachlassen, in eine andere Krankheit umschlagen oder aufhören. Krisen wohnt somit sowohl ein Gefahrenpotenzial als auch ein Wachstumspotenzial inne. So können durch psychosoziale Krisen psychische Erkrankungen bis hin zu Suiziden ausgelöst werden, aber es ist ebenso Wachstum möglich, wenn beispielsweise Menschen nach einer überstandenen schweren Erkrankung ihre Prioritäten ändern, gestärkt aus Krisen hervorgehen oder für sich einen neuen Lebenssinn finden. Krisen sind wichtiger

Bestandteil von starkem Wachstum und großer Veränderung und zugleich Phasen hoher Vulnerabilität.

> **DEFINITION VON PSYCHOSOZIALEN KRISEN**
>
> Psychosoziale Krisen werden als Verlust des seelischen Gleichgewichts definiert, wenn wichtige Ereignisse oder Lebensumstände nicht bewältigt werden können, wenn Ressourcen und früher erworbene Fähigkeiten zur Bewältigung nicht mehr ausreichen. Psychosoziale Krisen können in vielen Schattierungen auftreten, von leichten Krisen, die nur wenige Tage bestehen, bis hin zu schweren Verläufen, die zu körperlichen und/oder psychischen Erkrankungen führen können.

## 1.2  Arten von psychosozialen Krisen – Krise ist nicht gleich Krise

Psychosoziale Krisen können durch die verschiedensten Ursachen ausgelöst werden. Das können kollektive Ereignisse wie Naturkatastrophen, Unwetter, Kriege oder die Coronapandemie sein oder individuelle Schicksalsschläge wie Todesfälle, Erkrankungen oder Trennungen, aber auch Entwicklungskrisen wie die Pubertät. Beispiele für verschiedene Arten von Krisen sind:

- Entwicklungskrisen junger Erwachsener
- Trennungs- und Verlustkrisen – Partner*innenverlust, Scheidung, Arbeitsplatzverlust oder Arbeitslosigkeit, Auswanderung bis Flüchtlingsstatus, Inhaftierung, finanzieller Abstieg in Armut
- soziale Krisen, eskalierende Konflikte meist im nahen sozialen Umfeld
- Krisen im Rahmen psychischer Erkrankungen (zum Beispiel krisenhafte Verläufe im Rahmen von Persönlichkeitsstörungen, Suchterkrankungen, ...)
- chronifizierte Krisen (chronische somatische Erkrankungen und Behinderungen)
- Veränderungskrisen (zum Beispiel durch Pubertät, Verlassen des Elternhauses, Schwangerschaft, Pensionierung etc.)
- suizidale Krisen (kann sich aus anderen Formen heraus entwickeln)
- krisenhafte Reaktionen nach traumatischen Erlebnissen, sogenannte »traumatische Krisen«

Wenn man versucht, eine Einteilung zu treffen, so lassen sich verschiedene Arten von Krisen unterscheiden. Neben der Unterscheidung zwischen kollektiven und individuellen Krisen sind psychosoziale Krisen abzugrenzen von einem psychiatrischen Notfall. Unter Letzterem wird ein krankheitsbedingter Zustand verstanden, der zu unmittelbarem Handeln zwingt. Darunter fallen Zustände wie Erregung, Wahn, starke Angst, Verwirrung, Verlust der Impulskontrolle, Fremd- oder Selbstdestruktivität. Diese

Unterscheidung ist allerdings in der Praxis nicht immer einfach zu treffen, weil die Reaktionen nach einem furchtbaren Schicksalsschlag sehr heftig ausfallen und an psychiatrische Notfälle erinnern können (Aggression, Verwirrung, Selbst- oder Fremdgefährdung). Umso wichtiger ist es, Helfer*innen entsprechend zu schulen, um normale Reaktionen auf ein unnormales Ereignis von einem psychiatrischen Notfall abgrenzen und die richtige Form der Unterstützung anbieten zu können.

### FALLBEISPIEL

Nachdem eine Mutter ihr Baby durch den plötzlichen Kindstod verloren hat, lässt sich die junge Frau durch nichts beruhigen. Die Helfer*innen sind ratlos. Es werden ihr Beruhigungsmittel verabreicht und sie wird – da eine Selbstgefährdung nicht ausgeschlossen werden kann – auf eine psychiatrische Station eines Krankenhauses gebracht. Rückblickend gibt die Frau an, dies als traumatisch erlebt zu haben – aus der vertrauten Umgebung und weg von den vertrauten Personen gerissen zu werden, vor allem weg von ihrem (toten) Baby und dessen persönlichen Dingen (Bettchen, Decke, Kuscheltiere). Sie wurde dadurch in ihrem Trauer- und Verarbeitungsprozess empfindlich gestört.

Während kollektive Krisen häufig geprägt sind durch geteiltes Leid, gegenseitige Unterstützung und Sinnstiftung durch eine kollektive Identität, stellt sich bei individuellen Krisen wie Unfällen, Gewalttaten oder sogenannten »Off-time«-Ereignissen (Tod des Partners vor der Zeit, plötzlicher Kindstod, Krebserkrankung u. Ä.) die Frage nach dem Warum: »Warum ich?« »Warum mein (unschuldiges) Kind?« Darin findet die schmerzhafte Ungerechtigkeit Ausdruck, das Unerklärliche, dass manche Menschen derartiges Leid ertragen müssen, während andere scheinbar unbesorgt dahinleben. Eine individuelle Antwort auf diese Frage zu finden, ist eine große Herausforderung und ein wichtiger Schritt in der Bewältigung.

Eine weitere Möglichkeit, Krisen einzuteilen, ist die Unterscheidung zwischen normativen und nicht-normativen Krisen (Erikson 1973). Während unter normativen Krisen etwa Entwicklungskrisen, Geburt, Alter oder Tod verstanden werden, also Ereignisse, die als zum Leben gehörend gesehen werden können, die mehr oder weniger jeder Mensch durchlebt, fallen nicht-normative Krisen aus dem »Normalen« heraus. Dazu zählen traumatische Ereignisse, die die physische Existenz und Unversehrtheit beschädigen, wie (sexualisierte) Gewalt, Unfälle, Naturkatastrophen, plötzliche Todesfälle, Krieg, Flucht oder Vertreibung. Diese Ereignisse sind unvorhersehbar, plötzlich, sogenannte Schicksalsschläge und verändern das Leben von einer Sekunde auf die andere. Diese Ereignisse werden auch als kritische Lebensereignisse bezeichnet.

Eine ähnliche Unterscheidung ist jene in Veränderungskrisen (Caplan 1964) und traumatische Krisen (Cullberg 1978). Während Veränderungskrisen aufgrund von großen Lebensveränderungen entstehen können (Pubertät, Verlassen des Elternhauses, Schwangerschaft, Berufswechsel, Pensionierung, Konfrontation mit eigenem Sterben), werden traumatische Krisen ausgelöst durch ein plötzlich auftretendes Ereignis, das die psychische Existenz, soziale Identität und Sicherheit bedroht. Interessant dabei ist, dass eine Veränderungskrise auch durch positive Ereignisse, Situationen, die wir selbst gewählt und gewünscht haben, ausgelöst werden können. Denken wir an die Geburt eines Kindes, ein Ereignis, das wir sehnlichst erwarten, aber unser Leben komplett auf den Kopf stellt und uns zum Teil psychisch und physisch überfordert, oder an einen Umzug, eine Beförderung, die Pensionierung u. v. m. Die Einteilung von Krisen in normative und nicht-normative Krisen bzw. in Veränderungskrisen und traumatische Krisen ist in Abb. 1-1 veranschaulicht.

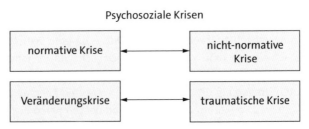

**Abb. 1-1:** Krisentypologien: normative versus nicht-normative Krise; Veränderungskrise vs. traumatische Krise.

Wie Menschen verschiedene Krisenanlässe erleben und welche Auswirkungen diese haben, ist individuell sehr verschieden und abhängig von der jeweiligen Lebenssituation, den Vorerfahrungen sowie den vorhandenen Ressourcen. Die Bewältigung von Krisen hängt wiederum davon ab, welches Ausmaß an sozialer Unterstützung vorhanden ist, welche individuellen Fähigkeiten und Erfahrungen jemand gemacht hat und ob Ressourcen aktiviert werden können. Zudem spielen die subjektive Bewertung des Krisenanlasses eine bedeutende Rolle sowie auch Gedanken über den Ausgang, die Bewältigung (»Das schaffe ich nie.« oder »Ich weiß zwar noch nicht, wie, aber ich weiß, dass ich das überstehen kann.«).

Eine Krise stellt keine »Krankheit« dar, sondern ist ein emotionaler Ausnahmezustand, der durch psychosoziale Belastungen hervorgerufen wird.

### WAS SIND PSYCHOSOZIALE KRISEN?
- Bruch im bisherigen Erleben und Handeln durch Ereignisse, Erlebnisse oder Veränderungen
- Verlust an Kontrolle
- Bisherige Normen, Ziele und Werte werden infrage gestellt
- Krise entsteht erst, wenn Bewältigungsstrategien gescheitert und erschöpft sind
- Ausnahmezustände im Ablauf des menschlichen Lebens
- Entscheidend: subjektiv erfahrene Belastung im Verhältnis zu den Bewältigungsmöglichkeiten
- Spektrum von Krisen, wie sie bei jedem Menschen auftreten können, bis hin zu psychiatrischem Notfall

# 1.3 Dynamik und Verlauf von Krisen

Zur Beschreibung des Verlaufs von Krisen soll die oben getroffene Unterscheidung in Veränderungskrisen (»normative« Krisen) und traumatische Krisen (»nicht-norma-tive« Krisen, traumatische Ereignisse) wiederaufgegriffen werden. Die Verläufe von Veränderungskrisen und traumatischen Krisen sind sehr unterschiedlich. Typisch für Veränderungskrisen ist, dass sich die Krise erst mit der Zeit aufbaut. Zuerst bemerkt man es selbst vielleicht noch gar nicht, sondern nimmt nur eine Zunahme an Druck und Belastung wahr und versucht Verschiedenes, um die Situation leichter zu machen. Erst wenn diese Bewältigungsversuche scheitern und man sich zunehmend hilflos fühlt, spitzt sich die Lage zu und die eigentliche Krise (Vollbild der Krise) entsteht. Es ist aber auch denkbar, dass sich die Krise gar nicht voll entwickelt, wenn beispielsweise der Krisenanlass wegfällt, die vorgestellte Katastrophe nicht eintritt oder eine Lösung gefunden wird. Ganz anders bei traumatischen Krisen oder kritischen Lebensereignis-sen. Diese treffen uns mit voller Wucht, völlig aus dem Nichts. Die Krise beginnt sofort mit dem Höhepunkt. Eine Betroffene berichtet: »Ich kann mich erinnern, ich habe gerade die Nudeln für das Abendessen aufgestellt, als es an der Türe klingelte. Draußen stand die Polizei und überbrachte mir die Nachricht, mein Sohn wäre tödlich verun-glückt. Es war, als hätte mich der Schlag getroffen. Ich stand einfach da, konnte mich nicht rühren. Weinen konnte ich erst viel später. Ich dachte nur: »Bitte lass mich aus diesem Albtraum aufwachen, das kann nicht wahr sein, ich bin im falschen Film ...«

Die unterschiedlichen Verläufe werden auch deutlich, wenn man Menschen in Krisensituationen die Frage stellt, seit wann sie sich bereits in einer Krise befinden. Menschen in Veränderungskrisen müssen darüber oft angestrengt nachdenken und antworten dann eher vage: »Ich kann das nicht so genau sagen, das geht schon länger so. Aber richtig schlimm ist es seit drei Wochen, seitdem kann ich fast nicht mehr schlafen. Daher hab ich mir gedacht, ich muss jetzt was tun.« Stellt man jemandem nach einem kritischen Lebensereignis dieselbe Frage, hört man Antworten wie fol-gende: »Ich weiß noch, als wäre es gestern gewesen. Es war gegen halb 10 Uhr morgens am 23. 07. 2019.« Auch wenn das traumatische Ereignis schon viele Jahre zurückliegt, hört es sich häufig so an, als wäre es gerade erst passiert. Dies kann bei Helfenden zu einer falschen Einschätzung der Dringlichkeit von Maßnahmen führen. Das erinnert mich an den Rat meines geschätzten Kollegen und bekannten Notfallpsychologen Prof. Dr. Clemens Hausmann, dass beim Erstkontakt wichtiger als die Frage nach dem Was die Frage nach dem Wann sei.

**FALLBEISPIEL**

Da kommt mir eine Situation in den Sinn, in der obiger Hinweis wichtig für mich gewesen wäre: Vor vielen Jahren befand ich mich auf der Zugfahrt nach Hause zu meiner Familie. Es war der 23. Dezember. In dem rappelvollen Zug erhielt ich den Anruf einer früheren Studentin von mir, die in einer Jugendeinrichtung arbeitete. Eines der Mädchen dort hatte sich das Leben genommen. Sowohl das Personal als auch die anderen Jugendlichen seien geschockt, alle hätten Angst vor einer Nachahmungstat. Da sie mich von einem Seminar an der Uni in guter Erinnerung hatte, bat sie mich, das Team in dieser schwierigen Situation zu unterstützen. Geschmeichelt von dem Gefühl, gebraucht zu werden, und voller Tatendrang ob des interessanten Auftrags machte ich mich schon bereit, bei der nächsten Station auszusteigen, um nach Wien zurückzufahren (der Zug war noch nicht weit weg von Wien). Da kam mir plötzlich etwas eigenartig vor und ich rief die Kollegin noch einmal an. Ich fragte, wann denn der Suizid passiert sei? Ihre Antwort lautete: vor acht Tagen. Halb belustigt, halb verärgert über mich selbst setzte ich mich wieder auf meinen Platz und vereinbarte eine telefonische Kontaktaufnahme, um das weitere Vorgehen zu besprechen. Ein sofortiges Handeln im Sinne einer akuten notfallpsychologischen Betreuung schien nicht unbedingt erforderlich – und wurde zudem gar nicht erwartet.

### KRISENVERLÄUFE

Während sich Veränderungskrisen allmählich aufbauen und zunehmend zuspitzen, beginnen traumatische Krisen direkt mit dem Höhepunkt der Krise – völlig aus dem Nichts bricht das Leben auseinander. Es gibt ein Leben davor und eines danach.

Die zeitlichen Verläufe von Veränderungskrisen und traumatischen Krisen sind modellhaft in Abb. 1-2 und Abb. 1-3 dargestellt. Wie in Abb. 1-2 gut ersichtlich, baut sich eine Veränderungskrise üblicherweise allmählich auf. Konfrontiert mit einer schwierigen Situation, probiert man gewohnte Strategien aus, um diese zu bewältigen, macht aber die Erfahrung, dabei nicht erfolgreich zu sein. Es entsteht ein zunehmender Leidensdruck. Dabei fühlt man sich unzulänglich, was sich auch negativ auf den Selbstwert auswirkt, aber schließlich auch zu neuen Wegen der Bewältigung führen kann. Ich erlebe es häufig in meiner Praxis, dass mir Menschen in akuten Krisen gegenübersitzen, die es nicht fassen können, die Hilfe einer Psychologin in Anspruch nehmen zu müssen. Sie hätten bisher immer alles allein geschafft, aber diesmal haben alle Versuche, die Situation zu lösen, nicht gefruchtet. In der Phase der Mobilisierung wird noch einmal alles aufgeboten, um die Krise zu bewältigen – eigene Versuche, die Situation zu lösen, das Aufsuchen externer Unterstützung und so weiter. Dies kann zu einer Lösung der schwierigen Situation führen oder aber – wenn nicht erfolgreich – zu einer weiteren Verschärfung mit sozialem Rückzug, Resignation und Frustration. Der »Lösungsweg« der Vermeidung (eigentlich eher ein Aufgeben) birgt die Gefahr einer Chronifizierung. Bleibt das Problem ungelöst, kommt es schließlich zum Vollbild der Krise. Diese Zuspitzung geht häufig einher mit körperlichem und psychischem Leiden (Schlafstörungen, Konzentrationsproblemen usw.), mit »Selbstmedikation« durch Tabletten, Alkohol oder anderen Substanzen, begleitet von Gefühlen der Ratlosigkeit, Hilf- und Hoffnungslosigkeit. Erst eine Bearbeitung der Krise bzw. des Krisenanlasses sowie der stattgefundenen Veränderungen führen zu neuen Bewältigungsstrategien und schließlich zu einer Neuorientierung und Bewältigung (Caplan 1964, Sonneck et al. 2016).

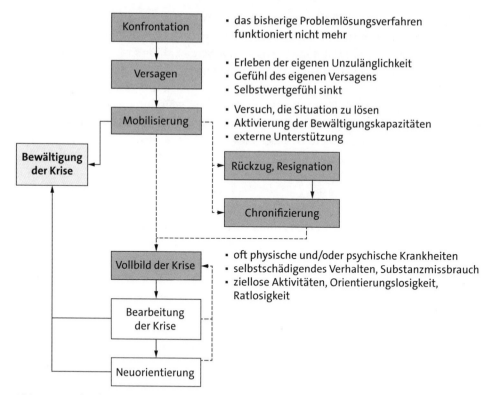

**Abb. 1-2:** Verlauf einer Veränderungskrise (eigene Darstellung nach Caplan 1964, Sonneck et al. 2016).

Anders der Verlauf der traumatischen Krise, dargestellt in Abb. 1-3 (nach Cullberg 1978). Diese beginnt mit einem traumatischen Ereignis. Das kann ein plötzlicher Todesfall, eine unerwartete Diagnose einer schweren Erkrankung, ein Unfall, eine Gewalterfahrung oder Ähnliches sein. Dieses Ereignis ist so bedrohlich und überwältigend, dass es zu einem regelrechten Schock kommt. Wie in den Fallbeispielen oben beschrieben, kann es sein, dass sich Betroffene wie »betäubt«, »im falschen Film« fühlen, völlig orientierungslos sind usw. Es gibt aber auch Menschen, die nach außen hin »funktionieren« und möglicherweise erst später zusammenbrechen. Typisch ist, dass diese psychischen Reaktionen begleitet sind von starken körperlichen Stressreaktionen wie Herzklopfen, Schweißausbruch oder zittrigen Knien. Genannt wird dieser Schockzustand auch »Akute Belastungsreaktion«. Wichtig ist, in dieser Phase die Betroffenen nicht allein zu lassen (es kann in dieser Phase auch zu einer suizidalen Handlung kommen – siehe Kapitel 6.3.3 »Suizidale Überwältigungsreaktion«) und sie behutsam zu begleiten. Wie man in einer solchen Situation reagiert, ist völlig unvorhersehbar, es sei denn, man ist – wie es beispielsweise bei Einsatzkräften der Fall ist – gut trainiert. Aber auch dies hat Grenzen. Ich erinnere mich an einen routinierten Lokführer, der einen Menschen, der sich vor den Zug warf, mit seiner Lok überrollte und erzählte, er hätte nur die Checkliste abarbeiten müssen – »aber, zum Teufel«, es war ihm nicht möglich, diese zu finden. Solche Reaktionen sind völlig normal und flauen üblicherweise rasch wieder ab. So wurde auch der Lokführer nach kurzer Instruktion über Funk rasch wieder handlungsfähig. Die relativ kurz andauernde Schockphase kann dann in die sogenannte Reaktionsphase übergehen. Diese kann mehrere Wochen dauern. Was passiert ist, wird jetzt erst realisiert. Allerdings sickert es erst nach und nach ins Bewusstsein, d. h. es kommt zu einem Wechselspiel zwischen Überwältigung (weinen, verzweifelt sein usw.) und Vermeidung (es nicht wahrhaben können; das Gefühl haben, das Ganze sei gar nicht passiert). Diesen Wechsel zwischen Überwältigung und Vermeidung kennt wohl jeder von uns zumindest in milder Form, der sich schon einmal in einer schweren Krise befand, zum Beispiel nach einer Trennung. Man wacht in der Früh auf und fragt sich: »Ist das wirklich passiert oder hab ich das geträumt?«. Dann »fällt es einem wieder ein« und die Verzweiflung, die Sorgen, das Grübeln beginnen, vielleicht wird man von schrecklichen Bildern überflutet. Im Verlauf des Tages »vergisst« man immer wieder, was passiert ist, dann wird es einem wieder bewusst und so weiter und so fort. Dieser Prozess führt zu einer Art dosierten Durcharbeitens von etwas, was zu schrecklich, zu schmerzhaft ist, als dass es gleich ganz aufgenommen und verarbeitet werden könnte. Eigentlich ein großartiger Schutzmechanismus unserer Psyche. Dieser Prozess ist natürlich ein höchst leidvoller und kann mit einer Vielzahl an Belastungen einhergehen. Auftreten können Konzentrations- und Schlafstörungen, Ängste, erhöhte Schreckhaftigkeit, lebendige Erinnerungen und Wiedererleben oder Albträume. Betroffene versuchen, diese Reaktionen durch verschiedene Maßnahmen zu reduzieren. Menschen ziehen sich zurück, weil sie sich von anderen, die so etwas nicht erlebt haben, entfremdet fühlen. Um Schlafstörungen, quälende Gedanken und vielleicht sogar Schuldgefühle (diese treten häufig auf, auch ohne dass es eine tatsächliche

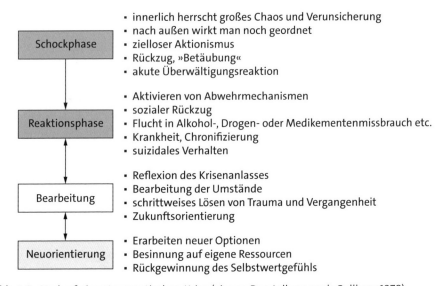

**Abb. 1-3:** Verlauf einer traumatischen Krise (eigene Darstellung nach Cullberg 1978).

Schuld gibt) zu betäuben, greifen manche zu Alkohol oder Medikamenten. Es werden auch andere Möglichkeiten erprobt, sich Linderung zu verschaffen – vielleicht Spaziergänge mit dem Hund, mit der Katze zu kuscheln oder gemeinsam mit den Kindern ein Gedenkbuch zu gestalten. So wird langsam eine Bearbeitung des Erlebten möglich und die Person erholt sich. Die Geschehnisse werden allmählich akzeptiert. Was davor noch unvorstellbar war, wird denkbar – zum Beispiel ein Leben ohne die geliebte verstorbene Person. Es werden Möglichkeiten gefunden, mit dieser neuen Situation zu leben. Natürlich ist das ein Prozess mit vielen »Ups and Downs«, der wellenförmig verläuft und in dem nicht linear eine Phase in die nächste übergeht. Schließlich kommt es auch hier, wie bei der Veränderungskrise, zu einer Neuorientierung. Für viele Menschen bedeutet dies, verstärkt über ihr Leben nachzudenken, sich neu zu positionieren, vielleicht sogar einen neuen Sinn in ihrem Leben zu finden.

# 1.4  Krisenerleben – Wie geht es Menschen in Krisen?

## 1.4.1  Ganzheitliche Auswirkungen von Krisen

Krisen haben Auswirkungen auf den ganzen Menschen. Dass wir in einer Krise sind, merken wir selbst häufig auch daran, dass es zu Veränderungen kommt: Wir sind gereizt, haben keine Geduld, fühlen uns angespannt, traurig, lustlos. Zu Aktivitäten, die uns sonst Freude machen, können wir uns nicht aufraffen. Wir ziehen uns von Freund*innen, der Familie zurück. Wir können nicht abschalten, grübeln häufig, es kommt zum Tunnelblick, wir haben das Gefühl, mit dem Rücken zur Wand zu stehen, sehen keinen Ausweg mehr. Es kommt vermehrt zu Ängsten, vielleicht sogar zu Panikattacken. Konzentrationsprobleme, Schlafstörungen, Appetitlosigkeit, Nervosität und eine erhöhte Krankheitsanfälligkeit verschärfen die Situation noch. Dabei ist die Wirkung nach außen oft eine andere als unsere Innensicht ist. Nach außen sind häufig vor allem Rückzug, Aggression und Gereiztheit, Erschöpfung und ein Sich-im-Kreis-Drehen sichtbar. Über die dahinterstehende Verzweiflung, Ratlosigkeit und das Gefühl des Alleinseins wird oft nicht gesprochen.

Häufig sind es die körperlichen Auswirkungen von Krisen, die Betroffene als Erstes eine Arztpraxis aufsuchen lassen. Dies ist auf jeden Fall ein guter Schritt. Einerseits kann es Erleichterung bringen, zu wissen, dass körperlich alles in Ordnung ist, und beispielsweise Herzrasen oder Ähnliches keine Hinweise auf eine schwere Erkrankung sind. Andererseits kann eine Medikation mit leichten Antidepressiva die Situation entschärfen. Sind psychosoziale Krisen die Ursache für die körperlichen Beschwerden, ist es jedoch mit einem Arztbesuch nicht getan. Dennoch ist es ein erster Schritt – es wird erkannt: »Ich befinde mich in einer Krise, ich muss etwas tun.« Im besten Fall kann die Ärztin eine gute Psychologin oder Psychotherapeutin empfehlen. Leider zeigt die Erfahrung, dass Betroffene oft lange suchen müssen, bis sie wirklich Hilfe bekommen.

### KRISEN WIRKEN SICH AUF DEN GANZEN MENSCHEN AUS

- Gefühle: Ratlosigkeit, Gereiztheit, Ängste, Hilflosigkeit, Traurigkeit, Verzweiflung, Verunsicherung etc.
- Gedanken: verwirrt sein, keine klaren Gedanken mehr möglich, eingeengtes Denken, Gedankenkreisen, Verlust von Kreativität, innerliche und gedankliche Leere etc.
- Körper: Anspannung (Verspannungen, Schmerzen), Nervosität, Erschöpfung, Schlaf- und Konzentrationsprobleme, Essprobleme (zu viel essen, zu viel Süßes essen, nichts essen ...) etc.
- sozial: Vermeidung, Rückzug, riskantes Verhalten

### DIE »WIPPE« – EIN GEGENGEWICHT SCHAFFEN

Auch wenn sich die Krise nicht immer leicht entschärfen lässt, die Probleme nicht rasch gelöst werden können, so kann einer Verschärfung entgegengewirkt werden, indem zumindest auf die Erfüllung basaler Bedürfnisse geachtet wird. Diese Empfehlung wirkt auf den ersten Blick vielleicht eigenartig, aber ausreichend Schlaf, gesundes und regelmäßiges Essen, Körperpflege und die Einhaltung einer gewissen Routine helfen, die Kraft aufrechtzuerhalten, die für die Krisenbewältigung nötig ist. Auch kurze Momente der Erholung sind wichtig: ein Gespräch mit einem vertrauten Menschen (wobei nicht unbedingt über die Krise gesprochen werden muss), ein Spaziergang in der Natur, spielen und kuscheln mit Kindern, das Streicheln eines Tieres u. Ä. In einem permanenten Stresszustand zu sein, ist sehr anstrengend, daher braucht es unbedingt ein Gegengewicht. Es ist nachvollziehbar, dass man in Krisen keine Lust und Kraft hat, einen Ausflug zu machen oder mit Freund*innen essen zu gehen. Man fühlt sich nicht gut, kann so eine Unternehmung kaum genießen und hat kein Interesse am Plaudern mit Freund*innen. Auf der anderen Seite möchte und kann man nicht die ganze Zeit von den eigenen Problemen sprechen (um dann – etwas überspitzt gesagt – Ratschläge zu hören, die einen nicht weiterbringen). So bleibt man zu Hause, zieht sich immer mehr zurück. Dem muss unbedingt entgegengewirkt werden, sonst werden die Ressourcen immer weniger.

## 1.4.2  Auswirkungen auf das Selbstwertgefühl

Menschen in Krisen haben häufig das Gefühl, zu versagen, unzulänglich zu sein, die Einzigen zu sein, die ihr Leben nicht meistern. Das vorherrschende Gefühl in Krisen ist Hilflosigkeit, Ohnmacht, ein Gefühl des Kontrollverlusts (zum Gefühl der Hilflosigkeit siehe auch Kapitel 1.5). Dies hat massive Auswirkungen auf das Selbstwertgefühl. Es kann als sehr entlastend erlebt werden, wenn Betroffene hören, dass sie eben nicht die Einzigen sind, denen es so geht. Zu Beginn meiner Tätigkeit in freier Praxis war ich noch sehr geprägt von meiner Ausbildung, in der ich immer zu hören bekam, dass man Klient*innen nichts von sich selbst erzählen solle. Natürlich ist es unprofessionell, den Klient*innen ungefiltert von den eigenen Problemen vorzujammern, jedoch hat es sich als durchaus hilfreich erwiesen, sehr dosiert zu berichten, dass man selbst oder Freund*innen/Klient*innen Ähnliches erlebt haben. Zu normalisieren, was jemand gerade erlebt, zu wissen, es liegt nicht an der eigenen vermuteten Unfähigkeit, kann sehr entlastend sein. Dabei habe ich eine Frau vor Augen, die mir mit einem bitteren Ausdruck anvertraut hat, wie sehr sie mit ihrem sich verändernden Körper (sie ist Anfang 50) hadere, wie traurig sie die beginnende Menopause mache, aber darüber könne man ja mit niemandem sprechen.

## 1.4.3 Subjektivität und die kritische Schwelle

Welche Situationen von Menschen als Krise erlebt werden, ist subjektiv sehr verschieden. Nicht nur von Mensch zu Mensch unterschiedlich, sondern auch bei ein und derselben Person zu unterschiedlichen Zeitpunkten in ihrem Leben. Je nachdem, was sonst gerade »los« ist, wie stabil man gerade ist, wie viel Halt man gerade hat, werden krisenhafte Ereignisse uns unterschiedlich hart treffen. Nicht schwanger zu werden, löst mit 32 Jahren andere Gedanken aus als mit 42 Jahren; eine sehr fordernde Chefin zu haben, erschöpft mich mehr, wenn ich zwei kleine Kinder zu Hause habe und sowieso aus dem letzten Loch pfeife oder wenn ich mich gerade beruflich beweisen möchte – wenn diese etwas plakativen Beispiele gestattet sind. Dazu kommen persönliche Stärken und wunde Punkte, die sich ebenfalls entsprechend auswirken. So ist die kritische Schwelle, bei deren Überschreiten eine Krise beginnt, von Person zu Person sowie »innerhalb einer Person« sehr unterschiedlich (siehe auch »Vulnerabilitätsmodell« nach Hiller, Goebel 1992).

> **FALLBEISPIEL**
>
> In einer Teamsupervision kamen immer wieder Spannungen zur Sprache, die aufgrund unterschiedlicher Belastbarkeiten entstanden. Das Team bestand aus drei jungen Frauen, die sehr unterschiedlich stressresistent schienen. Zwei der Teammitglieder hatten immer wieder den Eindruck, ihre Kollegin sei kaum belastbar, was sie dann ausgleichen müssten. Häufige Krankenstände der anscheinend weniger belastbaren Kollegin führten immer wieder zu Ärger und zu zum Teil unverhohlenen Vorwürfen. Letztlich wurde bei der betreffenden Frau eine schwere Autoimmunerkrankung diagnostiziert, was auch die geringere Belastbarkeit und erhöhte Krankheitsanfälligkeit erklärte.

## 1.4.4 Overthinking: Grübeln und sich sorgen

Eine typische Verhaltensweise in Krisen ist das Grübeln. In der Fachsprache nennt man dieses Phänomen, das wir sicher alle gut kennen – Rumination. Häufig beschreiben es Menschen so, dass sie das Gefühl haben, sie hätten die Kontrolle über ihre Gedanken verloren (zu Techniken gegen Grübeln siehe Kapitel 2.6). Grübeln ist nicht dasselbe wie nachdenken. Es ist gut, über die Probleme, die zur Krise geführt haben bzw. diese aufrechterhalten, nachzudenken. Grübeln hat aber mit konstruktivem, lösungsorientiertem Nachdenken wenig zu tun. Meist ist es bloße Schwarzmalerei und ein Sich-im-Kreis-Drehen, das nicht zielführend ist, denn es führt zu Erschöpfung und dazu, dass man sich schlecht fühlt. Daher wird Grübeln auch als ein Vermeidungsverhalten angesehen. Das klingt zunächst seltsam. Durch das Grübeln entsteht der Eindruck, man würde sich mit dem Problem beschäftigen. Tatsächlich hält es uns jedoch davon ab, rational und konstruktiv nach Lösungen zu suchen und entsprechend zu handeln. Stattdessen kreisen unsere Gedanken immer wieder um dieselben negativen Szenarien. Zudem ist Grübeln mit Sorgen verbunden und nicht mit der Antizipation eines positiven Ausgangs der Situation. Problematisch ist außerdem, dass dadurch im Gehirn das Angst-Netzwerk tief eingegraben wird und es daher immer schwieriger wird, positiv zu denken. Es gibt Menschen, die mehr zum Grübeln neigen als andere. Das heißt aber nicht, dass man dem hilflos ausgeliefert ist. Es ist daher wichtig, sich selbst kennenzulernen und entsprechend gegenzusteuern. Ähnlich ist es mit der sogenannten Handlungs- und Lageorientierung (Kuhl 2001). Jeder Mensch reagiert anders auf Probleme, Rückschläge u. Ä. Einige von uns brauchen länger, um sich von einem Misserfolg zu erholen, denken viel darüber nach, was gewesen sein könnte, wenn sie sich anders verhalten hätten (»kontrafaktisches Denken«). Sie trauern und hadern mit ihrem Schicksal (hohe Lageorientierung). Anderen fällt es leichter, das, was passiert ist, zu akzeptieren und sich den neuen Gegebenheiten anzupassen. Sie überlegen, was nun zu tun ist, und halten sich nicht lange mit Grübeln und depressiven Gedanken auf (hohe Handlungsorientierung). Wir alle haben beide Anteile in uns und beide Strategien haben Vor- und Nachteile. Auch hier ist es hilfreich, sich dessen bewusst zu werden, ungeeignete Strategien zu identifizieren und stattdessen verstärkt auf geeignetere zurückzugreifen.

### WAS HABEN NEURONALE NETZWERKE MIT GRÜBELN ZU TUN?

*»What fires together, wires together!«* (auf Deutsch: Neuronen, die zusammen feuern, vernetzen sich auch miteinander) ist eine bahnbrechende Erkenntnis gewesen, die unsere Vorstellungen davon, wie unser Gehirn lernt, verändert hat. Der Psychologe Donald Olding Hebb stellte 1949 die sogenannte Hebbsche Lernregel auf (Hebb 2005). Zur Erklärung: Unser Gehirn besteht aus Nervenzellen (Neuronen). Eine einzelne Nervenzelle kann keine Aufgabe bewältigen oder Reaktionen auslösen. Dafür müssen diese in Strukturen zusammenarbeiten. Die Hebbsche Lernregel besagt, dass die Verbindung von zwei Neuronen gestärkt wird, wenn sie gemeinsam aktiv sind. Das

bedeutet: Je öfter wir verschiedene Nervenstränge zum Beispiel durch Gedanken gemeinsam aktivieren, desto leichter wird es, dass diese Nervenzellen gemeinsam feuern. Hebb gilt als Entdecker der neuronalen oder synaptischen Plastizität. Das heißt, dass sich ein neuronales Netzwerk anpassen und verändern kann. Je nach Umwelt und Einfluss werden Verbindungen verstärkt oder abgeschwächt – wir verlernen und vergessen. Unsere neuronalen Netzwerke verändern sich mit jeder gemachten Erfahrung – neue Netzwerke werden angelegt oder Informationen in bereits bestehende Netzwerke integriert. Wir lernen ein Leben lang. Je häufiger ein Netzwerk aktiviert wird, desto stabiler ist es. Es wird immer größer und kann immer leichter aufgerufen werden. Es ist also von großer Bedeutung, zu kontrollieren, was wir denken, denn jeder Gedanke, jede Befürchtung kann ein Netzwerk stärken, das wir eigentlich gar nicht stabilisieren wollen.

## 1.4.5 Schuldgefühle

Grübeln und kontrafaktisches Denken (»Was wäre, wenn ...?«) treten häufig in Zusammenhang mit Schuldgefühlen auf: Hätte man das Unglück abwenden können, wenn man sich anders verhalten hätte? Schuldgefühle sind etwas sehr Hartnäckiges, Unangenehmes, Quälendes und treten interessanterweise oft auf, ohne dass wir tatsächlich etwas Schuldhaftes getan (oder unterlassen) haben. Im Übrigen können wir auch etwas Schuldhaftes tun, ohne auch nur die geringsten Schuldgefühle zu haben – aber das soll hier nicht Thema sein. Häufig unterliegen wir bei Schuldgefühlen verschiedenen Denkfehlern, wie etwa dem sogenannten »Rückschaufehler«. Dabei bewerten wir eine vergangene Situation so, als hätten wir zum damaligen Zeitpunkt schon die Informationen gehabt, über die wir zum heutigen Zeitpunkt verfügen. Als Beispiel: Eine Frau, deren Mann sich das Leben genommen hat, sagt: »Als ich ihn zum letzten Mal gesehen hab, hab ich ihm gar nicht gesagt, wie lieb ich ihn habe. Ich war total im Stress, das Kind wollte die Schuhe nicht anziehen und ich hab mich nicht einmal richtig von ihm verabschiedet, weil ich nur damit beschäftigt war, das Kind rechtzeitig in den Kindergarten zu bringen.« Diese Frau konnte nicht wissen, dass sie ihren Mann an diesem Morgen zum letzten Mal sieht. Eine Verabschiedung oder gar Liebesbezeugung ist im frühmorgendlichen Alltagsstress ganz einfach untergegangen. In der Rückschau – mit dem Wissen, dass er an sich an diesem Tag das Leben nahm – bewertet sie die Situation ganz anders.

### FUNKTION VON SCHULDGEFÜHLEN

Schuldgefühle bedeuten, dass ein Grund, eine Ursache, ein*e Schuldige*r für ein (unkontrollierbares) Ereignis gefunden werden konnte (»Ich bin schuld, ich habe XY falsch gemacht. Hätte ich besser aufgepasst, wäre das nicht passiert.«). Dadurch entsteht das Gefühl der Kontrollierbarkeit, der Eindruck, zukünftige schlimme Situationen könnten vermieden werden. Schuldgefühle sind insofern ein Schutz vor dem Gefühl völliger Schutzlosigkeit, der totalen Preisgabe und dem Kontrollverlust. Indem ich mir die Verantwortung für das Ereignis selbst zuschreibe, kann das Gefühl von Kontrolle und der Vorhersagbarkeit zukünftiger Ereignisse aufrechterhalten werden. Nach dem Motto: »Lieber Schuldgefühle als unkontrollierbare Situationen« (vgl. dazu Grundannahmen in Kapitel 1.5.4).[1]

Schuldgefühle haben also eine wichtige Funktion: Sie schützen unsere Psyche vor dem schädigenden Gefühl der Hilflosigkeit, des Kontrollverlusts. Wir schützen damit unsere Grundannahmen. Wenn jemand Schuldgefühle äußert, ist es somit wenig hilfreich, wenn wir der Person diese gleich abnehmen oder ausreden wollen. Vielmehr sollten wir zuhören, die Person sich aussprechen lassen, ein strukturiertes Erzählen fördern. Wir können Schuldgefühle normalisieren und helfen, Schuld und Schuldgefühle auseinanderzuhalten (»Viele Menschen fühlen sich in so einer Situation schuldig. Auch wenn sie keine Schuld haben.«). Ebenfalls hilfreich kann es sein, auf positives Handeln hinzulenken, zu entlasten, zu loben (»Sie haben sofort die Rettung verständigt? Das ist gut!«). Auch auf andere Themen bzw. aktuelle Aufgaben umzulenken, kann entlastend sein und vom Grübeln ablenken (»Was ist jetzt als Nächstes zu tun?«). Treten gegenseitige Schuldzuweisung auf, sollten diese in jedem Fall unterbunden werden.

**FALLBEISPIEL**

Eine Familie (Eltern und ihr dreijähriges Kind) machen im Winter einen Ausflug in den Schnee. Nach einer langen Wanderung kommen sie zurück in ihre Wohnung. Das Kind ist nass und schon etwas durchgefroren, weshalb der Vater dem Kind rasch einen frischen Tee machen will. Er schüttet heißes Wasser in eine Teekanne. In einem Augenblick der Unachtsamkeit lässt der Vater das Kind mit der Teekanne aus den Augen und das Kind schüttet sich das brühend heiße Wasser über die Brust. Es brüllt vor Schmerzen. Der Vater stürzt herbei und zieht dem Kind den Pullover vom Körper. Nun ist das leider das Schlechteste, was man bei Verbrühungen machen kann. Die Folge dieses Unfalls sind einige operative Eingriffe und Narben, die wohl für immer bleiben werden. Zusätzlich quälen die Eltern Selbstvorwürfe und Schuldgefühle sowie Schuldzuweisungen (vor allem der Mutter gegenüber dem Vater). Nachdem ich längere Zeit mit der Mutter gearbeitet habe, um vor allem die gegenseitigen Vorwürfe und Schuldgefühle zu reduzieren, kommt die letzte Stunde. Wir fassen zusammen, ziehen ein Resümee. Dann steht die Mutter auf, um zu gehen, dreht sich an der Türe noch einmal um und sagt: »Wir können das, was passiert ist,

---

1    Allen, die sich ausführlicher mit dem Thema Schuldgefühle beschäftigen wollen, sei das ausgezeichnete Buch »Schuldgefühle« (2020) meiner geschätzten Kollegin Mag.ᵃ Helga Kernstock-Redl empfohlen.

nun hoffentlich hinter uns lassen. Aber das, was bleibt, ist die Schuld.« Nachdem wir so lange am Thema Schuldgefühle (und am Unterschied zwischen Schuld und Schuldgefühlen) gearbeitet haben, bleibe ich etwas frustriert zurück.

### 1.4.6 Scham

Viele Menschen schämen sich dafür, dass es ihnen nicht gut geht, sie sich in einer Krise befinden. Verstärkt wird dieses Gefühl oft dadurch, dass man den Eindruck erhält (befeuert durch soziale Medien), allen anderen gehe es prima, alle anderen meistern problemlos ihr Leben. Gefühle wie Scham können auch ein Hindernis sein, sich Hilfe zu suchen, da dies als Schwäche interpretiert wird. Wenn ich solche Vorbehalte höre, antworte ich gerne mit einem überspitzten Beispiel und einem Augenzwinkern: »Wenn Sie einen Blinddarmdurchbruch haben – wollen Sie dann auch allein damit fertigwerden? Schämen Sie sich dann ebenfalls, Hilfe in Anspruch zu nehmen?« Nein, natürlich nicht. Auf so eine Idee würde niemand kommen. Bei psychischen oder psychosozialen Krisen haben wir jedoch interessanterweise immer noch Hemmungen, Hilfe anzunehmen.

## 1.5 Von der Krise zum Trauma

In der Alltagssprache wird der Begriff des Traumas (genauer müsste man in diesem Zusammenhang eigentlich von Psychotrauma sprechen) meist unpräzise und inflationär verwendet. Es kommt zudem häufig zu einer Gleichsetzung von seelischen und körperlichen Wunden (»Diese Aussage hat mich verletzt!«). Jedoch ist es nach wie vor oft leichter für Menschen, Hilfe und Anerkennung für ihr Leid zu erhalten, wenn ihnen körperliche – sichtbare – Wunden zugefügt wurden. Seelische Verletzungen sind nicht direkt sichtbar, dadurch weniger »real« und Betroffene müssen sich nach wie vor häufig rechtfertigen und nachweisen, »wirklich« zu leiden.

Der Begriff Trauma stammt vom altgriechischen Wort τραύμα, bedeutet Wunde, Verletzung und ist ein medizinischer Begriff, der seit dem 18. Jahrhundert belegt ist. Beschrieben wird damit die Schädigung lebenden Gewebes durch äußere Gewalteinwirkung (zum Beispiel Knochenbruch, Verbrennung, Schädel-Hirn-Trauma usw.). Während jedoch die chirurgische Traumatologie auf eine mehrtausendjährige Geschichte zurückblickt, ist die Psychotraumatologie noch immer im Aufbau (Fischer, Riedesser 2020, S. 25). Im 19. Jahrhundert wird der Begriff des Traumas aus der medizinischen Pathologie auf die psychische Ebene übertragen (von der Körperwunde zur Seelenwunde). Er wird also als Metapher gebraucht. Dazu tragen vorerst vor allem Vertreter*innen aus der Medizin (Psychiatrie und Neurologie) bei.

Interessant und erwähnenswert, wenn man sich die Geschichte der Psychotraumatologie[2] (das ist die Lehre der psychischen Traumafolgen) ansieht, ist das »*Railway Spine Syndrome*« (auf Deutsch: Eisenbahnkrankheit). Im frühen 19. Jahrhundert waren Eisenbahnunglücke recht häufig und die Waggons filigrane Holzkonstruktionen, die den Reisenden wenig Schutz boten. Einige der Überlebenden von Eisenbahnunglücken zeigten langanhaltende »nervöse« Symptome, obwohl keine körperlichen Verletzungen vorlagen. Der englische Chirurg John Eric Erichsen (1866) verwendete den Begriff »*Railway Spine Syndrome*«, um die Symptome zu beschreiben, die Opfer oder Augenzeug*innen derartiger Unfälle zeigten. Ursprünglich führte man die psychischen Symptome auf Verletzungen des Rückenmarks oder Gehirns zurück, doch dann entstand unter den Chirurgen eine Debatte, ob die Symptome auf psychische Ursachen wie »Entsetzen, Terror oder einen emotionalen Schock« zurückzuführen seien. Das »*Railway Spine Syndrome*« ist somit eine direkte Vorläuferin der traumatischen Neurose. Diese wurde 1889 vom Neurologen Hermann Oppenheim beschrieben, der damals ebenfalls noch anatomische Veränderungen des Gehirns als Ursache vermutete.

Menschen, die Traumafolgestörungen zeigten, wurde lange Zeit (manchmal auch heute noch) unterstellt, dass sie ihre Symptome nur vortäuschten, um sich Vorteile zu erschleichen wie beispielsweise Entschädigungen nach Unfällen oder die Entlassung aus dem Militärdienst.

Im ausgehenden 19. Jahrhundert jedoch stellte Sigmund Freud 1896 die Hypothese auf, dass »Hysterie« eine Folge von sexueller Traumatisierung und Missbrauch in der Kindheit sei. In Frankreich postulierte der Begründer der modernen Neurologie, Jean-Martin Charcot 1887, dass psychopathologische Symptombildungen mit verdrängten Erinnerungen an traumatische Ereignisse zusammenhängen. Pierre Janet, ebenfalls ein Zeitgenosse Sigmund Freuds, prägte 1894 den Begriff der Dissoziation und beschrieb damit die Abspaltung von Traumaerinnerungen.

Im Ersten Weltkrieg wurden die sogenannten »Kriegszitterer« bekannt. Die Zustände dieser bedauernswerten Menschen wurden auch als Grabenneurose, *shell-shock* oder *battle fatigue* bezeichnet. Man versteht darunter extreme Stressreaktionen wie Zittern, vorübergehende Lähmungen, Apathie bis Stupor (1915 beschrieben vom britischen Psychologen Charles Samuel Myers). Erste »Behandlungs«-Versuche hatten nur ein Ziel: die rasche Rückkehr der Soldaten zur Front. Berüchtigt war die sogenannte »Kaufmann-Kur«, bei der die bemitleidenswerten Soldaten so lange mit Stromstößen »behandelt« (heute würde man sagen: gefoltert) wurden, bis sie »freiwillig« wieder an die Front gingen.

Eine Wende brachten der Zweite Weltkrieg und vor allem der Vietnamkrieg (1955–1975). Vietnamkriegsveteranen wurde erstmals eine Traumatisierung durch das im Krieg Erlebte zugesprochen und erste Behandlungsansätze wurden entwickelt. Es dauerte dann allerdings noch bis 1980, bis die Posttraumatische Belastungsstörung (abgekürzt PTBS) Aufnahme in das Diagnosemanual der American Psychiatric Asso-

---

2   Interessierte seien verwiesen auf Fischer, Riedesser 2020, sowie Hausmann 2021.

ciation (DSM-III) fand. Im von der WHO herausgegebenen Diagnosesystem, der Internationalen statistischen Klassifikation von Krankheiten und verwandter Gesundheitsprobleme (in Europa wird das ICD verwendet), hielt die PTBS erst 1991 Einzug (in das ICD-10). Erst durch die Möglichkeit einer offiziellen Diagnose wurden die psychischen Folgen traumatischer Ereignisse als eigenständige psychische Störung anerkannt und Forschung, Prävention und Behandlung erleichtert (vgl. auch Hausmann 2021).

### NICHT JEDES TRAUMATISCHE EREIGNIS FÜHRT ZU EINEM TRAUMA

Traumatische Ereignisse führen nicht zwingend zu einem Psychotrauma (anders ausgedrückt: Nicht jedes traumatische Ereignis wirkt traumatisierend). Traumatische Ereignisse haben ein gewisses Potenzial, zu einem Trauma zu werden (und damit zur Entwicklung einer Traumafolgestörung). Ob ein potenziell traumatisierendes Ereignis zu einem Psychotrauma wird, hängt u. a. ab vom Ereignis selbst (wie lange hat es gedauert, was genau ist passiert?), von der Vorgeschichte, den Ressourcen und möglicherweise früheren Traumatisierungen einer Person. Zudem spielen die erlebte Hilflosigkeit und schutzlose Preisgabe während des Ereignisses eine Rolle sowie das Ausmaß der sozialen Unterstützung, die eine Person danach erfährt (siehe dazu auch Kapitel 2.4.2).

### FALLBEISPIEL  Vergewaltigung

Ich war sehr beeindruckt von einer Frau, die mir von ihrer Vergewaltigung erzählte. Sie wirkte dabei ruhig und gefasst und schien nicht von ihren Emotionen überwältigt zu werden. Obwohl es ein furchtbares Ereignis für sie war, meinte sie, davon nicht traumatisiert worden zu sein. Sie erklärte das damit, dass sie sich während des Ereignisses nicht nur hilflos und ausgeliefert gefühlt habe, sondern das Geschehen zwar nicht abwenden, aber doch beeinflussen habe können. Geholfen habe ihr ein Antigewalttraining, das sie im Rahmen ihrer beruflichen Tätigkeit absolviert habe. Sie habe das Gefühl gehabt, die Schritte dieses Trainings direkt in dieser Situation anwenden zu können und so ein Stück weit die Kontrolle behalten zu haben. Zudem schaffte sie es, das Geschehen distanziert zu sehen – im Sinne von »Aha, interessant, so läuft das also ...«, die Ereignisse quasi wie auf einer Metaebene zu betrachten. Auch habe ihr ihre Lebenserfahrung geholfen. Nach dem Ereignis wurde sie von einem Menschen sehr gut aufgefangen, der ihr half zu verstehen, wie Täter in so einer Situation ticken (siehe auch Verstehbarkeit Kapitel 2.4.1). Zu ihrem Erstaunen war es jedoch gerade ihr nahes Umfeld – insbesondere Freundinnen –, die besonders wenig hilfreich waren, sondern ihr im Gegenteil noch vorwarfen, zumindest mit schuld zu sein, es herausgefordert, sich falsch verhalten zu haben (siehe Kapitel 1.6 »blaming the victim«). Das habe sie besonders gekränkt.

## 1.5.1  Krise oder Trauma?

Der zentrale Faktor bei diesen Begriffen ist Stress. Jede psychosoziale Krise ist eine Stresssituation. Traumatische Ereignisse werden auch als Hochstressereignisse beschrieben, mit allen damit verbundenen Auswirkungen auf Körper und Gehirn. Auch wenn wir alle häufig im Stress sind, wird nicht jede Art von Stress gleich erlebt und hat dieselben Auswirkungen. Stress entsteht bei übermäßiger psychischer und/oder physischer Anforderung, wenn eine Situation nach subjektiver Einschätzung nur schwer kontrollierbar scheint, aber gleichzeitig biologisch, psychologisch und/oder sozial bedeutsam ist. Es kommt zu einem Aktivationszustand (= Stress). Der US-amerikanische Physiologe Walter B. Cannon beschrieb die bekannte *»fight-or-flight-reaction«* als Reaktion auf eine Bedrohung (Cannon 1915). Durch die schlagartige Freisetzung der Stresshormone Adrenalin und Noradrenalin wird Energie freigesetzt für überlebenssicherndes Verhalten wie Kampf oder Flucht. Sind weder Kampf noch Flucht möglich (wie es typischerweise bei einer traumatischen Situation der Fall ist), kann es zum *freeze* kommen, einer Art Bewegungslosigkeit, Starre, bei gleichzeitig extrem erhöhter Aufmerksamkeit (Vigilanz). Hans Selye (Selye 1936), ein Pionier der Stressforschung, unterteilte Umweltreize in Stressoren mit negativer (Distress) und positiver Bedeutung (Eustress). Er beschrieb Stress als unspezifische Reaktion des Organismus auf externe Anforderungen mit drei Phasen (»allgemeines Adaptationssyndrom«): Alarmphase – Widerstandsphase – Erschöpfungsphase. Eine Weiterentwicklung brachte das »transaktionale Stressmodell« nach Lazarus (Lazarus, Folkman 1984). Laut diesem wird Stress bestimmt durch Wahrnehmung – Interpretation – Bewertung. Das bedeutet, dass ein bestimmter Stressor nicht unmittelbar zu einer Stressreaktion führt, sondern die Bewertung der Situation quasi dazwischengeschaltet ist (vgl. dazu auch Kapitel 4.1.2). Wie es meine geschätzte Kollegin Helga Kernstock-Redl in ihren spannenden Trauma-Seminaren formuliert: »Sie können vielleicht nicht verändern helfen, was passiert ist (zum Beispiel ein Unglück usw.), aber vielleicht die Reaktion darauf (zum Beispiel Angst oder Schuldgefühle) oder die Bewertung des Ganzen (zum Beispiel Welt- oder Selbstüberzeugung).«

Wir kennen das alle: Kurzzeitiger Hochstress (»normaler« Stress) ist im Prinzip nützlich und hilft uns kurzzeitig, zum Beispiel in einer Prüfungssituation eine Höchstleistung zu erbringen (sofern der Stress nicht zu groß ist, sonst kommt es zum gefürchteten Blackout). Ist das »Stresshäferl« aber ständig voll (kumulativer Stress), beginnen wir bald, körperliche und psychische Folgen zu spüren. Chronischer Stress kann zu Immunsuppression oder Dysregulation einzelner Immunfunktionen führen. Stark traumatisierte Menschen haben Dauerstress, womit das Risiko für bestimmte Erkrankungen steigt. Eine spezielle Form von Stress ist der Einsatzstress, wie ihn Einsatzkräfte erleben. Ihr Stresserleben im Dienst reicht von »normalem« Stress bei Routineeinsätzen bis hin zu traumatischem Stress. Einsatzkräfte stehen bei ihrer Arbeit unter einem besonderen Leistungs- und Zeitdruck. Sie sind konfrontiert mit Leiden, Unfällen, Tod, vielleicht sogar mit eigener Bedrohung (beispielsweise Feuerwehrleute). Dazu kommen Schichtdienste, Warten auf den nächsten Einsatz, Ungewissheit, was sie er-

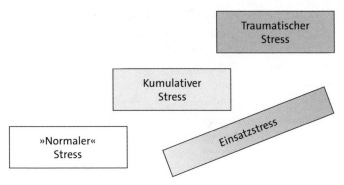

**Abb. 1-4:** Verschiedene Arten von Stress in Zusammenhang mit psychosozialen und traumatischen Krisen.

wartet, Großschadensereignisse und andere besonders belastende Einsätze wie zum Beispiel verunfallte Kinder. Die verschiedenen Arten von Stress sind in Abb. 1-4 dargestellt.

Was ist nun aber bei traumatischem Stress anders? Einer Stresssituation können wir mit bestimmten Bewältigungsstrategien (Coping) und Anpassung begegnen. So können wir beispielsweise vor einem wichtigen Bewerbungsgespräch ein Bewerbungstraining machen, unsere Einstellung ändern (»das ist nicht der einzige Job auf der Welt«), uns ablenken, soziale Unterstützung suchen usw., um den Stress zu reduzieren. Ist die Situation jedoch zu schrecklich und überwältigend (totaler Kontrollverlust, Hilflosigkeit), also »traumatisch«, werden Abwehrmechanismen (Notfallreaktionen) eingesetzt. Typische Notfallreaktionen sind Starre, Panik und Dissoziation (man fühlt sich wie im falschen Film, wie im Nebel, verändertes Zeitempfinden, Gefühl, als würde es einem gar nicht selbst passieren) und/oder ein Gefühl der Betäubung (man spürt nichts mehr, völlige innere Leere). Diese Notfallreaktionen sind in der traumatischen Situation ein wichtiger Schutzmechanismus, die unser psychisches Überleben sichern (»normale Reaktionen auf unnormale Ereignisse«). Wir machen quasi »zu« und blenden damit Reize der Außen- oder Innenwelt aus. Die Stressbelastung geht damit in eine potenziell traumatische Erfahrung über (vgl. Fischer, Riedesser 2020; Gerngroß 2020). So wichtig diese Notfallreaktionen in der akuten Situation (zum Beispiel während des Missbrauchs, der Naturkatastrophe usw.) sind, weil sie uns helfen, diese auszuhalten, so sehr können sie nach dem Ereignis zum Problem werden, wenn diese Reaktionen weiterhin bestehen bleiben.

### WAS IST EIN PSYCHOTRAUMA?

Jeder, der bei mir einmal ein Seminar zur Notfallpsychologie oder Krisenintervention gemacht hat, weiß: An dieser Definition kommen wir nicht vorbei. Allerdings nicht, weil ich meine Studierenden unbedingt mit Definitionen quälen möchte, sondern weil diese Definition meiner Meinung nach unabdingbar für das Verständnis ist, was ein Psychotrauma (zum Beispiel im Vergleich zu einer Veränderungskrise) ausmacht.

Wie Prof. Fischer und Prof. Riedesser in ihrem Lehrbuch der Psychotraumatologie schreiben, ist ein Psychotrauma ein »vitales Diskrepanzerlebnis zwischen bedrohlichen Situationsfaktoren und den individuellen Bewältigungsmöglichkeiten, das mit Gefühlen von Hilflosigkeit und schutzloser Preisgabe einhergeht und so eine dauerhafte Erschütterung von Selbst- und Weltverständnis beschreibt« (Fischer, Riedesser 2020, S. 84).

Diese Definition schränkt das traumatische Ereignis also auf extrem lebensbedrohliche Situationen ein, wobei das Trauma erst durch die Nicht-Bewältigbarkeit derselben entsteht. Zudem haben sich Hilflosigkeit und schutzlose Preisgabe als besonders schädigend für unsere Psyche erwiesen. Dabei kommt es zu einer dauerhaften Erschütterung unserer Grundannahmen über uns selbst und die Welt (siehe Kapitel 1.5.1).

Aus dieser Definition ergeben sich auch Ansätze zur Krisenintervention: Wichtigstes Ziel ist dabei die Wiederermächtigung, die Wiederherstellung der Handlungsfähigkeit, um dem extrem schädigenden Gefühl der Hilflosigkeit entgegenzuwirken.

Fischer und Riedesser betonen dabei, dass ein Trauma als Prozess zu sehen ist. Das Trauma ist nicht vorbei, wenn das traumatische Ereignis vorüber ist. Während die traumatische Situation bereits zu Ende ist, besteht das Psychotrauma noch weiter. Durch die weiterbestehenden Symptome wie Intrusionen und Hyperarousal wird das Gefühl einer aktuellen, beständigen Bedrohung aufrechterhalten.

Ein Psychotrauma ist demnach NICHT:

- eine Enttäuschung,
- eine Frustration von Wünschen,
- eine länger anhaltende konflikthafte innere Spannung,
- ein dysfunktionales Beziehungsmuster.

Ein Psychotrauma ist immer etwas aus dem Außen, das mit Gewalt trifft!

In Seminaren erlebe ich immer wieder, dass es gerade bei diesem Punkt zu Diskussionen kommt. Ich trage die Theorie vor (Abgrenzung Krise – Trauma usw.), alle nicken. Es scheint alles klar zu sein. Dann frage ich mit einem verschmitzten Lächeln: »Nun, kann also eine Prüfung ein Trauma sein?« Und prompt kommt die Antwort: »Ja, klar!« Das ist natürlich nicht die Antwort, die ich »hören wollte«, denn nach dem bisher Besprochenen ist ganz klar: Eine Prüfung kann natürlich großen Stress auslösen, sie ist aber definitiv keine potenziell lebensbedrohliche Situation, die mich plötzlich – wie aus dem Nichts – mit Gewalt trifft und einhergeht mit massiven Gefühlen von Hilflosigkeit und schutzloser Preisgabe und zu einer dauerhaften Erschütterung von Selbst- und Weltverständnis führt. Natürlich kann eine Prüfung zu massiven negativen Gefühlen (Ängsten, Panik usw.) führen, es kann auch sein, dass ich mich hilflos fühle (der Professorin gegenüber, die mich prüft), dennoch geht es nicht um Leib und Leben. Ich konnte mich vorbereiten, es gibt wahrscheinlich auch eine zweite Chance, sollte ich durchfallen, usw. Was häufig passiert, ist, dass es zu einer Wertung kommt: Eine schlimme Situation muss ein Trauma (bzw. ein traumatisches Ereignis sein). Ja, eine Prüfung, eine Scheidung, ein Beziehungskonflikt kann extrem belastend, traurig, auch erschütternd sein, aber nicht jede schlimme Situation ist ein Trauma. Damit soll die Belastung jedoch nicht bagatellisiert werden!

### DIE TRAUMATISCHE ZANGE

Die bekannte Psychotherapeutin und Buchautorin Michaela Huber verwendet das Bild einer Klemme, um die Auswirkungen von Extremstress auf unser Gehirn zu verdeutlichen, und betitelt diese Dynamik als »traumatische Zange«[3] (siehe Abb. 1-5): Ein existenziell bedrohliches Ereignis führt zu einer Überflutung mit negativen Reizen (Angst, Schmerzen, Verzweiflung, körperliche Stressreaktionen) und löst archaische Überlebensprogramme aus (*fight or flight*). Auch das Bindungssystem wird aktiviert – es ist jedoch keine Bindungsperson da bzw. geht von dieser vielleicht sogar die Bedrohung aus. Kann die Situation bewältigt werden, erfolgt im Normalfall keine Traumatisierung. Gibt es keine Bewältigungsmöglichkeiten (*no fight, no flight*), kommt es zum Erleben massiver Hilflosigkeit und Ohnmacht, wir fühlen uns ausgeliefert und erstarren (*freezing*). Notfallreaktionen wie Dissoziation (Abspaltung) und Betäubung ermöglichen eine Distanzierung und sichern unser psychisches Überleben, wo ein reales Kampf- oder Fluchtverhalten unmöglich ist. In diesem Zustand der Erstarrung setzen die eigentlichen Reaktionen (weinen, schreien, um Hilfe rufen) aus. Zudem kommt es zu einer Splitterbildung im Gehirn (Fragmentierung bzw. fragmentarische Speicherung sensorischer Informationen). Es bildet sich ein Traumanetzwerk im Gehirn aus: Durch bestimmte Auslöser (*Trigger*) wird das gesamte Erleben des belastenden Ereignisses (Bilder, Gefühle, Angst, Panik, körperliche Reaktionen usw.) immer wieder aktiviert (jedoch ungeordnet, zeitlos, sinnlos) – es kommt zu Intrusionen oder Flashbacks. Das Trauma besteht weiter, selbst wenn das Ereignis schon vorbei ist.

---

3  Bei dieser Art der Darstellung (und ähnlichen Arten) müsste man von traumatischer »Klemme« sprechen. Denn bei einer Zange geht beim Auseinanderdrücken der Griffe der vordere Teil ebenfalls auseinander und nicht zusammen, dies wäre nur bei einer Klemme der Fall. Man könnte also in Anlehnung an Michaela Huber sagen, »das Gehirn gerät in die Klemme«.

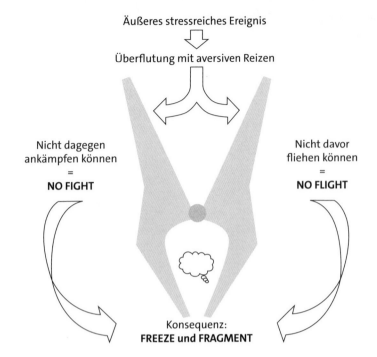

**Abb. 1-5:** Traumatische Zange (eigene Darstellung nach Michaela Huber 2009, S. 39).

## 1.5.2 Arten von Psychotrauma

Die US-amerikanische Psychiaterin Leonore Terr (Terr 1991) schlägt eine Einteilung in Typ-I und Typ-II-Traumata vor, welche sie in Bezug auf Kindheitstraumata beschreibt. Sie wurde bekannt aufgrund ihrer Forschung zu den Auswirkungen der sogenannten »Chowchilla-Entführung« 1976, bei der 26 Kinder im Alter zwischen 5 und 14 Jahren (und der Busfahrer) lebendig begraben wurden, nachdem sie aus einem Bus entführt wurden. Nach 16 Stunden konnten sich die Kinder und der Busfahrer selbst ausgraben und befreien. Terr unterscheidet zwischen plötzlich auftretenden, einmaligen Ereignissen (Typ-I- oder Schocktrauma), an die man sich im Nachhinein noch detailliert erinnern kann (abgesehen von Wahrnehmungsverzerrungen), und wiederholten bzw. lang andauernden Ereignissen (Typ-II-Trauma), welche eine genaue Erinnerung erheblich beeinträchtigen. Verdrängung, Dissoziation (Abspaltung), Depersonalisation (Selbstentfremdung) und emotionale Anästhesie (nichts mehr spüren können, emotionale Taubheit) sind die Folge. Eine Kombination aus Typ-I und Typ-II-Trauma (zum Beispiel ein Schocktrauma, das bei einem Kind zu schwerer Verletzung oder dauerhafter Behinderung führt) führt zu anhaltender Trauer und Depression. Während einzelne schockartige Ereignisse die kindliche Entwicklung nicht unbedingt hemmen, können schwere oder lang haltende Beziehungstraumata (Kindesmisshandlung,

Missbrauch) diese schwer beeinträchtigen und zu einer Vielzahl an Symptomen führen.

### ARTEN VON (KINDHEITS-)TRAUMATA NACH LEONORE TERR (1991)

- Typ-I Trauma (Schocktrauma): einzelnes, plötzlich auftretendes Ereignis, an das man sich detailliert erinnert (PTBS als mögliche Folge)
- Typ-II Trauma: lang anhaltendes oder wiederholt auftretendes Trauma, Erinnerung stark beeinträchtigt, schwere Symptomatik mit Verdrängung, Dissoziation, Depersonalisation, emotionaler Anästhesie, Abstumpfung, evtl. Selbstverletzung, Suizid (komplexe PTBS als mögliche Folge)
- Kombination aus Typ-I und Typ-II Trauma (*»Cross-over-Trauma«*): einzelnes extrem starkes Ereignis wie ein schrecklicher Todesfall oder Unfall mit anhaltenden Folgen für das Kind, führt zu pathologischer Trauer und Depression

### WAS PASSIERT IM GEHIRN BEIM ERLEBEN EINES TRAUMATISCHEN EREIGNISSES?

Sind wir traumatischem Stress (Extremstress) ausgesetzt, reagiert unser Gehirn anders als in einer Ruhesituation. Die Einschätzung, ob es sich um eine gefährliche oder ungefährliche Situation handelt, trifft der sogenannte Mandelkern, die Amygdala. Das ist eine Struktur im limbischen System, die manchmal auch etwas vereinfachend als Sitz der Gefühle bezeichnet wird. Schlägt die Amygdala Alarm, werden bestimmte Hirnregionen bzw. die Verbindung zu diesen außer Kraft gesetzt. So wird die eintreffende Information nicht an den Hippocampus weitergeleitet (dieser sorgt für eine zeitlich-räumliche Einordnung, gibt Erlebtem einen Anfang und ein Ende). Auch die Verbindung zu unserer Großhirnrinde wird unterbrochen. Wir können somit nicht mehr bewusst reagieren und die eingehenden Informationen werden nicht bewusst verarbeitet. Die traumatischen Erfahrungen bleiben auf den unteren Ebenen des Gehirns in einer Art Endlosschleife hängen und können nicht zu normalen und bewussten Erinnerungen werden. So wie der Hippocampus werden auch das Frontalhirn (assoziative und ordnende Fähigkeiten des Bewusstseins, »Hirnbibliothek«) und das Broca-Zentrum (Sprachzentrum) außer Kraft gesetzt. Traumatisierte Menschen können somit nicht bewusst auf das Erlebte zurückgreifen, sie finden keine Worte dafür, was ihnen passiert ist. Zudem führt die Überaktivierung der Amygdala zu einem anhaltenden Alarmzustand. Dies verursacht Symptome einer Posttraumatischen Belastungsstörung (PTBS): Dissoziation, Fragmentierung, Wiedererleben, Übererregbarkeit.

### 1.5.3 Trauma als Bruch oder »Eigentlich hätte ich etwas anderes vorgehabt!«

Menschen, die ein traumatisches Ereignis erleben mussten, empfinden dies typischerweise als Bruch – in ihrer Biografie, in Bezug zu anderen Menschen, aber auch in ihrem Gefühl der Kontrolle über sich und ihr Leben (Herman 1992; Brauchle 2008):

#### Zeitlicher Bruch

Menschen, die ein traumatisches Ereignis (beispielsweise den plötzlichen Tod eines Partners oder den Verlust eines Kindes) erleben mussten, sprechen oft davon, es gäbe ein Leben »davor« und eines »danach«, und drücken damit den Bruch in ihrer Biografie aus, der durch das Ereignis entstanden ist. Nichts ist mehr so, wie es einmal war. Alle Pläne, Ziele, die im Leben verwirklicht werden wollten, sind nun hinfällig, müssen aufgegeben, neue Pläne, Ziele, ein neuer Sinn gefunden werden. Zu Beginn dieses Prozesses steht meist eine Art von Schock, es scheint unmöglich, diese neue, veränderte Realität anzuerkennen, zu akzeptieren. Das braucht Zeit. Betroffene fühlen sich in einer »unendlichen, schmerzhaften Gegenwart« gefangen. Die Vergangenheit ist nicht mehr zugänglich (und sowieso nur schmerzhaft durch die Erinnerungen an das »Davor«), eine Zukunft nicht vorstellbar. Typisch für diese erste Zeit ist das Pendeln zwischen Vermeidung und Überwältigung – also zwischen Phasen des Nicht-wahrhaben-Könnens (»ich fühle mich wie im falschen Film«, »bitte lass mich aufwachen«, »das muss eine Verwechslung sein«) und völliger Verzweiflung, des Weinens, der Wut und Aggression. Eine verständnisvolle Begleitung, ein Auffangen und Containen der überwältigenden Gefühle, das Geben von Schutz und Sicherheit können den Erholungsprozess fördern.

#### Bruch im subjektiven Gefühl der Kontrolle

Das Gefühl der Hilflosigkeit und des Kontrollverlusts bezieht sich nicht nur auf das Ereignis selbst. Auch die eigenen Reaktionen (überwältigende Gefühle etc.) können häufig nicht kontrolliert werden. Man kann nicht mehr aufhören zu weinen (oder umgekehrt, fühlt sich wie betäubt und kann nicht weinen), nicht mehr aufhören zu zittern, kann seine Gedanken nicht kontrollieren, sieht immer wieder schreckliche Bilder vor sich, kann nicht schlafen usw. Es kommt zu einem Kontrollverlust über den eigenen Körper, die eigenen Emotionen und Gedanken. Solche Reaktionen sind in den ersten Stunden und Tagen nach einem traumatischen Ereignis normal! Sie resultieren aus einer extremen Aktivierung (siehe Thema Stress in Kapitel 1.5.1) – der Körper ist überschwemmt von Stresshormonen. Es dauert, bis diese wieder abgebaut sind. Leichte körperliche Betätigung, Ruhe und eine aktive Auseinandersetzung mit dem Geschehen können die Erholung fördern. Wichtig ist jedoch auch Psychoedukation, also eine Erklärung, was im eigenen Körper nach solchen Hochstressereignissen »abgeht«, um zusätzliche Sorgen und Ängste, »den Verstand zu verlieren«, »nie mehr

arbeitsfähig zu sein« usw., aufzulösen. Menschen, die einen geliebten Menschen verloren haben, erleben zudem eine weitere Art von Kontrollverlust: das innere Bild
des*der Verstorbenen zu verlieren. Zu Beginn steht der reale Verlust, danach gibt es
noch einen weiteren Abschied, wenn die Erinnerung zu verblassen beginnt (»ich weiß
nicht mehr genau, wie er ausgesehen hat, wie seine Stimme geklungen hat« usw.). Dies
führt dazu, dass Angehörige beispielsweise immer wieder den Unglücksort aufsuchen,
um sich dem verstorbenen Menschen näher zu fühlen und die Erinnerung aufzu-
frischen.

## Sozialer Bruch

Zusätzlich zu den bereits erwähnten Brüchen bekommen nach Katastrophen und
Schicksalsschlägen auch soziale Beziehungen Risse. Betroffene fühlen sich häufig
alleine mit ihrem Verlust, abgetrennt von der Gesellschaft (»alle leben lustig weiter
und ich habe mein Kind verloren«). Die unbeantwortbare Frage nach dem Warum tritt
auf (»Warum passiert das mir? Warum mein unschuldiges Kind?«). Dies drückt den
Schmerz, die Verzweiflung über die Ungerechtigkeit aus, es kommt zu einem Bruch
zwischen jenen, die das Ereignis erlebt haben, und jenen, die es nicht (unmittelbar)
erlebt haben (»niemand kann verstehen, wie es mir jetzt geht«). Zudem kann es zu
einem Bruch zwischen Menschen kommen, die dieselbe Situation unterschiedlich
erlebt haben, sowie zwischen Betroffenen und Angehörigen oder Freund*innen aufgrund unterschiedlicher Arten der Trauer. Bei einem Todesfall kommt es außerdem
wie oben beschrieben zu einem Bruch mit der Verbundenheit zum*r Verstorbenen
(es dauert aber, bis dieser auch gefühlsmäßig realisiert wird).

### FALLBEISPIEL

Eine Frau sucht mich wegen »Partnerschaftsproblemen« auf. Sie erzählt von Unstimmigkeiten, endlosen und heftigen Streitereien mit ihrem Mann. Die ganze
Stimmung sei vergiftet, sie könne sich gar nicht mehr entspannen. Ihre beiden Kinder (9 und 5 Jahre alt) würden ebenfalls unter den vielen Streitereien leiden. Mit der
Zeit beschleicht mich ein eigenartiges Gefühl beim Zuhören und ich frage sie: »Sie
müssen mir natürlich nichts erzählen, was Sie nicht wollen, ich habe jedoch den Eindruck, als würde da ein Puzzleteil fehlen ... Gibt es da vielleicht noch etwas Wichtiges, das Sie noch nicht erwähnt haben?« Daraufhin beginnt die Frau zu schluchzen
und erzählt, dass sie vor drei Jahren ein Kind verloren habe. Es sei kurz nach der
Geburt gestorben. Im Krankenhaus sei sie sehr gut betreut worden, auch die Bestat-
tung sei würdevoll gewesen. Das Schlimmste war aber die Zeit danach: Sowohl ihre
Eltern als auch die ihres Mannes seien sich einig gewesen, am besten nicht mehr
über dieses Ereignis zu sprechen. Sie hätten ihr empfohlen, möglichst bald wieder
schwanger zu werden. Das wäre die beste Medizin für sie. Ihr Mann habe sich ebenfalls von ihr zurückgezogen, habe viel gearbeitet, sei beruflich viel gereist. Ihr ältes-
tes Kind habe »Gott sei Dank« nicht viel gefragt, als sie allein aus dem Krankenhaus
gekommen sei. Das jüngste wisse nichts von der »ganzen Sache«. In zwei Wochen

stehe nun wieder der Geburtstag ihres verstorbenen Kindes an und der Gedanke, dass sie wieder so tun müsse, als sei das ein normaler Tag, bringe sie um. Sie hasse ihre Eltern, Schwiegereltern und ihren Mann dafür, dass sie das Kind so schnell »vergessen« haben.

### Krisen schweißen zusammen

Neben den beschriebenen Brüchen, die zwischen Menschen entstehen können, kann das gemeinsame Erleben und Überleben/Überstehen einer schweren Krise auch das Gegenteil bewirken. Es kommt zum sogenannten *Honeymoon*-Effekt, einem Gefühl der Verbundenheit, des Zusammengeschweißtseins zwischen Betroffenen oder Helfer*innen. Dabei darf man allerdings nicht vergessen, dass sich die Betroffenheit sehr unterschiedlich entwickeln kann, was wiederum zu Schwierigkeiten, enttäuschten Erwartungen usw. führen kann. Der *Honeymoon*-Effekt sorgt in akuten Krisen für sozialen Zusammenhalt, kann sich aber auch schnell wieder »in Luft auflösen«. Ein Mann erzählt, er habe den Beginn der Coronapandemie in Südamerika erlebt. Als es hieß, es gäbe einen Lockdown in Europa und Österreich würde die Grenzen dichtmachen, versuchte er, mit seiner Familie rasch zurück in sein Heimatland zu fliegen. Am Flughafen herrschte Chaos, man bekam keine Auskunft und musste stundenlang in der Schlange stehen, um ein Ticket zu bekommen. Menschen weinten, waren verzweifelt. Viele halfen einander, umarmten sich innig, weinten gemeinsam oder bauten sich über Stunden gegenseitig auf. Sobald jedoch jemand das ersehnte Ticket in den Händen hielt, löste sich der Zusammenhalt rasch auf und der*die Glückliche war weg, ohne sich weiter um die weniger Erfolgreichen zu kümmern.

## 1.5.4 Erschütterung der Grundannahmen oder die »rosarote Brille«

Wir alle haben bestimmte Grundannahmen über uns selbst und die Welt, die sich zwar bei näherem Hinsehen als »Illusionsblasen« erweisen, aber dennoch wichtig sind, um leben zu können. Man könnte sagen, wir sehen das Leben wie durch eine rosarote Brille, obwohl wir es eigentlich besser wissen müssten. Wir gehen beispielsweise davon aus, dass uns und unseren Lieben nichts zustößt, dass die Welt ein sicherer Ort ist und wir selbst gute Menschen sind. Natürlich »wissen« wir, dass wir irgendwann sterben werden, dass schreckliche Dinge auf der Welt passieren, dass wir viele Fehler machen, dennoch planen wir unseren nächsten Sommerurlaub schon im Winter (Vorsehbarkeit, Planbarkeit), fahren mit überhöhter Geschwindigkeit (positive Illusion über uns selbst, Glaube an die eigene Unverletzbarkeit) und fühlen uns im Recht, wenn wir andere schlecht behandeln (positive Illusion über sich selbst).

Diese Grundannahmen verändern sich im Lauf des Lebens, werden angepasst, realitätskonformer. Die rosarote Brille verblasst. Wir erleben Ungerechtigkeiten, vielleicht

sogar schwere Erkrankungen, verlieren geliebte Menschen. Damit müssen wir uns auseinandersetzen, es verändert unsere Sicht auf uns selbst und die Welt. Das führt zu
einem normalen Anpassungsprozess, der mitunter schmerzhaft, krisenhaft verläuft,
aber zu einer normalen Entwicklung dazugehört. Wir werden reifer, »erwachsener«.
Das Erleben eines traumatischen Ereignisses führt zu einer (plötzlichen) Zerstörung
dieser Grundannahmen bzw. des Selbst- und Weltbildes, d. h. es kommt zu einer drasti-
schen Desillusionierung und damit zu einem Verlust von Selbstvertrauen und zu Hoffnungslosigkeit (vgl. Janoff-Bulman 1992).

Die Auswirkungen sind dramatisch: Die Grundsicherheit geht verloren (»mir wurde
der Boden unter den Füßen weggezogen«), Betroffene verlieren ihren Optimismus, die
eigene Verwundbarkeit wird nur allzu deutlich. Vielen stellt sich die Frage, wie man »in
so einer Welt« überhaupt weiterleben kann. Die bisherigen Werte, Einstellungen und
religiösen Anschauungen werden infrage gestellt. Eine generelle Hilf- und Hoffnungslosigkeit stellt sich ein. Aufgrund des Kontrollverlusts kann die eigene Selbstwirksamkeit nicht mehr empfunden werden, die Folge sind massive Selbstzweifel und eine Veränderung des Selbst- und Identitätsgefühls. Das, was bisher Sicherheit im Leben gab, ist
weggebrochen. Es kommt zu einem Knick im Lebenslauf. Viele Betroffene fühlen sich
wie betäubt, teilnahmslos, fühlen weder Schmerz noch Freude.

### FALLBEISPIEL Einbruch in der eigenen Wohnung

Eine ältere Dame kommt nach einer Feier in ihre Wohnung zurück. Sie ist müde und
geht bald zu Bett. Geweckt wird sie von Geräuschen. Sie öffnet die Augen und zu
ihrem Entsetzen sieht sie zwei Männer (die Gesichter mit Skimasken verdeckt) in
ihrem Schlafzimmer stehen, die gerade ihre Schmuckschatulle ausräumen. Gelähmt
vor Furcht (*freeze*) bleibt sie stocksteif liegen. Nach wenigen Minuten ist der Spuk
vorbei, die Einbrecher sind weg. Es ist mitten in der Nacht. Nach einiger Zeit schafft
sie es, die Polizei zu rufen. Die Polizisten sind sehr freundlich, machen ihr aber wenig
Hoffnung, die Einbrecher zu fassen, und lassen sie, nachdem sie ihr ein Informa-
tionsblatt einer Opferschutzeinrichtung in die Hand gedrückt haben, alleine. Zit-
ternd und völlig fertig mit den Nerven bleibt sie zurück. Erst am nächsten Morgen
informiert sie ihre (erwachsenen) Kinder. Wie man sich gut vorstellen kann, hat die
Dame auch in den darauffolgenden Nächten große Probleme, sich zu entspannen,
fährt bei jedem Geräusch hoch, kann nicht einschlafen, sieht immer wieder die
Männer vor sich. Ihre Kinder unterstützen sie, so gut sie können, sie helfen ihr, eine
Sicherheitstüre einzubauen, und schlagen ihr eine Alarmanlage vor, aber all dies
kann ihr Sicherheitsgefühl nicht wiederherstellen.

Bei leichteren, einmaligen Ereignissen kommt es üblicherweise mit dem fortgesetzten
Erleben, dass alles wieder »normal« ist, dass nichts mehr passiert usw., zu einer Erholung. Wir fassen wieder Vertrauen in uns und die Zukunft, finden Erklärungen für das,
was passiert ist, entwickeln neue Verhaltensweisen, um uns zu schützen, und können
das Erlebte integrieren. Bei schweren – vor allem bei *man-made disasters* können die
Auswirkungen folgenschwerer sein.

### WERDEN EINSATZKRÄFTE TRAUMATISIERT?

Einsatzkräfte erleben fast routinemäßig potenziell traumatisierende Situationen. Wie jedoch vorhin anhand der Psychotrauma-Definition nach Fischer und Riedesser deutlich wurde, führt dies alleine (glücklicherweise) nicht zwingend zu einer Traumatisierung. Einsatzkräfte sind gut vorbereitet, trainiert. Sie wissen, dass es zu einer Alarmierung in ihrem Dienst kommen kann (die Situation kommt also nicht aus dem Nichts). Sie werden zudem geschützt durch ihre Rolle als Helfer*innen, da sie wissen, was zu tun ist. Es kommt also nicht zu dem o. g. Diskrepanzerlebnis zwischen bedrohlicher Situation und den individuellen Bewältigungsmöglichkeiten und sie fühlen sich nicht hilflos und ausgeliefert. Dies alles schützt vor Traumatisierung. Natürlich haben Einsatzkräfte ein gewisses Risiko, dennoch traumatisiert zu werden – nämlich, wenn es bei einem Einsatz zu besonderen Belastungen kommt. Wenn sie selber in Lebensgefahr geraten, nicht helfen können, hilflos zusehen müssen, wie Menschen sterben, oder wenn es eine Möglichkeit der Identifikation gibt (wenn beispielsweise Kinder betroffen sind, die so alt sind wie die eigenen), reicht manchmal der Schutz durch die Rolle, das Training, die Berufserfahrung usw. nicht aus und auch routinierte Einsatzkräfte werden traumatisiert.

### FALLBEISPIEL

Ein Sanitäter erzählt: Er habe schon »alles« gesehen und sei damit immer gut zurechtgekommen. Was ihm aber auch nach vielen Jahren noch in den Knochen sitzt, ist ein Einsatz nach einem Unfall im Gleisbereich. Dabei war die Stromleitung heruntergerissen worden und die ganze Umgebung unter Spannung, weshalb die Rettungskräfte eine gefühlte Ewigkeit warten mussten, bis alles gesichert war und sie die Verunfallten versorgen konnten. Da unter den Betroffenen ein schwer verletztes Kind war, war die Situation schier unerträglich. Sie waren zur Untätigkeit verdammt. Seither bekommt er schon einen Schweißausbruch und zitternde Knie, wenn er nur hört, es gäbe einen Einsat z im Gleisbereich.

## 1.6 »Selbst schuld, kein Mitleid« oder *blaming the victim*

Bei der Opferbeschuldigung oder *blaming-the-victim-solution* geht es darum, dass dem Opfer die Schuld an dem, was ihm angetan wurde, zugeschrieben wird – einerseits vom sozialen Umfeld (also Familie, Freund*innen, »der Gesellschaft« sowie von Helfer*innen), andererseits geben sich auch die Opfer selbst die Schuld am Geschehen. Fehlende Anteilnahme oder Ablehnung durch das soziale Umfeld, Behörden oder Medien verstärken das Leid des Opfers und führen zur sogenannten sekundären Viktimisierung.

Es kommt zu einer Täter-Opfer-Umkehr. Dabei wird das Opfer[4] zumindest »mitverantwortlich« gemacht, u. U. sogar als »selbst schuld« an dem, was ihm widerfahren ist, bezeichnet. Liest man beispielsweise Medienberichte über Gewalt an Frauen, so fallen oft eindeutige Hinweise auf – wenn zum Beispiel über die Kleidung des Opfers einer Vergewaltigung oder eines sexuellen Übergriffs geschrieben wird oder über das Verhalten (»hat sich nicht gewehrt, ist mit dem Täter mitgegangen, hat Drogen konsumiert«) – so werden einschlägige Assoziationen ausgelöst (»Wenn man so locker gekleidet ist, braucht man sich nicht wundern.« »Wenn sie sich nicht gewehrt hat, kann es ja nicht so schlimm gewesen sein.« »Wieso geht sie auch mit einem unbekannten Mann mit in seine Wohnung?«). Diese Zuschreibungen kommen nicht nur vom Umfeld, sondern auch die Opfer machen sich derlei Gedanken und Vorwürfe, was sie oftmals davon abhält, den Täter anzuzeigen. Oft habe ich von Opfern sexualisierter Gewalt gehört, sie seien unsicher, ob sie es nicht »selber gewollt hätten«, da sie sich ja nicht gewehrt, nicht geschrien hätten usw. Dabei sind das normale Reaktionen im Sinne des *freezing* (siehe Kapitel 1.5.1), die in dieser traumatischen Situation das psychische und physische Überleben sichern!

**FALLBEISPIEL**

Eine heute 78-jährige Frau erzählt unter Tränen, sie sei als junges Mädchen vergewaltigt worden. Sie sei damals nach der Matura mit dem Zug nach Paris unterwegs gewesen, wo sie eine Stelle als Au-pair-Mädchen antreten wollte. Sie beschrieb sich als damals naiv und unerfahren, sie sei behütet aufgewachsen und habe kaum Erfahrung mit Männern gehabt. Im Zug seien drei junge Burschen zu ihr ins Abteil gekommen. Zuerst ging es recht lustig zu, die Stimmung wurde immer ausgelassener, ihr wurde schon ein wenig mulmig, doch sie wusste sich nicht zu helfen. Schließlich sei es zu massiven sexuellen Übergriffen gekommen, an Details könne und wolle sie sich nicht mehr erinnern. Das Schlimmste für sie sei gewesen, dass sie nicht habe schreien können. Sie habe alles über sich ergehen lassen. Dabei wären in den Nachbarabteilen andere Fahrgäste gesessen, die sie sicher gehört hätten. Dass sie nicht um Hilfe gerufen habe, sei für sie so unendlich beschämend, dass sie niemandem davon erzählt habe – 60 Jahre lang nicht! Sie habe sich seitdem immer unfähig und wertlos gefühlt.

Warum kommt es zu diesen Opferbeschuldigungen? Wieso haben wir nicht einfach Mitgefühl mit Menschen, denen Schlimmes widerfahren ist? Es handelt sich dabei – etwas geschraubt ausgedrückt – um einen sozialpsychologischen Abwehrprozess. Es

---

4  Aufmerksamen Leser*innen wird aufgefallen sein, dass in diesem Buch gezielt von Betroffenen und Opfern gesprochen wird. Ich finde es wichtig, zwischen den einzelnen Ausdrücken zu unterscheiden und beispielsweise bei Traumabetroffenen nicht von Patient*innen zu sprechen, um eine Pathologisierung zu vermeiden. Nicht jede*r Betroffene möchte sich als Opfer sehen, wenn aber jemandem Gewalt angetan wurde, finde ich den Begriff »Betroffene« unpassend und bagatellisierend.

geht dabei um Vorhersehbarkeit und Kontrolle (wir erinnern uns an die in Kapitel 1.5.4 beschriebenen Grundannahmen). Wenn eine junge Frau (um wieder ein Klischee zu bedienen, bitte um Verzeihung) nach der Disco mit einem jungen Mann mitgeht und vergewaltigt wird, »darf sie sich nicht wundern«. Warum war sie auch so »unvorsichtig«? Das bedeutet nun aber (in der Rückschau!): Wenn die Gewalt durch das (vermeintlich) unvorsichtige Verhalten des Opfers ermöglicht wurde, war es vorhersehbar und ist dadurch auch vermeidbar (durch entsprechend vorsichtiges Verhalten). Damit werden solche Ereignisse kontrollierbar. Wenn ich mich »richtig« verhalte, wird mir (und meinen Kindern) nichts passieren. Wir brauchen uns also nicht bedroht fühlen, dem Schicksal ausgeliefert, ohnmächtig und hilflos. Mit der Opferbeschuldigung können wir unsere Grundannahmen der Vorhersehbarkeit, Kontrollierbarkeit, Unverwundbarkeit und unsere optimistische Illusion über uns selbst schützen – die Welt ist wieder »in Ordnung« und wir fühlen uns dem Opfer sogar überlegen. Im Extremfall kann es sogar zu Schadenfreude bzw. Hass gegenüber dem Opfer kommen, auf Basis einer Identifikation mit dem Täter (Genaueres dazu siehe Fischer, Riedesser 2020, S. 210). Diese Abwehrstrategie ermöglicht eine Verringerung der Dissonanz (das ist der unangenehme Zustand der Spannung, der durch widersprüchliche Gefühle, Gedanken, Werte o. Ä. entsteht). Diese entsteht, wenn wir von solch furchtbaren Schicksalen hören. Einerseits sind wir schockiert und fühlen mit dem Opfer mit, andererseits entsteht dadurch (unbewusst) eine Bedrohung der oben genannten Grundannahmen. Um diese Widersprüchlichkeiten zu reduzieren, wird dem Opfer eine (Mit-)Schuld gegeben.

Dass sich Opfer selbst die Schuld am Geschehen geben, hat dramatische Auswirkungen. Sie fühlen sich unfähig, wertlos, empfinden die Last des eigenen Versagens, was sich stark auf das Selbstwertgefühl auswirkt. Psychoedukation – also das Erklären der dahinterstehenden Mechanismen – wirkt entlastend und fördert die Verstehbarkeit im Sinne des Kohärenzgefühls (siehe Kapitel 2.4.1), was die Traumaintegration (also die Verarbeitung des traumatischen Ereignisses) fördert.

## 1.7  Krise als Chance? Persönliches Wachstum nach Krisen

In den bisherigen Kapiteln war viel von möglichen negativen Auswirkungen von Krisen die Rede. Doch Krisen können nicht nur negative Folgen haben. Wir kennen das wohl alle, dass wir nach überstandener Krise in der Rückschau auch positive Effekte für uns erkennen können. Vielleicht fühlen wir uns gestärkt, wissen, dass wir uns auf uns selbst, unsere Familie und Freund*innen verlassen können, dass alles irgendwann vorbeigeht oder sich unsere Werte verändern, weil wir uns der Endlichkeit und Kostbarkeit des Lebens bewusst werden. Vielleicht führt dies auch zu Änderungen in unserem Verhalten, sodass wir mehr Zeit mit unserer Familie verbringen, weniger arbeiten, besser auf unsere Bedürfnisse achten. Es kann zu einer erhöhten Wertschätzung der Natur kommen, vielleicht auch zu einem Interesse an Spiritualität und der Hinwendung zum

Glauben. Dieses Phänomen wird in der Fachsprache als *benefit finding and growth* bezeichnet. Aber gibt es das auch bei katastrophalen Ereignissen? Wenn eine Mure mein Haus unbewohnbar macht oder ein geliebter Mensch stirbt? Ja, tatsächlich berichten Menschen nach dem Erleben eines traumatischen Ereignisses von Transformationsprozessen, einer persönlichen Reifung: dem Posttraumatischen Wachstum (PTW). Die Integration eines Traumas kann viele Jahre dauern, ein möglicher Wachstumsprozess ist ebenfalls ein sehr langfristiger Prozess, sofern es überhaupt dazu kommt. Die Reifung kann zugleich mit persönlichem Leiden und Stress einhergehen (kein Entweder-oder). Damit es zu einer derartigen Reifung kommen kann, ist zudem eine Erschütterung oder Zerstörung der bisherigen Grundannahmen Voraussetzung. Aus dieser Erschütterung kann dann Neues erwachsen.

### POSTTRAUMATISCHES WACHSTUM

Unter dem Begriff des Posttraumatischen Wachstums versteht man das Erleben einer positiven persönlichen Veränderung nach traumatischen Ereignissen. Eine posttraumatische Reifung beinhaltet eine veränderte Sichtweise auf das zurückliegende traumatische Ereignis und eine Einschätzung des nun »neuen Lebens« als qualitativ besser – im Vergleich zum Leben vor dem Ereignis.

Das Konzept des Wachstums nach Krisen und besonders nach traumatischen Ereignissen ist nicht unkritisch zu sehen. Viel diskutiert wird dabei die Frage, ob es sich beim Posttraumatischen Wachstum um eine Illusion oder echtes Wachstum handelt (das sogenannte »Janusgesicht-Modell[5]« des PTW von Zöllner, Maercker 2004), ob es sich also tatsächlich um einen Reifungsprozess handelt, der aus einer tiefgreifenden Auseinandersetzung mit dem Trauma erwächst, oder um eine Selbstwahrnehmung, um dem ansonsten als sinnlos erlebten Geschehen etwas Positives abzuringen.

Die an der University of Carolina tätigen Psychologen Richard G. Tedeschi und Lawrence Calhoun prägten Mitte der 1990er-Jahre den Begriff des Posttraumatischen Wachstums und verwendeten zur Beschreibung dieses Phänomens eine Erdbebenmetapher (2014). Extrem belastende Lebensereignisse erschüttern grundlegende Annahmen über uns und die Welt. Entscheidend für das Posttraumatische Wachstum ist die Anpassung der eigenen psychologischen Realität an die neue Situation. Es werden die grundlegenden Annahmen, die durch das belastende Ereignis eingerissen sind, neu aufgebaut, und zwar robuster, sicherer und realitätskonformer. Dies geht natürlich einher mit Leid. Dennoch führt das traumatische Ereignis schließlich zu einer positiven Entwicklung. Damit Posttraumatisches Wachstum überhaupt entstehen kann, ist soziale Unterstützung erforderlich. Wie auch bei der Resilienz geht es nicht nur um

---

5   Janus ist der römische Gott des Anfangs und des Endes. Er wird mit einem Doppelgesicht dargestellt, vorwärts und rückwärts blickend. In Anlehnung an diese mythische Gestalt ist das Janusgesicht von jeher Symbol für Zwiespältigkeit, wie sie auch auf das Posttraumatische Wachstum zutrifft.

persönliche Eigenschaften, die ein Posttraumatisches Wachstum ermöglichen, sondern auch um ein Umfeld, das diesen Prozess begünstigt.

Nach Calhoun und Tedeschi (Calhoun, Tedeschi 2006, S. 5 f.) ist ein Wachstum in fünf Bereichen möglich:

1. Zuwachs an Selbstvertrauen und persönlicher Stärke: Die Konfrontation mit einer massiven Herausforderung kann zu einem verstärkten Gefühl von Stärke und Zuversicht führen. Betroffene formulieren das u. a. so: »Ich bin verletzlicher, als ich dachte, aber auch viel stärker, als ich mir je vorgestellt habe!«
2. Neue Möglichkeiten: Einige Betroffene berichten zudem, sie hätten neue Interessen für sich entdeckt, beruflich neue Wege beschritten oder sich verstärkt in gesellschaftlichen Gruppen engagiert.
3. Intensivierung der Beziehung zu anderen: Betroffene fühlen sich mit anderen stärker verbunden, haben mehr Mitgefühl mit anderen, verbringen mehr Zeit mit Menschen, die ihnen wichtig sind, oder trennen sich von Menschen, die sie als nicht unterstützend erleben.
4. Intensivere Wertschätzung des Lebens: Das Leben wird als Geschenk gesehen, als zweite Chance erlebt, mit Menschen und der Umwelt wird achtsamer umgegangen (»Ich würdige jeden Tag!«), es werden andere Prioritäten gesetzt. Intrinsisch bedeutsame Tätigkeiten (zum Beispiel Zeit mit den Kindern zu verbringen) erhalten mehr Gewicht als extrinsische Werte (zum Beispiel viel Geld verdienen, ein großes Auto fahren).
5. Intensiviertes spirituelles Bewusstsein: Das Erleben eines traumatischen Ereignisses konfrontiert uns mit spirituellen, existenziellen und philosophischen Fragen, auch agnostische und atheistische Menschen erleben spirituelle und existenzielle Veränderungen. Bei manchen Menschen hat dies eine verstärkte Religiosität zur Folge.

Vielleicht erinnert Sie dieses Konzept an jenes der Resilienz. Die beiden Konzepte meinen jedoch nicht dasselbe. Gemeinsam ist beiden, dass in Zusammenhang mit Belastungen eine auf Kompetenz und Ressourcen fokussierte Haltung eingenommen wird. Im Gegensatz zur Resilienz weist der Begriff des Posttraumatischen Wachstums jedoch einen direkten Traumabezug auf, d. h. das Erleben eines traumatischen Ereignisses mit den oben beschriebenen Folgen (Erschütterung der Grundannahmen) ist Voraussetzung für das Posttraumatische Wachstum. Unter Resilienz hingegen versteht man persönliche Charakteristika bzw. Dispositionen, die Personen dabei helfen, schwere Krisen und traumatische Erlebnisse zu bewältigen. Resiliente Menschen bewältigen Traumata in der Regel besser als solche, die diese Eigenschaften nicht besitzen. Mehr zum Thema Resilienz und Resilienzförderung finden Sie in Kapitel 2.4.

Die Diskussion um Krisen als Chance und Posttraumatisches Wachstum ist ein zweischneidiges Schwert. Etwas überspitzt gesagt entsteht fast ein Leistungsanspruch daraus: Man muss eine furchtbare Situation nicht nur überstehen, sondern sogar noch daran wachsen. Es ist großartig, wenn dies gelingt (ob man einer Illusion aufsitzt oder es sich um echtes Wachstum handelt, scheint zweitrangig). Jedoch darf dabei nicht übersehen werden, dass Menschen durch das Erleben furchtbarer Ereignisse gebrochen werden können oder psychisch und physisch erkranken – und das darf nicht als persönliche Schwäche ausgelegt werden.

## 1.8 Krisenprävention – Kann man sich gegen Krisen wappnen?

Für viele Unternehmen ist es selbstverständlich, einen Krisen- oder Notfallplan zu haben. Darin sind Verantwortlichkeiten und Prozesse für die Krisenbewältigung festgelegt. Besonders vorausschauende Firmen beschäftigen sich auch mit Krisenawareness und Krisenprävention – wie kann man Krisen rechtzeitig wahrnehmen bzw. von vornherein verhindern? Und wie kann man deren negative Auswirkungen reduzieren und möglicherweise sogar positive Effekte erzielen? Wie ist das aber bei einzelnen Personen? Kann man sich persönlich darauf vorbereiten, sich dagegen wappnen? Macht das überhaupt Sinn? Soll man sich mit möglichen Krisen auseinandersetzen, bevor sie überhaupt eintreten? Es ist sicher günstig, nicht nur in den Tag hineinzuleben, vielleicht Geld zurückzulegen oder Ähnliches, aber sich ständig mit dem Worst Case zu beschäftigen, bringt wohl wenig für den Ernstfall, es verstärkt eher eine ängstliche und damit nicht hilfreiche Haltung. In Österreich gibt es ein passendes Sprichwort dazu: »Zu Tode gefürchtet, ist auch gestorben.«

Ob schwierige Lebenssituationen zu Krisen werden, hängt nicht nur von uns und unserer Bewertung ab. Bestimmte Ereignisse, auf die wir uns nicht vorbereiten können (plötzliche Todesfälle, schwere Erkrankungen u. Ä.), haben das Potenzial, selbst den gefestigsten Menschen aus der Bahn zu werfen. Zudem wollen wir ja gefühlvoll und empfindsam sein, um auch Positives genießen zu können, aber dann fühlen wir natürlich Schmerz, Enttäuschung und Trauer umso stärker. Wie können wir uns also gegen Krisen wappnen? Dies gelingt uns indirekt, indem wir in guten Zeiten gewisse Schutzfaktoren aufbauen, beispielsweise ein tragfähiges soziales Netz.

> **FALLBEISPIEL  Die Bedeutung des sozialen Netzes**
>
> Beim einjährigen Kind eines jungen Paares wird Leukämie festgestellt. Es folgen Behandlungen im Krankenhaus, die Situation ist äußerst belastend. Der junge Vater erzählt: »Ohne den Rückhalt meiner Familie, meiner Arbeitskolleg*innen und meines Chefs hätten wir das alles nicht durchgestanden. Meine größte Sorge neben der Gesundheit meines Sohnes war, auch noch den Job zu verlieren. Wir haben ja gerade erst unser Haus gebaut. Die Unterstützung, die wir erfahren haben, war unbeschreiblich. Ich bin dafür unendlich dankbar. Wir hätten das sonst nicht geschafft.«
>
> Die Bewältigung dieses schweren Schicksalsschlages wurde sehr unterstützt durch das schon vorhandene, tragfähige soziale Netzwerk.

## 1.8.1 Das PERMA-Modell von Martin Seligman

Wir können beispielsweise Erkenntnisse aus der Positiven Psychologie nutzen, um Strategien zu entwickeln, die unser Leben im besten Fall glücklicher machen und im Ernstfall bei der Krisenbewältigung nützlich sein können bzw. uns Krisen besser überstehen lassen, weil wir auf einem soliden Fundament stehen. So hat Martin Seligman, der Begründer der Positiven Psychologie, mit dem PERMA-Modell Faktoren entwickelt, die zum Wohlbefinden beitragen (Seligman 2011).

- P ositive Emotionen: Gegen die Negativitätsverzerrung[6] ankämpfen und den positiven Emotionen (Freude, Hoffnung, Heiterkeit, Gelassenheit, Liebe usw.) in unserem Leben mehr Aufmerksamkeit schenken.
- E ngagement: Stärken nutzen, Flow erleben, in einer Tätigkeit völlig aufgehen, das stärkt Selbstvertrauen und Selbstwert.
- R elationships / Beziehungen: Gute soziale Bindungen wirken sich positiv auf uns aus (das Fehlen derselben haben viele in der Coronapandemie schmerzhaft erleben müssen).
- M eaning / Sinn: seinem Leben einen Sinn geben.
- A ccomplishment / Zielerreichung: sich Ziele setzen und diese durch Anstrengung und Disziplin erreichen, durch Gelingen Selbstwirksamkeit erleben.

Es geht also darum, das, was in unserer Hand liegt, zu nutzen. Dies stärkt im Übrigen auch das Gefühl der Kontrolle über unser Leben, unsere Selbstwirksamkeit – was, wie wir bereits im Kapitel zum Psychotrauma gesehen haben, wesentlich für unsere psychische Gesundheit ist.

Martin Seligman hat das PERMA-Modell weiterentwickelt – zum PERMA-V. V steht dabei für Vitalität. Seligman hat damit das Thema positive Gesundheit in den Fokus der Aufmerksamkeit gerückt. Dazu gehören Optimismus, Ernährung, Bewegung, Schlaf. Das PERMA-V-Modell ist dargestellt in Abb. 1-6.

Die Positive Psychologie hat es sich nicht nur zum Ziel gemacht, schlechte Gesundheitszustände zu verbessern oder psychische Krankheiten zu heilen, sondern Faktoren zu identifizieren und zu fördern, die das Leben lebenswert machen, uns zum »Aufblühen« (*flourishing*) bringen (Seligman 2011). Die reine Abwesenheit von Krankheit führt demnach nicht automatisch zu Wohlbefinden, wenn gleichzeitig wichtige Ressourcen oder andere positive Elemente fehlen.

Positive Psychologie hat übrigens nichts mit einem platten »in jeder Situation positiv denken« oder »sich alles schönreden« zu tun. Es gibt nun mal Situationen, die einfach furchtbar sind, an denen sich nichts Gutes finden lässt. Das ist auch Teil unserer Lebensrealität, die wir aushalten müssen. In der Positiven Psychologie geht es darum, dem Schönen, Guten, Positiven mehr Aufmerksamkeit zu schenken, dieses aktiv wahr-

---

6   Darunter versteht man das Phänomen, dass wir negativen Gefühlen, Ereignissen etc. mehr Beachtung geben als positiven. Alles Negative nehmen wir schneller, intensiver und länger wahr (was wohl evolutionsbiologisch auch Sinn gemacht hat).

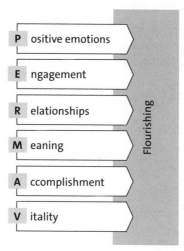

**Abb. 1-6:** Das PERMA-V-Modell (eigene Darstellung nach Martin Seligman 2011).

zunehmen, zu schätzen (dies erinnert an die gerade so modernen Achtsamkeitstrainings). Es geht somit eigentlich um Selbstregulation. Ich hatte das Glück, Martin Seligman (der bekannt wurde durch seine Forschung zu Depression, Stichwort »erlernte Hilflosigkeit«) einmal live bei einem Workshop in Wien zu erleben. Ich gebe zu, als gelernte Österreicherin (die schon ewig in Wien lebt), ist mir die Positive Psychologie immer ein wenig suspekt gewesen, so »amerikanisch«, alles ist so »gorgeous«. Man muss doch auch leiden dürfen, am Leben verzweifeln ... Na ja, stimmt schon ... oder man macht es sich ein wenig leichter. Man kann ja beides ausprobieren. Ich lade Sie daher ein, die wohl berühmteste Übung einfach mal einige Zeit durchzuführen und zu sehen, wie sich das für Sie auswirkt: »*The three blessings exercise*«.

PRAXISTIPP **The three blessings exercise**
- Vorbereitung: Besorgen Sie sich ein Tagebuch, ein schönes Notizbuch o. Ä.
- Durchführung: Nehmen Sie sich jeden Abend einige Minuten Zeit und schreiben Sie drei Dinge auf, für die Sie dankbar sind.
- Varianten: Um Ihre Selbstwirksamkeit zu steigern, können Sie zusätzlich noch die Fragen beantworten: Warum war das schön? Was habe ich dazu beigetragen?
- Sie können diese Übung auch einmal in der Woche gemeinsam mit Ihrer*m Partner*in machen, mit Ihren Kindern, mit Ihrer Familie – das stärkt zusätzlich die Verbundenheit, die ein wichtiger Resilienzfaktor ist (siehe Kapitel 2.4).
- Ziel der Übung: Stärkung der Wahrnehmung von Positivem (gegen die Negativitätsverzerrung), Förderung von positiven Emotionen und Selbstwirksamkeit.

| Three blessings |
| --- |

| Wofür bin ich dankbar? | Warum war das schön?<br>Was habe ich dazu beigetragen? |
| --- | --- |
| 1. ............................... | 1. ............................... |
| 2. ............................... | 2. ............................... |
| 3. ............................... | 3. ............................... |

**Abb. 1-7:** Übung: »*The three blessings exercise*« (eigene Darstellung nach Seligman 2011).

## 1.8.2 Selbstwirksamkeit und Kontrolle über unser Leben

Im oben Beschriebenen geht es immer wieder um die Frage, was wir beeinflussen können, was also tatsächlich in unserer Hand liegt. Sind wir nicht oft einfach dem Leben, dem Schicksal ausgeliefert? Ja, wir sind tatsächlich mit vielem konfrontiert, worauf wir keinen Einfluss haben, und verbringen viel Zeit damit, genau das ändern zu wollen bzw. uns über nicht veränderbare Dinge zu ärgern, zu wundern, deswegen gekränkt zu sein (über den Partner, das Wetter, die Chefin ...). Auch hier könnten wir den Grundsatz der Positiven Psychologie anwenden und den Fokus nicht auf das Unveränderbare setzen, sondern auf das, was in unserer Hand liegt. Es geht dabei nicht darum, aufzugeben und einfach alles hinzunehmen, sondern die Energie dort zu investieren, wo es etwas bringen kann. Wenn Sie Lust haben, versuchen Sie gleich folgende Übung, die auf den Einflusskreisen von Stephen Covey basiert.

### EINFLUSSKREISE NACH STEPHEN RICHARDS COVEY (COVEY 2018)

Wir verbringen im Alltag viel Zeit damit, uns über andere Menschen, Situationen, das Wetter usw. zu ärgern und zu sorgen. Häufig sind das auch die Inhalte des oben beschriebenen Grübelns, das uns in einem Teufelskreis aus Denken und Passivität gefangen hält. Stephen R. Covey war ein US-amerikanischer Bestsellerautor. Coveys »The Seven Habits of Highly Effective People« ist eines der einflussreichsten Bücher über Managementmethoden. Seine *Circles of Influence* (Einflusskreise) sind ein Werkzeug, das für eine Reflexion und Analyse unseres Denkens und damit auch unseres Verhaltens genutzt werden kann. Covey unterscheidet zwei Kreise:

- *Circle of Concern*: Was belastet, beschäftigt, ärgert mich, würde ich gerne ändern? Typische Beispiele dafür sind das Wetter, die politische Situation, die Pandemie bzw. die Maßnahmen dagegen usw.
- *Circle of Influence*: Worauf habe ich direkten Einfluss, was kann ich gestalten oder zumindest mitgestalten? Beispiele aus dem Alltag: Welche Klei-

dung ziehe ich bei Regenwetter an? Was esse ich? Wann mache ich Sport? Wie reagiere ich auf andere?

Menschen mit einer reaktiven Einstellung richten ihren Fokus hauptsächlich auf Probleme, Belastungen und Ärgernisse des Alltags. Das, was in ihrer Kontrolle ist, wird weniger gesehen als das, was sie von außen lenkt, weshalb ihr *Circle of Influence* kleiner wird.

Menschen mit einer proaktiven Haltung fokussieren auf das, was sie kontrollieren können. Sie verwenden ihre Zeit und Energie auf das, was sie tatsächlich ändern können. Sie vergrößern damit ihren *Circle of Influence* und fühlen sich selbstwirksamer. Die beiden Einflusskreise und ihre Auswirkungen sind in Abb. 1-8 dargestellt.

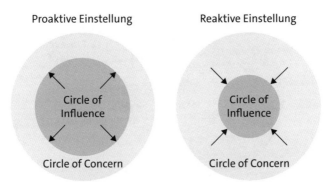

**Abb. 1-8:** Einflusskreise (eigene Darstellung nach Steven Covey 2018).

»*Energy flows where attention goes*« (Energie folgt der Aufmerksamkeit) ist eine alte Weisheit aus Training und Coaching. Worauf wir unsere Aufmerksamkeit lenken, bestimmt, wohin unsere gedankliche und körperliche Energie fließt. Wir können nicht immer bestimmen, was uns im Leben passiert, aber wir haben die Wahl, worauf wir unseren Fokus richten.

### PRAXISTIPP Einflusskreise (nach Steven Covey 2018)

Nehmen Sie ein Blatt Papier oder den Laptop und setzen Sie sich in Ruhe hin. Zeichnen Sie drei Kreise auf, wie in Abb. 1-9 dargestellt:

1. *Circle of Concern*: Dies ist der äußerste Kreis. In diesen fallen Themen, die ich weder beeinflussen noch entscheiden kann, wie beispielsweise das Wetter oder die weltpolitische Lage etc.
2. *Circle of Influence*: Der mittlere Kreis umfasst Themen, die ich beeinflussen, aber nicht entscheiden kann, wie zum Beispiel die Arbeit in meinem Team, mein soziales Umfeld etc.
3. *Circle of Control*: Das ist der innerste Kreis, hier geht es um Themen, die ich direkt beeinflussen und über die ich entscheiden kann, zum Beispiel mein

Verhalten, meine Haltung, meine Ernährung, meine Reaktionen auf eine Situation usw.

Füllen Sie die drei Kreise mit verschiedenen Themen, die Sie aktuell beschäftigen, und stellen Sie sich folgende Fragen:
- In welchem Einflussbereich liegt mein Thema?
- Kann ich etwas dazu entscheiden? Wenn ja, was kann ich entscheiden oder beeinflussen? Welche Impulse kann ich setzen?
- Liegt alles außerhalb meiner Kontrolle? Wie könnte ein Weg der Akzeptanz aussehen? Kann ich vielleicht meine Haltung dazu ändern?

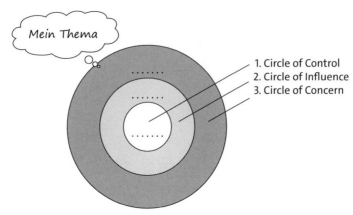

**Abb. 1-9:** Übung: »Einflusskreise« (eigene Darstellung nach Steven Covey 2018).

In diesem Kapitel habe ich versucht, einige Wege aufzuzeigen, wie wir uns selber stärken können. Natürlich sind all diese Modelle und Übungen nicht für jede*n in jeder Situation passend. Es sind Übungen aus dem Bereich der lösungsorientierten Kurzzeittherapie und der Positiven Psychologie, deren Wirksamkeit ich bei mir selbst und vielen meiner Klient*innen erprobt habe und die – auch wenn sie simpel und fast banal klingen – gar nicht so leicht umsetzbar sind. Dennoch: Wenn sie Ihnen nicht zusagen, bitte einfach weiterblättern. Vielleicht finden Sie das für Sie Passende in einem anderen Kapitel.

# 2 Wege aus der Krise

## 2.1 Acht Wege aus der Krise

Die im Folgenden dargestellten Maßnahmen basieren u. a. auf Interventionen der lösungsorientierten Kurzzeittherapie, auf wissenschaftlich fundierten Interventionen wie den Wirkfaktoren bei akuten Traumatisierungen nach Hobfoll[7] (Hobfoll et al. 2007) sowie auf Erfahrungen aus meiner praktischen Arbeit und stellen sich somit aus Forschung und Praxis zusammen. Ich habe versucht, wirkungsvolle Hilfestellungen zusammenzutragen, die man bis zu einem gewissen Grad auch für sich selbst anwenden kann. Manchmal braucht es ja nur einen *Nudge*, einen Anstoß von außen, um einen Weg für sich zu finden. Dennoch macht es Sinn, professionelle Hilfe aufzusuchen, wenn die Krise über einen längeren Zeitraum nicht bewältigt werden kann bzw. Belastungen über längere Zeit anhalten.

1. Entscheidung für die Veränderung und Akzeptanz

   Krisen sind Zeiten der Veränderung, des Wandels, der »Scheidung«, Entscheidung – und Veränderungen machen Angst. Lieber halten wir an bekannten Belastungen fest, als dass wir uns in unbekanntes Terrain begeben, nicht wissend, was uns da erwartet. Zudem bedeutet eine Entscheidung für eine Veränderung häufig auch, etwas (Altes) aufzugeben. Auch dies muss bedacht, überlegt und gewürdigt werden. In meiner Praxis erlebe ich es immer wieder, dass Menschen in Krisen Unterstützung suchen, aber die Bereitschaft für eine wirkliche Veränderung noch nicht da ist oder aber bereits eingetretene Veränderungen nicht akzeptiert werden können. Dazu kann man sich folgendes Bild vorstellen: Wenn wir einen Schritt vorwärtsgehen wollen, setzen wir zuerst ein Bein vorn auf, dann kommt das Schwierige: Wir müssen auch das zweite Bein heben – und das bringt uns kurz in einen Zustand der Instabilität – bevor wir es dann ebenfalls nach vorn bringen und schließlich absetzen. Erst dann stehen wir wieder sicher auf beiden Beinen. Dieser Moment der Instabilität, das Stehen auf nur einem Bein, ist vergleichbar mit der Krise und wir stehen vor der Entscheidung: Gehen wir weiter nach vorn oder setzen wir das Bein wieder zurück auf die ursprüngliche Stelle? Manchmal bedarf es mehrerer Anläufe oder jemand unterstützt uns, gibt uns den erforderlichen Halt.

---

7   Hobfoll et al. identifizierten forschungsbasiert fünf Elemente, die im Rahmen psychosozialer Interventionen erwiesenermaßen positiv wirken: Sicherheit, Beruhigung, Selbst- und kollektive Wirksamkeit, Verbundenheit, Zukunftsorientierung.

**PRAXISTIPP HILFREICHE FRAGEN**

In der von Steve de Shazer und Insoo Kim Berg in den 1970er-Jahren entwickelten lösungsorientierten Kurzzeittherapie hält man sich nicht lange mit dem Schürfen nach Ursachen von Problemen und den Problemen selbst auf. Man sucht nach Lösungen, nicht nach Problemen. Daraus entlehnt sind die folgenden Fragen: »Was willst du ändern?« und »Was bist du bereit, dafür zu tun?« Die erste Frage (Was willst du ändern?) wird meist rasch beantwortet (»Ich will nicht jeden Tag diesen Streit zu Hause!« »Ich will endlich glücklich sein!« »Ich wünsche mir einen verständnisvollen Partner.«). Häufig sind die Antworten unspezifisch oder liegen gar nicht in unserer Hand (»Ich will einen Partner, der ...« »Ich wünsche mir eine Chefin, die ...«). Richtig schwierig wird es bei der zweiten Frage. Denn wenn wir ehrlich sind, wünschen wir uns oft Veränderungen, die ganz leicht und von selber gehen oder wo sich nur der andere ändert usw. Wege aus der Krise sind aber oft anstrengend, erfordern viel Kraft und Ausdauer, wir müssen Rückschläge einstecken usw. Oftmals müssen wir dazu etwas aufgeben (zum Beispiel Macht oder Kontrolle über eine*n Partner*in). Sind wir dafür wirklich bereit?

**FALLBEISPIEL**

Eine Frau Mitte 30 sucht mich wegen Partnerschaftsproblemen auf. Sie erzählt, dass sie und ihr Partner seit ca. elf Jahren eine Beziehung haben. Sie seien durch viele Höhen und Tiefen gegangen und waren immer stolz auf ihre stabile Beziehung, während es bei Freunden oft gekriselt habe. Ihr Freund sei ihre große Liebe. Nun haben sie ein Baby bekommen, dieses sei 15 Monate alt. Es sei die Krönung ihrer Liebe, sie überlegen, noch ein Kind zu bekommen. Nachdem sie mir dieses schöne Bild gezeichnet hat, frage ich vorsichtig nach, worin denn die Partnerschaftsprobleme lägen, weswegen sie mich aufgesucht habe. Etwas beschämt schildert sie mir, dass es in letzter Zeit (kurz nach der Geburt ihrer Tochter) immer wieder zu furchtbaren Szenen und Streitigkeiten käme. Das mache ihr Sorgen, vor allem, weil ihre Tochter das ja mitbekomme. Der Grund dafür liege in einem Seitensprung ihres Partners. Dieser habe auf einer Dienstreise einen intensiven Flirt mit einer Kollegin gehabt. Diese Kränkung könne (und wolle!) sie nicht verwinden. Wann immer es zu einem Konflikt komme, bringe sie dieses Thema zur Sprache und dann sei die Stimmung gleich im Keller. Ihr Freund höre sich die Vorwürfe gesenkten Hauptes an und wechsle daraufhin schnell das Thema. Auf meine Frage, was denn ihr Wunsch sei, was sich denn verändern solle, sagt sie: »Ich will aufhören zu streiten, ich will, dass es wieder so wird wie früher.« Aber das sei ja unmöglich, denn was passiert sei, lasse sich ja nicht ungeschehen machen. Vorsichtig frage ich, was sie denn bereit sei, dafür zu tun. Was wäre nötig, um den Groll, den sie ihrem Partner gegenüber verspüre, aufzulösen? In mir steigt das Bild auf, dass sie mit diesem Vorwurf fast so etwas wie einen Trumpf in ihrer Hand hätte, der alle anderen Argumente schlägt, wodurch sie in der Beziehung auch an Macht gewinnt. Vorsichtig teile ich ihr dieses Bild mit. Ob sie sich davon verabschieden wolle? Wie könnte ein mögliches Machtgefälle in der Beziehung vielleicht anders ausgeglichen werden? Zudem erschien es mir nicht stimmig, einerseits von der großen Liebe zu sprechen, den Partner andererseits aber über lange Zeit strafen zu wollen. All dies war natürlich ein langer Prozess in unserer gemeinsamen Arbeit und ein schmerzhafter, bei dem viele Taschentücher verschneuzt wurden. Das Beispiel zeigt, wie schwierig es sein kann, etwas aufzugeben, um eine echte Veränderung zu ermöglichen. An Altem festzuhalten und gleichzeitig eine Veränderung zu wollen, lässt sich nur schwer bewerkstelligen. Die Erkenntnis, dass es nicht mehr »wie früher« wird, ist ein erster Schritt, der nächste ist dann die Frage: Wie soll es denn (nun anders) sein? Das ist kein leichter Weg, aber er lohnt sich.

2. Kopf einschalten
   In Krisen übernehmen oft starke Gefühle die Kontrolle. Verzweiflung, Hoffnungslosigkeit, Frustration und Tunnelblick machen es schwer, Optimismus und Sinnhaftigkeit aufrechtzuerhalten und Handlungsoptionen zu sehen. Gegen diese Gefühlsüberflutung hilft rationales Denken. Also: Kopf einschalten und überlegen, wo will ich hin und wie komme ich dahin? Was sind die Zwischenschritte? Was brauche ich dafür? Wer könnte mich unterstützen? Machen Sie sich immer wieder bewusst, dass Sie es sind, der*die entscheidet, wie sehr Sie sich von Ihren Emotionen leiten lassen. Manche Menschen suchen geradezu das Drama. Ist es das, was Sie wirklich wollen?

3. Aktiv werden
   Auch wenn die Versuchung vielleicht groß ist, sich selbst zu bemitleiden, mit dem Schicksal zu hadern und sich von allen ungerecht behandelt zu fühlen – versuchen Sie, aktiv zu werden und Ihr Leben wieder in die Hand zu nehmen: Suchen Sie nach Informationen, tauschen Sie sich mit anderen aus, stecken Sie sich ein Ziel und versuchen Sie, es zu erreichen. Natürlich hat jeder einmal ein Tief und Selbstmitleid ist auch erlaubt, aber dann heißt es »aufstehen, Krönchen richten und weitergehen«! Wichtig dabei: Wenn Sie jemanden in Ihrem Umfeld haben, der sich in einer Krise befindet, bedenken Sie bitte: Bevor man aktiv werden kann, muss die Person zuerst abgeholt werden, wo sie ist. Das Leid muss anerkannt werden. Also: gemeinsam weinen und hadern und *dann* überlegen: Wie packen wir es jetzt an?
   Nach einer schmerzhaften Trennung suchte ich meine Supervisorin auf. Es ging mir richtig schlecht. Sie ließ mich weinen und trauern, um mich dann fast etwas unsanft daran zu erinnern, dass es jetzt auch weitergehen müsse. Ich gebe zu, das war in der Situation hart und eigentlich gar nicht das, was ich hören wollte, aber es hat mich wieder auf »Schiene« gebracht, mir zu überlegen, wie ich nun mein Leben gestalten wollte. Natürlich war ich nach wie vor traurig, aber die Zukunft war wieder ein Stück weit vorstellbar und ich in meiner Handlungsfähigkeit gestärkt.

4. Neue Wege ausprobieren
   Raus aus dem ewig gleichen Kreislauf, kreative Wege aus der Krise suchen. Wieder nehmen wir Anleihe aus dem großen Werkzeugkasten der lösungsorientierten Kurzzeittherapie: In Krisen wird es typischerweise »eng«, wir fühlen uns gefangen

in einer Situation, auch unser Denken wird eng (Stichwort »Tunnelblick«). Wir machen immer mehr vom selben (Alten), anstatt nach dem Grundsatz zu handeln: »Finde heraus, was (einmal) gut funktioniert (hat) – und tu mehr davon!«

Ein Beispiel: Stellen Sie sich vor, Sie haben einen riesengroßen Schlüsselbund mit ganz vielen Schlüsseln daran. Es nützt nichts, wenn Sie immer wieder versuchen, mit demselben Schlüssel das Schloss aufzusperren, wenn dieser Schlüssel nicht passt. Versuchen Sie es mit einem anderen Schlüssel, und wenn der nicht passt, wieder mit einem anderen. Zugegeben, dieser Punkt ist besonders schwer umzusetzen, wenn ein Anstoß von außen fehlt. Allerdings hilft es vielleicht, einmal zu überlegen: Wie reagiere ich? Gibt es hier ein Muster? Wenn ja, dann überlegen Sie, was Sie in Zukunft anders machen können.

5. Verbundenheit: Gleichgesinnte suchen

Tauschen Sie sich mit Menschen aus, die Ähnliches erlebt haben. Überlegen Sie gemeinsam, wie Sie mit der Situation umgehen können. Informieren Sie sich gemeinsam, sprechen Sie mit ihnen über Ihre Befürchtungen und Ängste. Verstanden zu werden, sich nicht allein zu fühlen, kann viel Kraft geben. Vielleicht können Sie sich gegenseitig Hoffnung geben oder jemand ist in der Krisenbewältigung schon weiter und kann als *Role Model* dienen.

**VERBUNDENHEIT**

Verbundenheit ist ein starker Resilienzfaktor. Gemeinsam durchgeführte Rituale beispielsweise stärken die Verbundenheit und damit die psychische Widerstandsfähigkeit. Verbundenheit gibt uns das Gefühl, einem größeren Ganzen anzugehören, und erhöht damit das Gefühl der Sinnhaftigkeit (vgl. Kohärenzgefühl in Kapitel 2.4.1).

6. Unterstützung durch das soziale Netzwerk nutzen

Bitten Sie um Unterstützung. Teilen Sie mit, dass es Ihnen schlecht geht (dabei gut überlegen, wem Sie sich anvertrauen, wer wirklich hilfreich für Sie sein kann und nicht selber belastet ist oder wo es Ihnen schaden kann, wie zum Beispiel am Arbeitsplatz). Bitten Sie um Geduld und Nachsicht, sollten Sie gereizter sein als sonst. Vielleicht hat jemand Lösungsansätze. Klare Kommunikation ist dabei das A und O: Wenn Ihnen Ratschläge auf die Nerven gehen, dann sagen Sie dies freundlich, aber deutlich. Wenn Sie lieber nicht darüber sprechen wollen, dann formulieren Sie auch das. Lassen Sie sich gegebenenfalls von professionellen sozialen Netzwerken unterstützen, also von Ärzt*innen, Psycholog*innen, Krisenhotlines u. Ä.

**FALLBEISPIEL** Klare Kommunikation als Herausforderung

Die oben angesprochene klare Kommunikation gelingt nicht immer so ohne Weiteres. Es bedarf einer gewissen Übung, aber auch Vorbereitung kann nützlich sein. Besonders bei Tabuthemen fällt uns dies erfahrungsgemäß schwer.

Ein junger Mann verlor seine Mutter durch Suizid und sah sich mit dem Problem konfrontiert, dass die Erwähnung der Todesart große Betroffenheit und Hilflosigkeit beim Gegenüber auslöste. Allein schon die Information, dass jemand gestorben ist, löst häufig Unsicherheit aus, wie man darauf reagieren solle, sowie Mitleid und Mitgefühl. Die zusätzliche Erwähnung eines Suizids verschärft die Situation. Genau diese Gefühle der Unsicherheit und eigenen Betroffenheit machten dem jungen Mann zu schaffen. Einerseits fühlte er die Verpflichtung, nun »darüber« sprechen zu müssen oder sogar das Gegenüber zu trösten, andererseits wäre es ihm meist am liebsten gewesen, einfach normal weiterzumachen und mit keinen großen Emotionen konfrontiert zu werden (er hatte mit seinen eigenen genug zu tun). Also versuchten wir, einen passenden Satz zu formulieren, den er sich vorab für derartige Situationen zurechtlegte. Ihm war es ein Anliegen, freundlich, aber bestimmt auszudrücken, dass es schlimm sei, aber okay und er nicht weiter darüber sprechen wolle. So konnte er in diesen für ihn unangenehmen Situationen die Kontrolle bewahren, was ihm Sicherheit und ein gutes Gefühl gab.

7. Die Kraft der positiven Gedanken nutzen

Bleiben Sie zuversichtlich. Denken Sie bewusst, dass es wieder aufwärtsgehen wird, dass das Glück zurückkommt, dass Sie sich nicht unterkriegen lassen. Befolgen Sie ärztliche und psychologische Empfehlungen (vgl. Hausmann 2021).

Wir wissen aus der Forschung, dass die Gedanken, die Betroffene während und nach einem traumatischen Ereignis haben, Auswirkungen darauf haben, ob diese sich rasch erholen oder aber eine posttraumatische Störung entwickeln (Ehlers, Clark 2000). So macht es einen Unterschied, ob jemand denkt, »Das überleb ich nicht!« oder »Ich komm da schon wieder raus!«. Häufig hört man von Betroffenen Sätze wie »Mein Leben ist zerstört, ist sinnlos geworden!« Das ist natürlich normal und darf auch (vor allem in der Akutphase) sein. Wichtig ist aber, dass sich diese Gedanken nicht verfestigen, da sonst danach gehandelt wird und so das Vorgestellte in Handlungen umgesetzt wird. Nicht nur bei traumatischen Erfahrungen, auch in anderen schwierigen Situationen spielen unsere Gedanken eine wichtige Rolle. Durch die Verstärkung neuronaler Netzwerke können Ängste, Sorgen und Befürchtungen sich immer weiter ausweiten und stabilisieren (vgl. Kapitel 1.4.4). Es sind also tatsächlich nicht »nur« Gedanken, sondern Gedanken gestalten unser Gehirn und unsere Wirklichkeit.

### DIE KRAFT DER IMAGINATION

Der US-amerikanische Psychiater, Psychologe und Psychotherapeut Milton Hyland Erickson begründete die Hypnotherapie und bereicherte und prägte das psychotherapeutische Interventionsrepertoire wesentlich. Erickson musste selber immer wieder in seinem Leben mit schweren körperlichen Erkrankungen umgehen. So erkrankte er im Alter von 17 Jahren an Kinderlähmung und fiel ins Koma. Es war unklar, ob er überleben würde. Als er nach drei Tagen wieder erwachte, war er vollständig gelähmt. Bewegungsunfähig saß er in seinem Schaukelstuhl und begann, seine Wahrnehmung zu schulen und mit seiner Vorstellungskraft zu experimentieren. Der intensive Wunsch, aus dem

Fenster zu sehen, führte dazu, dass sich sein Schaukelstuhl bewegte. Durch Imagination und intensive Konzentration auf seine Körpererinnerungen erlangte er langsam wieder Kontrolle über seinen Körper.

8. Auf Erholung achten und Stress reduzieren

In Krisenzeiten sind oft die Routinen und normalen Abläufe des Lebens gestört. Wir achten weniger auf uns, schlafen, essen weniger, als wir sollten (oder ernähren uns nur von Schokolade), vernachlässigen unsere sozialen Kontakte. Alles ist auf »Ausnahmezustand« gestellt. Dem sollten wir so früh wie möglich entgegenwirken: Achten Sie bewusst darauf, Ihre Grundbedürfnisse zu erfüllen. Schlafen Sie, essen Sie gesund und regelmäßig, bewegen Sie sich an der frischen Luft, vielleicht schaffen Sie es sogar zum Yoga-Kurs. Das mag banal klingen, aber es unterbricht ein Stück weit die Abwärtsspirale und wir signalisieren unserem Gehirn damit, dass nicht alles von der Krise beeinträchtigt und gestört ist. Ein weiterer Punkt, der häufig den Stress erhöht, ist der Social-Media-Konsum. Der soziale Rückzug schlägt sich häufig in einem verstärkten Social-Media-Konsum nieder. Die Inhalte sind aber oft belastend, es vergeht viel Zeit und man fühlt sich danach eher schlechter. Entwickeln Sie auch hier eine gesunde Routine: Schauen Sie erst nach dem Frühstück das erste Mal aufs Handy. Beobachten Sie Ihren Social-Media-Konsum, widerstehen Sie der Versuchung und gehen Sie stattdessen lieber kurz an die frische Luft und lassen Sie das Handy zu Hause. Auch lange Telefonate mit Freund*innen, in denen Sie von Ihren Problemen erzählen, sind nicht immer hilfreich, sondern lassen Schwierigkeiten oft noch größer erscheinen.

### Exkurs: *Social Media Detox / Digital Detox*

Unter *Social Media Detox* (deutsch: Entgiftung von sozialen Medien) versteht man eine bewusste Auszeit von Social Media wie Facebook, Instagram, Twitter oder TikTok. Diese umfasst die passive (Beiträge lesen usw.) und die aktive Nutzung (Storys, Beiträge, Reels posten). Die Pause kann einige Stunden dauern, Tage oder Wochen. Jedenfalls geht es dabei um einen bewussteren und achtsameren Umgang mit den sozialen Netzwerken. Beim *Digital Detox* geht man noch einen Schritt weiter: Es bedeutet den Verzicht auf ein digitales Gerät bzw. ein Offline-Gehen von Smartphone, Laptop und Co. Für die Durchführung eines *Social Media* oder *Digital Detox* ist es vor allem wichtig, sich nicht allzu ehrgeizige, sondern erreichbare Ziele zu setzen. Es macht beispielsweise Sinn, für eine entspannte Morgen- und/oder Abendroutine den Social-Media-Konsum zu reduzieren. Die *Social-Media*-Sperre könnte beispielsweise eine Stunde vor dem Schlafengehen beginnen und diese Stunde für ein angenehmes Ritual genutzt werden, durch das man zur Ruhe kommen kann. Um zu verhindern, dass man in der Nacht von Nachrichten gestört wird oder gleich zum Handy greift, wenn man einmal aufwacht, könnte dieses im Wohnzimmer platziert werden (vielleicht muss man sich einen Wecker kaufen, wenn man dafür sonst immer das Handy verwendet hat). Statt in der Früh gleich zum Handy zu greifen, um zu checken, wie viele *Likes* die neueste *Story* bekommen hat, kann man zuerst entspannt frühstücken und dabei vielleicht ein Rätsel lösen, wenn es sonst zu »langweilig« ist und man Ablenkung gewohnt war. Vielleicht danach eine kurze Morgenmeditation, zum Beispiel eine einfache Atemübung, und dann für einen festgelegten Zeitraum auf *Social Media* (damit man dann nicht zu lange drinhängt, um alles nachzuholen, was man seit gestern Abend versäumt hat). Es macht zudem Sinn, seine Freund*innen zu verständigen, falls die es gewohnt sind, dass man sofort auf Nachrichten antwortet, damit sich niemand Sorgen macht – vielleicht erhalten Sie sogar Unterstützung oder jemanden, der mitmacht! Übrigens: Eine längere Handynutzung als zweieinhalb Stunden am Tag wird von Expert*innen aus der Neuropsychologie schon als problematisch für unser Gehirn eingeschätzt!

Nach den acht Wegen aus der Krise zum Abschluss noch ein paar Strategien, die die Bewältigung von Krisen verzögern, blockieren oder behindern (siehe dazu auch Hausmann 2021, S. 97). Vielleicht ist etwas dabei, das Ihnen bekannt vorkommt:

- Rückzug und Selbstmitleid: gereizt und ungeduldig auf andere reagieren, sich selbst bemitleiden, ins Grübeln kommen, mit dem Schicksal hadern, sich von anderen Menschen zurückziehen.
- Bagatellisierung und Wunschdenken: Geschehenes nicht wahrhaben wollen, Herunterspielen der Bedeutung der Ereignisse, Wunschdenken oder Tagträumen nachhängen.
- Rumination (Grübeln): Suche nach eigenen Fehlern, sich sorgen, ob Ärzt*innen etc. helfen können, über die Ehrlichkeit anderer grübeln, in Tagträumen versinken, allen Problemen aus dem Weg gehen, an Menschen ohne Probleme denken.

## 2.2  Menschen in Krisen unterstützen

Menschen in Krisenzeiten zu unterstützen bedeutet, sie behutsam in den verschiedenen Phasen zu begleiten, ihre Emotionen auszuhalten und aufzufangen und ihnen den Mut zu geben, weiterzumachen. Nicht jede Unterstützung ist dabei hilfreich und es ist nicht immer leicht, das zu tun, was »richtig« im Sinne von hilfreich ist. Ich habe gelernt, dabei vor allem auf die Betroffenen selbst zu hören. Ich bin überzeugt davon, dass diese sehr genau wissen, was sie brauchen und was ihnen helfen könnte. Es lohnt sich, gut hinzuhören, die richtigen Fragen zu stellen, auf sein Bauchgefühl zu hören (d. h. auf die Übertragung). Leider passiert häufig das Gegenteil – es werden die eigenen Erfahrungen, Vorstellungen und Werte auf das Gegenüber übertragen, Ratschläge und Tipps gegeben usw.

- Sicherheit vermitteln, Raum und Halt geben
  Als Berater*innen oder Begleiter*innen von Menschen in Krisen wollen wir Vertrauen, Sicherheit und Verlässlichkeit vermitteln. Das bedeutet, dass wir dableiben, auch wenn es hart wird, dass wir uns von den Gefühlen des Gegenübers nicht so

weit anstecken lassen, dass wir ebenfalls in dem Sog von Hoffnungslosigkeit und Verzweiflung ertrinken, und wir es nicht persönlich nehmen, wenn wir Zielscheibe von Wut und Anwürfen werden.

Damit Menschen sich öffnen können, ihr Leid klagen und ihre Emotionen zeigen können, ist es unabdingbar, dass wir einen sicheren Rahmen schaffen, in dem die Betroffenen dies ohne Scham und Reue im Nachhinein tun können. Eine Kollegin aus der Arbeit in der Teeküche zu ermuntern, mir ihr Leid anzuvertrauen, ist vielleicht gut gemeint, aber da immer jemand hereinkommen könnte, der sie so nicht sehen und auch Teile der persönlichen Geschichte nicht hören sollte, wäre es wohl besser, das Gespräch woanders zu führen oder auf einen Zeitpunkt nach der Arbeit zu verschieben. Zudem müssen wir uns auch versichern, ob wir die Geschichte der Betroffenen gerade aushalten können, ohne ihre Emotionen herunterzuspielen oder selbst getriggert zu werden.

- Leid anerkennen, nicht lindern!

Bevor eine schwierige Situation akzeptiert und eine Veränderung zugelassen werden kann, muss das Leid und Leiden der betroffenen Person anerkannt werden, und zwar, ohne dass man versucht, es zu lindern. Das klingt nun vielleicht paradox, denn Psycholog*innen sollten ja dazu da sein, das Leid zu verringern. Doch: Das Anerkennen und Bezeugen des Leidens der betroffenen Person ist zu Beginn einer Begleitung unabdingbar für alle weiteren Schritte. Das Aushalten negativer Emotionen ist für uns sehr schwierig und am liebsten würden wir das Leid sofort wegmachen oder zumindest reduzieren. Um sich aber vom Leiden »verabschieden« zu können, muss es zuerst gespürt werden. Nicht endlos, aber doch. Das klingt, als könnte man als Helfer*in nichts tun. Dem ist aber nicht so. Unsere Aufgabe ist das Da-Sein und Da-Bleiben, das Aushalten und Mittragen. Neuropsychologisch (und etwas vereinfacht) gesprochen kann man sagen, durch das gemeinsame Aushalten wird Oxytocin ausgeschüttet, welches das limbische System etwas abkühlt.

### DIREKTIVES HANDELN IN SCHWEREN KRISEN

Bei der Begleitung, Beratung oder Unterstützung von Menschen in akuten Ausnahmesituationen ist es hilfreich, eine direktive Haltung einzunehmen (ganz entgegen unserer Sozialisierung als Psycholog*innen oder Psychotherapeut*innen). Je schwerer eine Krise ist und je »kopfloser« oder »gelähmter« die Klientin, desto mehr ist ein aktives und – falls erforderlich – direktives Handeln gefordert (D'Amelio 2010). Damit ist nicht gemeint, dass wir besser wissen, was die Person gerade braucht, und wir sie herumkommandieren, aber manchmal ist es notwendig, jemanden aus einer Fixierung (Starre, Handlungsunfähigkeit) herauszubekommen. Je mehr die Klientin im emotionalen Gleichgewicht ist und aktiv an der Bewältigung der Krise mitarbeiten kann, desto mehr kann die Unterstützerin die Haltung einer empathischen, aktiven Zuhörerin einnehmen.

**FALLBEISPIEL** Direktives Vorgehen zur Stabilisierung

Eine Klientin, die vor Kurzem ihren Mann bei einem tragischen Unfall verloren hat, ruft mich am Samstagabend an (wir hatten vereinbart, dass sie mich in Notsituationen anrufen kann, oder, falls ich nicht erreichbar bin, einen anderen Ansprechpartner). Die Klientin ist aufgelöst, weint und schluchzt ins Telefon. Die Trauer und die schrecklichen Bilder haben sie (wieder einmal) völlig überwältigt. Ich höre eine Zeitlang ruhig zu. Das Gespräch dreht sich (wie es in solchen Situationen typisch ist) im Kreis. Langsam versuche ich, sie aus ihrer Überwältigung herauszubringen. Ich schlage vor, sie solle mir sagen, wo genau sie in ihrer Wohnung ist, sie möge sich doch auf das Sofa setzen usw. Sie beruhigt sich etwas. Irgendwann erwähnt sie, sie habe den ganzen Tag noch nichts gegessen und sei total erschöpft. Da das Gespräch schon recht lange dauert und ich das Gefühl habe, es so noch nicht beenden zu können, sage ich mit fester Stimme: »Liebe Frau A., es kommt Ihnen in Ihrem Schmerz jetzt wohl eigenartig vor, aber ich werde Ihnen jetzt etwas vorschlagen. Sie haben im Gespräch erwähnt, Sie hätten den ganzen Tag nichts gegessen und seien total erschöpft. Bitte stehen Sie jetzt auf und gehen Sie in die Küche ... Sind Sie dort? Wunderbar. Machen Sie den Kühlschrank auf – was sehen Sie? Hmm, aha ... Suppe von gestern. Könnten Sie sich vorstellen, diese jetzt runterzukriegen? Nur ein paar Löffel? Ich weiß, das ist jetzt das Letzte, das Sie interessiert. Dennoch: Bitte nehmen Sie die Schüssel aus dem Kühlschrank.« Nachdem sie sich mit der Suppe etwas gestärkt hat, ruft sie mich wieder an und wir setzen unser Gespräch fort. Nun ist es möglich, zu besprechen, was genau sie heute so verzweifeln ließ und wie sie die Nacht überstehen kann.

- Empathische Anteilnahme: mitfühlen, aber nicht mitleiden:
  Voraussetzung für eine gelingende Unterstützung ist das Mitgefühl. Mitgefühl hat eine heilsame Kraft und ist mehr als Empathie. Mitgefühl bedeutet eine anteilnehmende Sorge um eine Person, verbunden mit der Motivation, ihr Leid zu lindern. Mitgefühl schlägt leicht in Mitleid um. Im Unterschied zum Mitgefühl ist das Mitleid jedoch nicht hilfreich, denn es erzeugt ein Gefühl der eigenen Überlegenheit und blockiert sogar Impulse, zu helfen, das Leid zu verringern. Das Ziel ist somit eine mitfühlende Anteilnahme, verbunden mit einer ressourcenorientierten Haltung zur Verbesserung der Situation der betroffenen Person.

### EMPATHIE UND MITGEFÜHL

Empathie und Mitgefühl sind nicht dasselbe, auch wenn die Begriffe zum Teil synonym verwendet werden. Bei beiden Begriffen geht es darum, sich emotional und kognitiv in eine andere Person hineinzuversetzen. Bei Empathie werden die Gefühle des Gegenübers geteilt. Beim Mitgefühl geht es noch einen Schritt weiter. Es werden Gefühle von Wärme und Anteilnahme entwickelt, man sorgt sich um den anderen, will helfen und unterstützen. Mitgefühl spendet Trost, wobei die nötige Distanz zum Gegenüber gewahrt wird. Beim Mitgefühl bleibt die Beziehung auf Augenhöhe. Empathie ermöglicht uns zu fühlen, was das Gegenüber fühlt, zu wissen, was im anderen vorgeht, jedoch ändert das alleine noch nichts. Empathie bedeutet auch, sich von den negativen Gefühlen des Gegenübers anstecken zu lassen – von Wut, Schmerz, Verzweiflung, was zu Belastungen bis hin zu emotionaler Erschöpfung der Helfer*innen führen kann (Empathie-Stress). Eine mitfühlende Haltung schützt daher auch mich als Helfer*in vor dem Ausbrennen. Mehr zum Thema Empathie und Mitgefühl sowie zu Gefühlsansteckung finden Sie in Kapitel 4.2.

**FALLBEISPIEL  Mit Achtsamkeit gegen Empathie-Stress**

Eine Ärztin berichtet, sie habe sich immer bemüht, auf ihre Patient*innen einzugehen, sich empathisch einzufühlen, da dies ja auch ihre Arbeit, wie zum Beispiel die Diagnosestellung, erleichtere. Im hektischen Arbeitsalltag des Krankenhauses habe ihr diese Haltung viel abverlangt. Nicht nur zu sehen, sondern auch zu spüren, wie ihre Patient*innen und auch deren Angehörige leiden – manchmal ohne Hoffnung auf Heilung –, habe sie immer mehr belastet. Ältere Kolleg*innen haben ihr dann geraten, sie müsse lernen, sich besser abzugrenzen, und dürfe das alles gar nicht so an sich heranlassen. Eine befreundete Kollegin habe sie dann einmal zu einem Achtsamkeitstraining mitgenommen, in welchem sie eine andere Haltung kennenlernte. Sie habe gelernt, mit ihren Patient*innen mitzufühlen, verbunden mit dem Ziel – ihrer Aufgabe als Ärztin –, das Leiden zu lindern, vielleicht sogar zu heilen, oder aber bei der Akzeptanz des Unveränderlichen zu unterstützen.

- Ressourcenorientierung
  Neben der Anerkennung des Leids sollten wir von Anfang an auch die Ressourcen unserer Klient*innen erfragen. Auch wenn es im Moment vielleicht wenig gibt, was der betroffenen Person Freude macht, so kann man sich diese Momente doch in Erinnerung rufen. Ressourcenorientierte Fragen können sein: »Wie haben Sie das bisher gemacht? Wie haben Sie das ausgehalten?« Luise Reddemann spricht dabei von »Fragen nach der Überlebenskunst« (Reddemann 2012). Indem wir von Anfang an nicht nur die Krise, die Probleme im Fokus haben, sondern auch das, was im Leben schön ist, was stützt und Halt gibt, stärken wir auch diese Seite in den Betroffenen und erhalten zudem wertvolle Informationen, wo wir mit zukünftigen Interventionen ansetzen können. So bin ich beispielsweise einmal zufällig draufgekommen, dass eine Klientin, die angab, »völlig allein zu sein«, zu Hause drei Katzen hatte. Das hat die Situation total verändert, denn diese Katzen konnten wir in unsere Arbeit wunderbar einbinden, sie wurden zu meinen Co-Therapeutinnen. Seitdem frage ich übrigens immer nach dem Vorhandensein von Haustieren! (Mehr zum Thema Ressourcenorientierung finden Sie in Kapitel 3.5.)
- Selbstwirksamkeit und Autonomie fördern
  Das Einnehmen einer direktiven Haltung in akuten Krisensituationen und Ausnahmezuständen steht mit dem Ziel, Selbstwirksamkeit und Autonomie zu fördern, nicht im Widerspruch. Vorrangig ist es, das oft in Krisen vorherrschende

Gefühl der Hilflosigkeit und Ohnmacht zu reduzieren und wieder handlungsfähig zu werden. Dadurch erhält die betroffene Person wieder Zutrauen zu sich selbst und den Mut, ihr Leben Schritt für Schritt wieder selbst in die Hand zu nehmen. Solange es Menschen noch sehr schlecht geht, können das ganz kleine Handlungen sein, die dann immer mehr ausgeweitet werden. Manchmal kann man gerade nichts tun, um die Situation zu ändern. Dann kann man sich beispielsweise um sich selbst kümmern und aktiv Dinge tun, die einem guttun. Um die Selbstwirksamkeit zu fördern, ist verbale Unterstützung oft hilfreich. Menschen in Krisen Mut zu-zusprechen, ist ein sehr wirksames Instrument. Vor allem, wenn der Zuspruch von jemandem kommt, der besonders geschätzt wird und vielleicht sogar eine Expert*innenrolle einnimmt. Menschen, die sich schon länger in Krisen befinden, haben manchmal das Vertrauen verloren, noch etwas ändern zu können. Dann besteht die Vorarbeit darin, gemeinsam zu überlegen, warum gewisse Lösungs-schritte nicht funktioniert haben, was man nun anders machen oder Neues versu-chen könnte, um wieder Motivation aufzubauen, einen neuerlichen Anlauf zu star-ten.

### ERLERNTE HILFLOSIGKEIT

Manchmal fragt man sich vielleicht, warum sich Menschen nicht aus un-erträglichen Lebenssituationen befreien. Nehmen wir eine Frau, die von ihrem Partner misshandelt wird: Warum geht sie nicht zur Polizei, erwirkt eine Wohnungsverweisung usw.? Leider gibt es Menschen, die gelernt haben, dass, egal, was sie machen, ihr Handeln nicht zum Erfolg führt – und sie geben auf. Der heute als Vater der Positiven Psychologie bekannte Martin Seligmann hat sich Mitte der 1960er-Jahre mit der Entstehung von Depres-sion beschäftigt und dabei das Konzept der »erlernten Hilflosigkeit« entwi-ckelt. Seligman fand heraus, dass die Erfahrung von unkontrollierbaren Ereignissen zu erlernter Hilflosigkeit führt. Dazu führte er folgende Experi-mente durch (die heute hoffentlich aus Tierschutzgründen nicht mehr mög-lich wären): Er sperrte Hunde in einen Käfig, dessen Boden unter Strom gesetzt wurde. Zu Beginn versuchten die Hunde, den Stromschlägen zu ent-kommen. Als sie aber feststellten, dass ihre Bemühungen erfolglos waren, gaben sie irgendwann auf. Dann wurde der Käfig um einen nicht unter Strom gesetzten Bereich erweitert, der leicht für die Hunde erreichbar war. Es zeigte sich jedoch, dass die Hunde gar nicht mehr versuchten, diesen Bereich zu erkunden. Sie hatten bereits gelernt, dass ihr Handeln keine Auswirkun-gen hat. Die Ergebnisse aus diesen Versuchen mit Tieren wurden übrigens 1974 durch Donald S. Hiroto in einer Untersuchung am Menschen bestätigt (Hiroto 1974).

- Positives soziales Netz etablieren und fördern
  Ähnlich wie bei Suizidalität gilt auch in der Begleitung von Menschen in schweren Krisen der Grundsatz: Das kann man nicht allein schaffen. Es gilt also von Anfang

an, ein möglichst großes soziales Netz zu aktivieren. Menschen in Krisen neigen zum Rückzug und haben möglicherweise in ihrem sozialen Netz nicht nur hilfreiche Erfahrungen gemacht. Manchmal bewirkt der Tunnelblick auch eine Verzerrung der Wahrnehmung. Ich habe da eine junge Frau vor Augen, die mir immer wieder schilderte, sie habe keine Freunde, niemanden, der sich für sie interessiere, sie sei so einsam. Bei genauerer Betrachtung stellte sich heraus, dass es sehr wohl Freund*innen gab. Da die junge Frau jedoch das Telefon nicht mehr abhob und keine Nachrichten mehr beantwortete, wurden die Kontaktversuche ihres Freundeskreises mit der Zeit immer weniger.

Es geht nun also darum, herauszufiltern, welche Personen des sozialen Netzwerks sich als hilfreich erweisen könnten, welche Ressourcen es gibt usw., und diese Kontakte zu reaktivieren. In manchen Fällen gibt es tatsächlich kein soziales Netzwerk (beispielsweise bei alten Menschen). Dann könnte eine Alternative sein, ein professionelles soziales Netz aufzubauen (Heimhilfen, Krisentelefone, Besuchsdienste). Dazu müssen u. U. Vorbehalte abgebaut werden. Dabei genügt es natürlich nicht, einfach nur Telefonnummern weiterzugeben. Es müssen die entsprechenden Institutionen kontaktiert, gewisse Vorbereitungen getroffen werden, damit die betroffene Person dann weitere Schritte unternehmen kann (je nach individuellen Möglichkeiten).

- Stellvertretende Hoffnung

  Eine äußerst wirksame Intervention ist die »stellvertretende Hoffnung«. Wie schon öfter erwähnt, fühlen sich Menschen in Krisen hilflos, ohnmächtig, ausgeliefert. Sie haben die Hoffnung verloren, dass ihre Situation irgendwann besser wird.[8] Dabei sind Hilf- und Hoffnungslosigkeit sehr starke Gefühle, auch sehr mächtig in der Gefühlsansteckung. Das führt häufig dazu, dass auch die Helfer*innen das Gefühl bekommen, sie könnten gar nichts tun bzw. alles, was sie tun, sei zu wenig, jemand anderer könne viel besser helfen usw. Achtung: Das ist eine Falle! Ich kenne dieses Gefühl sehr gut. Manchmal hatte ich schon das Gefühl, die Hilflosigkeit legt sich wie ein Nebel, fast zum Angreifen, über den Raum. Es hat eine enorme Kraft. Natürlich kann es sein, dass man von einem bestimmten Fall überfordert ist und tatsächlich jemand anderer besser unterstützen könnte. Dabei ist es wichtig zu unterscheiden: Ist das Gefühl, das bei mir entsteht, der Gefühlsansteckung geschuldet oder ist es tatsächlich mein eigenes Gefühl, das hier aufkommt?

  Stellvertretende Hoffnung bedeutet, dass wir immer noch die Möglichkeit sehen, dass es besser wird. Wir können das niemandem versprechen, aber wir können es auch nicht ausschließen! Dies bedarf nicht unbedingt der Worte, es ist vielmehr eine Haltung, die wir verlässlich einnehmen.

---

8 Der Unterschied zwischen Hilflosigkeit und Hoffnungslosigkeit: Hoffnungslosigkeit ist auf die Zukunft gerichtete Hilflosigkeit.

## 2.3 Was Menschen in akuten Krisen brauchen – und was nicht

Jede Krise ist anders und jeder Mensch ist anders. In der Psychologie gibt es keine Patentrezepte. Dennoch gibt es einige Ansätze in der Krisenintervention, die für viele Menschen hilfreich sind. Einige der wichtigsten Punkte finden Sie hier zusammengefasst.

- Innere und äußere Sicherheit
  Menschen in Krisen fühlen sich häufig verunsichert und haben das Vertrauen in ihre Fähigkeiten verloren. Eine schützende Umgebung, in der getrauert, geweint werden kann, sowie vertraute Abläufe und Routinen (dies gilt insbesondere für Kinder) können ein gewisses Maß an Sicherheit zurückgeben, ebenso wie eine sichere Beziehung, die hält und den Betroffenen das Vertrauen gibt, nicht alleine mit der überfordernden Situation fertigwerden zu müssen. Wichtig ist eine Beziehung, die auch Provokationen aushält und Raum gibt für die Bedürfnisse der betroffenen Person. Auch Informationen können Sicherheit vermitteln, beispielsweise darüber, wie man mit seinen Kindern umgehen soll, welche Reaktionen »normal« sind, ab wann man sich professionelle Hilfe suchen sollte, wo man diese bekommt usw.
- Emotionen zuordnen/benennen
  Über die eigenen – vielleicht überwältigenden – Gefühle zu sprechen, sie in Worte zu fassen, entlastet und stabilisiert. Gemeinsam nach Wegen zu suchen, um mit den Gefühlen umzugehen, macht Hoffnung und ermöglicht es, wieder handlungs- und entscheidungsfähig zu werden (Sie erinnern sich: zuerst die Anerkennung des Leidens, dann Suche nach Lösungsansätzen oder Veränderungen etc.).
- Struktur und kleine Schritte
  In Krisen hat man oft das Gefühl, im Chaos zu versinken, den Alltag nicht mehr bewältigen zu können. Man fühlt sich überfordert, hat keine Kraft. Betroffene dabei zu unterstützen, Ordnung ins Chaos zu bringen, ist ein wichtiger erster Schritt. Was ist nun das Wichtigste, was kann warten, wie kann man es angehen? Wer kann mich dabei unterstützen? Muss ich überhaupt etwas tun? Wie kann ich meinen Tag strukturieren, wie die nächste Nacht überstehen? Denken Sie dabei in kleinen Schritten. Nach dem Motto: Wie isst man einen Elefanten? – Stück für Stück!
- Kontrolle und Handlungsmöglichkeiten
  Aus der Struktur ergeben sich Handlungsmöglichkeiten, was wiederum das Gefühl der Kontrolle fördert. Es macht wenig Sinn, sich den Kopf zu zerbrechen, ob man »überhaupt noch arbeitsfähig ist«. Die Frage ist, was ist *jetzt* dran (zum Beispiel arbeiten oder Krankenstand)? Nach dem Motto: *We cross the bridge when we get there.*
- Negative Gefühle und Gedanken verändern – Erleichterung verschaffen
  Ohnmacht, Verzweiflung, Hoffnungslosigkeit, Unsicherheit, Trauer, Schmerz, aber auch Wut, Aggression, Schuldgefühle und Scham wechseln sich ab und treten oft wellenförmig auf. Zeitweise fühlen sich Menschen in Krisen von ihren Gefühlen überflutet, dann geht es wieder etwas leichter (wenn man zum Beispiel von der

Arbeit abgelenkt ist oder ein lieber Mensch da ist). Dazu kommen negative Gedanken, Grübeln, das sich nicht abstellen lässt. Gespräche mit vertrauten Menschen,
Ablenkung sowie Aktivitäten, die das autonome Nervensystem beruhigen, wie
Spaziergänge in der Natur oder andere leichte körperliche Aktivität (Radfahren,
Yoga usw.) können Erleichterung verschaffen. Das Schaffen von Perspektiven, Hoffnung auf eine positive Veränderung und Möglichkeiten des Umgangs mit negativen Gedanken und Gefühlen sind ein erster Ansatz für eine Besserung. Als es mir
einmal selbst sehr schlecht ging, hat mir ein Freund empfohlen: »Du musst gehen.
Gehen, gehen, gehen. Du wirst sehen, das hilft.« Es war damals genau das Richtige
für mich. Es beruhigte mich, lenkte mich ab, brachte mich im doppelten Sinne des
Wortes »weiter«. Selbst wäre ich in dieser Situation nie darauf gekommen.

- Ernst genommen werden

Menschen wollen gehört und ernst genommen werden. Immer. Umso mehr, wenn
es ihnen schlecht geht. Hinweise, dass es anderen noch viel schlechter geht, dass
wir da alle durchmüssen u. Ä. sind bagatellisierend und nicht hilfreich. Zuerst müssen wir die Person da abholen, wo sie steht. D.h. die Krise, die Gefühle, die Gedanken würdigen (s.o.) und dann gemeinsam überlegen, wie der nächste Schritt aussehen könnte. Natürlich ist es wichtig, dass Betroffene von Angehörigen und
Freund*innen ernst genommen werden, aber noch gravierender können die Auswirkungen sein, wenn sich Betroffene (oft nach langem Ringen) an Fachkräfte wenden und dann die Erfahrung machen, dass ihre Beschwerden nicht ernst genommen werden.

### EXKURS  (Medical) Gaslighting

Unter »*Gaslighting*« (dt.: Gasbeleuchtung) versteht man die gezielte Mani-
pulation und Täuschung von Opfern, um sie in ihrer Realitätswahrnehmung
zu stören und in ihrem Selbstbewusstsein zu treffen. Der Begriff geht zurück
auf das Theaterstück »Gas Light« des britischen Dramatikers Patrick Hamil-
ton aus dem Jahr 1938, in dem er dieses Phänomen beschreibt. Beim *Gaslighting* werden Fakten verdreht, Falsches behauptet, die Gefühle des Opfers
infrage gestellt oder der Person abgesprochen. Das Opfer soll verunsichert
werden, bis es nicht mehr weiß, was Realität ist und was nicht. Ich erinnere
mich an eine Frau, die immer wieder von ihrem Mann betrogen wurde. Wenn
sie ihn mit Vorwürfen konfrontierte, deutete er die Situation so geschickt
um, dass sie nicht nur an ihren Wahrnehmungen – den Anzeichen seiner
Untreue – zweifelte, sondern sich sogar gezwungen fühlte, sich ihrerseits
wegen »Flirts« (die nie stattgefunden hatten) rechtfertigen zu müssen. Sie
zweifelte mit der Zeit an ihrem Verstand und wusste nicht mehr, was
stimmte und was nicht. Der Begriff wird auch für den medizinischen Bereich
angewendet, wenn Ärzt*innen ihre Patent*innen und deren Beschwerden
nicht ernst nehmen. Eine Frau, die in den beginnenden Wechseljahren massiv an weiblichem Haarausfall litt, was extrem belastend ist, wird – nachdem schon einiges ausprobiert wurde und nichts half – mit den Worten

abgefertigt, die Ursache sei sicher »psychisch«. Aussagen wie »Damit müssen Sie leben.« »Die Schmerzen bilden Sie sich ein.« »Das ist nur PMS.« »Das kann nicht wehtun.« usw. können auf *Gaslighting* hinweisen. Auch als »mündige Patientin« ist es nicht leicht, dagegen anzukommen, da es ja ein Machtgefälle gibt, man Beschwerden hat und sich daher schwach und verletzlich fühlt. Was helfen kann, ist, eine zweite Meinung einzuholen, zu versuchen, dennoch auf das eigene Gefühl zu vertrauen oder vielleicht sogar mit einer zweiten (nicht betroffenen) Person zum Arzt zu gehen.

Damit eine Krise einen positiven Verlauf nimmt, kann Folgendes hilfreich sein:
- Akzeptanz (der neuen Situation, vielleicht auch der Schwierigkeiten, der Krise): Dies braucht natürlich seine Zeit, vor allem aber auch Hoffnung und Zuversicht, dass die (neue) Situation bewältigbar ist. Akzeptanz ist die Voraussetzung für einen Wandel, eine Veränderung ins Positive. Solange wir hadern, stecken wir im Alten fest und Neues kann sich noch nicht etablieren.
- Coping-Strategien erlernen: Krisen ermöglichen es uns, neue, hilfreiche Strategien der Bewältigung zu erlernen. Dies kann uns für zukünftige Krisen wappnen und uns stärker und gelassener machen.
- Ressourcen nutzen, neue Ressourcen kennenlernen: Was hat bei früheren Krisen schon einmal geholfen? Bei welchen Aktivitäten fühlen Sie sich (etwas) besser oder zumindest abgelenkt? Mit wem könnten Sie über Ihre Situation sprechen? Was gibt Ihnen sonst in Ihrem Leben Kraft/Sinn/Freude?
- Sinngebung: Gerade bei Veränderungskrisen trägt eine Neubewertung und eine Sinngebung des Krisenanlasses zur emotionalen Stabilisierung bei und fördert die Handlungs- und Entscheidungsfähigkeit (*primary and secondary appraisal, reappraisal*, vgl. Stressmodell nach Lazarus, Folkman 1984, Kapitel 4.1.2): Inwiefern ist diese Krise »sinnvoll«, »eine notwendige Herausforderung«? Was kann ich daraus lernen? usw.
- Hilfe annehmen, sich rechtzeitig professionelle Hilfe suchen: Versuchen Sie nicht zu lange, eine besonders schwierige Lebenssituation alleine zu bewältigen. Holen Sie sich Unterstützung, manchmal braucht es einfach eine Außensicht.

### Was Menschen in Krisen nicht brauchen

Die Begleitung von Menschen in Krisen erfordert Wissen und Erfahrung. Leider werden Betroffene immer wieder mit gut gemeinten Ratschlägen, Patentrezepten, Be- und Verurteilungen usw. konfrontiert, die im schlimmsten Fall den Erholungsprozess massiv stören können. Daher sind im Folgenden einige Punkte angeführt, die wir alle besser vermeiden wollen.
- Vorschnelle Lösungen, Ratschläge, Bagatellisierungen, Patentrezepte, langatmige Erzählungen eigener Geschichten
  Vieles davon passiert aus einer positiven Motivation, man möchte der betroffenen Person helfen, ihr Hoffnung geben, das Leid vermindern etc. Doch das Gegenteil

von gut ist gut gemeint. Menschen in Krisen brauchen keine schnellen Lösungen, sie brauchen Unterstützung, um eigene, nachhaltige Wege aus der Krise zu finden. Jeder Ratschlag ist ein Schlag und gibt uns das Gefühl, dumm zu sein, nicht selber draufgekommen zu sein. Natürlich ist es manchmal hilfreich, jemandem Informationen zu geben, das ist aber nicht dasselbe wie ein Ratschlag oder eine Belehrung. Dasselbe gilt für Versprechungen, die wir nicht halten können, Alltagsfloskeln wie »Das wird schon wieder!« oder das Nicht-ernst-Nehmen bis hin zu »humorigen« Äußerungen. Ich erinnere mich an eine Begebenheit, als ich mit ca. zwölf Jahren einmal mit dem Rad stürzte. Es war ein Schotterweg und mein rechtes Knie sah schlimm aus. Also ab ins Unfallkrankenhaus. Der Schleimbeutel musste raus, mit lokaler Betäubung. Diese wirkte nicht recht, ich hatte große Schmerzen und spürte, wie ich genäht wurde, schrie und weinte. Damals durften die Eltern noch nicht bei der Behandlung dabei sein. Meine Mutter hörte mich aber bis nach draußen schreien und war völlig verzweifelt. Der Kommentar des Arztes: »Das kann nicht wehtun.« Beim Entfernen der Nähte sah ich eine breite hässliche Narbe mitten über meinem Knie. Ich fragte, ob dies so bleiben würde. Die Antwort: »Bis zum Heiraten is alles wieder gut.« Abgesehen davon, dass diese Antwort null Informationswert hat, war das Schlimmste für mich, dass mich niemand ernst nahm und ich mich völlig ausgeliefert fühlte.

Die meisten dieser Reaktionen – von Bagatellisierungen bis hin zu unhaltbaren Versprechen – haben den Hintergrund, dass man selber die Situation schlecht aushält und sie irgendwie auflösen möchte. Aber Situationen, die sich gerade nicht ändern lassen, auszuhalten, ohne Beschönigungen, ohne schwarzen Humor, ohne Floskeln usw., das ist die Aufgabe von Helfer*innen.

**FALLBEISPIEL**

Eine junge Frau ist in der elften Schwangerschaftswoche. Bisher verlief alles wunderbar. Beim nächsten Ultraschall tritt Hektik auf. Zuerst versteht sie gar nicht, was los ist, dann erhält sie die niederschmetternde Mitteilung: Die Herztöne sind weg. Der Fötus ist abgestorben. Die erfahrene Gynäkologin versucht, sie zu beruhigen – das könne passieren, jeder soundsovielte Fötus würde absterben, man nenne das *missed abortion*, das heiße noch gar nichts, sie werde schon wieder schwanger werden können, sie sei ja noch jung … Was gut gemeint ist, fühlt sich für die junge Frau zu diesem Zeitpunkt völlig falsch an. Der Frau werden die Möglichkeiten geschildert, wie es nun weitergehen könne. Sie entscheidet sich dafür, den Schwangerschaftsabbruch zu Hause medikamentös durchzuführen. Doch auf das, was dabei auf sie zukommt, waren weder sie noch ihr Mann vorbereitet. Es war ein schreckliches Erlebnis. Als sie dies beim nächsten Termin bei der Gynäkologin anspricht, antwortet diese, das sei eben so, da müsse man durch.

- Pathologisierung
Menschen in Krisen brauchen keine Diagnose, sondern Hilfe. Sollte sich der Krisenzustand chronifizieren, kann immer noch diagnostiziert und behandelt werden.

- Gefühlsreaktionen nicht ernst nehmen oder eindämmen
  Menschen in Ausnahmesituationen sind oft von heftigen Gefühlen gebeutelt. Diese sollten zugelassen und sanft begleitet werden. Manchmal fühlt sich aber das Umfeld unwohl, wenn es mit diesen heftigen Gefühlen konfrontiert wird, und versucht, diese einzudämmen (»Beruhige dich doch!«). Lassen Sie es zu, keine Sorge, die Gefühle legen sich wieder.
- Bewertungen, Be- und Verurteilungen
  Die Bewertung von Verhalten als falsch oder richtig ist nicht die Aufgabe von Helfer*innen.

> **FALLBEISPIEL Be- und Verurteilung**
>
> Eine Gruppe sportlicher junger Menschen bricht bei erheblicher Lawinengefahr (Lawinenwarnstufe 3) zu einer Skitour auf. Trotz Erfahrung, guter Vorbereitung und Ausrüstung passiert die Katastrophe: Es löst sich ein Schneebrett, ein Teil der Gruppe wird verschüttet. Zwei Personen können lebend geborgen werden, für eine Person kommt jede Hilfe zu spät. Im Krankenhaus sagt der junge Arzt zu seinem Patienten: »Was geht ihr auch bei Stufe 3 in den Hang? Jeder Depp weiß, dass es grad da am gefährlichsten ist, vor allem bei dem Neuschnee der letzten Tage.«

- »Drama«
  Wenn Ihnen jemand von einem Todesfall, Suizidgedanken, Gewalt oder Ähnlichem erzählt, ist es nur natürlich, dass dadurch starke eigene Gefühle ausgelöst werden. Vor allem, wenn das im privaten oder halbprivaten Bereich passiert. Dennoch sollten wir uns in einem solchen Fall sofort bewusst machen, dass überschießende eigene Emotionen nicht hilfreich sind. Damit ist nun nicht gemeint, dass wir kalt und gefühllos reagieren sollen. Das Ausdrücken von Betroffenheit, echter Anteilnahme, vielleicht auch Empörung, ist natürlich wichtig. Was aber nicht hilfreich ist, sind dramatische Ausdrücke der Anteilnahme, der Wut, des Weltschmerzes, des »Wie ist so was nur möglich?«. Also bitte: kein Drama, sondern ein – vielleicht gar nicht so wortreiches – Mitfühlen und Anteilnehmen. Sonst hat unser Gegenüber nicht nur die eigene Krise zu bewältigen, sondern ist zusätzlich noch mit unseren Gefühlen konfrontiert, die irgendwie »gehandelt« werden müssen.

## 2.4 Resilienz und Resilienzförderung

Der Begriff »Resilienz« kommt vom lateinischen »resiliere« und bedeutet »zurückspringen, abprallen«. Ursprünglich wurde der Begriff in der Materialkunde verwendet, um die Eigenschaft eines Materials zu beschreiben, das sich bei mechanischen Einwirkungen in die Ausgangslage zurückformen kann. Auf die Psychologie übertragen, bedeutet Resilienz psychische Widerstandskraft gegenüber Belastungen. Trotz Belastungen gelingt eine Anpassung, ein Zurückspringen in den Ausgangszustand. Pauline Boss (Boss 2022) verwendet das Bild einer Hängebrücke: Sie passt sich dem Sturm an, ohne zusammenzubrechen.

> **WAS IST RESILIENZ?**
>
> Clemens Hausmann beschreibt Resilienz in seinem Buch »Interventionen der Notfallpsychologie« wie folgt: »Resilienz bedeutet die Fähigkeit, angesichts sehr belastender, erschöpfender oder traumatischer Ereignisse und Lebensumstände dennoch körperlich und psychisch gesund zu bleiben bzw. diesen Zustand wiederherzustellen« (Hausmann 2021, S. 80). Dabei handelt es sich um einen dynamischen Prozess, in dem eine Anpassung trotz Belastungen oder Trauma gelingt. Der Resilienzbegriff wird nicht nur auf Einzelpersonen angewendet, sondern mittlerweile auch auf Familien, Gruppen, Gemeinschaften, sogar auf Organisationen.

## Resilienzorientierung neben Leidorientierung

Wie Luise Reddemann schreibt, bedeutet Resilienz nicht immerwährendes Wohlgefühl, sondern Widerstandskraft (Reddemann 2011, S. 19). Resilienzorientierung dürfe nicht dazu dienen, dem Leiden aus dem Weg zu gehen und den Patient*innen den Raum, den sie für ihr Leid brauchen, zu versagen (ebd., S. 18). Ressourcenorientierung heißt nicht Verleugnung, Bagatellisierung und Beschönigung. Das bedeutet auch, dass es sehr wohl zu Stress- bzw. Belastungsreaktionen nach dem Erleben eines traumatischen Ereignisses kommen kann, jedoch werden vorhandene Ressourcen zur Verarbeitung genutzt, sodass eine Rückkehr zum Alltag gelingt, wobei der Alltag ein neuer ist, eine veränderte Normalität. Resilienz ist somit ein Prozess der positiven Anpassung trotz Trauma oder anderer bedeutsamer Stressoren. Auch Ressourcen von Gruppen werden dabei genutzt, denn Resilienz ist immer auch ein sozialer Prozess.

## Nichtresiliente Verarbeitung

In der Akutsituation (d. h. kurz nach bis wenige Tage nach einem traumatischen Ereignis) ist es oft noch nicht abschätzbar, ob die persönlichen Ressourcen und jene der Umwelt ausreichen, um eine Krise zu bewältigen. Auffallend rationales oder unpassend ruhiges Verhalten (sehr schnell wieder »gut zu funktionieren«) kann auch Ausdruck von Vermeidung oder Erstarrung sein. Es braucht also Zeit, um beurteilen zu können, wie gut der Erholungsprozess gelingt.

## Resilienz als Prozess

Früher ging man davon aus, dass Resilienz angeboren ist, im Sinne von: Entweder man hat es oder man hat es nicht. Der heutige Stand der Forschung legt nahe, dass Resilienz etwas sehr Dynamisches ist, das nicht einfach da ist, sondern immer wieder neu gebildet werden muss. Die psychische Widerstandskraft verändert sich also im Laufe des Lebens in Abhängigkeit von den persönlichen Erfahrungen, der Umwelt und bereits bewältigten Ereignissen (Gerngroß 2015, S. 139 ff.). D. h. es kann dazu kommen, dass man zu einem bestimmten Zeitpunkt in seinem Leben gut mit Belastungen zurechtkommt, zu einer anderen Zeit aber nur mit Schwierigkeiten oder gar nicht.

Die Fähigkeit zur Resilienz entwickelt sich in einem Interaktionsprozess zwischen Individuum und Umwelt. Resiliente Menschen sind nicht nur aus sich heraus widerstandsfähig. So ist eine unterstützende Familie ein wichtiger Schutzmechanismus zur Entwicklung von Resilienz bei Kindern. Auch bei Erwachsenen fördern vertrauensvolle Beziehungen und unterstützende Freund*innen oder Partner*innen die Resilienz gegenüber Vernachlässigung, Missbrauch, niedrigem sozioökonomischem Status und anderen Herausforderungen (Graber et al. 2015).

## Resilienz hat verschiedene Facetten

Genauso wie wir zu verschiedenen Zeitpunkten im Leben unterschiedlich resilient sind, sind wir auch nicht in allen Situationen gleich resilient. So kann ein im Beruf erfolgreicher Mensch von privaten Konflikten völlig überfordert sein und mit diesem emotionalen Stress überhaupt nicht zurechtkommen (soziale und emotionale Resilienz).

## Die »Erfindung« der Resilienz oder die Kinder von Kauai

Den Beginn der Resilienzforschung stellt die bekannte und bahnbrechende »Kauai-Studie« der US-amerikanischen Entwicklungspsychologin Emmy Werner und ihrer Kollegin Ruth Smith (1992) dar. In dieser untersuchten sie und ihre Kolleg*innen 698 Kleinkinder, die 1955 auf der Insel Kauai (Hawaii) geboren wurden, und zwar über einen Zeitraum von unglaublichen 40 Jahren. Ein Drittel dieser Kinder wuchs in schwierigen Verhältnissen auf und erlebte schon früh Armut, Vernachlässigung, familiäre Disharmonie etc. Von diesen Kindern wiesen zwei Drittel bereits mit zehn Jahren Verhaltens- und Lernstörungen auf und wurden als Jugendliche straffällig bzw. waren psychiatrisch auffällig. Ein Drittel dieser Kinder entwickelte sich hingegen trotz der widrigen Verhältnisse erstaunlich positiv. Sie waren erfolgreich in der Schule, waren in das soziale Leben integriert und wiesen zu keinem Zeitpunkt der Untersuchung irgendwelche Verhaltensauffälligkeiten auf. Es zeigte sich, dass die wichtigsten Faktoren für eine positive (resiliente) Entwicklung bestimmte Persönlichkeitseigenschaften waren. Dabei spielten Autonomie und die Fähigkeit, sich selbst Hilfe und Unterstützung zu holen, Selbstvertrauen und religiöser Glaube bzw. Lebenssinn eine große Rolle. Neben diesen förderlichen Eigenschaften dieser Kinder gab es aber auch eine stabile und enge Bindung an mindestens eine Person in der Familie (Onkel, Tante o. Ä.) sowie Unterstützungssysteme außerhalb der Familie (Pfarrer, Lehrer*in etc.).

Die Studie von Emmy Werner ist nicht die einzige auf diesem Gebiet, wohl aber die bekannteste. Diese und andere Studien (wie die Mannheimer Risikokinderstudie von Laucht et al. 1992, und die Bielefelder Invulnerabilitätsstudie von Lösel, Bender 1999) zeigen, dass ein schlechter Start ins Leben nicht zwingend negative Auswirkungen haben muss. Zudem geben diese Studien Hinweise, wo man ansetzen kann, um Kinder mit schlechten Startbedingungen in ihrer Resilienz zu fördern.

Die US-Forscher*innen Dr. Karen Reivich und Dr. Andrew Shatté von der University of Pennsylvania beschrieben in ihrem Buch »The Resilience Factor: 7 Keys to Finding Your Inner Strength and Overcoming Life's Hurdles« (Reivich, Shatté 2003) sieben entscheidende Faktoren, die einen hochresilienten Menschen auszeichnen. Diese sieben »Säulen der Resilienz« sind in Abb. 2-1 dargestellt. Kritisch könnte angemerkt werden, dass es sich hier ausschließlich um Persönlichkeitsfaktoren handelt und Resilienz nicht als sozialer Prozess gesehen wird.

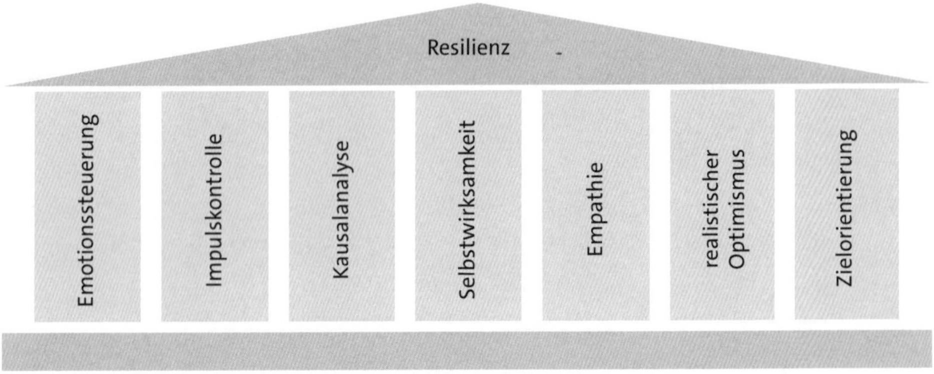

**Abb. 2-1:** Die sieben Säulen der Resilienz (eigene Darstellung nach Reivich, Shatté 2003).

1. Emotionssteuerung
   Resiliente Menschen können mit negativ empfundenen Emotionen umgehen. Dabei wird die Emotion nicht unterdrückt, sondern in eine positive Emotion umgewandelt. Resiliente Menschen können mit Druck umgehen, sie bleiben dennoch ruhig. Sie nehmen ihre Gefühle besser wahr als andere, erkennen diese und können sie durch verschiedene Techniken steuern.
2. Impulskontrolle
   Resiliente Menschen steuern ihre ersten Verhaltensimpulse und geben diesen nicht sofort nach. Sie sind diszipliniert, haben eine Strategie und bringen Dinge zu Ende. Sie sind konzentriert bei der Arbeit und lassen sich weniger leicht ablenken.
3. Kausalanalyse
   Probleme werden zeitlich und inhaltlich gründlich und treffend analysiert. So können resiliente Menschen vermeiden, einen Fehler zu wiederholen oder zu früh aufzugeben.
4. Selbstwirksamkeit
   Resiliente Menschen nehmen gerne Herausforderungen an. Sie sind überzeugt, Dinge gut zu machen, und engagieren sich entsprechend. Sie bevorzugen Herausforderungen gegenüber Routinetätigkeiten.

5. Empathie

   Resiliente Menschen können sich gut in die psychische und emotionale Lage von anderen hineinversetzen. Sie sind fähig zum Perspektivenwechsel und haben so auch mehr Verständnis für andere Menschen.

6. Realistischer Optimismus

   Resiliente Menschen sind davon überzeugt, dass sich Dinge zum Guten wenden können, und können selbst schwierigen Situationen Sinnhaftigkeit und etwas Positives abgewinnen. Sie sehen zwar das Glas als »halb voll«, neigen aber nicht zu übertriebenem Optimismus, der leicht zu falschen Entscheidungen führt.

7. Zielorientierung

   Resiliente Menschen setzen sich gerne neue Ziele und verfolgen diese gelassen und konsequent, wobei sie überwiegend unabhängig von der Meinung anderer sind. Sie haben ein klares Bild von dem, was sie erreichen wollen, und setzen die notwendigen Schritte zur Umsetzung.

**Kritik am Resilienzbegriff**

Resilienz ist ein populärer Begriff geworden, der abseits der Wissenschaft auch in Politik und Wirtschaft Einzug gehalten hat, jedoch durch die inflationäre Verwendung schwammig und unscharf geworden ist. Einige Forscher*innen halten ihn mittlerweile sogar für ein problematisches Modewort. Die Idee der »Unverletzbarkeit« ist verlockend und hat zur Entwicklung einer Vielzahl an Trainings und Interventionsstrategien geführt, die zum Teil aber nicht halten, was sie versprechen. Vor allem die häufige, vereinfachende Auffassung des Resilienzbegriffs als personale Eigenschaft (oder gar als biologisch-genetische Veranlagung) ist problematisch, wie auch der bekannte Psychoanalytiker Prof. Klaus Ottomeyer betont. Es drängen sich Vergleiche mit dem amerikanischen Traum auf – jeder sei seines Glückes Schmied, wenn man nur hart genug arbeite, wäre alles möglich. Ottomeyer sprach in einem Vortrag gar von einem »Neoliberalismus in der Psychotherapie«. Die zentrale Kritik richtet sich auf zwei Aspekte: die Individualisierung des Resilienzbegriffs und die Normalisierung von Krisen, die in diesem Resilienzbegriff stecke. Demnach sei jeder selbst dafür verantwortlich, mit (strukturellen und gesellschaftlichen) Belastungen umzugehen. Die gesellschaftliche, politische Verantwortung werde auf das Individuum abgewälzt. Zudem werden Belastungen und Störungen als etwas Normales angesehen, das es zu akzeptieren gelte und das die Widerstandskraft stärke.

# 2.4.1 Resilienz in Krisensituationen

Wie wir mit Krisensituationen fertigwerden, also wie resilient wir diesen begegnen können, hängt davon ab, welche Risiko- und Schutzfaktoren vorhanden sind. Aus diesen formt sich unsere psychische Widerstandskraft.

Risikofaktoren sind Komponenten, die die Anpassung an eine Belastung erschweren, uns verletzlicher, vulnerabler machen. Neben individuellen Faktoren wie schwierige »Startbedingungen« in der Kindheit tragen auch soziale Umstände (niedriger sozioökonomischer Status usw.) zu einer erhöhten Vulnerabilität bei. Der schon erwähnte Mangel an sozialer Unterstützung und die allgemeine Lebensbelastung wirken sich ebenfalls negativ auf unsere Resilienz aus.

> **FALLBEISPIEL  Wenn soziale Unterstützung verweigert wird**
>
> Eine Bankangestellte wird während ihrer Arbeit von einem Kunden massiv bedroht. Eine kleine Konfliktsituation eskaliert und der Kunde explodiert. Er beschimpft sie und verlässt die Filiale mit den Worten »… pass gut auf, ich weiß, wo deine Tochter zur Schule geht!« Die Angestellte ist völlig aufgelöst. Im Gespräch mit ihrer Vorgesetzten verlangt sie Schutzmaßnahmen für sich und denkt über eine Anzeige nach. Sie sorgt sich um ihre siebenjährige Tochter. Die Vorgesetzte sieht dafür keinen Anlass. Zudem lässt sie durchblicken, dass es immer zwei brauche für so einen Eklat. Sie schlägt vor, dass die Mitarbeiterin heute nicht mehr am Schalter arbeitet, morgen sehe die Welt wieder anders aus. Der Kunde sei zudem eine höhergestellte Persönlichkeit, da könne man nicht dagegen an. Außerdem sei sie sich sicher: »Hunde, die bellen, beißen nicht.« Die Angestellte fühlt sich alleingelassen. Da aber in Kürze eine Woche Urlaub ansteht, hofft sie, dass es ihr danach wieder besser geht. Bis dahin wird die Tochter von ihr bzw. ihrem Mann in die Schule gebracht und abgeholt. Bedauerlicherweise legen sich die Stressreaktionen der Angestellten nicht. Es wird sogar alles schlimmer. War sie anfangs angespannt, wenn ein Mann die Bankfiliale betrat, kann sie sich nach dem Urlaub auch zu Hause kaum mehr entspannen. Schließlich entschließt sie sich, in Krankenstand zu gehen. Sie leidet unter Panikattacken und Ängsten, die sich mittlerweile auch auf das Privatleben ausweiten. Abends alleine aus dem Haus zu gehen, in einer Tiefgarage zu parken, all das wird ihr unmöglich. Ihre Vorgesetzte quittiert dies mit dem Satz: »Du warst immer schon wenig belastbar.« Die Angestellte fühlt sich in einer ausweglosen Situation gefangen, hat Angst, ihren Job zu verlieren, weiß aber nicht, wie sie weiterhin arbeiten gehen kann. Durch das Nichtreagieren des Umfeldes wurde eine Belastungssituation zu einer veritablen Krise.

## Schutzfaktoren: Was erhält uns gesund?

In den 1970er-Jahren entstand eine neue Strömung in der psychologischen Forschung, die sich die Fragen stellte: Wie entsteht Gesundheit? Was erhält uns gesund? Wie kann man Gesundheit fördern? Dies geschah in Abgrenzung zur traditionell medizinischen Betrachtung, die sich vor allem mit der Frage nach der Entstehung von Krankheit beschäftigt. Während Letzteres als pathogenetisches Modell bezeichnet wird, entwickelte sich aus Ersterem die Salutogenese (lat. *salus* = Gesundheit, Wohlbefinden; altgriech. *genesis* = Entstehung) und Resilienzforschung. Die Forschungsergebnisse aus der Schutzfaktoren- und Resilienzforschung haben in den letzten Jahren verstärkt Einzug gehalten in Konzepte der Gesundheitsförderung und Prävention. Schlagworte dabei sind salutogenetische Arbeitsplatzgestaltung oder betriebliche Gesundheitsförderung.

### DAS KONZEPT DER SALUTOGENESE

Der amerikanisch-israelische Soziologe Aaron Antonovsky wird als Vater der Salutogenese bezeichnet. In den 1970er-Jahren führte er in Israel Studien zur Gesundheit von Frauen durch, die sich im Klimakterium befanden. In seiner Stichprobe waren auch Frauen, die den Horror der Konzentrationslager überlebt hatten. Was so erstaunlich war: Es zeigte sich, dass ca. 30 Prozent dieser Frauen über eine gute psychische Gesundheit verfügte. Wie war das möglich, dass Menschen, die dieses Grauen erfahren mussten, gesund blieben? Er stellte sich also die Frage, was Menschen gesund erhält. Nach jahrelangen Forschungen formulierte er das Konzept der Salutogenese. Dabei etablierte er eine völlig neue Sicht auf Gesundheit und Krankheit. Bisher ging man davon aus: Entweder man ist gesund oder krank. Antonovsky sagt aber: Gesundheit und Krankheit sind keine Gegensätze, sondern es handelt sich dabei um ein Kontinuum. Wir bewegen uns somit immer auf diesem Kontinuum. Das kennt sicher jeder: Auch wenn man sich gesund fühlt, gibt es Tage, an denen man Bäume ausreißen könnte, und Tage, an denen man sich schlapp fühlt. Andersherum ausgedrückt: Solange man noch lebt, gibt es − selbst bei schwerer Krankheit − immer gesunde Anteile in uns. Den Fokus darauf zu richten, war sein Anliegen. Kernstück seines Modells ist das Kohärenzgefühl (auch Kohärenzsinn genannt), *Sense of Coherence* (SOC). Dabei handelt es sich um ein dynamisches und dennoch überdauerndes Gefühl der Zuversicht, dass das Leben verstehbar, bewältigbar und sinnhaft ist (Antonovsky 1997). Das Kohärenzgefühl entsteht aus den Erfahrungen, die man im Leben macht. Ein starkes Kohärenzgefühl kann sich in Kindheit und Jugendalter entwickeln, wenn Widerstandsressourcen vorhanden sind, die konsistente Erfahrungen und Kontrolle sowie ein Gleichgewicht zwischen Über- und Unterforderung entstehen lassen (vgl. zum Beispiel Faltermaier 2020). Erfahrungen, die vorwiegend von Unsicherheit, Unkontrollierbarkeit und Unvorhersehbarkeit geprägt sind, führen zu einem schwach entwickelten Kohärenzsinn. Es geht also darum, wie Stressoren wahrgenommen und bewertet werden und ob geeignete Widerstandsressourcen mobilisiert werden können. Gelingt dies, hat die erfolgreiche Bewältigung einen positiven Einfluss auf die Gesundheit (Wirtz 2021).

Schutzfaktoren können die negativen Auswirkungen von Risikofaktoren mildern. Welche Faktoren sich jedoch wie auswirken, ist sehr individuell und vom Kontext abhängig. So scheint beispielsweise ein vermeidender Coping-Stil, der normalerweise als ungünstig angesehen wird, unter extrem stressreichen Bedingungen eine schützende Wirkung zu haben. Auch zu viel soziale Unterstützung (im Sinne von »ich nehme dir alles ab«) kann die Selbstwirksamkeit und das Gefühl der Kontrolle vermindern und sich so wiederum ungünstig auswirken (Rönnau-Böse et al. 2022).

### Persönliche Schutzfaktoren

Als personale (persönliche, interne) Schutzfaktoren bezeichnet man Persönlichkeitsmerkmale (wie zum Beispiel ein robustes, aktives, kontaktfreudiges Temperament), individuelle Kompetenzen (*Life Skills*), spezifische Bewältigungsstrategien, aber auch körperliche Merkmale wie ein gutes Immunsystem. Auch individuell-biografische Faktoren wie ein sicheres Bindungsverhalten, soziales Eingebundensein oder verlässliche Unterstützung durch Bezugspersonen zählen zu diesen persönlichen Schutzfaktoren. Spannend ist außerdem der Einfluss des Lebensalters auf die Resilienz. Studien zeigen, dass ältere Menschen oft resilienter sind als jüngere, denn sie haben schon erlebt, dass schwere Zeiten vorbeigehen, und bereits Strategien entwickelt, um Herausforderungen im Leben erfolgreich zu bewältigen. Allerdings ändert sich dies mit zunehmendem Alter wieder, denn alte Menschen haben oft mit körperlichen und geistigen Einschränkungen, dem Verlust von Autonomie, Einsamkeit, dem Verlust von Partner*innen, Freund*innen und Bekannten zu kämpfen, was die Resilienz erheblich reduziert.

Wie sehr ältere Menschen als Vorbild und *Role Model* für die Bewältigung von Krisen dienen können, wird im wunderbaren Song »Großvater« von der steirischen Kultband STS so ausgedrückt:

»Bei jedem Wickl mit da Mutta woa mei
Erster Weg von daham zu dir
Und du hast g'sagt, sie is allan, des musst versteh'n
Ois vergeht, kumm, trink a Bier«

Mir geht es dabei weniger um Biertrinken als »Lösung« von Problemen als um das Vorbild, wie ein älterer Mensch einem jüngeren einen möglichen Weg der Bewältigung aufzeigt, mit Ruhe und Gelassenheit vermittelt, dass alles vergeht. Hoffnung und Verbundenheit – starke Resilienzfaktoren – werden hier ganz selbstverständlich eingesetzt.

So geht es weiter im Text:

»Und durch die Art wie du dei Leb'n g'lebt hast
Hab i a Ahnung kriagt, wie ma's vielleicht schafft«

#### SCHUTZFAKTOR »EXISTENZIELLE EINSICHTEN«

Wie oben erwähnt, sind ältere Menschen häufig resilienter als junge, da sie meist schon (schwere) Krisen erlebt und überstanden haben. Sie haben also die Erfahrung gemacht, dass man harte Zeiten erfolgreich bewältigen kann. Durch die Auseinandersetzung mit Krisen sind sie vielleicht auch zu existenziellen Einsichten gekommen, die ihnen die Krisenbewältigung erleichtern. Solche existenziellen Einsichten können sein:

- Das Leben ist manchmal unfair und ungerecht.
- Ich kann dem Tod nicht entfliehen.

- Ich muss mich dem Leben alleine stellen.
- Ich muss mich den Grundfragen des Lebens stellen und sollte mich nicht von Trivialitäten ablenken lassen.
- Ich bin für mein eigenes Leben selbst verantwortlich.

Die Beschäftigung mit und die Akzeptanz von solchen und ähnlichen Gedanken können sehr wertvoll für die Bewältigung von Krisen sein. Sie wirken sich auf unsere Erwartungen aus, was das Leben bringen mag, und auf das Vertrauen in die eigene Handhabbarkeit von Krisen.

## Soziale Schutzfaktoren

Soziale Unterstützung kann in sehr unterschiedlichen Kontexten erfolgen. Bei Erwachsenen kann dies der Arbeitsplatz, die Partnerschaft oder das private soziale Netzwerk sein. Bei Kindern spielt die Familie naturgemäß eine große Rolle, aber auch unterstützende Beziehungen zu pädagogischen Fachkräften in Kindertageseinrichtungen und Schulen (vgl. Ergebnisse der Kauai-Studie). Wie oben schon angedeutet, geht es bei der sozialen Unterstützung nicht darum, jemandem alles abzunehmen, sondern gezielt dort zu unterstützen, wo die betreffende Person an ihre Grenzen kommt, nach dem Motto: so viel wie nötig, so wenig wie möglich. Dadurch werden Selbstvertrauen und Selbstwirksamkeit wieder gestärkt. Gerade in akuten Krisen geht es weniger um Gespräche, sondern um emotionale und praktische Unterstützung. Die Person nicht alleine lassen, sie ermutigen, weitere Schritte zu unternehmen, und sie im Alltag beispielsweise bei der Kinderbetreuung, bei Behördengängen usw. zu unterstützen.

## Das Kohärenzgefühl

Ein weiterer Schutzfaktor ist das oben bereits erwähnte Kohärenzgefühl (*Sense of Coherence*). Dieses ist das Kernstück der Salutogenese nach Aaron Antonovsky. Es äußert sich durch tiefes Vertrauen und die Überzeugung, dass das Leben verstehbar, bewältigbar und sinnhaft ist. Menschen mit einem höher ausgeprägten Kohärenzgefühl können selbst schwere Krisen besser überstehen. Das Kohärenzgefühl wird als »globale Orientierung« beschrieben und setzt sich aus drei Faktoren zusammen, dargestellt in Abb. 2-2.

1. Verstehbarkeit (*Comprehensibility*): Das eigene Leben wird als verstehbar, strukturiert, nicht chaotisch, vorhersehbar wahrgenommen, auch für extreme Erlebnisse gibt es Erklärungen.
2. Handhabbarkeit (*Manageability*): Darunter versteht man eine grundlegende Zuversicht, dass die Anforderungen des Lebens bewältigbar sind. Immer wieder habe ich von Menschen in Krisen Aussagen gehört wie »Ich weiß zwar noch nicht, wie, aber ich weiß, dass ich das überstehen werde«. Das drückt dieses Vertrauen in die Handhabbarkeit aus. Zur Bewältigung werden innere und äußere Ressourcen, aber auch »höhere Mächte« genutzt.

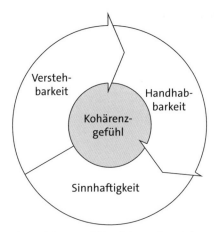

**Abb. 2-2:** Die drei Faktoren des Kohärenzgefühls (eigene Darstellung nach Antonovsky 1997).

3. Gefühl von Bedeutsamkeit oder Sinnhaftigkeit (*Meaningfulness*): Das eigene Leben wird als sinnvoll angesehen, Anforderungen des Lebens werden als Herausforderungen gesehen, die es wert sind, angenommen zu werden.

### SINNHAFTIGKEIT

Der Faktor Sinnhaftigkeit beim Kohärenzsinn kann missverstanden werden. Es geht dabei nicht um ein plattes »alles im Leben hat einen Sinn« oder »Du wirst schon noch sehen, wofür das gut war«. Denn diese Sichtweise wirkt, vor allem bei tragischen Ereignissen, geradezu zynisch. Mit Sinnhaftigkeit ist nicht gemeint, dem Ereignis selbst einen Sinn zu verleihen (was sollte daran sinnhaft sein, beispielsweise ein Kind zu verlieren?), sondern das restliche Leben, die Art des Umgangs mit dem furchtbaren Schicksalsschlag für sich sinnhaft zu gestalten. Worin die Sinnhaftigkeit besteht, ist individuell und muss von der betreffenden Person selbst herausgefunden werden. So berichtet eine Frau, die aufgrund des russischen Überfalls auf die Ukraine aus ihrer Heimat flüchten musste, sie habe das Gefühl, ihr Leben »davor« sei eine Vorbereitung gewesen auf das, was ihr jetzt passiert sei. Vieles von dem, was sie in ihrem Leben gelernt habe, könne sie erst jetzt einsetzen und gebrauchen. Irgendwie ergebe jetzt alles einen Sinn für sie.

**Wie kann das Kohärenzgefühl gefördert werden?**

Die Förderung des Kohärenzgefühls ist eine sehr effektive Art, Menschen in Krisen zu unterstützen. Wenn etwas Schlimmes passiert ist, stellen sich als Erstes meist Fragen wie »Was ist passiert? Wie konnte es dazu kommen?«. Darin zeigt sich das Bedürfnis nach Verstehbarkeit. Es ist daher wichtig, Betroffene regelmäßig und ehrlich zu informieren. Denken Sie an Kleinigkeiten: Sie sitzen im Zug. Auf einmal bleibt dieser auf freier Strecke stehen. Zuerst denken Sie sich vermutlich nicht viel dabei, doch je mehr Zeit verstreicht, desto unruhiger werden Sie und wollen wissen, was los ist, wann es weitergeht. In dieser Situation ist es beruhigend, wenn die Zugbegleiterin regelmäßig eine Durchsage macht, auch wenn der Informationsgehalt sich vielleicht gar nicht so sehr ändert. Um wie viel wichtiger ist es, zu erfahren, was passiert ist, wenn eine nahestehende Person verunfallt oder gar gestorben ist. Das »Zauberwort« dabei ist bedürfnisorientiertes Informieren (siehe unten). Nach dem Was kommt das Warum. Auch dafür müssen von Krisen betroffene Menschen für sich schlüssige Erklärungen finden. Ist dies nicht möglich, kann die Verarbeitung massiv gestört sein. So berichtet eine Betroffene des furchtbaren Hochwassers im Juli 2021 im deutschen Ahrtal: »Wir werden es nie begreifen können, weil es nicht hätte sein müssen!« Die Frau bezieht sich in dieser Aussage darauf, dass es in ihrem Ort keine Hochwasserwarnung gegeben habe, obwohl das Hochwasser schon fünf Stunden vorher in einem 40 Kilometer entfernten Ort aufgetreten sei. Sie war zum Zeitpunkt der Überflutung zudem getrennt von ihrer zwölfjährigen Tochter, was das Ereignis noch traumatischer für sie gemacht habe.

### BEDÜRFNISORIENTIERTES INFORMIEREN

Bedürfnisorientiertes Informieren bedeutet, die von den betroffenen Personen gestellten Fragen ehrlich und nach bestem Wissen und Gewissen zu beantworten. Dies gilt insbesondere für Fragen von Kindern. Um Kinder wie Erwachsene nicht zu überfordern, sollten die Informationen Stück für Stück gegeben werden. In akuten Krisen ist die Aufnahmefähigkeit von Menschen begrenzt. Sie müssen Zeit haben, das, was passiert ist, zu »verdauen«. Informieren bedeutet also nicht, alles zu sagen, was man weiß, sondern Antworten zu haben auf die Fragen, die Betroffene stellen. Dazu ein Beispiel: Einer jungen Frau wurde von der Polizei die schreckliche Nachricht überbracht, dass sich ihr Mann spätabends in seinem Büro das Leben genommen hat. Er habe sich stranguliert. Im Rahmen der Krisenintervention zeigte sich, dass die Frau – verständlicherweise – gar nicht alles richtig verstanden hatte, was ihr von der Polizei mitgeteilt wurde. Nach dem Wort »verstorben« setzte es bei ihr aus. Viele Fragen blieben offen bzw. ergaben sich erst mit der Zeit. Im Laufe der Betreuung entspann sich dann folgender Dialog (etwas gekürzt, geändert) »Ich hab nicht ganz verstanden, was die Polizei da gesagt hat ... Wo ist das passiert? ... Aha, im Büro ... aha, komisch ... Waren da nicht noch andere Leute? ... Ach so, genau, es war spät am Abend ... hmm ... wie furchtbar ... Warum nur ... Wer hat ihn denn gefunden? Ach ja, genau, das Reinigungspersonal. Ich glaub das alles nicht ... Vielleicht ist es doch eine Verwechslung ... Ja, ich möchte ihn unbedingt sehen ... Aber wie hat er es denn getan? ... Stranguliert, aufgehängt ... hmm ... ja, aber womit denn? Warum sollte er das denn überhaupt machen? Ja, wie macht man denn das, sich strangulieren?« Dieser Dialog soll eine Idee vermitteln, wie Stück für Stück die Informationen gegeben werden, nach denen gerade gefragt wurde, sodass sie auch aufgenommen werden können. Gerade bei Diagnosegesprächen geht oft alles viel zu schnell. Nach bestimmten Reizwörtern wie

Krebs schalten die betreffenden Personen ab und nehmen dann gar nichts mehr auf.

Menschen in Krisen sind manchmal wie erstarrt, stehen völlig neben sich. Fühlen sich ausgeliefert und überfordert. Das Gefühl der Handhabbarkeit steht der Hilflosigkeit, dem Kontrollverlust entgegen. Handhabbarkeit zu fördern heißt, Menschen in Krisen dabei zu unterstützen, wieder handlungsfähig zu werden. Sie zu aktivieren und einen Handlungsrahmen zu schaffen, sie zu coachen und eigene Entscheidungen treffen zu lassen, auch wenn es vielleicht nur kleine sind.

Sinnhaftigkeit als ein Faktor des Kohärenzgefühls bedeutet, dass Schwierigkeiten und Probleme als Herausforderungen gesehen und angenommen (im Sinne von Akzeptanz) werden können. Wie bereits beschrieben, werden schwerwiegende Ereignisse wie Schicksalsschläge oder Katastrophen als Bruch im Leben wahrgenommen. In diesem Zusammenhang ist mit Sinnhaftigkeit gemeint, dem verbliebenen, mitunter völlig veränderten Leben einen (neuen) Sinn zu geben. Dies benötigt Zeit, eine neue Ausrichtung muss erst gefunden werden. So stellt sich die Frage, wie in akuten Krisen die Sinnhaftigkeit gefördert werden kann. Hilfreich kann es sein, die nächste Zukunft zu strukturieren und damit zugänglich zu machen. In akuten Krisen haben Betroffene häufig das Gefühl, in einer schmerzhaften, unendlichen Gegenwart gefangen zu sein – die Vergangenheit ist vorbei (Bruch in der Biografie) und eine Zukunft nicht vorstellbar und lediglich angstbesetzt. Ein Denken in kurzen Schritten ist hier oft zielführend – Was ist als Nächstes zu tun? Wie überstehe ich die kommende Nacht? Kann jemand bei den alltäglichen Aufgaben unterstützen (die Kinder in den Kindergarten bringen, kochen, einkaufen usw.)? So kann die neue Zukunft Schritt für Schritt angegangen und die Erfahrung gemacht werden, dass es weitergeht.

### FALLBEISPIEL  Sinnhaftigkeit finden

Besonders beeindruckt hat mich die Erzählung einer hochgebildeten Frau, die aus einer wohlhabenden Familie stammte und durch den Krieg alles verloren hatte. Sie musste mit ihrer Familie flüchten. Sie und ihr Mann verloren ihre guten Stellungen (sie war eine angesehene Architektin, ihr Mann Universitätsprofessor) und mussten sich fortan mit kleinen Jobs über Wasser halten. Als es gerade besonders trist aussah und sie einfach keine Stellung finden konnte, begann sie einfach für sich, ohne Auftrag, das Buch eines bekannten Schriftstellers, das sie gerade las, in ihre Muttersprache zu übersetzen. So fand sie für sich zumindest eine sinnhafte Beschäftigung und es fiel ihr leichter, Zuversicht und Mut beizubehalten. Solche und noch viele weitere Ideen – manche erwiesen sich später als verwertbar, anderes tat sie »nur« für sich – hielten sie auch in aussichtslos erscheinenden Zeiten aufrecht.

## 2.4.2 Trauma und Resilienz: Warum nicht jedes Trauma traumatisiert

Psychotraumata sind schwere seelische Verletzungen, die durch bedrohliche Ereignisse ausgelöst werden und uns massiv überfordern, uns hilflos machen, Furcht und Entsetzen auslösen und unser Welt- und Selbstverständnis erschüttern (vgl. Definition eines Psychotraumas nach Fischer, Riedesser 2020, S. 89). Nicht jedes traumatische Ereignis führt jedoch zwangsläufig zu einem Psychotrauma. Häufig erleben Betroffene nach so einem Ereignis Stressreaktionen, diese können sich aber auch wieder legen und die Person erholt sich. Doch wovon hängt es ab, ob es zu einer Traumatisierung oder Erholung kommt?

### Man-made-disaster vs. natural-disaster

Interpersonelle Gewalt (*man-made*) hat andere Auswirkungen auf unsere Psyche als Naturkatastrophen. Bei Letzteren steht keine »Absicht« dahinter – wenn jedoch ein Mensch einem anderen absichtlich etwas Furchtbares antut (also kein Unfall), erschüttert dies unser Vertrauen in die Welt und andere Menschen massiv. Das ist schwer zu verarbeiten. Insbesondere, wenn die Tat von einer vertrauten Person verübt wurde (Bindungstrauma). Die Folgen beeinflussen die Opfer oft ein ganzes Leben lang.

### Individuelle Faktoren

Auch ganz individuelle Faktoren wie das Geschlecht haben einen Einfluss auf unsere Widerstandskraft. So stellten Forscher*innen fest, dass das Risiko, nach einem Trauma eine psychische Störung zu entwickeln, bei Frauen größer ist (Hepp 2006).

### Soziale Unterstützung

Besonders hervorzuheben ist der Faktor der Begleitumstände, da dieser (anders als Geschlecht oder die Art der Traumatisierung) beeinflussbar ist. Einer der wichtigsten Schutzfaktoren für eine Erholung nach dem Erleben eines traumatischen Ereignisses ist die stabile soziale Unterstützung (Breslau et al. 1998, Brewin et al. 2000).

### Der Einfluss der Gedanken und Überzeugungen

Ebenfalls Möglichkeiten für Interventionen bietet der Einfluss der subjektiven Bewertung auf die Bewältigung. Schon seit den Forschungsergebnissen von Ehlers und Clark in den 1990er-Jahren wissen wir, dass die Gedanken während und nach einem traumatischen Ereignis massiven Einfluss auf Erholung oder Chronifizierung haben. Gedanken wie »Das überleb ich nicht« oder »Jetzt ist alles aus« wirken sich negativ auf den Verlauf aus. Natürlich können die Gedanken während eines Ereignisses nicht kontrolliert werden. Sehr wohl aber jene danach. Häufig hört man von Betroffenen Aussagen wie »Mein Leben ist aus« »Alles ist sinnlos geworden« usw. Es ist nachvollziehbar, dass solche Gedanken aufkommen, jedoch können solche und ähnliche Gedanken, wenn sie längerfristig bestehen, dazu führen, dass die Person sich entsprechend verhält, indem sie beispielsweise Kontakte abbricht (»es versteht mich eh niemand«) oder Hobbys und Aktivitäten nicht wiederaufnimmt (»mein Leben ist zu Ende«). Im besten Fall werden diese Gedanken in einer guten Krisenintervention bereits kurz nach dem Ereignis sanft korrigiert, es wird Hoffnung aufgebaut, dass es wieder besser wird, sich das Leben vielleicht doch irgendwann wieder lohnen könnte. Dazu noch ein spannendes Studienergebnis: In einer Untersuchung (Schnyder et al. 2010) wurde nach Arbeitsunfällen erhoben, wie die Betroffenen ihre zukünftige Arbeitsfähigkeit einschätzen. Es zeigte sich, dass die Arbeitsfähigkeit in hohem Maße und direkt von der subjektiven Einschätzung des Unfallschweregrades und der Selbsteinschätzung der Erholungsfähigkeit abhing, jedoch kaum vom objektiven Schweregrad des Unfalls. So viel also zur Kraft unserer Gedanken!

## 2.5 Psychologische Akuthilfe

### 2.5.1 Die Ausgangslage

Das Erleben eines traumatischen Ereignisses (Unfall, Naturkatastrophe, plötzlicher Todesfall, schwere Erkrankung, plötzlicher Verlust des Arbeitsplatzes u. Ä.) kann einen Menschen schwer erschüttern und zu einem Ausnahmezustand führen, der in der Fachsprache »Akute Belastungsreaktion« (ABR) genannt wird. Innerlich herrscht großes Chaos und Verunsicherung, man ist überwältigt und überfordert von dem, was gerade passiert ist. Es kann zu einem ziellosen Aktionismus kommen oder auch zu Rückzug und »Betäubung« und einem Gefühl der Unwirklichkeit. Das Ausmaß der Ereignisse wird erst nach und nach bewusst.

Typische Anzeichen der ABR sind:

- Desorientiertheit
- Einschränkung der Aufmerksamkeit, zusätzliche Reize können nicht verarbeitet werden
- Unruhe oder innerliche Erstarrung
- Ärger oder Aggression
- überschießende vegetative[9] Reaktionen mit Herzrasen, Schwitzen, Zittern, evtl. Übelkeit usw.

---

9  Das vegetative Nervensystem (VNS, autonomes Nervensystem) steuert viele lebenswichtige Körperfunktionen. Dazu gehören zum Beispiel die Atmung, die Verdauung und der Stoffwechsel. Es ist unserer willentlichen Beeinflussung entzogen. Es werden drei Teile unterschieden: Sympathikus, Parasympathikus und Eingeweidenervensystem (enterisches Nervensystem).

Diese Zustände können (müssen aber nicht) direkt nach dem Erleben eines traumatischen Ereignisses auftreten. Halten sie länger an, spricht man von einer »Akuten Belastungsstörung« (ABS). Wenn Reaktionen wie Wiedererleben (Intrusionen), Vermeidung, Überaktiviertheit (Schlaf- und Konzentrationsstörungen, erhöhte Schreckhaftigkeit u. Ä.) sowie negative Gedanken und Gefühlszustand länger als vier Wochen andauern, spricht man von einer »Posttraumatischen Belastungsstörung« (PTBS). Die PTBS ist eine Traumafolgestörung, man sagt, dass es zu einer Traumatisierung gekommen ist. Die Akute Belastungsreaktion und Akute Belastungsstörung hingegen sind normale Reaktionen auf ein unnormales Ereignis. Es sind Versuche unserer Psyche, mit diesem unnormalen Ereignis fertigzuwerden, es zu verarbeiten. Gerade wenn es sich um einmalige Ereignisse handelt, gelingt vielen Menschen die vollständige Erholung. Es muss wie gesagt nicht zwingend zu einer Traumatisierung und somit zu einer Traumafolgestörung kommen (vgl. Kapitel 1.5 und Kapitel 2.4.2).

Aus den akuten Reaktionen auf ein traumatisches Ereignis lassen sich direkt die wichtigsten Maßnahmen der Psychischen Ersten Hilfe ableiten:

- Schutz und Sicherheit
  Neben der äußeren Sicherheit (beispielsweise Wegbringen vom Ort des Geschehens) muss auch die innere Sicherheit wiederhergestellt werden – in der Akutsituation, aber auch danach. Denn die Intrusionen erhalten das subjektive Gefühl der Bedrohung (»es ist nicht vorbei!«) aufrecht. Auch soziale Unterstützung fördert das Gefühl der Sicherheit und eine sichere Beziehung ermöglicht eine positive Bindungserfahrung.

- Stabilisierung
  In der Akuthilfe ist man bemüht, den Fokus weg von den Emotionen hin zu Fakten zu lenken, zu Sachlichem, denn zu starke Emotionen blockieren die kognitive Verarbeitung (es geht jedoch nicht darum, die Emotionen längerfristig abzuwehren) (Eggenhofer 2022).

- Ein erstes Narrativ entwickeln
  Die Erinnerungen nach dem Erleben eines Extremstressereignisses sind häufig fragmentiert, ungeordnet – daher ist es wichtig, dass Betroffene von Anfang an die Möglichkeit haben, durch Erzählungen, was passiert ist, das Erlebte zu strukturieren (ein geordnetes, in sich stimmiges Narrativ zu entwickeln) und in ihr biografisches Gedächtnis einzuordnen. Dabei erhält das Ereignis einen Anfang und ein Ende. Dies hilft, das traumatische Ereignis in die Vergangenheit einzugliedern (»Es ist vorbei!«).

- Akute Stressreaktionen reduzieren
  Durch das überwältigende Erlebnis sowie die Intrusionen, die mit starken Gefühlen der Angst und körperlichen Stressreaktionen verbunden sind, bleibt der Stresslevel hoch, auch wenn das Ereignis vorbei ist. Die Betroffenen müssen dabei begleitet und angeleitet werden, wie sie mit dem Pendeln zwischen Überwältigung (Intrusionen) und Vermeidung umgehen können (Normalisieren, Psychoedukation), ohne dass sie in einem der beiden Zustände »hängen bleiben«. Dabei ist wichtig, zu verstehen, dass die (unangenehmen) Intrusionen umso stärker werden, je stärker das

Vermeidungsverhalten ausgeprägt ist. Vermeidungsverhalten ist ein wichtiger Gegenspieler zur Überwältigung, aber je mehr versucht wird, bestimmte Dinge zu unterdrücken, desto heftiger drängen die Intrusionen in unser aktives Bewusstsein.

**DEFINITION EINES TRAUMATISCHEN EREIGNISSES**

Die Weltgesundheitsorganisation (WHO) gibt ein Klassifikationssystem heraus, das alle medizinischen und psychologischen Diagnosen enthält. Es wird »Internationale statistische Klassifikation der Krankheiten und verwandter Gesundheitsprobleme« (abgekürzt ICD) genannt. In der neuesten Ausgabe, dem ICD-11, findet sich folgende Definition eines traumatischen Ereignisses: »Einem/mehreren Ereignis/sen von extrem bedrohlicher oder entsetzlicher Natur ausgesetzt sein. Manchmal summieren sich die Ereignisse zu extremer Todesbedrohung oder schwerer Verletzung (z. B. Hunger, Nähe zu fortgesetzten Kriegshandlungen).« (Maercker 2015).

## 2.5.2 Was ist Psychologische Akuthilfe?

Psychologische Akuthilfe ist eine bestimmte Form der Krisenintervention und findet in den ersten Stunden (manchmal Tagen) nach einem traumatischen Ereignis statt. Ziel ist es, Menschen, die sich im oben beschriebenen Ausnahme- oder Schockzustand befinden, zu stabilisieren, sie dabei zu begleiten, das, was passiert ist, Stück für Stück anzuerkennen. Gefühle wie Hilflosigkeit, Ohnmacht und Kontrollverlust sollen reduziert werden, indem die Person wieder handlungsfähig wird. Psychologische Akuthilfe soll vor allem Hilfe zur Selbsthilfe sein, eine Art des Empowerments, der Wiederermächtigung von Personen, die einen Notfall erleben mussten.

Dabei sind drei Prinzipien wichtig:

1. Unmittelbarkeit
   Die Unterstützung soll zeitlich nahe am Ereignis stattfinden (in den ersten 24 Stunden nach einem Ereignis). Gut zu wissen: In akuten Krisen geht ein »Fenster« auf: Die Bereitschaft, Hilfe anzunehmen, ist meist groß, dieses »Fenster« schließt sich jedoch wieder und begrenzt damit auch die Offenheit für Hilfsangebote.
2. Schutz und Sicherheit für die Betroffenen herstellen
   Die Betroffenen vom Ort des Geschehens wegbringen, vor neugierigen Blicken abschirmen (beispielsweise an öffentlichen Orten, aber auch in Schulen oder Firmen). Innere Sicherheit kann gefördert werden, indem eine sichere Beziehung angeboten wird, durch Information, Normalisieren und Psychoedukation.
3. Salutogenetische Grundhaltung
   Diese ist ressourcenorientiert, die Bewältigung fördernd, Selbstheilungskräfte aktivierend. Wir gehen davon aus, dass Menschen über die notwendige Resilienz verfügen, um auch sehr belastende Ereignisse gesund zu überstehen. Wichtig ist eine fachgerechte Begleitung und angemessene soziale Unterstützung.

## Psychologische Akuthilfe – Das Vorgehen

Voraussetzung, dass man als Psychosoziale Notfallhelferin gute Arbeit leisten kann, sind klare Rahmenbedingungen: Für wen bin ich zuständig? Wie lange dauert mein Einsatz (wann kommt bei Bedarf eine Ablöse)? Gibt es einen fachlichen Hintergrunddienst bei Unklarheiten, eigener Betroffenheit oder Gefährdungslage oder für aktuelle Informationen? Wie sieht eine mögliche Nachbetreuung aus? u.w.m. In akuten Krisensituationen und Notfällen braucht es große eigene Klarheit, sonst ist es unmöglich, die erforderliche Ruhe und Sicherheit zu vermitteln.

Notfälle sind zu Beginn häufig chaotisch. Daher beginnt eine gute Betreuung bereits mit einer guten Vorbereitung der Helfer*innen.

Fragen, die Sie bei der Alarmierung/Verständigung stellen sollten (vgl. Hausmann 2021, S.102):

- Wann und wo ist es passiert?
- Was ist passiert?
- Wer ist (besonders) betroffen?
- Wer ist noch in die Hilfe involviert?
- Was ist meine Aufgabe?

Diese Fragen helfen in der Planung (zum Beispiel, um festzustellen, wie viele Helfer*innen notwendig sind) und der Durchführung der Hilfe. »Was ist meine Aufgabe?« und »Für wen bin ich zuständig?« sind besonders wichtige Fragen, damit man sich vor Ort nicht verzettelt oder auf die falsche Zielgruppe fokussiert. So war es beispielsweise beim Notfallinterventionsteam der ÖBB ganz klar geregelt, dass die Laienhelfer*innen ausschließlich für die Betreuung ihrer Kolleg*innen zuständig waren, nicht für die Fahrgäste und nicht für die Angehörigen. Eindeutige Verantwortlichkeiten und Zuständigkeiten sind ein wichtiger Schutz vor Überforderung in schwierigen und chaotischen Situationen.

Bevor wir uns in eine Betreuungssituation begeben, sollte im Sinne einer Introspektion die Frage stehen: »Bin ich heute überhaupt einsatzfähig?« Derartige Einsätze fordern den Helfer*innen viel ab. Ist man gerade weniger belastbar, ist es vielleicht besser, ein*e Kolleg*in übernimmt.

Vor dem Einsatz:

- Überblick gewinnen (Informationen einholen, wer ist vor Ort – Identitäten klären usw.)
- Gefahren erkennen (zum Beispiel am Unfallort, Straße, Gleisbereich, mögliche Suizidalität von Betroffenen etc.)
- nach einem Plan handeln (in Abhängigkeit von Auftrag und Zuständigkeit)

> **FALLBEISPIEL  Eine unübersichtliche Situation**
>
> In einer Flüchtlingsunterkunft, in der 44 junge Männer unterschiedlicher Herkunft wohnen, kommt es in der Nacht zu einer tätlichen Auseinandersetzung zwischen zwei Gruppen. Sie gehen mit zu Waffen umfunktionierten Alltagsgegenständen

aufeinander los. In einem Zimmer, in dem vier Personen schlafen, wird Feuer gelegt. Es gibt Verletzte. Der Nachtdienst (eine Person!) ist überfordert und kann nichts weiter tun, als die Einsatzkräfte zu rufen und seine Vorgesetzten zu verständigen. Mehrere junge Männer werden von der Polizei mitgenommen. In der Früh wird durch die Leiterin der Flüchtlingsunterkunft ein Krisenteam angefordert. Da einige Zimmer der Flüchtlingsunterkunft massiv zerstört wurden und eine Betreuung vor Ort nicht sofort möglich ist, wird als erste Maßnahme ein telefonisches Coaching vorgenommen. Dabei wird gemeinsam festgelegt, welche Schritte als Nächstes erfolgen müssen (Informations- und Medienmanagement), wer welche Unterstützung benötigt (was ist angesichts der Umstände überhaupt realisierbar, dazu kommen sprachlichen Barrieren etc.) und wann diese durch wen in die Wege geleitet werden. In diesem Fall lag der Fokus darauf, eine Vorgehensweise zu erarbeiten und gemeinsam Prioritäten zu setzen, erst dann ging es um die psychologische Betreuung der Mitarbeiter*innen (deren Stabilisierung war besonders wichtig, um die Weiterführung der Arbeit sicherzustellen) und der Bewohner der Unterkunft.

## Grundprinzipien der Psychologischen Akuthilfe

Die Pioniere der Krisenintervention Jeffrey T. Mitchell und George S. Everly (Everly 2002) formulierten allgemeine Grundsätze für das Vorgehen in akuten Krisensituationen:

- Ruhiges und sicheres Auftreten hilft gegen Angst.
  Vermitteln Sie durch Ihr Auftreten Sicherheit, Klarheit und Ruhe. Drücken Sie dies durch Ihre Körperhaltung, Ihre Bewegungen, Stimmlage, Ihr Sprechtempo aus. Vermitteln Sie, dass die bedrohliche Situation nun vorüber ist oder, wenn das nicht der Fall ist (anhaltendes Hochwasser o. Ä.), dass zumindest jemand da ist, der hilft.
- Verlangsamung hilft gegen Übererregung.
  In einer Ausnahmesituation reagieren viele Betroffene mit Übererregung, Hektik, lautem Sprechen etc. Versuchen Sie, durch Ihr Verhalten schrittweise Ruhe hineinzubringen. Vermeiden Sie dabei Sätze wie »Beruhigen Sie sich!« oder »Setzen Sie sich endlich hin!«, sondern leiten Sie die Betroffenen durch Ihr Vorbild dazu an (*Pacing* und *Leading*).
- Struktur hilft gegen Chaos.
  Sprechen Sie mit den Betroffenen. Erklären Sie, was Sie tun, was als Nächstes passieren wird. Stellen Sie einfache Fragen, beziehen Sie die Betroffenen in einfache Entscheidungen mit ein.
- Rationales Denken hilft gegen Gefühlsüberflutung.
  Fragen Sie, was passiert ist, bleiben Sie aber auf der Ebene der Fakten. Fragen Sie nicht nach den Gefühlen (»Was haben Sie gefühlt, als es passiert ist?«). Es geht nicht darum, die auftretenden Gefühle zu bremsen, Sie sollten sie nur nicht noch verstärken und den Fokus darauf richten. Fragen Sie stattdessen, wie es weitergeht, wer zu verständigen ist, wo sich die Personen befinden etc. Ihr Ziel ist es, die Person zu stabilisieren.

- Information hilft gegen Kontrollverlust.
Informationen geben ein Stück weit Sicherheit zurück, unterstützen das rationale Denken und fördern die Verstehbarkeit im Sinne des Kohärenzgefühls (vgl. Kapitel 2.4.1). Wichtig dabei: ehrliche, abgesicherte Informationen weitergeben (Stichwort: bedürfnisorientiertes Informieren, vgl. Kapitel 2.4.1). Wenn Sie über bestimmte Informationen noch nicht verfügen, ist das kein Problem – notieren Sie die offenen Fragen und reichen Sie die Informationen später nach. Wichtig ist, dass die betroffene Person weiß, dass ihre Fragen ernst genommen werden.
- Handeln hilft gegen Hilflosigkeit.
Achtung: Damit ist nicht ein sinnloses Agieren gemeint, sondern ein vorsichtiges Wiederherstellen der Handlungsfähigkeit. Gut geeignet sind kleine Alltagstätigkeiten, Routinen wie Kaffee oder Tee kochen oder Ähnliches. Bei anspruchsvolleren Handlungen wie Telefonaten sollte man vorab klären, ob die Person Unterstützung oder eine Vorbereitung braucht (wenn es zum Beispiel darum geht, jemanden zu informieren). Ungeeignet sind Aktionen wie mit dem Auto irgendwohin fahren o. Ä.

Die ersten Schritte in der Betreuung betroffener Personen (vgl. Hausmann 2021, S. 155):
1. Kontakt herstellen
Gehen Sie aktiv auf den Betroffenen zu, stellen Sie sich mit Namen und Funktion vor, stellen Sie, wenn möglich, Blickkontakt her. Sollte die Person nicht reagieren oder sehr abwesend wirken, können Sie diese auch an Schulter oder Oberarm berühren.
2. Aktuellen Zustand feststellen
Stellen Sie einfache Fragen (eher geschlossene Fragen, offene Fragen können überfordern). Fragen Sie, wie lange die Person schon hier ist, ob ihr irgendwas wehtut, ob schon andere Helfer*innen hier waren etc.
3. Auf dringende Bedürfnisse eingehen
Bringen Sie die Person evtl. aus dem Gefahrenbereich weg. Vielleicht benötigt die Person eine Decke, ein Glas Wasser oder Ähnliches. Fragen Sie, ob die Person Informationen braucht usw.

### AUFSUCHENDE BETREUUNG IN DER KRISENINTERVENTION

Menschen, die vom plötzlichen Tod eines geliebten Menschen erfahren haben oder einen Arbeitsunfall erleben oder mitansehen mussten, sind oft schockiert, orientierungslos, überwältigt und überfordert – mit einem Wort, sie »stehen neben sich«. Sich in so einer Situation auch noch selbst um Hilfe zu kümmern, ist zu viel. Häufig ist es sogar so, dass Betroffenen Fragen gestellt werden wie »Geht's eh oder brauchst du Hilfe?«. Auf solche (Suggestiv-)Fragen wird fast immer geantwortet: »Nein, nein, passt schon, ich komm schon zurecht.« Oft sind die Betroffenen aber auf das, was sie dann erwartet, nicht vorbereitet. Denn anstatt beispielsweise zu Hause zur Ruhe zu kommen, steigen oft intrusive Bilder auf, sie werden mit Fragen von Angehörigen konfrontiert, was denn passiert sei, und der Schlaf will sich nach so einem Extremstressereignis erst recht nicht einstellen. Psychologische Akuthilfe sollte daher immer aufsuchend stattfinden, d. h. wenn beispielsweise in einer Firma ein Arbeitsunfall (oder auch ein dramatischer Beinaheunfall!) oder in einer Schule ein plötzlicher Todesfall, Suizid oder Ähnliches passiert ist, sollte umgehend und »automatisch« eine Betreuung stattfinden. Wünschenswert wäre es, wenn solch eine Betreuung Teil der (Firmen-)Kultur wäre. Im Privatbereich ist die Organisation Psychosozialer Notfallhilfe natürlich schwieriger, da gibt es Kriseninterventionsteams, die bei bestimmten Ereignissen von der Leitstelle gleich mit alarmiert werden. Diese Versorgung ist aber aus nachvollziehbaren Gründen nicht überall und flächendeckend gegeben.

Im beruflichen Kontext durfte ich das Notfallinterventionsteam (NIT) der ÖBB sehr genau kennenlernen. Das Notfallinterventionsteam ist ein Peer-System, das bei bestimmten Vorfällen (beispielsweise ein Unfall im Gleisbereich) verständigt wird. Der*die diensthabende Laienhelfer*in nimmt dann Kontakt mit der betroffenen Kolleg*in auf. So ist auf jeden Fall ein Gespräch sichergestellt. Was mich beeindruckte, war, dass die Betreuung durch das NIT von den betroffenen Kolleg*innen sehr gut angenommen wurde (ich ertappte mich da selbst bei einem Vorurteil, dass psychosoziale Angebote in männlich dominierten Kulturen nicht so gut ankommen). Ich habe bei den ÖBB erlebt, wie gut so ein System funktioniert, wenn es als Teil der Firmenkultur implementiert wurde und von den Führungskräften mitgetragen wird. Auch bei den Schweizerischen Bundesbahnen und der Deutschen Bahn gibt es ein derartiges kollegiales Unterstützungssystem. Vor vielen Jahren, als ich noch bei den ÖBB für das NIT verantwortlich war, tauschten wir uns mit den Schweizer Kolleg*innen aus. Diese waren gerade dabei, ihr System auf eine aufsuchende Unterstützung umzustellen. Sie hatten nämlich festgestellt, dass sie zwar gut geschulte Peers hatten, deren Unterstützung aber kaum angefordert wurde. Mit der Umstellung auf eine aufsuchende Betreuung änderte sich dies total. Die Unterstützung nach sogenannten »außergewöhnlichen Ereignissen« wurde nicht nur gut angenommen, sondern geradezu eingefordert, wenn aus irgendwelchen Gründen einmal ein*e Betroffene*r nicht betreut wurde. Was für ein Erfolg! Aufgrund dieser Erfahrungen bin ich der festen Überzeugung: Wenn so ein System nicht angenommen wird, ist das kein Beweis für das Nicht-Benötigen einer Betreuung, sondern dafür, dass das System so angepasst werden muss, dass es angenommen werden kann!

## Das SAFER-R-Modell

Für die Krisenintervention hat es sich als sinnvoll erwiesen, wenn die Psychosozialen Notfallhelfer*innen eine Art »Checkliste« im Kopf haben, nach der sie im Einsatz vorgehen können. Bei Notfällen herrscht oft Chaos, Verwirrung, Verunsicherung. Um sich davon nicht anstecken zu lassen und ruhig und klar bleiben zu können, kann es hilfreich sein, einen Plan im Kopf zu haben. Auch wenn man in der Praxis den Plan nicht stur abarbeiten wird, sondern flexibel an die Situation anpassen muss, hilft es doch, eine gewisse Struktur einzuhalten. Das SAFER-R-Modell ist ein solcher Leitfaden für die Psychologische Akuthilfe. Es wurde von den US-amerikanischen Psychologen Jeffrey Mitchell und George Everly (den Begründern des *Critical Incident Stress Managements* (CISM)) insbesondere für professionelle Helfer*innen entwickelt. Das SAFER-R-Modell besteht aus fünf Phasen, dargestellt in Abb. 2-3.

**Abb. 2-3:** Das SAFER-R-Modell nach Mitchell & Everly (eigene Darstellung nach Everly et al. 2017).

1. Stabilisierung *(Stabilization)*
   Erster Schritt ist die Wiederherstellung von Schutz und Sicherheit, soweit es die Situation erlaubt. Die betroffenen Personen sollten vom Ort des Geschehens weggebracht oder zumindest von Zuschauer*innen oder Gaffern und den überflutenden Reizen abgeschirmt werden. Bleiben Sie bei den betroffenen Personen, sagen Sie Dinge wie »Es ist vorbei ... Sie sind jetzt in Sicherheit. Der Rettungsdienst ist unterwegs. Ich bleibe bei Ihnen.«. Strahlen Sie Ruhe und Sicherheit aus. Durch diese Maßnahmen können Sie die emotionale Überforderung der Person langsam verringern.

2. Anerkennung fördern *(Acknowledgement)*
   In akuten Krisensituationen haben Betroffene häufig das Gefühl, es könne doch nicht wahr sein, was passiert ist. Für viele fühlt es sich an wie ein Albtraum und sie hoffen, bald aufzuwachen. Dieses Nicht-wahrhaben-Können ist ein Schutzmechanismus unserer Psyche. Diese macht »dicht«, wenn wir mit einem plötzlichen Ereignis konfrontiert sind, das uns total überwältigt. Wenn auf einmal die Polizei vor der Türe steht und uns mitteilt, dass ein geliebter Mensch verunglückt ist oder wir einen furchtbaren Unfall mitansehen müssen oder Ähnliches. Das, was passiert ist, muss erst allmählich in unser Bewusstsein einsickern, könnte man sagen. So sichert unsere Psyche unser (psychisches) Überleben in einer absoluten Ausnahmesituation. Dieses »Sickern« – also die Ankerennung des Ereignisses – können wir fördern (ohne zu konfrontieren!). Wir können Informationen geben, benennen, was passiert ist, ohne »drumherum zu reden« (»Ja, Ihr Mann ist leider verstorben«), und wir können die Betroffenen dabei unterstützen, ein erstes »Narrativ«, eine

erste Geschichte zu entwickeln, indem wir zuhören und ab und zu Fragen stellen (Achtung: Fokus auf die Fakten – was ist passiert? Nicht: Wie ist es Ihnen ergangen?).

3. Reduktion der Stressreaktionen *(Facilitation)*

Wie zu Beginn dieses Kapitels schon erwähnt, befinden sich von einem Notfall Betroffene oft in einem Schockzustand, der Akuten Belastungsreaktion bzw. später der Akuten Belastungsstörung. Dies sind normale Reaktionen auf ein unnormales Ereignis und ein gesunder Versuch unserer Psyche, mit derartigen Ereignissen fertigzuwerden. Doch diese Stressreaktionen können Betroffene massiv verunsichern und belasten. Sie werden die schrecklichen Bilder nicht los, leiden unter Intrusionen (Wiedererleben), Schlafstörungen und erhöhter Schreckhaftigkeit. Diese Zustände wecken zusätzliche Sorgen und Ängste, beispielsweise nicht mehr arbeitsfähig zu sein, usw. Umso wichtiger ist es, den Betroffenen diese Stressreaktionen als normal zu erklären (Normalisieren) und sie über die Ursachen aufzuklären (Psychoedukation), damit sie ihren Schrecken verlieren. In der akuten Situation ist zudem die Wiederherstellung der Handlungsfähigkeit bedeutsam, damit die Betroffenen sich wieder als selbstwirksam erleben und nicht mehr ausgeliefert und ohnmächtig. Durch Dableiben und gemeinsames Aushalten kühlt sich das limbische System langsam wieder ab.

4. Ermutigung *(Encouragement)*

Finden Sie gemeinsam erste Möglichkeiten der Bewältigung. Unterstützen Sie die betroffene Person dabei, Struktur in die nahe Zukunft hineinzubringen. Was ist nun zu tun? Wer könnte dabei helfen? Was ist jetzt wichtig? Überlegen Sie gemeinsam, wie die betroffene Person die nächsten Stunden überstehen kann. Was hat Ihnen früher schon einmal geholfen? Wie können Sie die kommende Nacht überstehen? Wäre es Ihnen angenehm, wenn jemand bei Ihnen übernachten würde? Mit wem können Sie sprechen?

5. Wiederherstellen unabhängigen »Funktionierens« und/oder Überführung in professionelle Begleitung *(Recovery or Referral)*

Bleiben Sie bei der betroffenen Person, bis sie wieder handlungs- und entscheidungsfähig geworden ist, und aktivieren Sie das soziale Netzwerk. Helfen Sie, bei Bedarf eine weitere oder Nachbetreuung zu organisieren, wenn Sie nicht weiter zur Verfügung stehen. Auf jeden Fall sollte es eine klare Vereinbarung geben, ob und wie die Betreuung weitergeführt wird, wenn Sie die Person verlassen (»Melden Sie sich bei Bedarf« ist definitiv nicht ausreichend!). Konnte die Person nicht ausreichend stabilisiert werden oder bei anhaltender Suizidalität – nicht alleine lassen, evtl. die Unterbringung in einer psychiatrischen Station in Erwägung ziehen.

### KÖRPERKONTAKT IN DER PSYCHOLOGISCHEN AKUTHILFE

Kaum ein Thema führt in Seminaren oder Weiterbildungen zu so heftigen Diskussionen wie die Frage nach dem Körperkontakt. In vielen Anleitungen zur Psychischen Ersten Hilfe wird »Suche Körperkontakt« als eigener Punkt im Vorgehen angeführt. Manche Ausbildungsorganisationen haben sich jedoch entschieden, dies herauszunehmen, um unangenehme Situationen zu vermeiden. Körperkontakt ist immer ein heikles Thema. In der Psychologischen Akuthilfe ist dieser jedoch anders zu bewerten als beispielsweise zwischen Psychologin und Klientin in einer psychologischen Praxis. Wenn Menschen völlig verzweifelt sind, weinen, schreien, es nicht mehr aushalten, gibt es häufig nichts zu sagen. Da bewirkt es oft mehr, der Person den Arm um die Schulter zu legen und danebenzusitzen und die Situation gemeinsam auszuhalten. Eine menschliche Geste der Anteilnahme wirkt hier beruhigend und drückt Mitgefühl und Anteilnahme aus. Jemanden zu umarmen, ist manchmal stimmig, kann aber auch schnell zu viel werden. Das überlassen wir u. U. den Angehörigen. Körperkontakt als Abarbeiten einer Checkliste oder wenn man sich selbst nicht wohl dabei fühlt, ist natürlich keine Hilfe. Das andere Extrem – Distanz um jeden Preis – aber auch nicht. Ich erinnere mich an eine Betreuungssituation, in der eine junge Kollegin von mir neben einer Frau saß, die nach dem Suizid ihres Sohnes verzweifelt weinte. Es wäre total stimmig gewesen, der Frau den Arm um die Schultern oder auf den oberen Rücken zu legen. Aber meine Kollegin saß nur wortlos daneben wie ein Häuflein Elend. In der Nachbesprechung schilderte sie mir ihren inneren Zwiespalt, als Psychologin ihre Klient*innen nicht anfassen zu dürfen, und ihren Impuls, die Frau zu umarmen. Vielleicht darf ich es so formulieren: Hausverstand einschalten und das tun, was sich stimmig anfühlt. Manchmal wird auch empfohlen, zu fragen, ob die Person eine Umarmung oder Berührung wünscht. Aber auch das ist nicht in jeder Situation angebracht.

## Die Erwartungen der Betroffenen

Um nicht an den Erwartungen und Bedürfnissen »vorbei zu intervenieren«, hat die wissenschaftliche Begleitforschung des Berliner Krisendienstes die Bedürfnisse der Ratsuchenden erhoben. Folgendes wurde von Betroffenen als Wünsche formuliert (Zimmerman, Bergold 2003, S. 41 ff.):

- Wunsch nach Orientierung und Zuwendung
- Wunsch nach Information, Rat und konkreter Vermittlung
- Wunsch danach, sich auszusprechen auf der Basis eines Verbündeten, hier der*die Berater*in
- Wunsch nach Schutz und Deeskalation sowie konkreter Hilfe zum Beispiel bei der Alltagsstrukturierung

Während für die Betroffenen selber der Wunsch nach persönlicher Zuwendung und Verständnis an erster Stelle steht, wünschen sich die Angehörigen vor allem Informationen und Rat (ebd., S. 40, 43). Diese Befunde aus der Wissenschaft decken sich mit meinen Erfahrungen aus der Praxis. Die Betroffenen fühlen sich häufig schwach, verletzt, zerstört, woraus sich das Bedürfnis nach Trost, Zuwendung und Mitgefühl ergibt. Für die Angehörigen steht vor allem die Frage, wie mit der Situation umzugehen sei, im

Raum. Sie fühlen sich hilflos, wollen verstehen, etwas tun und benötigen dafür Informationen und Empfehlungen.

## 2.6  Praktische Hilfe: Das Ampelsystem

Einen gut gefüllten »Werkzeugkoffer« zu haben, um auf die unterschiedlichsten Situationen vorbereitet zu sein, das wünschen sich viele Teilnehmer*innen meiner Seminare. In diesem Kapitel werden einige Übungen vorgestellt, die ich als hilfreich kennengelernt habe und die Ihren Werkzeugkoffer vielleicht bereichern. Die Übungen sind als Hilfe zur Selbsthilfe gedacht, können aber auch in der Arbeit mit Klient*innen eingesetzt werden. Eingebettet sind sie in eine Art Ampelsystem, das der Strukturierung der Übungen dient. Es handelt sich dabei um eine kleine Auswahl aus einer Fülle ähnlicher Übungen und dies soll vor allem als Anregung und Ideengeber dienen. Wer sich für Imaginationsübungen interessiert, sei auf die wunderbaren Bücher von Luise Reddemann verwiesen.

Nicht immer werden wir von Angst, Panik, Dissoziation oder anderen negativen Gefühlszuständen überrascht, manchmal baut sich da etwas auf, es spitzt sich ein Zustand der Anspannung zu. Um in solchen Situationen auf bereits Eingeübtes zurückgreifen zu können, ist es günstig, einige Entspannungs-, Achtsamkeits- oder Körperübungen auszuwählen und regelmäßig zu praktizieren. Wählen Sie zwei Übungen aus, die Sie in Ihren Alltag einbauen – beispielsweise eine morgendliche Atemübung und eine Dankbarkeitsübung am Abend. Muten Sie sich nicht zu viel zu, das hält man meist nicht durch. Durch diese Vorbereitung können Sie bei erhöhtem Stresslevel sowohl auf die Übung als auch auf den Entspannungszustand zurückgreifen. Vielleicht ist es möglich, die Überwältigung dadurch abzuwenden. Sollte es dennoch dazu kommen, dass Sie von Emotionen überflutet werden, können Sie die Übungen für den Alarmzustand anwenden, das Notfallprogramm. So lernen Sie sich außerdem besser kennen, wissen mit der Zeit schon, welchen Zustand Sie noch abfangen können – und wie – und welchen nicht. Vielleicht helfen Ihnen dabei auch Skalierungen: Auf einer Skala von 1 bis 10 (1 = Entspannung, 10 = Alarmzustand) – wo befinden Sie sich gerade? Welche Übungen setzen Sie zum Beispiel erfolgreich ein, wenn Sie auf »6« sind, welche bei »8«?

In Abb. 2-4 ist das Ampelsystem im Überblick dargestellt. Es besteht aus drei Stufen und soll bei der Einschätzung des eigenen oder des Zustands von Klient*innen behilflich sein. Im Idealfall wird die Zuspitzung eines Stresszustandes damit vermieden, indem dieser rechtzeitig abgefangen wird. Je nach Befindlichkeit lassen sich Aufgaben und Maßnahmen ableiten:

1. Grün = Normalzustand
   Dieser Zustand der Ruhe und Entspanntheit eignet sich zur Vorbereitung auf stressreichere Zeiten, zum Energiesammeln und Kraftschöpfen. Techniken zur Entspannung und Stärkung der Achtsamkeit können geübt werden, um sich zu stärken, für

schwierigere Situationen zu wappnen. In diesem Zustand können Sie reflektieren, Ihr Mindset hinterfragen und gegebenenfalls ändern.

2. Orange = erhöhter Stresszustand

   Angespanntheit, Sorgen und Grübeln stellen sich ein. Alte Muster wollen sich wieder einschleichen. Ihre Aufgabe: korrigieren und Stresslevel senken. Dabei helfen Übungen gegen das Gedankenkarussell, die auf das Hier und Jetzt fokussieren.

3. Rot = Alarmzustand

   Die dritte Stufe kann überraschend auftreten, wenn man getriggert wird, oder sich aufbauen, wenn der erhöhte Stresszustand nicht mehr eingefangen werden konnte. Es kommt zu Panik, Überflutung, Dissoziation. Rasche Abhilfe ist gefragt. Jetzt kommt das Notfallprogramm zum Einsatz: der Notfallkoffer, bestimmte Körperübungen, die 5-4-3-2-1-Übung. Durch den konsequenten Einsatz von Entspannungs- und Achtsamkeitsübungen lassen sich Alarmsituationen reduzieren. Wenn Sie merken, dass all dies zu wenig ist, suchen Sie bitte unbedingt professionelle Unterstützung auf.

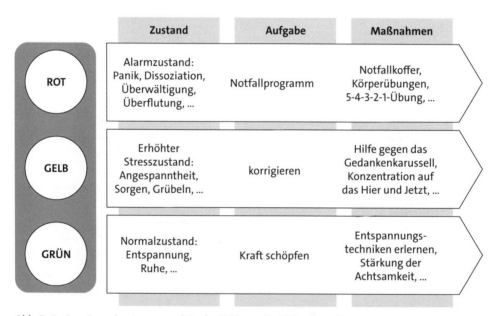

**Abb. 2-4:** Das Ampelsystem – praktische Hilfe zur Notfallprävention.

## Normalzustand (grün): Kraft schöpfen

Achtung: Bei akuten Krisen oder Traumatisierungen kann die Innenschau, zu der es bei Entspannungsübungen wie Atemtechniken kommt, unangenehm sein und u. U. dissoziative Bilder o. Ä. aufkommen lassen. Bitte kurz »reinspüren«, bevor Sie eine Übung ausprobieren, ob es sich gut anfühlt, diese zu machen.

**Fokussierte Atmung**

Psychischer Stress, Angst oder Depression wirken sich direkt und langfristig auf die Atmung aus. Durch bestimmte Atemtechniken lassen sich Stress und Emotionen jedoch positiv beeinflussen. Zu den wichtigsten Atemtechniken zählen die Verlangsamung der Atmung, die Veränderung der Atemrichtung und die Anpassung der Dauer der Ein- bzw. Ausatmung (Burch 2021).

Im Alltag und besonders unter Stress neigen wir dazu, nur oberflächlich zu atmen (Brustatmung). Der Nacken- und Schulterbereich ist verspannt, was zu Schmerzen und noch mehr Verspannung führt. Über den Bauch atmen wir meist nur, wenn wir schlafen oder ganz entspannt sind. Um dem entgegenzusteuern, kann man ganz einfache Übungen zur Bauchatmung, die dem Yoga entlehnt sind, in den Alltag einbauen. Durch die Bauchatmung werden Atmung und Herzschlag regelmäßiger, der Schulterbereich entspannt sich dabei, es wird mehr Sauerstoff aufgenommen und die Bauchorgane werden massiert. Durch die körperliche Entspannung kommt auch unser Geist zur Ruhe.

Für alle, die Lust bekommen haben, hier eine Anleitung für die Bauch- und Wechselatmung zum Ausprobieren (es gibt natürlich auch online unzählige Anleitungen und Videos dazu):

> **PRAXISTIPP  Bauchatmung**
>
> Zur Vorbereitung suchen Sie einen ruhigen Ort auf, schalten Ihr Handy auf lautlos (so können Sie die Entspannungsübung gleich mit *Digital Detox* kombinieren). Wichtig ist, sich in einer aufrechten Haltung zu befinden. Die Übung kann im Sitzen, Liegen, Stehen oder Gehen durchgeführt werden, ich empfehle jedoch für den Anfang, die Übung im Sitzen zu absolvieren.
>
> Setzen Sie sich gerade hin (am einfachsten ist es, sich auf einen Hocker oder Stuhl zu setzen, Fortgeschrittene können sich auch in den Lotussitz setzen), beide Füße am Boden, Schultern entspannt, Blick geradeaus oder leicht zu Boden gerichtet, Atmung entspannt durch die Nase. Legen Sie eine Hand auf den unteren Bauch (wenn es Ihnen angenehm ist, können Sie die andere Hand auf die Brust legen). Atmen Sie drei bis vier Sekunden durch die Nase ein und lenken Sie Ihre Aufmerksamkeit auf den Bauchbereich. Spüren Sie, wie sich der Bauch mit der Einatmung hinauswölbt (Zwerchfellatmung). Die Ausatmung erfolgt durch die Lippenbremse. Atmen Sie drei bis vier Sekunden aus. Ihre Aufmerksamkeit liegt weiterhin auf dem Bauchbereich. Spüren Sie, wie sich der Bauch mit der Ausatmung nach innen zieht. Wenn es Ihnen angenehm ist, schließen Sie die Augen. Setzen Sie die Übung für einige Atemzüge fort. Nach der Übung nehmen Sie kurz wahr, wie sich Ihr Körper anfühlt.
>
> **Anleitung Lippenbremse**
>
> Durch die Lippenbremse wird die Atmung stabilisiert. Legen Sie die Lippen locker aufeinander, sodass sich beim Ausatmen die Wangen leicht aufblähen. Die Luft strömt durch die verengte Mundöffnung mit einem »Pfff« aus.

Ich habe es mir angewöhnt, auch mit meinen Klient*innen immer wieder eine kurze Atemübung zu machen. Wenn wir beispielsweise gerade ein schwieriges Thema durchgearbeitet haben, nehmen wir gemeinsam einen tiefen Atemzug und lassen alles Schwere raus. Einmal tief durch die Nase einatmen und dann fest und hörbar durch den Mund ausatmen. Wenn das ungewohnt ist, empfehle ich, einmal tief »durchzuschnaufen«, wenn mein Klient die Praxis verlässt. Das mache ich übrigens auch für mich, wenn es gerade mal stressig ist oder ich mich ärgere. Ich merke dann sofort, dass sich meine Schultern entspannen und ich ein wenig »runterkomme«.

**PRAXISTIPP Wechselatmung**
Diese Übung eignet sich für alle, die mit Atemübungen schon ein wenig Erfahrung haben. Diese Atemübung ist ebenfalls aus dem Yoga und leicht alleine durchzuführen. Die Wechselatmung ist eine Reinigungsübung. Sie hilft, die Atmung zu kontrollieren, und wirkt ausgleichend und harmonisierend. Für die Wechselatmung hält man sich jeweils ein Nasenloch zu und atmet durch das andere. Dazwischen hält man immer kurz die Luft an.

**Anleitung Wechselatmung**
Setzen Sie sich bequem und aufrecht auf den vorderen Teil Ihres Stuhls. Schließen Sie die Augen und atmen Sie einige Male tief ein und aus (Bauchatmung). Nun schließen Sie mit dem Daumen der rechten Hand das rechte Nasenloch und atmen ca. vier Sekunden durch das linke Nasenloch ein. Dann verschließen Sie mit Daumen und Ringfinger der rechten Hand beide Nasenlöcher und halten die Luft für ca. acht Sekunden lang an. Atmen Sie nun ca. acht Sekunden aus dem rechten Nasenloch aus (linkes Nasenloch bleibt mit dem Ringfinger der rechten Hand verschlossen). Nun wieder vier Sekunden rechts einatmen, acht Sekunden Luft anhalten, acht Sekunden links ausatmen, vier Sekunden links einatmen, acht Sekunden Luft anhalten, acht Sekunden rechts ausatmen usw.

Die vorgestellten Atemübungen eignen sich auch sehr gut für eine Entspannung vor dem Schlafengehen.

**Stressreduktion durch Achtsamkeit**
Achtsamkeitsübungen unterstützen dabei, zu einem inneren Gleichgewicht und zu Entspannung zu finden, um mit Stresssituationen angemessen umzugehen. In einem Zustand der Achtsamkeit ist es möglich, klar zu sehen und angemessen zu agieren, anstatt immer wieder in alte Muster zu verfallen (der Website der MBSR-MBCT Vereinigung Österreich entnommen).

**PRAXISTIPP *Body Scan***
*Body Scan* ist eine Achtsamkeitsübung, die den ganzen Körper umfasst. Es ist eine Art »Reise durch den Körper«. Der Körper wird dabei von Kopf bis Fuß

gedanklich abgetastet. Damit soll die Verbindung zwischen Körper und Geist gestärkt und Stress abgebaut werden. Die Übung hat ihren Ursprung in der buddhistischen Vipassana-Tradition und wurde dann von Prof. Jon Kabat-Zinn, dem Vater der *Mindfulness Based Stress Reduction* (MBSR) – Stressbewältigung durch Achtsamkeit – für sein Programm adaptiert. Beim *Body Scan* sollen die eigenen Körperempfindungen, Gedanken und Gefühle wahrgenommen werden, ohne sie zu bewerten. Sie können die Übung kürzer halten, ca. 10 Minuten, oder bis zu 45 Minuten ausgiebig durchführen. Im Internet gibt es auch geführte Anleitungen, wenn es zu Beginn vielleicht schwierig ist, die Übung rein gedanklich durchzuführen.

Legen Sie sich für die Übung in einem ruhigen Raum auf den Rücken, am besten auf eine Decke oder eine Yogamatte. Atmen Sie tief ein und aus und richten Sie Ihre Aufmerksamkeit nach innen auf Ihre Gefühle und Gedanken. Sollten unangenehme Gefühle auftreten, versuchen Sie nicht, diese zu unterdrücken, sondern lassen Sie sie einfach vorbeiziehen (beobachten Sie die Gedanken wie einen Zug, den Sie vorbeifahren sehen). Konzentrieren Sie sich einige Minuten auf Ihre Atmung, beobachten Sie, wie Ihr Atem wie ein Windhauch hinein- und wieder hinausfließt. Dann beginnen Sie mit dem gedanklichen Abtasten. Richten Sie Ihre Aufmerksamkeit auf Ihre Zehen, dann auf Ihre Füße, Unterschenkel, Knie usw. Arbeiten Sie sich Schritt für Schritt durch Ihren Körper und achten Sie darauf, wie sich die jeweilige Körperregion anfühlt. Wenn es Ihnen schwerfällt, Ihre Gedanken zu fokussieren, konzentrieren Sie sich zwischendurch immer wieder auf Ihre Atmung. Zum Schluss Ihres *Body Scans* bleiben Sie einige Minuten entspannt liegen, ruhen Sie aus. Dann nehmen Sie ein paar tiefe Atemzüge, öffnen Sie die Augen, rekeln Sie sich ein wenig und richten Sie sich langsam auf. Günstig ist es, sich über die Seite ins Sitzen aufzurollen, dort ein wenig zu verharren und dann erst aufzustehen. Vielleicht möchten Sie Ihre Erfahrungen während des *Body Scans* im Anschluss aufschreiben, um so Veränderungen über einen längeren Zeitraum beobachten zu können.

## Erhöhter Stresszustand (orange): Korrigieren

### Hilfe gegen das Gedankenkarussell

Unter Grübeln versteht man sich aufdrängende, automatische, kreisende Gedanken. Meist handelt es sich um Sorgen, Ängste, Schwarzmalerei. Die Gedanken drängen sich unfreiwillig auf, lassen uns nicht schlafen und führen dazu, dass wir uns schlecht fühlen. Häufig wird das Grübeln durch eine Erinnerung an ein bestimmtes Problem oder eine Situation ausgelöst. Grübeln wird als Vermeidungsverhalten gesehen, da eine echte Problemlösung, ein konstruktives Arbeiten an einer Veränderung dadurch verhindert wird. Man dreht sich im Kreis.

Paul Salkovskis erklärt in seinem kognitiven Modell, wie es zu diesen automatischen Gedankenprozessen kommt (Salkovskis 1985). In der ersten Phase entsteht ein aufdringlicher Gedanke wie beispielsweise »Warum streiten wir immer so viel?« Solche Gedanken sind normal. Nun folgt jedoch Phase 2 mit der negativen Bewertung durch einen automatischen (also »unbewussten«) Gedanken. Dies könnte sein »Haben wir überhaupt eine gute Beziehung? Warum passiert das immer mir? Habe ich eine Bindungsstörung?« Diese automatischen Gedanken schlagen sich sofort auf die Stimmung nieder – Angst, Unruhe und Anspannung entstehen (Phase 3). Daraufhin kommt es zu einem Verhaltensmuster, einem Ritual, das kurzfristig eine Erleichterung bewirkt, beispielsweise: »Morgen werde ich mich entschuldigen.« (Phase 4) Leider treten die Sorgen dann bald wieder auf, weil ja nur eine kurzfristige Erleichterung herbeigeführt und nicht die Ursache behoben wurde. Warum manche Menschen mehr zum Grübeln neigen als andere, dürfte mit der Art, wie man mit Unsicherheiten im Leben umgeht, zu tun haben. Personen, die die Zukunft eher als bedrohlich wahrnehmen, leiden öfter unter Grübeln.

### METAKOGNITIVE THERAPIE (MCT) DES GRÜBELNS

Die metakognitive Therapie wurde vom britischen Psychologen Adrian Wells entwickelt. Anders als beispielsweise in der kognitiven Therapie werden hier nicht die automatischen Gedanken wie »Ich bin ein Versager« als Ursache für psychische Störungen wie eine Depression gesehen, sondern nur als Symptom oder Auslöser. Das eigentliche Problem stellen nach dieser Theorie die sogenannten Metakognitionen dar. Metakognitionen sind Gedanken über Gedanken. Es geht dabei um die Bewertungen der automatischen Gedanken, die zur Entstehung zusätzlichen Leidens und zur Wiederholung der immer selben Strategie beitragen. Positive Metakognitionen beschreiben den Nutzen einer bestimmten Strategie und sind verantwortlich dafür, dass diese wiederholt wird (»Wenn ich nur lange genug nachdenke, finde ich eine Lösung für mein Problem.« oder »Wenn ich meine Aufmerksamkeit auf potenzielle Gefahren richte, werde ich sicher sein!«). Negative Metakognitionen (»Ich kann mein Grübeln nicht steuern!« oder »Wenn ich mir weiter Sorgen mache, dann werde ich noch verrückt.«) führen zu Angst und Hilflosigkeit. In der Therapie muss demnach an den Metakognitionen gearbeitet werden – diese Überzeugungen müssen erkannt und verändert werden. Dabei wird mit Achtsamkeitstraining gearbeitet (vgl. Wells 2011).

**Vier Übungen zum Grübelstopp**

1. Die STOPP-Technik
   Dabei handelt es sich um eine erprobte Technik aus der Verhaltenstherapie.
   Wenn Sie merken, dass sich Ihr Gedankenkarussell wieder einmal zu drehen beginnt, sagen Sie laut: »STOPP!« Für viele Menschen ist es hilfreich, sich dabei auch ein Stopp-Schild vorzustellen oder eine entsprechende Handbewegung zu machen. Wichtig ist, es laut zu sagen und anschließend sofort etwas zu ändern: Das kann Ihre Körperhaltung sein, Ihre Mimik usw. Ändern Sie beispielsweise Ihre Sitzposition und setzen Sie ein Lächeln auf. Wenn Sie sich nachts beim Grübeln ertappen,

kann es hilfreich sein, kurz aufzustehen und einen Schluck Wasser zu trinken. Machen Sie sich bewusst, dass Sie die Kontrolle über Ihre Gedanken haben und nicht Ihre Gedanken die Kontrolle über Sie, und verbinden Sie dies mit einer Handlung. Je früher Sie das Gedankenkarussell stoppen, desto besser. Wenn man sich schon besser kennt, kann man vielleicht sogar gleich nach dem sich aufdrängenden Gedanken unterbrechen. Zudem kann es hilfreich sein, seine Metakognitionen, also die Gedanken über das Grübeln, aktiv zu kontrollieren. Statt »Ich kann einfach nicht aufhören zu grübeln, ich werde noch verrückt!« denken Sie etwas wie: »Ja, da gibt es etwas, worauf mich diese Gedanken hinweisen wollen. Ich werde mich zu gegebener Zeit damit beschäftigen.«

Letzteres bringt uns zu einer weiteren Möglichkeit, das Grübeln zu unterbrechen: Aufschreiben und verschieben.

2. Aufschreiben

   Setzen Sie sich bewusst hin, nehmen Sie ein Blatt Papier oder ein Tablet zur Hand und schreiben Sie Ihre Gedanken auf. Damit Sie sich aber nicht übermäßig lange damit beschäftigen und vielleicht sogar währenddessen wieder ins Grübeln abgleiten, stellen Sie sich einen Timer (zum Beispiel 15 Minuten). Das Aufschreiben hilft, zu strukturieren, die Gedanken auf ihren Wahrheitsgehalt zu prüfen, und ermöglicht es, Distanz dazu herzustellen. Vielleicht wollen Sie auch eine zweite Spalte anlegen und Ihre Gedanken einem Realitätscheck unterziehen. Handelt es sich um ein Problem, das tatsächlich vorhanden ist, oder nur um ein Produkt Ihrer Fantasie? Spielen Ihnen Ihre Gedanken einen Streich? Wenn Sie zur Überzeugung kommen, dass Ihre Befürchtungen tatsächlich eintreten könnten, überlegen Sie: Was können Sie dagegen tun? Formulieren Sie konkrete Schritte und setzen Sie diese dann so bald wie möglich um.

3. Verschieben

   Fragen Sie sich: »Was kann ich jetzt tun? Ist jetzt die richtige Zeit, mich mit dieser Frage zu beschäftigen?« Wenn ja, dann gehen Sie das Problem aktiv an (sofern es den Realitätscheck besteht). Wenn nicht (weil es vier Uhr morgens ist), dann schreiben Sie es auf, wenn es Sie sehr beschäftigt, und legen es mit den Worten weg: »Ich kümmere mich zu gegebener Zeit darum. Jetzt entspanne ich mich.« Nehmen Sie einen tiefen Atemzug, trinken Sie noch einen Schluck Wasser und legen Sie sich wieder hin.

4. Zeitreise

   Sie können sich die Frage stellen: »Ist dieses Problem in fünf oder zehn Jahren noch relevant? Ist es wirklich wert, mich jetzt so sehr damit zu beschäftigen?« Häufig sind es Kleinigkeiten, die uns übermäßig beschäftigen. Vielleicht können Sie das Vertrauen aufbringen, dass sich gewisse Dingen von selbst regeln (vor allem Dinge, die ich selbst nicht beeinflussen kann – vgl. Einflusskreise nach Covey in Kapitel 1.8.2).

**Anspannung reduzieren: Konzentration auf das Hier und Jetzt**

PRAXISTIPP  Achtsamkeitsübung »*Stop – Look – Go*«

Der Benediktinermönch und Psychologe David Steindl-Rast empfiehlt eine einfache Achtsamkeitsübung, die sich leicht in den Alltag integrieren lässt. Statt automatisch und schnell zu reagieren, halten wir inne und beobachten wertfrei und setzen dann bewusst eine Handlung.

- *Stop*: Bleib stehen, halt inne!
- *Look*: Beobachte wertfrei, was gerade vor sich geht – deine eigenen Gefühle, Mimik und Handlungen und auch die der anderen. Was siehst, spürst, hörst du? Wofür kannst du gerade dankbar sein?
- *Go*: Dann gehe los und setze bewusst eine Handlung.

Diese Übung lässt sich auf bestimmte Situationen anwenden, in denen eine kurzes Innehalten sinnvoll ist (zum Beispiel, wenn ich merke, dass mich Emotionen überwältigen, im Griff haben), aber auch als Übung, die täglich als kleine Meditation durchgeführt wird, um Achtsamkeit und Dankbarkeit zu üben.

PRAXISTIPP  *Grounding* – sich verwurzeln

Diese Übung kann man leicht im Alltag einbauen, wenn man merkt, dass der Stress- oder Angstlevel zu steigen beginnt.

Setzen oder stellen Sie sich gerade hin. Lockern Sie Ihre Schultern, vielleicht ziehen Sie sie einmal hoch zu den Ohren, dabei tief einatmen, und lassen sie dann mit einer tiefen Ausatmung fallen. Richten Sie das Becken gerade aus, sodass Sie kein Hohlkreuz haben. Stellen Sie sich vor, Ihr ganzer Körper wird von einem Faden über dem Scheitel etwas nach oben gezogen. Atmen Sie tief ein und aus. Wandern Sie mit Ihrer Aufmerksamkeit über alle Körperteile bis hinunter zu den Fußsohlen. Spüren Sie, wie sich diese anfühlen. Wie sie am Boden aufliegen. Dabei können Sie Ihre Augen schließen. Gehen Sie mit Ihrer Aufmerksamkeit zu Ihren Fersen – spüren Sie, wie diese mit dem Boden verbunden sind. Dann richten Sie Ihre Aufmerksamkeit auf die Großzehen und gehen dann weiter zu den kleinen Zehen. Spüren Sie die Verbindung mit dem Untergrund. Wenn Sie mögen, können Sie sich vorstellen, wie aus Ihren Fußsohlen Wurzeln in den Boden wachsen und Sie fest mit dem Boden verbinden, Ihnen Halt und Kraft geben. Nehmen Sie noch einen tiefen Atemzug, öffnen Sie die Augen und beginnen Sie langsam, Ihre Zehen und dann Ihre Füße zu bewegen.

Besonders schön ist es, wenn Sie diese Übung barfuß und in der Natur machen. Damit die Übung auch in Stresssituationen gut angewendet werden kann, ist es sinnvoll, sie schon präventiv im entspannten Zustand zu üben. Dann können Sie sich die Entspannung mit dieser Übung bei Bedarf rasch verfügbar machen.

## Alarmzustand (rot): Notfallprogramm

Wenn die Angst zur Panik wird oder es zu Dissoziationen kommt, können starke sensorische Reize helfen, wieder ins Hier und Jetzt zu kommen, sich wieder zu spüren. Idealerweise wird eine Liste mit Dingen, die schon einmal geholfen haben, erarbeitet und vorher ausprobiert. *Trigger* (das sind Reize, die Dissoziationen auslösen) bitte ausschließen. Reize, die als Dissoziationsstopps eingesetzt werden können, können sein:

- scharfe, beißende Gerüche (Essig, Kren, Kampfer, Tigerbalsam etc.),
- scharfe/saure/bittere Geschmäcker (Pfeffer, Chili, Senf, Zitrone etc.) oder
- kalte/heiße/harte taktile Reize (Igelball, Schießgummi, kaltes Wasser, Bürstenmassage, Eiswürfel etc.).

Sie können sich einen Notfallkoffer mit für Sie hilfreichen Gegenständen anlegen, den Sie zusätzlich mit positiven Dingen bestücken – Fotos von geliebten Menschen, Tieren, Orten, einen USB-Stick mit Ihrer Lieblingsmusik, Blätter, Kastanien, die Sie beim letzten Südtirol-Urlaub gesammelt haben, usw. Sie können dafür eine schöne Schachtel nehmen, die Sie zusätzlich noch schmücken. Wenn das nicht zu Ihnen passt – vielleicht wählen Sie einen alten Werkzeugkasten von Ihrem Vater, den Sie mit positiv besetzten Gegenständen füllen.

### Übungen bei Dissoziation/Überwältigung/Panik

- Stampfen Sie mit den Beinen kräftig auf dem Boden auf, strecken Sie sich weit nach oben (»Kirschen pflücken«), gehen Sie auf die Zehenspitzen und dann kräftig wieder auf die Fersen.
  Gehen Sie mit raschen Schritten ins Freie, laufen Sie um den Häuserblock.
- Gähnen Sie laut, öffnen Sie dabei weit den Mund. Gerne können Sie dazu auch Laute von sich geben, den Unterkiefer hin- und herbewegen, wie es Ihnen guttut. Gähnen hilft, Anspannung, Angst, Wut oder Stress zu reduzieren.
- Palmieren: Reiben Sie die Handflächen kräftig aneinander, formen Sie mit den Händen eine Schale und halten Sie diese dann vor die Augen. Am besten, Sie schließen dabei die Augen und genießen die Entspannung für einige Sekunden. Gerne einige Male wiederholen.
- Tonisierung der Muskulatur: Babette Rothschild beschreibt in ihrem Buch »Der Körper erinnert sich« Übungen zur Tonisierung der Muskulatur (Rothschild 2011). Unter Tonisierung versteht man Stärkung und Muskelanspannung, aber auch etwas, was allgemein stärkt.

Diese und die folgenden Übungen eignen sich als Notfallmaßnahmen, wenn Angstzustände zu stark werden oder sich eine Panikattacke ankündigt. Andererseits stärken diese Übungen auch die emotionale Stabilität. Neben den unten beschriebenen Liegestützen und der Stuhlübung können auch Beinübungen oder Übungen mit Hanteln, Büchern oder kleinen Wasserflaschen zur Stärkung der Oberarmmuskulatur eingesetzt werden. So gelingt es, rasch aus der Überwältigung zu kommen.

**PRAXISTIPP Liegestütze**

Durch Liegestütze wird der Tonus in den rückwärtigen Armmuskeln (Trizeps), den Brustmuskeln und den Rückenmuskeln (Trapezius und Rautenmuskeln) erhöht. Von Vorteil ist, dass dafür keine Utensilien benötigt werden. Stellen Sie sich zwei Schritte von der Wand entfernt hin, stützen Sie sich mit beiden Armen darauf ab und drücken Sie sich weg. Vergrößern Sie allmählich den Abstand der Füße zur Wand, bis Sie genug Kraft haben, die Übung auf einer Treppe oder am Boden auszuführen. Fortgeschrittene können die Übung gleich am Boden, aber beispielsweise am Boden kniend ausführen. Sie können die Übung auch nur auf den Knien, also die Unterschenkel vom Boden angehoben, durchführen.

**PRAXISTIPP Stuhlübung**

Stellen Sie sich mit dem Rücken an eine Wand und »setzen« Sie sich wie auf einen Stuhl ab. Bleiben Sie in dieser Position. Die Hände können locker auf den Oberschenkeln abgelegt werden. Achten Sie darauf, kein Hohlkreuz zu machen, drücken Sie dafür den unteren Rücken gegen die Wand. Sie werden rasch die Belastung in den Oberschenkeln spüren.

**PRAXISTIPP Konzentration auf das Außen: 5-4-3-2-1-Übung**

Die 5-4-3-2-1-Übung wurde von Yvonne Dolan speziell als Hilfe für schwer traumatisierte Menschen entwickelt und ist eine Abwandlung der 5-4-3-2-1-Selbsthypnosetechnik von Betty Erickson. Dabei geht es darum, den Fokus der Aufmerksamkeit nicht nach innen (das ist für traumatisierte Menschen oft destabilisierend), sondern nach außen zu richten. Die Übung hilft, aus dissoziierten Zuständen herauszufinden, lässt sich aber auch gut bei Angst oder Panik einsetzen. Die Übung wird mit geöffneten Augen durchgeführt. Sagen Sie sich laut oder in Gedanken, was Sie mit Ihren Sinnen im Moment gerade wahrnehmen:

- fünfmal: Ich sehe …, fünfmal: Ich höre …, fünfmal: Ich spüre …
- viermal: Ich sehe …, viermal: Ich höre …, viermal: Ich spüre …
- dreimal: Ich sehe …, dreimal: Ich höre …, dreimal: Ich spüre …
- zweimal: Ich sehe …, zweimal: Ich höre …, zweimal: Ich spüre …
- zuletzt einige Zeit lang mehrmals: Ich sehe …, ich höre …, ich spüre …

Detaillierte Anleitungen finden sich im Internet.

# 2.7 Traumabewältigung

»Am liebsten würde ich das alles einfach vergessen.« Solche oder ähnliche Aussagen hört man oft von Menschen, die traumatische Ereignisse erleben mussten. Leider ist das Gegenteil der Fall – derartige Erlebnisse werden meist in allen Details erinnert und können eben nicht vergessen werden. So funktioniert unser Gehirn: Hochemotionale Inhalte werden besonders gut erinnert (hier spielt übrigens die in Kapitel 1.5 erwähnte Amygdala eine entscheidende Rolle). Das betrifft positive »unvergessliche« Erlebnisse – die Geburt eines Kindes, ein besonders schöner Urlaub, der Hochzeitstag – ebenso wie negative. Bei der Traumabewältigung geht es also nicht darum, etwas »hinter sich zu lassen«, zu vergessen, »damit abzuschließen«, sondern um die Integration des Erlebten in die eigene Biografie, in unser Selbst- und Weltverständnis. Daher spricht man bei Traumaverarbeitung oder Traumabewältigung auch eher von Traumaintegration. In diesem Kapitel geht es jedoch nicht darum, einen »Crashkurs« in Traumatherapie zu geben. Ziel ist es, verständlich zu machen, warum bestimmte Stressreaktionen nach dem Erleben eines traumatischen Ereignisses auftreten, welchen Sinn diese haben und welche Bedeutung für die Verarbeitung ihnen zukommt.

Das Erleben eines traumatischen Ereignisses kann zu massiven Stressreaktionen im Sinne einer Akuten Belastungsreaktion oder einer Akuten Belastungsstörung (siehe Kapitel 2.5) führen. Wie im Rahmen des SAFER-R-Modells schon angedeutet, handelt es sich dabei um normale Reaktionen auf ein unnormales Ereignis, um den Versuch unserer Psyche, mit einem derartigen Ereignis fertigzuwerden. Halten diese Stressreaktionen länger als vier Wochen an, spricht man von einer Posttraumatischen Belastungsstörung (PTBS). Bei sehr frühen, lang anhaltenden oder wiederholten Traumatisierungen kann es zur Entwicklung einer Komplexen Posttraumatischen Belastungsstörung (K-PTBS) kommen.

### SYMPTOME EINER POSTTRAUMATISCHEN BELASTUNGSSTÖRUNG (PTBS)

Laut dem Diagnosemanual der WHO – dem ICD in der 11. Revision (ICD-11) – müssen folgende Kriterien erfüllt sein, damit man von einer PTBS sprechen kann. Voraussetzung ist, dass ein extrem bedrohliches Ereignis bzw. eine Serie davon erlebt wurde (das ist das sogenannte »Traumakriterium«). Dieses führt zu folgenden Symptomen, die über einige Wochen bestehen bleiben:

- Wiedererleben (Intrusionen)
  Es kommt zu quälendem Wiedererinnern oder Wiedererleben von traumatischen Ereignissen. Intrusionen lassen sich nicht willentlich kontrollieren (sondern werden durch *Trigger* ausgelöst) und sind begleitet von starken körperlichen Stressreaktionen sowie Gefühlen von Angst und Grauen. Häufig auch von Albträumen, die ebenfalls als sehr belastend erlebt werden. Intrusionen haben einen »Hier-und-Jetzt-Charakter«, es fühlt sich an, als würde man Teile des traumatischen Ereignisses immer wieder durchleben. Dabei handelt es sich aber um ungeordnete Erinnerungsteile.

- Vermeidung
  Gedanken und Erinnerungen an das traumatische Ereignis sowie Aktivitäten und Situationen, die an das traumatische Ereignis erinnern, werden zu
  vermeiden versucht (man möchte nicht mehr zum Ort des Geschehens
  zurückkehren, nicht mehr daran denken, darüber sprechen usw.).
- Zustand der anhaltenden wahrgenommenen Bedrohung (Hypervigilanz)
  Darunter versteht man eine erhöhte Aktiviertheit und Wachsamkeit, die
  sich äußern kann in Irritierbarkeit und Wutausbrüchen, übertriebenen
  Schreckreaktionen, Schlaf- und Konzentrationsstörungen bis hin zu selbst-
  destruktivem Verhalten.

Die Komplexe Posttraumatische Belastungsstörung (K-PTBS) ist als eigenständige Diagnose in das ICD-11 aufgenommen und tritt als Folge von sich
wiederholenden oder lang andauernden traumatischen Ereignissen auf.
Neben den bereits genannten Symptomen der PTBS kommt es zu Störungen
in der Affektregulation (Umgang mit Gefühlen, Gefühllosigkeit, gewalttä-
tige Durchbrüche), negativer Selbstwahrnehmung (Wertlosigkeit, Scham,
Schuldgefühle) und Beziehungsstörungen (Schwierigkeiten, Beziehungen
aufzubauen und aufrechtzuerhalten).

## 2.7.1  Das Phasenmodell der traumatischen Reaktion

Besondere Bedeutung bei der Traumaverarbeitung bzw. Traumaintegration kommt
dem Wechsel zwischen Überflutung und Vermeidung zu, wie der US-amerikanische
Psychoanalytiker Mardi Horowitz in seinem Phasenmodell (Horowitz 1986) darstellt.
Darin unterscheidet er zwischen einer normalen Reaktion (*Stress Response*) und einer
pathologischen Variante (traumatische Reaktion). Ein traumatisches Ereignis führt zu
einem Schock, einem »Aufschrei« und Reizüberflutung. Es kommt zu einer Überschwemmung mit Emotionen (Angst, Panik, Trauer, Wut). Um dies aushalten zu können,
werden die Abwehrmechanismen (Vermeidung, Verleugnung, Abstumpfung, Dissoziation) aktiviert. Eine Lockerung der Abwehr (ausgelöst durch die Vervollständigungs-
tendenz unserer Psyche) oder eine Schwäche in der Abwehr führt zu sich aufdrängenden Vorstellungsbildern und Gedanken (Intrusionsphase). Wirksame Abwehrmechanismen führen dazu, dass sich die Intrusionen nicht chronifizieren können. Es kommt
zur Phase des Durcharbeitens, in der ein kontrolliertes Wiedererleben der traumatischen Situation möglich ist – im Wechsel zwischen Überflutung und Vermeidung. Die
traumatische Erfahrung kann umgearbeitet und in die eigene Biografie integriert werden. Diese letzte Phase ist gekennzeichnet von einer eher kognitiven Verarbeitung, es
kommt zur Anerkennung der Realität des Geschehenen, einer Akzeptanz der Konse-
quenzen und zu mehr Gefühlsstabilität. Das bisherige Selbst- und Weltverständnis, das
durch das traumatische Ereignis erschüttert wurde, muss so lange verändert und ange-

passt werden, bis die traumatische Erfahrung in dieses integriert werden kann (»Traumaintegration«). Es kommt zum relativen Abschluss.

Kommt es zu einer Fixierung in der Vermeidung oder Überwältigung, entwickelt sich ein pathologischer Verlauf. Wird die Vermeidungsphase fixiert, kommt es zu Gefühlsabstumpfung, dem sogenannten *Numbing*, oder einer Erstarrung als Abwehr gegen die Reizüberflutung. Eine Fixierung in der Intrusionsphase würde einen Zustand dauerhafter Überflutung bedeuten (Fischer, Riedesser 2020, S. 99).

Fischer und Riedesser (ebd., S. 101) weisen auf eine besondere Form der Blockierung in der Verarbeitung hin: Wenn Opfern nicht die Anerkennung und Unterstützung entgegengebracht wird, die ihnen zusteht (vgl. *Blaming the Victim*, Kapitel 1.6), führt die fehlende Anerkennung ihres Leids dazu, dass sich das erschütterte Selbst- und Weltverständnis nicht erholen kann. Die Betroffenen fühlen sich fremd und abgeschnitten von anderen.

### WORAN ERKENNT MAN EINE GEGLÜCKTE TRAUMAINTEGRATION?

Die betroffene Person kann mit angemessener Gefühlsbeteiligung (das kann durchaus auch Weinen sein) über das Erlebte sprechen, ohne dass es zu Überwältigung oder Dissoziationen kommt. Die Person kann das Erlebte als Teil ihrer Biografie einordnen, dem Ereignis bzw. dem Umgang damit vielleicht sogar einen Sinn geben und fühlt sich nicht durch das Ereignis bestimmt und dominiert.

# 3 Darüber sprechen hilft (nicht immer) – Gesprächsführung in Krisen

## 3.1 Reden ist nicht gleich reden

Wir kommunizieren ständig. Da mutet es fast eigenartig an, wenn jemand behauptet, dass reden nicht gleich reden sei, kommunizieren nicht gleich kommunizieren. Menschen berichten immer wieder, sie hätten schon oft versucht, mit jemandem über ihre Probleme zu sprechen, es habe aber nichts genützt. Im Gegenteil, jetzt würden Angehörige immer wieder besorgt nachfragen und sie müssten sich rechtfertigen, dass noch immer alles beim Alten sei. Wir wollen uns in diesem Kapitel also ansehen, was es braucht, um erfolgreich zu kommunizieren. In einer Beratungssituation sieht das natürlich ganz anders aus als in Alltagsgesprächen. In Gesprächen mit einer Freundin möchte ich beispielsweise auch gehört werden, meine Sicht einbringen, meine Geschichten erzählen. Ich, ich, ich … In der Beratung oder gar im therapeutischen Gespräch rücken meine Gefühle, Erfahrungen, Erlebnisse in den Hintergrund. Ich trete völlig zurück. In Alltagsgesprächen kommt es oft zu Schwierigkeiten – Erwartungen werden nicht erfüllt, man fühlt sich gekränkt, missverstanden, übergangen. Die Liste möglicher Probleme ist endlos. Und nichts ist so schwierig wie ein erfolgreiches Gespräch zu führen. Stimmen die Bedingungen nicht, sind die entsprechenden Fähigkeiten nicht vorhanden, ist es oft tatsächlich besser, zu schweigen, wie es das Sprichwort vorschlägt. Zur Einstimmung darf ich daher einige der bekanntesten und spannendsten Kommunikationsmodelle vorstellen bzw. in Erinnerung rufen. Denn diese bilden die Grundlage für eine erfolgreiche Kommunikation, für ein echtes Gespräch.

### 3.1.1 Sender und Empfänger

In der Informationstheorie spricht man davon, dass zu jeder Kommunikation ein Sender und ein Empfänger gehören (Shannon, Weaver 1949). Was die Sache nun schwierig macht ist, dass der Sender seine Information verschlüsselt. Das nennt man Codierung. D. h., die Botschaft muss in Sprache umgewandelt werden. Das, was ausgesendet wird, ist also nicht dasselbe wie das, was gemeint ist. Der Empfänger hingegen muss die verschlüsselte Information entschlüsseln (decodieren). Dabei kann der Kommunikationsprozess durch Störquellen unterbrochen werden. Störquellen können Störgeräusche sein, technische Störungen (bei einem Telefongespräch), sprachliche Barrieren, kulturelle Unterschiede, Doppeldeutigkeiten usw. Ein Beispiel: Ich (Sender) frage meinen Mann (Empfänger): »Bist du schon hungrig?« (Information). Ich meine damit: »Ich bin hungrig, wann gibt es Mittagessen?« (Absicht). Er antwortet: »Nein.« (Information). Kommunikation misslungen.

Die meisten Störungen in der Kommunikation treten bei der Codierung und Decodierung auf, weil Bedürfnisse, Wünsche, Gefühle nur verschleiert zum Ausdruck gebracht werden, als implizite Botschaften.

Weitere Beispiele:

Elternteil zum Kind: »Findest du es witzig, wie du dich aufführst?« (eigentliche Botschaft: »Das tut man nicht.«)

Ein Kind zwickt andere Kinder schmerzhaft in den Arm. (eigentliche Botschaft: Bedürfnis nach Aufmerksamkeit, Kontakt o. Ä.)

Frau zum Partner: »Nie hast du Zeit für mich.« (eigentliche Botschaft: »Du fehlst mir, unternehmen wir doch wieder was zusammen.«)

### ICH-BOTSCHAFTEN

Was wir in den oben angeführten Beispielen finden, sind Du-Botschaften. Diese sind ganz typisch für die Alltagskommunikation und werden gerne auch in Zusammenhang mit Vorwürfen verwendet (»Du machst nie ...« »Du bist immer ...«). Du-Botschaften führen meist weg vom Ziel des Gesprächs hin zu einem Nebengleis, das dann aber zum Hauptthema wird (persönliche Angriffe, Kränkungen usw.). Hilfreich für eine klare Kommunikation sind hingegen die sogenannten Ich-Botschaften. Beispiel: »Ich fühle mich eingeengt, wenn du mich jeden Tag nach der genauen Uhrzeit fragst, zu der ich nach Hause kommen werde.« »Es kränkt mich, wenn du, während ich etwas erzähle, auf dein Handy schaust und eine WhatsApp liest.« Mit Ich-Botschaften nicht gemeint sind versteckte Vorwürfe oder versteckte Du-Botschaften: »Ich bin wütend, weil du immer ...« »Ich empfinde dich als ausgesprochen aggressiv heute.«

## 3.1.2 Fünf Axiome der Kommunikation nach Paul Watzlawick

Der österreichische (Kärntner) Psychotherapeut, Kommunikationswissenschaftler und Autor Paul Watzlawick ist im deutschsprachigen Raum vor allem durch seine Publikationen zur Kommunikationstheorie und zum radikalen Konstruktivismus bekannt. Seine bekanntesten Werke wie »Anleitung zum Unglücklichsein«, »Die Möglichkeit des Andersseins« oder »Vom Schlechten des Guten« sind unbedingt empfehlenswert! Legendär ist zum Beispiel »Die Geschichte mit dem Hammer«.

Paul Watzlawick stellte fünf Grundregeln (pragmatische Axiome) auf, die die menschliche Kommunikation erklären und ihre Paradoxie zeigen (Watzlawick et al. 2011):

1. Man kann nicht nicht kommunizieren.

   In sozialen Situationen kann man sich auch durch Inaktivität der Kommunikation nicht entziehen. Ein Beispiel: Sie sitzen mit zwei anderen Personen in einem Raum. Während sich der eine lebhaft mit Ihnen unterhält, blickt der andere sichtlich gelangweilt stur aus dem Fenster.

2. Jede Kommunikation hat einen Inhalts- und einen Beziehungsaspekt.

   Der Inhaltsaspekt übermittelt Information, während der Beziehungsaspekt Aufschluss über die Beziehung zum Empfänger liefert. Beispiel: »Die Suppe schmeckt gut. Hast du sie selbst gekocht?« Je nachdem, wie dieser Satz gesagt wird, kann er unterschiedliche Reaktionen beim Empfänger auslösen. Häufig wird eine negative Beziehung auf der Inhaltsebene ausgetragen.

3. Die Interpunktion[10] der Ereignisse definiert die Beziehung.

   Kommunikation ist immer Ursache und Wirkung. Mit diesem Axiom wird der systemische Aspekt betont. Es gibt keinen Anfang und kein Ende, Kommunikation verläuft kreisförmig, alles bedingt einander. Als Beispiel wird hier häufig das Folgende angeführt: Eine Frau beklagt sich, dass sich ihr Mann vor ihr zurückzieht. Der Mann, genervt durch die Vorwürfe, zieht sich noch mehr zurück, was wiederum zu vermehrtem Frust und Ärger der Frau führt. Was ist dabei Ursache, was Wirkung, was eine Reaktion auf welches Verhalten / welche Mitteilung?

4. Menschliche Kommunikation bedient sich analoger und digitaler Modalitäten.

   Text, Buchstaben, Zahlen sind digital, nonverbale Kommunikation hingegen verläuft analog. Analoge Kommunikation ist wesentlich älter und uneindeutiger. Mit ihr wird häufig der Beziehungsaspekt vermittelt, mit digitaler Kommunikation hingegen die Inhaltsebene.

5. Kommunikation ist symmetrisch oder komplementär.

   Bei symmetrischen Kommunikationsabläufen handelt es sich um zwei gleich starke Partner*innen, die bestrebt sind, Unterschiede zu vermindern. Sind die Abläufe komplementär, gibt es einen übergeordneten und einen untergeordneten Partner. Diese ergänzen sich. Letzteres wäre beispielsweise beim Helfen gegeben: Es kommen eine helfende und eine hilfsbedürftige Person zusammen.

### DOUBLE BIND[11] ODER »SEI SPONTAN«

Watzlawick beschreibt *Double Bind* als spezielle Form der paradoxen Kommunikation. Er definiert diese so:

---

10 In der Kommunikationsforschung versteht man unter Interpunktion subjektiv empfundene Startpunkte innerhalb eines ununterbrochenen Austausches von Mitteilungen. Häufig werden vorangegangene Mitteilungen des Partners als Ursache für das eigene Verhalten gesehen.

11 Der Begrifft *Double Bind* wurde von Gregory Bateson im Rahmen der Schizophrenieforschung geprägt (1956).

Die beteiligten Personen stehen in einer sehr engen Bindung zueinander. In diesen Kontext wird eine Mitteilung eingebracht, die zwei miteinander unvereinbare Aussagen enthält (»Mach dir einen schönen Abend, Schatz, und kümmere dich einfach gar nicht um mich!«)

Der Empfänger dieser Mitteilung kann weder über die Widersprüchlichkeit sprechen noch sich aus der Beziehung zurückziehen. Erschwert wird die Situation durch das Verbot, zu widersprechen oder die tatsächlichen Zusammenhänge aufzudecken. Eine Person, die in dieser Doppelbindung gefangen ist, läuft Gefahr, entweder bestraft oder als verrückt dargestellt zu werden, wenn sie auf die Paradoxie hinweist.

Laut Watzlawick gehören unlogische, doppelbindende Situationen zu unserer Alltagsrealität und haben da eher kurzfristige Auswirkungen. Wir kennen das wohl alle und können versuchen, dies zu vermeiden. Ein Beispiel: Einem Kind einzureden, dass es müde ist, obwohl es sagt, es sei »putzmunter«, nur weil wir einen ruhigen Abend haben wollen, ist eine Doppelbindung (wohl ohne große Auswirkungen). Dennoch ist es besser, klar zu sagen, dass man seine Ruhe braucht. Zu einer Gefahr werden Doppelbindungen, wenn sie zu einer chronischen Erscheinung in Beziehungen werden.

### 3.1.3  Kommunikationsquadrat nach Schulz von Thun

Das wohl bekannteste Kommunikationsmodell ist vermutlich das »Vier-Ohren-Modell« oder »Kommunikationsquadrat« des deutschen Professors für Psychologie Friedemann Schulz von Thun (2018). Er spezifiziert damit das zweite Axiom von Watzlawick (Jede Kommunikation hat einen Inhalts- und einen Beziehungsaspekt.). Nach diesem Modell enthält jede Botschaft gleichzeitig vier Botschaften, die vom Sender und Empfänger unterschiedlich interpretiert werden können:

1. eine Sachinformation: Worüber will ich informieren?
2. eine Selbstkundgabe: Was gebe ich über mich preis?
3. einen Beziehungshinweis: Was halte ich von dir, wie stehe ich zu dir?
4. einen Appell: Was möchte ich von dir?

Diese vier »Schnäbel« treffen auf die vier »Ohren« des Empfängers. Für die Qualität der Kommunikation sind Sender und Empfänger verantwortlich, wobei eine unmissverständliche Kommunikation eher die Ausnahme sei als die Regel (Schulz von Thun 2018). So können beispielsweise Unstimmigkeiten entstehen, wenn jemand einen Appell an den Empfänger richtet, dieser aber mit dem Sachohr zuhört. Andererseits können wir auch entscheiden, mit welchem Ohr wir zuhören. Menschen in helfenden Berufen neigen vielleicht dazu, vorwiegend mit dem Appellohr zuzuhören. Wir wollen gleich aktiv werden, helfen und unterstützen. Das ist einerseits für uns selbst erschöpfend, andererseits nicht unbedingt immer erwünscht oder sinnvoll.

Friedemann Schulz von Thun verdeutlicht sein Modell anhand eines – mittlerweile schon legendären – Beispiels:

Ein Mann und eine Frau sitzen in einem Auto. Sie fährt. Bei einer roten Ampel hält sie an. Als die Ampel auf Grün springt und die Frau nicht unmittelbar losfährt, sagt der Mann: »Es ist grün.« Die Frau antwortet darauf: »Fährst du oder fahr ich?«

Was der Sender meinen könnte:

1. Sachebene: »Die Ampel hat auf Grün geschaltet.«
2. Selbstoffenbarung: »Ich habe es eilig und möchte losfahren.«
3. Beziehung: »Du brauchst meine Hilfe.«
4. Appell: »Fahr endlich!«

Was beim Empfänger ankommen könnte:

1. Sachebene: »Die Ampel ist auf Grün.«
2. Selbstoffenbarung: »Er möchte endlich losfahren.«
3. Beziehung: »Er glaubt, ich kann nicht Auto fahren.«
4. Appell: »Ich soll schneller fahren.«

Auch wenn dieses Beispiel recht klischeehaft ist, lässt sich erkennen, wie schwierig Kommunikation ist. Um Missverständnisse, Konflikte und Verstimmungen zu reduzieren, können folgende Punkte helfen:

1. Klare Kommunikation: Formulieren Sie, was Sie sich wünschen.
2. Verwenden Sie eine klare und präzise Sprache.
3. Fragen Sie nach, ob Sie die Botschaft des anderen richtig verstanden haben.
4. Streichen Sie Ironie und Sarkasmus.

Wie hätte die Autofahrerin aus dem oben genannten Beispiel anders reagieren können?

1. Reaktion auf der Sachebene: »Ja, das ging schnell! Super.«
2. Reaktion auf Selbstoffenbarung: »Hast du Sorge, dass wir zu spät kommen?«
3. Reaktion auf Beziehungsebene: »Du glaubst wohl, du kannst besser Auto fahren?« (lacht)
4. Reaktion auf Appellebene: »Danke, ich fahr schon los!«

Um Missverständnisse oder Konflikte zu vermeiden, kann ein geübter Gesprächsführender das ansprechen, was sich hinter einer Nachricht verbirgt (zum Beispiel die Angst, zu spät zu kommen), ohne sich sofort angegriffen zu fühlen, oder bewusst auf der Sachebene bleiben, wenn es sich um einen Angriff handeln dürfte. Denn es ist schließlich meine Wahl, mit welchem Ohr ich zuhöre!

Übrigens: Das Vier-Ohren-Modell großartig auf den Punkt gebracht hat Loriot mit seinem Dialog »Das Frühstücksei«.

## 3.1.4 Kommunikationsmodell nach Gordon

Thomas Gordon entwickelte ein Kommunikationsmodell zur Lösung von Konflikten, das er in seinem bekannten Buch »Familienkonferenz« (Originaltitel: »Parent effectiveness training«) 1970 erstmals veröffentlichte (Gordon 2004). Er orientiert sich an der klientenzentrierten Psychotherapie nach Carl Rogers. Seine zentralen Kategorien sind u. a.:

1. Problembesitz
2. Aktives Zuhören
3. Umschalten
4. Ich-Botschaften
5. Niederlagelose Konfliktlösungen (Schaffung von Win-win-Situationen)

### Problembesitz

Im ersten Schritt muss geklärt werden, wer das Problem hat. Denn der Problembesitzer muss das Problem lösen! Wenn ich das Problem besitze, spreche ich in Form von Ich-Botschaften. Besitzt die andere Person das Problem, höre ich aktiv zu und vermeide Kommunikationssperren. Hat keiner ein Problem, ist keine Aktion erforderlich. Dieser Ablauf ist dargestellt in Abb. 3-1. Statt durch Anweisungen oder Ähnliches den anderen dazu bringen zu wollen, sich anders zu verhalten, wird bei klarer Kommunikation aktiv zugehört und auf Ich-Botschaften umgeschaltet. Ein Beispiel: Ein Junge hat gerade mit einem Judokurs begonnen. Immer, wenn seine Mutter ihn an der Hand nimmt oder umarmt, macht er blitzschnell einen Judogriff, was die Mutter ganz wahnsinnig macht. Statt ihm zu sagen, er solle damit aufhören, sagt sie, ohne zu drohen: »Du findest das lustig (aktives Zuhören), ich aber nicht (umschalten auf Ich-Botschaft).« Zum aktiven Zuhören siehe auch Kapitel 3.2.3.

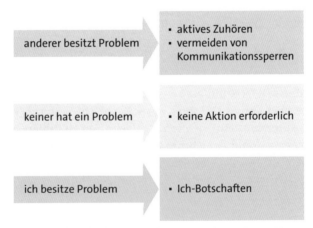

**Abb. 3-1:** Problembesitz und Maßnahmen nach Gordon (eigene Darstellung nach Gordon 2004).

## Kommunikationssperren nach Gordon

Es gibt eine ganze Reihe an verbalen Reaktionen, die einen Gesprächspartner verstummen lassen. Häufig sind das Situationen, in denen es darum ginge, Nähe zuzulassen oder aufzubauen. Da solche Situationen verunsichern können, weichen wir auf Kommunikationssperren aus. Wir »gehen aus dem Kontakt« und nehmen eine überlegene Position ein. Häufig wird mit Kindern so kommuniziert, aber auch in vielen anderen Situationen. Mit Kommunikationssperren versuchen wir, unser Gegenüber zu beeinflussen, seine Reaktion oder sein Erleben zu verändern, statt sie so anzunehmen, wie sie sind. Mit Kommunikationssperren treiben wir unsere*n Gesprächspartner*in in die Defensive oder bringen sie zum Schweigen. Es ist spannend, sich selbst ein wenig zu beobachten. Welche der Kommunikationssperren verwenden Sie?

Thomas Gordon formulierte folgende zwölf Kommunikationssperren:

1. Befehlen, anordnen, auffordern: »Im Meeting komme ich gar nicht zu Wort. Mein Kollege redet mich immer nieder.« – »Lern endlich mal, dich zu behaupten.«
2. Warnen, mahnen, drohen: »Du weißt, ich gehe nicht gerne ins Theater.« – »Manchmal weiß ich wirklich nicht, was wir eigentlich gemeinsam haben.«
3. Moralisieren, predigen, beschwören: »Ich weiß gar nicht, was ich zuerst tun soll. Ich hab so viel Arbeit.« – »Sie sollten besser strukturiert sein.«
4. Beraten, vorschlagen, Lösungen liefern: »Mein Mann und ich streiten uns nur noch. Ich bin schon ganz verzweifelt.« – »An deiner Stelle würde ich eine Paarberatung aufsuchen.«
5. Urteilen, kritisieren, Vorwürfe machen, widersprechen: »Ich muss aufs Klo.« – »Das gibt's doch gar nicht. Du warst doch vorhin erst. Lern einmal ein bisschen Blasenkontrolle.«
6. Belehren, mit Logik überzeugen, Vorträge halten: »Ich bin vom Lernen immer total erschöpft, wie soll ich nur das Semester schaffen?« – »Ihr jungen Leute haltet nichts mehr aus. Ich hab mein Studium damals selbst finanzieren müssen. Da hieß es den ganzen Tag arbeiten und abends noch lernen!«
7. Loben, zustimmen, schmeicheln, manipulieren: »Ich hab jetzt keine Zeit, dir zu helfen. Können wir das bitte später machen?« – »Aber du bist der Einzige, der das so gut kann.«
8. Beschämen, beschimpfen, lächerlich machen: »Mir tut mein Bein noch ziemlich weh. Ich mag jetzt nicht so weit zu Fuß gehen.« – »Jetzt stell dich nicht so an. Du bist immer so wehleidig.«
9. Interpretieren, analysieren, diagnostizieren: »Ich muss dir erzählen, was meine Katze wieder angestellt hat.« – »Ach, du immer mit deinen Katzengeschichten. Voll der Kind-Ersatz.«
10. Beruhigen, beschwichtigen, trösten, aufrichten: »Ich bin so traurig, dass Lisa weggezogen ist. Sie war meine beste Freundin.« – »Weißt du was? Wir laden zu deinem Geburtstag alle Kinder deiner Klasse ein. Da wirst du schnell wieder eine neue beste Freundin finden.«
11. Nachforschen, verhören: »Seit ich wieder arbeiten gehe, hab ich immer ein schlech-

tes Gewissen, den Kleinen im Kindergarten abzugeben. Er ist so ungern dort.« – »Seit wann arbeitest du wieder 40 Stunden? Wie viele Stunden waren es davor?«

12. Ablenken, ausweichen, sich zurückziehen: »Ich möchte mich gerne mit dir unterhalten.« – »Ja, ja, machen wir gleich. Lass mich nur noch die Sendung zu Ende sehen.«

**Was darf man überhaupt noch sagen?**

Vielleicht überrascht es, dass sich unter den Kommunikationssperren auch Punkte finden wie »loben, zustimmen, beruhigen, trösten, aufrichten«. Was soll daran denn Schlechtes sein? Nach Gordon kann gut gemeinter Trost auch bedeuten, dass die Trauer nicht ernst (genug) genommen wird oder dass man selbst die Trauer nicht aushält und daher gleich ablenken möchte. Bei Ratschlägen, Beratung, Lösungsvorschlägen könnte mangelndes Zutrauen mitschwingen. Lob kann das Gefühl auslösen, nicht auf Augenhöhe zu sein, oder (zu) hohe Erwartungen signalisieren usw. Meiner Erfahrung nach kommt es häufig auch auf das Timing an. Wenn zuerst gemeinsam getrauert wird (Leid anerkennen), kann dann auch abgelenkt, getröstet, aufgerichtet werden. Häufig wird der erste Schritt aber weggelassen, weil das der emotional anspruchsvollere ist. Kommunikationssperren sollten in der professionellen Arbeit mit Menschen vermieden werden sowie möglichst auch im Alltag, wenn jemand ein Problem hat. Es geht nicht darum, jedes Wort auf die Goldwaage zu legen oder nicht mehr loben zu »dürfen«, sondern sich bewusst zu machen, was die eigenen Beweggründe für bestimmte Antworten sind bzw. was das Bedürfnis des Gegenübers sein könnte.

### 3.1.5  Was unterscheidet ein professionelles (therapeutisches) Gespräch vom Alltagsgespräch?

Die Kunst der (therapeutischen) Gesprächsführung besteht darin, das Gegenüber durch bestimmte Formen des Fragens und Zuhörens darin zu unterstützen, sich zu öffnen, über sich nachdenken zu können und eigene Lösungswege zu finden. Die gesprächsführende Person mit all ihren Erwartungen, Bedürfnissen, Gefühlen und Wertungen tritt dabei möglichst in den Hintergrund und fängt die Gefühle des Gegenübers auf, um diese zu spiegeln. Gesprächsführung besteht aus zwei Komponenten: verstehen und führen. Verstehen ist der Versuch, durch bestimmte Techniken wie aktives Zuhören, Spiegeln etc. zu verstehen, was das Gegenüber meint, in seine*ihre Welt einzutauchen. In einem zweiten Schritt wird geführt, d. h. es werden angemessene Interventionen gesetzt. Diese Maßnahmen können sein, dabei zu helfen, zu strukturieren, Prioritäten zu setzen, Lösungsansätze zu erarbeiten usw. Diese beiden zentralen Elemente in der Gesprächsführung – verstehen und führen – sind in Abb. 3-2 dargestellt. In bestimmten Formen der Psychotherapie wird nicht geführt. In der Beratung ist das aber ein wichtiger Aspekt.

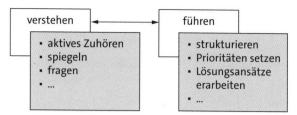

**Abb. 3-2:** Zentrale Elemente der Gesprächsführung (eigene Darstellung nach Mai 2021).

## Nur empathisch sein reicht nicht

Früher habe ich mich oft darüber geärgert, wenn Personen meine Arbeit als Psychologin mit dem Reden beim Friseur oder im Café gleichgesetzt haben. Natürlich kann es hilfreich sein, wenn einfach jemand empathisch zuhört, das ist natürlich auch etwas wert. Aber was kommt dann? Wie kann sich etwas ändern? Erst durch die Sicherstellung gewisser Rahmenbedingungen, durch den Einsatz von Methoden wird ein Gespräch zu einem professionellen Tool, das Menschen im Wandel unterstützen kann.

## Gesprächsführung als mentaler Prozess

Wie wir schon gesehen haben, hat Gesprächsführung mit »Reden« in einem alltäglichen Sinn wenig gemein. Professionelle Gesprächsführung erfordert ein bewusstes Steuern unserer Emotionen, Haltungen, verbalen, nonverbalen und paraverbalen Aussagen, ein Zurückstellen unserer eigenen Werte und Bedürfnisse etc. Zudem muss das Gespräch auch im tatsächlichen Sinn des Wortes »geführt« werden: Geht das Gespräch in die gewünschte Richtung? Was ist überhaupt das Ziel? Wie steht es um die zeitliche Einteilung? Wie beschließe ich das Gespräch, sodass die Person nicht destabilisiert zurückbleibt? Usw. Die sogenannte Metaebene bleibt also immer eingeschaltet.

## Das Setting

Unter Setting (engl.: das Setzen, die Anordnung) versteht man die äußeren Gegebenheiten, die ein Gespräch, eine Beratung oder Psychotherapie beeinflussen. Dazu gehört die Umgebung, getroffene Vereinbarungen und die Bedingungen, unter welchen das Gespräch oder die Beratung/Therapie stattfindet. Das beginnt bei der Einrichtung des Raumes, in dem das Gespräch stattfindet – dieser sollte mit bequemen Sitzmöglichkeiten, kleinen Tischen für Getränke, Taschentüchern und Ähnlichem ausgestattet sein, evtl. stehen ein Flipchart und andere (Schreib-)Utensilien bereit. Es empfiehlt sich, den Raum möglichst neutral einzurichten, damit sich unterschiedlichste Menschen wohlfühlen und Raum für deren Interpretationen vorhanden ist. Mit der Einrichtung sagen wir auch viel über uns selbst aus (schwarze Ledercouch oder türkisfarbene Sessel mit vielen Kissen etc.). Wichtig ist außerdem, dass der Raum nicht einsehbar ist. In der psychotherapeutischen oder psychologischen Praxis ist dies meist kein Thema, sehr wohl aber in Firmen, wo es oft gilt, schwierige Gespräche zu führen, oder in Kliniken. Ein verglaster Besprechungsraum ist beispielsweise für persönliche oder schwierige Gespräche ungeeignet.

> **FALLBEISPIEL  Gruppengespräch im »Aquarium«**
>
> Nach einem Suizid sollte in einer großen Reinigungsfirma ein Gruppengespräch abgehalten werden. Eine Mitarbeiterin hatte sich wenige Tage zuvor in ihrer Wohnung das Leben genommen. Ihre Kolleg*innen und Vorgesetzten waren geschockt. Für die Mitarbeitenden der Abteilung, der die verstorbene Kollegin angehörte, sollte nun ein Gruppengespräch angeboten werden. Meine Kollegin und ich bereiteten alles gewissenhaft vor, besprachen telefonisch alle Details mit unserem Ansprechpartner – von der Einladung bis hin zur Bestuhlung. Vor Ort traf uns jedoch fast der Schlag: Der vorgesehene Besprechungsraum (ausreichend groß, Bestuhlung wie besprochen) war ein sogenanntes »Aquarium«, also rundherum verglast und für alle Vorbeigehenden einsehbar. Da es sich um eine große Firma handelte, war auf den Gängen immer viel los. In aller Eile musste also ein Ersatz organisiert werden. Kein idealer Start für eine derartig heikle Maßnahme.

Auch das äußere Erscheinungsbild der Berater*in spielt eine Rolle. Manchmal wird von Klient*innen verlangt, dass sie in der Praxis oder einem Seminarraum ihre Schuhe ausziehen und vorbereitete Hausschuhe anziehen. Hier darf man sich die Frage stellen, was man damit vermitteln will – welche Atmosphäre möchte man herstellen, welche Personen fühlen sich damit wohl, welche nicht usw. Zum Setting gehört außerdem die Frage, wo wer sitzt, wie groß der Abstand ist (seit Corona leider mehr, als meist als angenehm wahrgenommen wird, das sind 1 bis 1,5 Meter). Zu viel Abstand wird als zu distanziert empfunden, zu wenig Abstand als unangenehm. Wenn man während des Gesprächs merkt, dass etwas nicht passt – zum Beispiel der Abstand, die Raumtemperatur oder anderes (was sich ändern lässt), ist es ratsam, an passender Stelle kurz zu unterbrechen und beispielsweise die Sitzposition zu korrigieren. Andernfalls ist man möglicherweise zu abgelenkt und dies beeinträchtigt das ganze Gespräch. Manchmal ist es wichtig, bei der Türe zu sitzen, um sich einen »Fluchtweg« offen zu halten.

> **FALLBEISPIEL GESPRÄCH OHNE FLUCHTWEG**
>
> Mit Schrecken (und im Nachhinein mit einem Augenzwinkern) denke ich an ein Erstgespräch mit einem Klienten, der wegen »Beziehungsproblemen« zu mir kam. Wie sich herausstellte, bestanden die »Beziehungsprobleme« in seinem aggressiven Verhalten der Partnerin gegenüber, die sich in regelmäßigen körperlichen Übergriffen entluden. Bei mir schlug die Übertragung voll zu, indem sich zunehmend ein Bedrohungsgefühl einstellte. Ich fühlte mich immer unwohler. Wie Sie sich denken können, saß ich natürlich nicht bei der Türe und fragte mich immerzu, wie ich, sollte sich die Situation zuspitzen, schnell aus dem Raum komme, ohne aus dem Fenster zu springen (meine Praxis ist im zweiten Stock). Schließlich trat ich die Flucht nach vorne an: Ich sprach die starken Übertragungsgefühle an und verwies ihn an einen Kollegen aus der Männerberatung.

Gerade für Gespräche außerhalb des therapeutischen Bereichs ist zudem Folgendes zu klären: Wie lange soll das Gespräch dauern? Sind wir ungestört? Wie gehen wir mit dem Handy um? Sitze ich hinter dem Schreibtisch oder nicht? usw.

Zum Setting gehört auch das Arbeitsbündnis. Darunter versteht man Vereinbarungen über die Rahmenbedingungen der Behandlung oder Beratung (auch und besonders wichtig in der Krisenintervention): Wie häufig findet eine Beratung statt? Wie lange dauern die Einheiten? Wie steht es mit den Kosten, der Absageregelung, der Verschwiegenheit? Welche Methoden kommen zum Einsatz? etc.

## Die Haltung

Unsere Haltung ist jene des*der aktiven Zuhörer*in. Wohlwollend und ohne zu bewerten ermöglichen wir dem*der Klient*in dadurch, die eigene Problemsicht darzustellen und sich einer Problemlösung zu nähern. Voraussetzung für eine gelingende Arbeit ist eine beziehungsfördernde Grundhaltung (vgl. zum Beispiel Kulessa 1985). Diese zeichnet sich dadurch aus, dass sich der*die Klient*in angenommen fühlt, so wie er*sie ist, ohne dass Bedingungen gestellt, Wertungen vorgenommen werden oder man sich auf argumentative Diskussionen einlässt. Häufig wird davon gesprochen, dass man die Person dort abholen solle, wo sie steht. Was bedeutet das eigentlich? Ein Beispiel: Ein Mann, etwas älter als ich, kommt nolens volens zu mir in die Praxis (von seiner Frau »geschickt«). Es ist nachvollziehbar, dass er sich in dieser Situation eher zurückhaltend verhält, zum Teil auch ein wenig passiv-aggressiv. Daher ist es mir wichtig, eine angenehme Atmosphäre zu schaffen und ihn zum Gespräch einzuladen. Ich spüre sein Unbehagen, seine leichte Aggression und spreche dies zu einem passenden Zeitpunkt auch an. Er erwidert leicht gereizt, dass dies ja nicht verwunderlich sei, denn bis jetzt habe er schließlich sein Leben auch ohne fremde Hilfe gemeistert. Jetzt werde ihm das anscheinend nicht mehr zugetraut und er finde es peinlich, zu einer Psychologin gehen zu müssen, die zudem jünger sei als er. Ich erwidere darauf, dass ich es toll finde, dass er sein Leben immer so gut gemeistert habe. Ich sei mir sicher, dass er es auch jetzt ohne Hilfe schaffen würde. Dennoch: Er sei doch gekommen. Was waren seine Beweggründe, was können wir nun damit anfangen, was waren seine Strategien bisher? usw. Diesen Menschen dort abzuholen, wo er steht, hat in diesem Fall bedeutet, ihn in seiner Stärke wahrzunehmen und von dort aus mit der gemeinsamen Arbeit zu beginnen.

### JEMANDEN DORT ABHOLEN, WO ER STEHT

Jemanden dort abzuholen, wo er steht, bedeutet, nicht sofort mit der Problemlösung zu beginnen, sondern zuerst das Leiden anzuerkennen und zu bezeugen, dem Gegenüber Gelegenheit zu geben, seine Gefühle zuzulassen, vielleicht auch rauslassen zu dürfen. Zuerst weinen, schimpfen, dem Ärger Luft machen zu können … und dann gemeinsam überlegen: Wie kann man damit umgehen, wie kann es weitergehen?

Der US-amerikanische Psychologe, Psychotherapeut und Entwickler der klienten-zentrierten Gesprächstherapie Carl Rogers (1902–1987) stellte die Beziehung zwischen Therapeut*in/Berater*in und ratsuchender Person in den Mittelpunkt. Er sah die Beziehung nicht nur als Voraussetzung für eine gelingende Beratung oder Therapie an, sondern erkannte ihren heilsamen Aspekt. Ihm zufolge ist es die Beziehung, die zu einer Veränderung oder persönlichen Entwicklung führt. Dabei spielen Gleichwertigkeit, Selbstbestimmtheit und Selbstverantwortung eine große Rolle. Welcherart muss also eine Beziehung sein, damit sich ihre heilsamen Kräfte entfalten können? Nach Rogers sind dafür drei Faktoren zentral (Rogers 1985), dargestellt in Abb. 3-3:

1. Akzeptanz, bedingungslose Wertschätzung: Dem*Der Klient*in wird Zuwendung und Wertschätzung entgegengebracht, ohne dass Bedingungen, Bewertungen oder Beurteilungen daran geknüpft sind. Die Person wird so akzeptiert, wie sie ist. Das fördert die Selbsterfahrung und Loslösung von alten Wertvorstellungen. Bedingungslose Wertschätzung bedeutet dabei nicht, dass man alles gutheißt, was der*die Klient*in tut, oder dass man inhaltlich mit allem übereinstimmt. Die Person wird jedoch so angenommen, wie sie im Moment ist, und ihr Verhalten als der beste Versuch, mit den Bedingungen zurechtzukommen, aufgefasst.

2. Empathie oder einfühlendes Verstehen: Dabei geht es darum, mit der ratsuchenden Person mitzuschwingen und ganz in ihre innere Welt einzutauchen. In einem zweiten Schritt wird das Wahrgenommene widergespiegelt. Durch diesen Prozess kann der*die Klient*in Verbindung zur inneren Welt aufnehmen. Die Erfahrung, von jemandem akzeptiert und verstanden zu werden, fördert die Selbstakzeptanz und Selbstheilung.

3. Kongruenz oder Echtheit, Authentizität: Als Berater*in/Therapeut*in bin ich mir meiner Wahrnehmungen, Gefühle, Empfindungen bewusst und kann diese angemessen in die Beziehung zum*zur Klient*in einbringen. Ich verstecke mich also nicht hinter einer »professionellen« Maske oder Fassade, überfordere meine Klient*innen aber auch nicht oder spreche über mich selbst. Ich teile ihnen das mit, was im Moment meine Beziehung zu ihnen beeinflusst, wenn ich den Eindruck habe, dass dies die Klient*innen gerade in ihrem Prozess der Auseinandersetzung mit sich selbst weiterbringen kann. Es geht um eine unmittelbare, echte Beziehung von Mensch zu Mensch.

**Abb. 3-3:** Voraussetzungen für eine gelingende Kommunikation (eigene Darstellung nach Rogers 1985).

Diese Faktoren sind weniger als Methoden denn als Einstellung oder Haltung zu sehen.

## Methoden der Gesprächsführung

Neben dem Setting und der Haltung, sind es die eingesetzten Methoden, die ein professionelles Gespräch von einem Alltagsgespräch unterscheiden. Unter einer Methode versteht man eine bewusst und geplant eingesetzte, häufig bereits erprobte Handlungsweise, mit der ein bestimmtes Ziel erreicht werden soll (Sickendieck et al. 2008, S. 133). Dabei geht es nicht um ein technisches Abarbeiten von Rezepten oder Checklisten, sondern um ein multimethodisch angelegtes, eklektisch-integratives Vorgehen, um die Nutzung bzw. geplante und kontrollierte Kombination von Methoden und Verfahren aus unterschiedlichen Konzepten. Die Umsetzung erfolgt mit spezifischen Techniken. Eine Methode wäre beispielsweise die klientenzentrierte Gesprächsführung, bei der die Techniken aktives Zuhören und Konfrontieren Anwendung finden. Bei der Methode systemische Beratung bedienen wir uns unter anderem der Techniken Wunderfrage oder der Frage nach Ausnahmen oder nach Ressourcen.

## Kulturelle Unterschiede und Beziehungsgestaltung

Mit zunehmender Globalisierung teilen Berater*innen und Ratsuchende immer häufiger nicht den gleichen kulturellen Hintergrund. Sowohl die Interaktion (Rituale, Höflichkeitsgesten usw.) als auch der Umgang mit Problemen, Ursachenzuschreibungen und Ausdruck von Symptomen bzw. Heilungsvorstellungen können dabei unterschiedlich sein. Aber auch nonverbales Verhalten (Händeschütteln, Blickkontakt), Hierarchieempfinden und der Umgang mit Autoritäten oder Erwartungen an eine Beratung können stark kulturabhängig sein (vgl. Margraf 2009). Dabei muss sich die Kultur auf den ersten Blick gar nicht so sehr von der eigenen unterscheiden. Sogar innerhalb des deutschsprachigen Raums (auch innerhalb von Österreich) gibt es kulturelle Unterschiede. So fühlte ich mich beispielsweise bei einer Besprechung mit einem Schweizer Kollegen richtiggehend vor den Kopf gestoßen, als dieser sich nach der Begrüßung sofort dem Geschäftlichen zuwendete. Ich empfand dies als unhöflich und hätte mir eine Aufwärmphase gewünscht, in der über die Anreise, das Wetter oder das Befinden der Familie gesprochen wird. Wir lachen heute noch herzlich über dieses Treffen und über die »kulturellen« Unterschiede zwischen Schweizer*innen und Österreicher*innen.

> **FALLBEISPIEL Kulturelle Unterschiede**
>
> Ein junger Mann ruft an, um einen Termin für sich und seine Freundin zu vereinbaren. Es gebe einen aktuellen Konflikt, der die ganze Beziehung auf die Probe stelle. Er erzählt kurz die Problematik: Das Pärchen habe getrennte Wohnungen, die Beziehung sei noch frisch. Seine Freundin ist vor einigen Jahren von Russland nach Österreich gezogen. Vor Kurzem ist seine Schwester für ein paar Tage zu Besuch gewesen

und hat in seiner Wohnung übernachtet. Bruder und Schwester haben im Doppel-
bett geschlafen. Sie stehen sich sehr nahe, sind Zwillinge. Im selben Bett zu schlafen
sei für das Geschwisterpaar »das Normalste der Welt«. Als jedoch die Freundin des
Mannes davon erfuhr, sei sie schockiert gewesen und habe ihm und seiner Schwester ein abnormales Verhalten unterstellt. Für die Freundin ist klar: Sollte er dieses
Verhalten nicht ändern, würde sie die Beziehung beenden. Der Mann ist völlig verzweifelt, möchte aber auch nicht, dass sie so in sein Leben eingreift – eine Patt-
situation. Wir vereinbaren einen Termin zu dritt. Aufgrund einer beruflichen Verpflichtung im Ausland kann er jedoch nicht kommen, die Freundin kommt alleine.
Gleich zu Beginn spüre ich starkes Misstrauen. Die junge Frau verhält sich abwei-
send, an der Grenze zur Unhöflichkeit. Das Gespräch beginnt sich rasch im Kreis zu
drehen: Als Österreicherin sei ich auf seiner Seite, halte dieses »perverse« Verhalten
sicher für normal (ohne dass ich dies je gesagt hätte). Ich schlage vor, eine russisch-
stämmige Psychologin hinzuzuziehen (ich kenne zufällig eine), dies lehnt sie ab mit
der Begründung, sie habe schon mit einer gesprochen, die dieses Verhalten ebenfalls für anormal halte. All meine Versuche, raus aus der »Nationalitätenfalle« zu
kommen, scheitern. Zudem habe ich den Eindruck, meine nondirektive Art der
Gesprächsführung verwirrt sie (da ich keine klaren Anweisungen gebe) und lässt
meine Kompetenz als fragwürdig erscheinen. In dem kurzen Erstgespräch schaffe
ich es nicht, auf all diesen Ebenen eine positive Wendung herbeizuführen. Das
Gespräch bleibt für beide unbefriedigend.

## 3.2  Zentrale Techniken der Gesprächsführung

### 3.2.1  Zum Gespräch einladen: Mit *Pacing* und *Leading* zum Rapport

Die Herstellung einer vertrauensvollen Atmosphäre, einer von Empathie und Zuwendung geprägten Beziehung ist die erste Aufgabe bei der Beratung und Voraussetzung
für deren Gelingen. Man spricht auch vom »Rapport«. Dieser Begriff leitet sich vom
französischen Wort für »Beziehung« ab. Im Wörterbuch der American Psychological
Association (APA) wird Rapport definiert als »warme, entspannte Beziehung, geprägt
von gegenseitigem Verständnis, Akzeptanz und mitfühlender Übereinstimmung zwischen Individuen« (American Psychological Association 2022; eigene Übersetzung).
Rapport ist keine Technik, sondern ein Zustand. Da dieser Zustand durch Unaufmerk-
samkeiten oder Ablenkung gestört werden kann, muss er wiederhergestellt werden,
wenn das Gespräch nicht unbefriedigend verlaufen soll. Durch *Pacing* (mitgehen) kann
der Aufbau des Rapports unterstützt werden. Die Person wird dort abgeholt, wo sie ist.
*Pacing* bedeutet, sich dem anderen anzupassen, dazu kann die Technik des Spiegelns
verwendet werden. Gespiegelt werden kann dabei Verschiedenes – die Körperhaltung,

Mimik, Gestik, Atmung, Gewichtsverlagerung oder Muskeltonus, bis hin zu Wortwahl, Sprache, Tonalität und Geschwindigkeit. Mit *Pacing* ist jedoch kein simples »Nachmachen« gemeint, sondern das Spiegeln von Mustern, um die Kommunikation zu erleichtern, da das Gegenüber nicht erst in seine eigenen Muster zu übersetzen braucht. Wenn durch *Pacing* ein guter Rapport hergestellt ist, kann – unter Wahrung der Autonomie der Klient*innen – geführt werden (*Leading*). Atmet die Klientin beispielsweise flach und schnell, passe ich meinen Atemrhythmus an ihren an (*Pacing*) und beginne dann langsam, ruhiger zu atmen und mich zu entspannen (*Leading*).

Oder wenn ein Klient in seiner Erzählung stockt und zu Boden schaut, sage ich: »Sie stocken in Ihrer Erzählung und blicken zu Boden. (*Pacing*) Können Sie in Worte fassen, was in Ihnen vorgeht?« (*Leading*)

## 3.2.2 Verhalten des*der Beratenden

Die verbale Interaktion spielt in einem Beratungsgespräch eine große Rolle. Gelso et al. 2014 haben daher das verbale Verhalten von Berater*innen in verschiedene Kategorien eingeteilt. Kurze Lautäußerungen, Schweigen oder Nichtreden werden von ihnen als minimale Reaktionen bezeichnet. Daneben unterscheiden sie noch direktive und komplexe Reaktionen des*der Beratenden.

In einem Gespräch geht es nicht nur um Gesprächsinhalte. Wie wir wissen, ist das nonverbale Verhalten wesentlich stärker wirksam als das gesprochene Wort und daher in der Gesprächsführung von besonderer Bedeutung. Mit noch so kleinen Kopfbewegungen können wir bestimmte Aussagen verstärken, Zuwendung oder Entspannung signalisieren oder jemanden bestärken, weiterzusprechen.

### Nonverbales Verhalten

Unter nonverbalem Verhalten oder nonverbaler Kommunikation versteht man die nicht-wörtliche Verständigung, also eine Kommunikation, die ohne Sprache, Zeichen oder Gebärden auskommt. Dem nonverbalen Anteil kommt in der Kommunikation eine wesentlich größere Bedeutung zu als Worten, wobei unser nonverbales Verhalten oft unbewusst erfolgt und sich nicht so leicht kontrollieren lässt. Zum nonverbalen Verhalten gehören Blick (Blickkontakt, Augenverdrehen), Mimik (zusammengezogene Augenbrauen, lächeln, sich auf die Lippen beißen etc.), Gestik, Haltung (Körperstellung, kleine Schritte, sicherer Stand etc.) und Habitus (Frisur, Schmuck, Kleidung usw.). Aber auch die gesprochene Kommunikation hat nonverbale Anteile (paraverbale Kommunikation), also wie etwas gesagt wird. Dazu zählen Lautstärke, Tonfall, Seufzen, Gähnen, starkes Atmen usw.

In einer Beratungssituation gilt es also, auch unser nonverbales Verhalten bewusst einzusetzen. Wir wenden uns unserem Gesprächspartner zu, signalisieren durch unsere offene Haltung Interesse und Beteiligung. Häufig beobachte ich in Rollenspielen, dass zwar das Rollenspiel der Anleitung gemäß durchgeführt wird, aber weder ein Setting noch die Körpersprache entsprechend bewusst gewählt werden. Im Sessel lümmelnd, halb auf den Tisch gelehnt, die Beine um die Tischbeine geschlungen – so lassen sich – auch im Rollenspiel – keine guten Gespräche führen. Eine entspannte Körperhaltung (»ich habe Zeit«), angemessener Augenkontakt und eine bequeme Sitzposition (am besten schräg zueinander, nicht konfrontativ direkt gegenüber) erleichtern das Herstellen einer positiven, zugewandten, offenen Atmosphäre.

**Minimale Beraterreaktion**

Neben dem nonverbalen Verhalten können kurze Sprachbeiträge, kleine Ermutigungen (»Ich verstehe«, »Ja«, »Mh-hm«) Anteilnahme und Interesse an dem, was die Klient*innen berichten, vermitteln, die interessierte Beteiligung am Gespräch ausdrücken und zum Weitersprechen anregen. Aber auch dem Schweigen, Nichtreden kommt im Gespräch eine wichtige Bedeutung zu. Häufig wird schweigen von Berater*innen jedoch als schwierig empfunden. Es entsteht Druck, das Schweigen zu brechen, etwas »Schlaues« oder Hilfreiches zu sagen. Doch gemeinsames Schweigen kann die Beziehung verbessern und helfen, Distanz abzubauen (»bedeutungsvolle Stille«). »Leere Stille« hingegen ist geprägt von Hilflosigkeit oder Angst und sollte nicht zu lange dauern. Schweigen jedoch bitte nicht bei Kindern oder Jugendlichen einsetzen. Das verwirrt und wird von diesen als unangenehm erlebt.

### SCHWEIGEN

Gerade in der Krisenintervention, wenn die Überwältigung der Betroffenen groß ist und kaum Worte für das Unfassbare gefunden werden können, kommt dem gemeinsamen Schweigen und Aushalten eine besondere Bedeutung zu. Schweigen hilft den Betroffenen, das Chaos im Kopf zu ordnen, die Überwältigung zu reduzieren. Es ist also nicht hilfreich, dem vielleicht in einem selbst aufsteigenden Gefühl des Unwohlseins (»ich müsste jetzt irgendwas Hilfreiches sagen«) nachzugeben und zu viel zu reden. Wenn Sie das Gefühl haben, Sie haben durch eine längere Pause den Kontakt zum Gegenüber verloren, können Sie behutsam nachfragen, was gerade in der Person vorgeht, was ihr durch den Kopf geht, wo sie denn jetzt sei. Schweigen ermöglicht nicht nur zu ordnen, sich zu beruhigen, sondern es ermutigt das Gegenüber auch, vorzugeben, worüber weitergesprochen, welchen Gedanken nachgegangen wird.

**Direktive Beraterreaktion**

Direktive Beraterreaktionen fordern die Klient*innen zum Tun auf. Entweder in dem Sinne, fortzufahren mit dem, was diese bereits tun, oder Neues auszuprobieren. Zu dieser Kategorie des Berater*innenverhaltens zählt beispielsweise das Geben von Informationen. Dies spielt insbesondere bei Supervisionen oder sozialpädagogischen Prozessen eine Rolle, wo es nicht nur um das gemeinsame Reflektieren geht, sondern die Klient*innen konkrete Handlungsempfehlungen oder fachliches Hintergrundwissen benötigen. Weitere Interventionen sind direktive Anleitungen wie Vorschläge (»Können Sie sich vorstellen, xy einmal auszuprobieren?«) oder »Hausaufgaben«. Hausaufgaben unterstützen den Transfer in den Alltag und stärken Selbstinitiative und Eigenverantwortung. Eine Hausaufgabe könnte beispielsweise darin bestehen, ein Stimmungstagebuch zu führen, Informationen zu einem bestimmten Thema einzuholen, bestimmte Entspannungsverfahren zu üben oder bestimmte Aktivitäten auszuführen.

### Komplexe Beraterreaktion

Unter die komplexen Beraterreaktionen können Paraphrasetechniken, Interpretationen, Konfrontationen und Selbstaussagen der Berater*in subsumiert werden.

Beim Paraphrasieren gibt man als Beratende*r Klient*innen zurück, was man hört, versteht und was sie ausdrücken, wobei die eigene Perspektive nicht hinzugefügt wird (Sickendiek 2008, S.147). Anders ausgedrückt: Verbale und nonverbale Äußerungen des*der Klient*in werden gespiegelt, ohne Deutung und Erweiterung. Dabei werden vier Formen der Paraphrase unterschieden: die Wiederholung einer Aussage, die Reflexion einer Aussage, das Thematisieren nonverbalen Verhaltens und die Zusammenfassungen. Paraphrasieren vermittelt Wertschätzung, indem versucht wird, das, was das Gegenüber sagt oder nonverbal ausdrückt, wirklich zu verstehen. Mit dieser Technik kann auch Missverständnissen vorgebeugt werden, weil man sich so immer wieder rückversichert, ob das, was bei einem selbst angekommen ist, auch das ist, was gemeint war. Zugleich hilft es dem Gegenüber beim eigenen Klärungsprozess, weil das Gesagte wiederholt und gespiegelt wird.

Hier einige Beispiele:

- »Sie sagen, Sie würden den Vortrag am liebsten absagen. Es könnte eine Blamage werden.« (Wiederholung)
- »Sie würden den Vortrag am liebsten absagen, weil Sie Angst vor einer Blamage haben.« (Reflexion)
- »Sie scheinen regelrecht im Sessel zu versinken, während wir darüber sprechen.« (Thematisieren nonverbalen Verhaltens)
- »Wenn ich unser Gespräch heute betrachte, haben Sie immer wieder deutlich gemacht, wie sehr Sie sich mehr Unterstützung von Ihrer Kollegin wünschen.« (Zusammenfassung)

Bei der Interpretation geht man einen Schritt weiter, indem neue Perspektiven und Sichtweisen eingebracht werden. Mögliche Ursachen werden vorgeschlagen und alternative Bedeutungszuschreibungen genannt. Die Interpretation setzt einiges an Erfahrung voraus, sonst besteht die Gefahr, dass »wild psychologisiert« wird. Hier einige Bespiele zur Interpretation:

- »Könnten die Wünsche Ihrer Eltern Sie bei der Wahl Ihres Studiums stärker beeinflusst haben, als Ihnen bisher bewusst war?«
- »Ich habe den Eindruck, Sie möchten gar nicht, dass ich weiterfrage.«
- »... und es wäre fein, wenn ich das jetzt für Sie in die Hand nehmen könnte.«

Bei der Konfrontation werden Widersprüche und Diskrepanzen aufgedeckt und benannt. Konfrontative Techniken sind mit Vorsicht einzusetzen und bedürfen einer guten Beziehung. Meiner Erfahrung nach ist es hilfreich, Konfrontationen vorzubereiten, einzuleiten, beispielsweise mit folgenden Worten:

- »Wenn ich Ihnen zuhöre, kommen mir Gedanken in den Sinn, die Sie vielleicht irritieren, wenn ich sie ausspreche ...«
- »Ich sage es jetzt ganz direkt. Obwohl Sie immer wieder betonen, wie wichtig Ihnen Ihr Mann ist, sprechen Sie häufig recht abfällig über ihn. Das passt für mich nicht zusammen.«

Bei Selbstaussagen oder Selbstveröffentlichungen berichtet der*die Beratende aus seinem*ihrem Leben, von eigenen Gedanken und Gefühlen. Diese Form der Intervention ist nicht unumstritten. Selbstaussagen oder Selbstveröffentlichungen können sehr hilfreich sein, sollten jedoch nie aus dem eigenen Bedürfnis nach Selbstdarstellung oder Ähnlichem erwachsen.

## 3.2.3 Aktives Zuhören

Unter aktivem Zuhören versteht man die emotionale und kognitive Bemühung, das Gegenüber voll und ganz zu verstehen. Durch das aktive Zuhören entsteht eine vertrauensvolle Beziehung. Gesagtes wird gefiltert und ausgewählte Aspekte werden mit neuen Worten widergespiegelt (paraphrasiert). Letzteres ermöglicht es dem Gegenüber, das gerade Gesagte noch einmal zu »hören«, eventuelle Unklarheiten zu korrigieren und darüber zu reflektieren.

Die Ziele vom aktiven Zuhören sind einerseits eine Beziehung aufzubauen und die Empathie zu fördern, andererseits soll die Gesprächspartner*in zum Erzählen angeregt und die Erzählung im Fluss gehalten werden. Zudem werden Inhalte vertieft und spezielle Aspekte unterstrichen und betont. Nicht zuletzt hilft aktives Zuhören dabei, Missverständnisse zu vermeiden.

Wie in Abb. 3-4 dargestellt, lässt sich aktives Zuhören in drei Teile unterteilen:
1. Zuhören: Durch verbale und nonverbale Techniken des aktiven Zuhörens wie Nicken, Blickkontakt, kurze Äußerungen (ähm, ja, aha), wird dem Gegenüber signalisiert, dass man interessiert und konzentriert zuhört.
2. Paraphrasieren: Das Gehörte und Wahrgenommene wird in eigenen Worten wiedergegeben. Damit signalisiert man einerseits, dass man zugehört hat, andererseits kann das Gegenüber überprüfen, ob alles richtig verstanden wurde bzw. ob es Gedanken revidieren möchte.
3. Spiegeln: Darunter versteht man eine spezielle Form des Paraphrasierens – das Verbalisieren emotionaler Erlebnisinhalte. Dabei wird die emotionale Botschaft wiedergegeben. Das Gegenüber kann dies zur Reflexion verwenden und gegebenen-

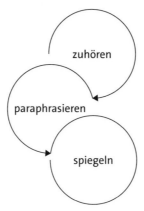

**Abb. 3-4:** Die drei Teile des aktiven Zuhörens.

falls korrigieren (»Als Sie über den Vorfall mit Ihrer Mutter sprachen, hatte ich den Eindruck, Sie sind nicht nur traurig, sondern auch wütend.«).

## 3.2.4 Richtig fragen

Fragetechniken werden in der Beratung oder Therapie in vielfältiger Weise eingesetzt – zur Reflexion, um Zusammenhänge zu klären, Widersprüche aufzudecken, kreative Lösungswege zu finden, neue Aspekte aufzuzeigen oder Werte und Denkmuster zu hinterfragen. Das Ziel von Fragetechniken ist es, einen Dialog zu beginnen oder zu vertiefen, wobei das Gegenüber kommunikativ geleitet wird. Durch Fragen nehmen wir somit Einfluss auf unsere Gesprächspartner*innen (»Wer fragt, führt.«).

- **Offene Fragen**
  - Beispiel: »Was geht Ihnen gerade durch den Kopf?« oder »Was hat Sie zu mir geführt?«
  - Vorteil: Ich bestimme damit, in welche Richtung das Gespräch geht; ich gebe Raum zur freien Beantwortung; ermögliche Klient*innen, ihre Sicht und Erklärungsmuster darzulegen; besonders gut geeignet: W-Fragen
  - Nachteil: Offene Fragen können überfordern, zum Beispiel in akuten Krisensituationen, oder zu unspezifisch sein, sodass das Gegenüber Schwierigkeiten hat, zu antworten.
- **Geschlossene Fragen**
  - Beispiel: »Gibt es noch etwas, das heute noch nicht zur Sprache gekommen ist, aber für Sie wichtig wäre?«
  - Vorteil: Sie eignen sich, um etwas auf den Punkt zu bringen, zu fokussieren; bei akuter Überwältigung oder als Abschlussfragen, zur Rückversicherung o. Ä.
  - Nachteil: Sie zwingen dazu, Stellung zu nehmen; haben u. U. eher autoritären Charakter.

- **Verständnisfragen**
  - W-Fragen: Was, wer, wie, wann, wo?
  - Vorsicht mit der Frageform »Warum«: Sie löst in manchen Fällen Rechtfertigungsdruck aus (»Warum haben Sie nicht …?«).

Oft ist es hilfreich, durch öffnende Fragen das Gespräch in Gang zu bringen. Dazu eignen sich:

- offene Fragen
- verständliche Fragen
- Fragen, die zur Beantwortung reizen
- Fragen, die eine differenzierende Antwort ermöglichen

Es gilt, die richtigen Fragen mit Fingerspitzengefühl stellen, durch aktives Zuhören und Paraphrasieren einen guten Kontakt (Rapport, Beziehung) herzustellen und sich zu versichern, dass man das Gehörte richtig verstanden hat. Einfühlendes Verstehen signalisiert man durch einfühlsames Wiederholen, konkretisierendes Verstehen, Interpretieren und Zusammenfassen.

Vermieden werden sollten Suggestivfragen (»Sie wollten doch sicher nur …«), Doppelfragen (»Woher sind Sie damals gekommen und wo wollten Sie eigentlich hin?«) und sogenannte K.o.-Fragen (»Wen magst du lieber – Mama oder Papa?«).

## 3.2.5  Weitere Techniken der Gesprächsführung

- Zustimmung des*der Beratenden: bietet Unterstützung, Anerkennung und Verstärkung, transportiert Sympathie und Verständnis, hilft, Ängste abzubauen
- fachliche Expertise, Information: Fakten und Ressourcen werden zur Verfügung gestellt zur Bearbeitung des Problems
- direkte Anleitungen, »Hausaufgaben«, »Verschreibungen«: wird v. a. in lösungsorientierten Konzepten eingesetzt
- Attribuieren: Reflexion und Ursachenklärung für unverstandene Konflikte und Schwierigkeiten
- Rückmelden: Klient*in erhält Informationen über sich und das eigene Verhalten; ermöglicht gemeinsame Reflexion durch Rollenspiele und Rollentausch
- Akzentuieren: Fokussieren auf einzelne Problemdimensionen oder emotionale Prozesse; Abschweifungen oder Ausweichversuche werden verhindert

In einem Beratungsgespräch erfüllt der*die Beratende vor allem die Funktion, als aktive*r Zuhörer*in durch mitfühlende Anteilnahme und Zurückstellen eigener Wertungen und Bedürfnisse das Gegenüber in seiner Problemdarstellung und -klärung zu unterstützen. Die in den letzten Kapiteln beschriebenen verbalen und nonverbalen Techniken haben sich dabei als hilfreich erwiesen (vgl. Nußbeck 2019, S. 102).

# 3.3 Motivational Interviewing (MI)

In der Beratung, aber auch im Alltag (Beratung findet ja nicht nur im professionellen Kontext statt, sondern weitaus häufiger im Alltag) fragt man sich manchmal, warum sich Menschen als so »veränderungsresistent« erweisen. Es wäre doch so einfach. Wer abnehmen will, soll einfach weniger und gesünder essen und mehr Sport machen. Na ja, wir wissen alle, dass es oft natürlich doch nicht so einfach ist. Und wir machen die Erfahrung, dass reine Information und Aufklärung oft nicht zur erwünschten (Verhaltens-)Änderung führen. Meiner Erfahrung nach mangelt es dabei oft schon am ersten Schritt: an der Entscheidung zur Veränderung.

> **FALLBEISPIEL  Wenn der Knopf aufgeht**
>
> Ich erinnere mich dabei an eine Klientin von mir. 26 Jahre alt, eine tolle junge Frau, der plötzlich »der Knopf aufgegangen« war. Sie litt unter der mangelnden Anerkennung ihres Umfeldes, wurde oft heruntergeputzt, spöttisch darauf hingewiesen, dass sie trotz ihres absolvierten Studiums weniger verdiene als andere (Nicht-Akademiker*innen) in ihrer Familie, dass sie sich auf ihr Studium nichts einzubilden brauche usw. Von Anfang an war also die Arbeit an ihrem Selbstbild wichtiger Teil unserer gemeinsamen Arbeit. Es fiel mir nicht schwer, sie in ihrem vollen Potenzial zu sehen, und langsam konnte auch sie zu sich selbst eine positive und wertschätzende Haltung einnehmen. In einer Sitzung berichtete sie mir stolz, dass sie sich zum ersten Mal bei einer der gefürchteten Familienfeiern nicht mehr habe provozieren lassen. Sie habe sich entschieden, dass damit nun Schluss sei. Ein Angehöriger habe beispielsweise auf die Nachricht, dass sie nun einen neuen Job habe, geantwortet, das klinge nach einer total langweiligen Tätigkeit. Anders als bisher verfiel sie nicht in Rechtfertigungen und nahm die Aussage persönlich, sondern sie lachte und meinte, dann sei es gut, dass sie diesen Job machen werde und nicht er. Ein echter Durchbruch! Gemeinsam überlegten wir, was diese Veränderung ermöglicht habe, und kamen auf zwei Dinge: Erstens habe sich ihr Selbstbild zum Positiven verändert und zweitens habe sie eine Entscheidung getroffen – sie wolle sich gut fühlen, nicht mehr beleidigt sein oder sich über andere Menschen ärgern und habe eingesehen, dass der einzige Mensch, den sie ändern könne, sie selbst sei! Was für eine Entwicklung!

Nun läuft es aber nicht immer so wie im oben angeführten Beispiel. Im Gegenteil – man hat manchmal das Gefühl, die Person leidet zwar unter der Situation, aber die für eine echte Veränderung notwendigen Schritte werden einfach nicht unternommen. Das ist für alle Beteiligten mühsam und kann zu Frust, gegenseitigen Vorwürfen und Verstimmung führen. Der amerikanische Suchtforscher und Psychologieprofessor Bill Miller und sein britischer Kollege Steve Rollnick entwickelten einen Ansatz (ursprünglich für suchtkranke Menschen), um die Motivation für eine Verhaltensänderung aufzubauen: das *Motivational Interviewing* (Miller, Rollnick 2002) (MI), motivationale Gesprächsführung. Spannend dabei ist der klientenzentrierte und dennoch direktive

Ansatz. Die Autoren gehen davon aus, dass Menschen ihre Gründe für und auch gegen eine Veränderung haben und nicht einfach nur veränderungsresistent sind.

## 3.3.1 Elemente des Motivational Interviewing

**DEFINITION VON *MOTIVATIONAL INTERVIEWING (MI)***
»Motivational Interviewing ist eine klientenzentrierte, direktive Methode der Gesprächsführung zur Förderung intrinsischer Veränderungsmotivation, durch Erforschen und Auflösen von Ambivalenzen.« (Miller, Rollnick 2002)

Es geht in diesem Beratungsansatz darum, die vorhandenen Ambivalenzen zwischen Veränderung wollen und nicht wollen aufzudecken und aufzulösen. Dabei soll eine intrinsische Veränderungsmotivation aufgebaut werden. Die Autoren gehen davon aus (und diese Erfahrung haben wir alle schon gemacht), dass ein konfrontatives Drängen und Argumentieren in Richtung der Veränderung nur zu vermehrtem Widerstand beim Gegenüber führt (die Person wird damit in eine Position gedrängt, in der sie ihren Standpunkt verteidigen muss). Beim MI wird durch Beleuchtung aller Vor- und Nachteile versucht, Klarheit zu schaffen. Die Person wird nicht in eine Verteidigungshaltung gedrängt. Diese Bewusstmachung beider Seiten führt bei Klient*innen zu einer Ambivalenz und einem gewissen Konflikt (kognitive Dissonanz). Ist eine Veränderungsmotivation vorhanden, werden konkrete Ziele und Veränderungsmaßnahmen definiert.

| Elemente des MI | Strategien in der Gesprächsführung |
|---|---|
| Empathie zeigen | Aktives Zuhören<br>Bestätigen<br>Offene Fragen stellen<br>Das Verhalten des Gegenübers würdigen |
| Diskrepanz erzeugen | Widersprüche und Dissonanzen aufdecken<br>*Change Talk*: Über Veränderungen, mögliche Lösungen, Potenziale sprechen<br>Ambivalenzen verstärken |
| Flexibler Umgang mit Widerstand | »Tanzen statt kämpfen«: einfaches Widerspiegeln, überzogenes Widerspiegeln, Widerspiegeln der Ambivalenz, Reframing, verschieben, zustimmen (vgl. Kapitel 3.3.2) |
| Selbstwirksamkeit fördern | Salutogenetische Grundhaltung<br>Orientierung an Stärken, Fähigkeiten und Ressourcen |

**Tab. 3-1:** Elemente des MI und Strategien in der Gesprächsführung (nach Miller, Rollnick 2002)

# 3.3.2 Zum Umgang mit Widerstand

Widerstand kann vielfältige Ursachen haben und wird in verschiedenen Psychotherapieschulen sehr unterschiedlich aufgefasst. So wird Widerstand beispielsweise in der klientenzentrierten Gesprächspsychotherapie vor allem als das Vermeiden von Inhalten und Emotionen gesehen. Mittlerweile wird auch beziehungsbedingter Widerstand thematisiert. Im *Motivational Interviewing* wird Widerstand nicht als ein Problem gesehen, sondern als natürlicher zwischenmenschlicher Prozess. Das erinnert an das systemische Denken, in dem Widerstand kein Konzept ist, sondern höchstens ein Hinweis auf eine unpassende Intervention. Der Umgang mit Widerstand ist hier ein ganz pragmatischer: Lass bleiben, was nicht wirkt, mach mehr von dem, was wirkt (frei nach Steve de Shazer).

### DEFINITION VON WIDERSTAND

»Unter Widerstand können alle Verhaltensweisen und Einstellungen des Patienten zusammengefasst werden, die sich bewusst oder unbewusst gegen das Fortschreiten der Therapie richten.« (Margraf, Schneider 2009, S. 491)

Widerstand kann als wichtiger Hinweis aufgefasst werden, wenn man gewillt ist, das, was dahintersteckt, zu entdecken. Widerstand entsteht beispielsweise, wenn Klient*en das Gefühl haben, ihre Freiheit werde beschnitten (Reaktanz). Vielleicht ist man zu direktiv vorgegangen. Auch vorhandene Ambivalenz der Veränderung gegenüber kann eine Ursache sein. Denn eine Veränderung bedeutet nicht nur einen Gewinn, sondern auch das Aufgeben von etwas. Vielleicht muss das also noch bearbeitet, das, was aufgegeben werden soll, gewürdigt werden. Keinesfalls sollte die Ursache von Widerstand nur bei den Klient*innen gesucht werden bzw. diesen die »Schuld« gegeben werden, sonst könnte die Folge ein Machtkampf sein – was zu noch mehr Widerstand führt. Häufige Ursache von Widerstand sind Veränderungen. Besonders, wenn diese als von außen aufgezwungen erlebt werden. Veränderungen können Ängste auslösen, weshalb Widerstand als normale Phase in einem Veränderungsprozess gesehen werden kann.

### Erscheinungsformen von Widerstand

Nicht immer wird Widerstand offen geäußert. Er kann auch durch passives Verhalten wie Unaufmerksamkeit, Unpünktlichkeit usw. ausgedrückt werden. Auch ist es den Betroffenen selbst oft gar nicht bewusst, dass ihre Verhaltensweisen auf Widerstand zurückzuführen sind, ein Termin wurde eben vergessen, der Zug verpasst oder etwas nicht gehört. Widerstand kann somit aktiv oder passiv, verbal oder nonverbal erfolgen. Aktiver verbaler Widerstand kann mit dem Begriff »Widerspruch« zusammengefasst werden. Dazu zählen Gegenargumentationen, Vorwürfe, Drohungen usw. Aktiver nonverbaler Widerstand wäre beispielsweise das Stiften von Unruhe, Intrigen u. Ä. Passiver nonverbaler Widerstand zeigt sich u. a. in Lustlosigkeit, Unaufmerksamkeit, Müdigkeit oder Krankheit, passiver verbaler Widerstand hingegen in Blödeln, ins Lächerliche ziehen, Bagatellisieren, über Unwichtiges diskutieren oder Schweigen (vgl. Stabenow 2018).

Im *Motivational Interviewing* werden vier Kategorien von Widerstand unterschieden (Miller, Rollnick 2002, S. 48; zit. n. Warschburger 2009, S. 94):

- Streiten, diskutieren, argumentieren: Dazu zählen etwa das Herausfordern und Herabwürdigen der Aussagen des*der Berater*in oder feindseliges Verhalten (»Was wissen denn Sie schon! Sie sind so jung/alt/haben keine Kinder/sind keine Frau/kein Mann …«).
- Unterbrechen: Klient*in unterbricht Berater*in in Abwehrhaltung (»Ja, ja, hören Sie schon auf, das weiß ich alles selber!«).
- Negativieren, negieren: Klient*in sieht das Problem nicht ein, verweigert die Kooperation und Eigenverantwortung. Dies äußert sich in Beschuldigung anderer, dem Ablehnen von Berater*innenäußerungen, Entschuldigungen für das eigene Verhalten, dem Verleugnen oder Verharmlosen eigener Probleme, in pessimistischen Äußerungen oder dem Verneinen einer Veränderungsnotwendigkeit (»Wenn Sie so aufgewachsen wären, hätten Sie auch …«).
- Ignorieren: Dies zeigt sich beispielsweise durch Unaufmerksamkeit, Themenwechsel oder das Nicht-Beantworten von Fragen (»Können wir auch einmal von etwas anderem sprechen?«).

### »Tanzen statt kämpfen«

Wenn es im Gespräch zu einer Form des Widerstands kommt, sollte man eine Pause einlegen oder eine andere Form der Intervention wählen. Vielleicht hat man zu sehr den*die Expert*in »raushängen« lassen und das Gegenüber fühlt sich bevormundet, beschämt oder kritisiert. Der Widerstand ist ein Stoppsignal, das Gespräch läuft nicht mehr in die erwünschte Richtung (Zielerreichung, Verhaltensänderung).

Miller und Rollnick beschreiben folgende Methoden, die in einer solchen Situation angewendet werden können (Miller, Rollnick 2002, S. 141 ff.):

- **Varianten des aktiven Zuhörens (einfaches Widerspiegeln, überzogenes Widerspiegeln, Widerspiegeln der Ambivalenz)**
  Beispiel: »Ich bin ja nur gekommen, weil meine Eltern mich geschickt haben. Für mich hat das hier gar keinen Sinn!«
  »Für Sie hat das hier gar keinen Sinn!« (einfaches Widerspiegeln)
  »Das hier hat keinen Sinn für Sie. Sie können das ganz alleine schaffen.« (überzogenes Widerspiegeln)
  »Einerseits sagen Sie, aufgrund Ihrer Versagensängste können Sie nicht weiterstudieren, andererseits wollen Sie hier keine Unterstützung.« (Widerspiegeln der Ambivalenz)
- **Den Fokus verschieben bzw. das nicht zielführende Widerstandsthema umgehen**
  Beispiel: »Wenn die Gesellschaft nicht so leistungsorientiert und kapitalistisch wäre, hätte ich kein Problem.«

»Ja, Sie haben wohl recht, da geht wohl viel in eine falsche Richtung. Wir zwei werden das hier aber nicht ändern. Was mich interessieren würde, ist, wie Sie es zu Beginn Ihres Studiums geschafft haben, die Prüfungen sehr wohl zu bestehen ...«

- **Umdeuten (Reframing)**
  Beispiel: »Ich zahl hier so viel Geld, manchmal weiß ich gar nicht, wofür eigentlich.«
  »Ich finde es schön, dass Sie trotz Ihrer Zweifel dranbleiben und sich das wert sind.«

- **Zustimmung mit einer Wendung**
  Beispiel: »Wenn Sie solche Eltern hätten, würde es Ihnen auch so gehen. Die haben mich ja noch nie unterstützt.«
  »Ja, Sie sprechen da etwas ganz Wichtiges an. Es geht nicht nur um Ihre persönlichen Ziele. Die ständigen Konflikte sind sicher sehr belastend. Wir sollten uns das wohl auch mal genauer anschauen, wie Sie vielleicht einen Weg finden könnten, damit anders umzugehen. Wie sehen Sie das?«

- **Herausstellen der persönlichen Wahlfreiheit**
  Beispiel: »Ich werde mich sicher nicht für Sie ändern, damit Sie einen Erfolg zu verbuchen haben.«
  »Ja, Sie machen das nur für sich. Natürlich liegt mir etwas an Ihnen, Sie sind mir wichtig, aber welchen Weg Sie wählen, ist Ihre Entscheidung. Es ist Ihr Leben, Ihre Zukunft.«

- **Konform gehen mit der Position des*der Klient*in**
  Beispiel: »Ich kann mir nicht vorstellen, was es bringen soll, mit meinem Mann darüber zu sprechen! Das bringt nur Ärger.«
  »Ja, das kann auch Ärger bringen.«

## 3.4 Fehler vermeiden

### 3.4.1 Störungen in der Kommunikation

Fehler können passieren – auch Personen, die in Gesprächsführung geübt sind. Gerade wenn wir unser Gegenüber noch nicht so gut kennen, kann es passieren, dass es zu Missverständnissen, Irritationen oder anderen Störungen in der Kommunikation kommt. In einem professionellen Gespräch nutzen wir diese Kommunikationsstörungen als wichtige Hinweise und übergehen sie nicht einfach:

1. Erkennen: Die Kommunikationsstörung muss erkannt werden (Mimik des Gegenübers, Schweigen o. Ä.).
2. Analysieren: Wie kam es zur Störung? Thematisieren, was passiert ist.
3. Beheben: Situation auflösen durch Ansprechen, evtl. eine Entschuldigung o. Ä.

Es geht also nicht darum, dass immer alles glattgeht, sondern darum, zu lernen, wie man mit Schwierigkeiten im Gespräch umgeht. Wir können nicht immer auf alle Eventualitäten vorbereitet sein. Es hilft aber, sich einige mögliche Fehler bewusst zu machen und sie sich einfach abzugewöhnen. Ohne Anspruch auf Vollständigkeit finden sich hier einige der häufigsten Irrwege, die es tunlichst zu vermeiden gilt. Sollte eine Störung auftreten oder ein Fehler passieren, bitte einfach ganz klar ansprechen (»Ich habe den Eindruck, meine Aussage hat Sie irritiert/verletzt ... Liege ich da richtig? Was ist da jetzt gerade passiert?«).

Vermeiden Sie es, ...

- Ratschläge zu geben (»Mach doch ...« »Sie könnten einfach ...« »Da muss man nur ...«
- zu debattieren (Streitgespräch) (»Ich finde ...« »Meiner Meinung nach ...«).
- zu dogmatisieren (Lehrsätze, Volksweisheiten) (»Krisen sind immer auch Chancen.«).
- zu diagnostizieren (rasche und verallgemeinernde Urteile) (»Sie sind halt nicht so belastbar.«).
- zu interpretieren (subjektiv auslegen, Dinge hineintragen oder herauslesen) (»Das ist wahrscheinlich wieder Ihre Versagensangst.« »Dahinter steckt wohl ein Problem mit deiner Mutter.«).
- zu generalisieren (allgemeines Schema, alles, immer, nie ...) (»Frauen sind immer so emotional.« »Jeder weiß doch, dass ...« »Eigentlich müsste doch jeder wissen, dass ...«).
- zu bagatellisieren (Problem oder Gefühl herunterspielen) (»Machen Sie sich keine Sorgen, das wird schon wieder.« »Spiel dich nicht so auf.« »Andere müssen noch viel Schlimmeres aushalten.« »So schlimm wird es schon nicht sein« »Manchmal muss man halt auch die Zähne zusammenbeißen.«).
- zu monologisieren (viel und langatmig reden) (»Ja, ja, das kenne ich nur allzu gut ... Ich war einmal in einer ähnlichen Situation, da hat ...«).
- zu projizieren (eigene Erfahrungen, Gedanken, Gefühle auf den anderen übertragen) (»Wie kann man nur so ein Angeber sein?« – weil ich mich das nicht traue, wird der andere abgewertet).

Weitere »Klassiker«, die wir besser unterlassen:
- Dinge persönlich nehmen: Dies ist einer der häufigsten Fehler in Alltagsgesprächen. Wir fühlen uns aufgrund von Aussagen anderer angegriffen, verletzt, zu wenig gesehen/gehört/wertgeschätzt. Das sind oft recht kindliche Impulse, die da in uns aufsteigen. Häufig hat das, was gesagt wird, aber gar nichts mit uns zu tun, sondern mehr mit dem Gegenüber. Wie unser Gegenüber mit uns umgeht, können wir nur bedingt beeinflussen. Wie wir aber auf das Gesagte reagieren, sehr wohl. Eine Klientin hat einmal davon gesprochen, dass sie nicht jeden »Ball«, den man ihr zuwirft, auffangen muss. Ich finde das ein sehr treffendes Bild. Man kann sich auch dafür entscheiden, zuzusehen, wie der Ball zu Boden fällt. Eine Freundin hat mir kürzlich erzählt, ein Kollege habe sie in der Früh getroffen und meinte zu ihr: »Wahnsinn, ungeschminkt schaust du ganz anders aus, ich hab dich vorhin fast nicht erkannt!« Meine Freundin fühlte sich durch diese Äußerung verletzt und fragte sich, ob sie wirklich »so schlimm« aussehe. Man könnte sich nun die Frage stellen, was hinter der Aussage des Kollegen stehen könnte. Ich habe den Eindruck,

es könnte darum gehen, diese Frau runterzumachen, kleinzumachen, sie ein wenig zu demütigen. Und das ist ihm auch gelungen. Also diesen »Ball« fangen wir lieber nicht! Ob einem in dieser Situation eine schlagfertige Antwort einfällt, ist eine andere Frage. Wichtig ist vor allem, nicht zuzulassen, dass das »Gift« wirken kann.

- »Nein«: Ein Nein wirkt meist auf der Beziehungsebene. Das Gegenüber fühlt sich persönlich verletzt – auch wenn der Einwand sachlich eingebracht wird.
- »Aber«: Streichen Sie das ganz aus Ihrem Wortschatz. Sie wollen sich nicht in eine Gegenposition zu Ihren Klient*innen begeben, das löst nur Widerstand aus.
- »Warum? Wieso?«: Diese Fragen zählen zu den »Verhörfragen« und führen leicht zum Gefühl, kritisiert zu werden, sich rechtfertigen zu müssen. Dies gefährdet die Beziehung. Statt »Warum haben Sie nicht gleich Ihre Frau angerufen und ihr vom Unfall erzählt?« fragen Sie besser: »Sie haben erzählt, Sie hätten noch gewartet, bis Sie Ihre Frau über den Unfall informiert haben. Was waren Ihre Beweggründe?«
- Zu offene Fragen stellen: Wenn die Fragen zu unkonkret formuliert sind, überfordert das evtl. die Klient*innen. Statt »Was würde Ihnen jetzt guttun?« fragen Sie also besser: »Würde es Ihnen guttun, wenn ...?«

## 3.4.2 Umgang mit Fallen

Manchmal tun sich im Gespräch »Fallen« auf. Einmal in eine Falle getappt, läuft das Gespräch in eine unerwünschte Richtung – wir fühlen uns zu einer Rechtfertigung gezwungen oder finden uns in einer argumentativen Diskussion wieder. Auch hier gilt: Es ist kein Unglück, wenn man in eine solche Falle tappt. Die Situation sollte aber sofort unterbrochen und, wenn möglich, besprochen werden. Häufige Fallen im Gespräch sind:

- Hinweis auf die Expert*innenrolle: Die Verantwortung wird auf Sie als Expert*in abgewälzt. Nehmen Sie die Expert*innenrolle in diesem Fall nicht an.
  Beispiel: »Sie sind die Expertin. Ich zahl Ihnen so viel Geld, sagen Sie es mir doch!«
  »Sie haben mir vorhin erzählt, dass Sie schon viele Krisen gemeistert haben. Ich kann mir vorstellen, dass Sie eine Expertin für sich selbst sind und am besten wissen, was Ihnen guttut!
- Korrekturreflex: Es kann im Gespräch vorkommen, dass Sie um Rat gefragt werden. Statt einen Ratschlag zu geben, könnten Sie es mit einem Vorschlag versuchen oder einen Bezug zu anderen herstellen.
  Beispiel: »Ich weiß einfach nicht mehr, was ich tun soll. Was sagen denn Sie?«
  »Vielleicht haben Sie ja schon mal darüber nachgedacht, X Y zu probieren ... Könnte das für Sie hilfreich sein?« »Andere Klient*innen haben mir erzählt, X Y habe für sie gut funktioniert. ... Was meinen Sie?«
- Das »Ja, aber-Spiel«: Alle Vorschläge und Ideen zur Problemlösung der Berater*in werden zwar positiv aufgenommen, aber es findet sich immer ein Argument, warum die Umsetzung unmöglich ist. Steigen Sie möglichst rasch aus diesem

»Spiel« aus und sprechen Sie an, was gerade passiert ist. Unter Umständen ist auch eine paradoxe Intervention möglich (»Ja, wahrscheinlich kann Ihnen nichts und niemand helfen.«). Bitte beachten Sie, dass paradoxe Interventionen nur mit großer Vorsicht und Berater*innenerfahrung eingesetzt werden sollten.

## 3.5  Ressourcenorientierung

Ressourcenorientierte Konzepte gehen davon aus, dass jeder Mensch über Ressourcen verfügt, um sein Leben aktiv zu gestalten. Es wird nicht nur auf die Probleme, die Krankheit fokussiert, sondern auch auf das Positive, auf das, was funktioniert, gesund und heil ist. Welche Potenziale sind noch vorhanden oder waren früher da und sind nicht mehr zugänglich (und warum)? Können diese reaktiviert werden? Das Ziel eines ressourcenorientierten Vorgehens ist es, die vorhandenen Selbstheilungspotenziale zu mobilisieren. Der Fokus wird weg von Defiziten und Problemen hin zu Kräften und Energien des*der Klient*in gerichtet (salutogenetische Haltung, vgl. Kapitel 2.4.1).

Ressourcen fördern unsere Standfestigkeit im Leben. Dabei müssen sich Belastungen und Bewältigungsmöglichkeiten ausgleichen. Häufig wird zur Veranschaulichung das Bild eines Stuhls herangezogen, der nur dann stabil steht, wenn alle Teile vorhanden sind. Ist ein Bein »angeknackst«, kann das noch ausgeglichen werden, fehlt ein Bein, wird es schon schwieriger. Geringe Belastungen können dann noch ausbalanciert werden, große Belastungen schon nicht mehr. In Krisen kann häufig auf vorhandene Ressourcen nicht mehr zurückgegriffen werden. Es müssen daher Ressourcen wieder sichtbar gemacht, aktiviert werden, Ressourcen erweitert oder verlorene Ressourcen durch andere ersetzt werden.

### WAS SIND RESSOURCEN?

Unter Ressourcen versteht man die Summe aller guten, stärkenden, schützenden und fördernden Kompetenzen und äußeren Handlungsmöglichkeiten. Ressourcen ermöglichen es, Situationen zu beeinflussen und unangenehme Einflüsse zu reduzieren. Ressourcen wirken damit direkt auf die Gesundheit.

### 3.5.1  Einteilung von Ressourcen

Unterschieden werden innere Ressourcen (auch interne, individuelle, subjektive, personale Ressourcen genannt) und äußere Ressourcen. Die inneren Ressourcen können unterteilt werden in psychische und physische Ressourcen. Zu den psychischen Ressourcen zählen bestimmte Persönlichkeitseigenschaften (zum Beispiel Optimismus), kognitive und emotionale Fähigkeiten (zum Beispiel Bildung, Wissen, Emotionsregulation), Handlungskompetenzen (zum Beispiel Zielstrebigkeit, Beharrlichkeit) und interpersonelle Fähigkeiten (zum Beispiel Beziehungs- und Konfliktfähigkeit), zu den physischen Ressourcen die Gesundheit, ein gutes Immunsystem, körperliche Fitness, ein gut ausgeprägtes Körpergefühl sowie physische Attraktivität. Äußere Ressourcen werden noch einmal unterteilt in soziale bzw. soziokulturelle und materielle Ressourcen. Zu den sozialen bzw. soziokulturellen Ressourcen zählen das soziale Netzwerk, soziale Unterstützung, die Arbeitsumwelt (zum Beispiel Arbeitsplatzqualität) sowie kulturelle Regeln und Überzeugungen (zum Beispiel Bildungs-, Gesundheits- und kulturelle Angebote, Rechtsstaatlichkeit). Unter den materiellen Ressourcen versteht man die Verfügbarkeit von Geld und Vermögen (zum Beispiel stabile Erwerbstätigkeit). Ein Überblick über innere und äußere Ressourcen mit den dazugehörenden Unterkategorien findet sich in Abb. 3-5.

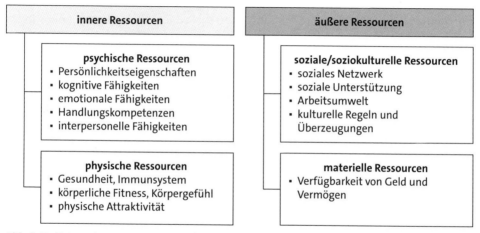

**Abb. 3-5:** Kategorien von Ressourcen (eigene Darstellung nach Faltermaier 2017).

Bei den inneren psychischen Ressourcen spielen kognitive Überzeugungssysteme wie das Kohärenzgefühl, Selbstwirksamkeit und Optimismus eine besondere Rolle (Lenz 2003). Zudem werden Distanzierungsfähigkeit und Achtsamkeit von einigen Autor*innen als relevante innere Ressourcen für die Gesundheit hervorgehoben (zum Beispiel Dauber, Döring-Seipel 2013). Diese wichtigen Kompetenzen sind in Abb. 3-6 dargestellt und werden nachfolgend kurz erläutert (zum Kohärenzgefühl siehe Kapitel 2.4.1).

Das Konzept der Selbstwirksamkeit wurde vom Psychologen Albert Bandura (Bandura 1977) beschrieben und hat im Zusammenhang mit Gesundheit große Bedeutung erlangt. Unter Selbstwirksamkeit versteht man die Überzeugung, gewünschte Handlungen aufgrund persönlicher Kompetenzen erfolgreich bewältigen zu können (Brinkmann 2014). Menschen mit einer hohen Selbstwirksamkeitserwartung sehen schwierige Situationen eher als Herausforderungen, die gemeistert werden können, statt als zu meidende Bedrohung. Ob sich jemand einer schwierigen Aufgabe stellt, hat somit

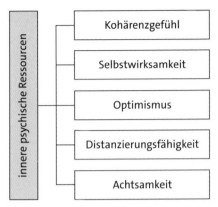

**Abb. 3-6:** Wichtige innere psychische Ressourcen (eigene Darstellung nach Lenz 2003; Dauber, Döring-Seipel 2013).

nicht nur mit den tatsächlichen Fähigkeiten zu tun, sondern vor allem mit der subjektiven Einschätzung derselben. Menschen mit einer hohen Selbstwirksamkeitserwartung gehen aktiv an Probleme heran und versuchen, diese zu lösen. Dies stärkt wiederum das Selbstwirksamkeitserleben. Menschen mit einer geringeren Selbstwirksamkeitserwartung zeigen eher ungünstige Verhaltensmuster, vermeiden schwierige Situationen, was sich wiederum negativ auf ihre Selbstwirksamkeitserwartung auswirkt. Selbstwirksamkeit ist ein wichtiger Faktor für unsere Gesundheit (u. a. Bengel, Lyssenko 2012). So reagieren Personen mit einer hohen Selbstwirksamkeitserwartung in Stresssituationen mit einer weniger starken Ausschüttung von Stresshormonen, bleiben zuversichtlicher und ruhig, da sie überzeugt sind, die Situation durch ihr Handeln kontrollieren zu können. Sie fühlen sich weniger ausgeliefert und belastet.

Auch Optimismus ist ein wichtiger Faktor für unsere Gesundheit. Scheier und Carver (Scheier, Carver 1992) verstehen unter Optimismus eine generalisierte Tendenz, in Alltags- und Stresssituationen mit einer positiven Ergebniserwartung zu reagieren. Optimisten sind motivierter und halten in schwierigen Situationen eher durch. Sie gehen aktiv an Probleme heran und suchen sich häufiger soziale Unterstützung (Scheier, Weintraum, Carver 1986). Zudem erfahren sie auch mehr soziale Unterstützung (ganz nach dem Motto: Pessimisten küsst man nicht).

Unter Distanzierungsfähigkeit versteht man die Fähigkeit, »abzuschalten«, also Abstand von beruflichen oder privaten Problemen herstellen zu können. Eng damit verbunden ist die Erholungsfähigkeit.

Achtsamkeit (engl. *mindfulness*) ist eine Form der bewussten Aufmerksamkeitslenkung, welche ebenfalls auf die psychische Gesundheit und das Stresserleben wirkt. Achtsamkeit ist ein Bewusstseinszustand, der durch zwei Komponenten gekennzeichnet ist: erstens die Ausrichtung der gesamten mentalen Aufmerksamkeit auf die Gegenwart (Gedanken, Emotionen und Empfindungen), zweitens eine nicht wertende Bewusstheit des aktuellen Moments (vgl. zum Beispiel Kabat-Zinn 2019). In einer Zeit der fortschreitenden Digitalisierung, der immerwährenden Informationsüberflutung,

Arbeitsverdichtung, Unsicherheit von Arbeitsverhältnissen und der Beschleunigung und Fragmentierung des Alltags durch ständige Unterbrechungen und Erreichbarkeit, erhöht sich die erlebte Stressbelastung in Alltag und Berufsleben (Lohmann-Haislah 2012). Durch die Anwendung von Techniken der Achtsamkeit kann – bei regelmäßiger Praxis – langfristig eine metakognitive Bewusstheit gefördert werden, die sich als verbesserte Fähigkeit zur Selbstregulation äußert. Indem der Gedankenfluss beobachtet wird, können automatische Kognitionen bewusst gemacht und die Auslösung unerwünschter Verhaltensreaktionen verhindert werden. Die Konzentration auf das Hier und Jetzt verhindert eine automatisch ablaufende Informationsverarbeitung. Die Wirkung von achtsamkeitsbasierter Stressreduktion *(Mindfulness-Based Stress Reduction –* MBSR) ist mittlerweile gut erforscht (vgl. Kabat-Zinn 2019).

Untersuchungen zeigen, dass Menschen, die auf gut ausgebildete persönliche Ressourcen – wie die oben genannten – zurückgreifen können, eher aktive Formen der Bewältigung von arbeitsbedingten Belastungen wählen, vor allem dann, wenn sie ein hohes Ausmaß an sozialer Unterstützung in der Arbeit erfahren. Diese Menschen neigen weniger dazu, auf Belastungen und Schwierigkeiten mit ungünstigen Strategien zu reagieren. Dazu zählt beispielsweise passives Coping wie Resignation, Grübeln, Alkohol- und Medikamentenkonsum. Persönliche Ressourcen erweisen sich damit als generalisierte Widerstandsressourcen, welche die Gesundheit im Zusammenspiel mit sozialer Unterstützung (vgl. dazu auch Resilienz als sozialer Prozess, Kapitel 2.4) stabilisieren und schützen (vgl. Dauber, Döring-Seipel 2013).

## 3.5.2 Ressourcenorientierung als Beratungsverständnis

Neben der Bedeutung der inneren Ressourcen ist auch das Zusammenspiel von inneren und äußeren Ressourcen interessant. Denn ob auf äußere Ressourcen zurückgegriffen werden kann, hängt stark von den sozialen und emotionalen und nicht zuletzt auch von den kognitiven Fähigkeiten einer Person ab. So kann es sein, dass zwar soziale Unterstützung vorhanden ist, die betreffende Person diese aber gar nicht wahrnimmt oder die Hilfe aus verschiedenen Gründen nicht annehmen will. Glaubenssätze wie »Ich muss alles alleine schaffen.« oder »Ich will nicht auf Hilfe angewiesen sein.« können hier eine Rolle spielen. Zudem reicht die soziale Unterstützung bei schweren Krisen oft nicht aus, da sie das Netzwerk überfordert und eine professionelle Unterstützung notwendig wird. Wie der deutsche Psychologe Prof. Albert Lenz betont, bedeutet ressourcenorientierte Beratung, die Interaktion von Person und Umwelt zu fördern. Wie auch Resilienz als Zusammenspiel individueller und sozialer Faktoren zu sehen ist, geht es beim ressourcenorientierten Vorgehen nicht nur darum, die inneren Ressourcen zu aktivieren, sondern Lösungswege zu finden durch eine gezielte Interaktion der inneren und äußeren Ressourcen. Ein solches Beratungsverständnis orientiert sich am gemeindepsychologischen Konzept des Empowerments (Lenz 2003).

### EMPOWERMENT

Empowerment bedeutet Selbstbemächtigung oder Selbstbefähigung. Ziel ist es, Menschen so weit zu stärken, dass sie ihre Potenziale entfalten können und selbstbestimmt leben können (Lenz 2003, S. 238). Der Empowerment-Ansatz wurde von Julia Rappaport 1985 in die Gemeindepsychologie eingeführt und von ihr maßgeblich zu einem professionellen Handlungsmodell weiterentwickelt. In diesem Ansatz sind die drei Ebenen Individuum, soziale Netzwerke und Gemeinde miteinander verwoben. Während auf der individuellen Ebene Kompetenzen wie Selbstbewusstsein, Selbstwertgefühl, Selbstwirksamkeit und Problemlösungskompetenzen gefördert werden, werden auf der Ebene der sozialen Netzwerke Rückhalt und Solidarität gestärkt und auf der strukturellen Ebene der Gemeinde Entfaltungshemmnisse für die Entwicklung von Ressourcen und Ressourcennutzung in den Lebenskontexten der Menschen beseitigt (Lenz 2003). Dabei ist die Partizipation eine wichtige Handlungsstrategie. Man geht davon aus, dass Maßnahmen nur dann Erfolg haben, wenn Menschen aktiv mitwirken und mitentscheiden können.

Empowerment bedeutet, Menschen zu ermutigen, ihre eigenen Fähigkeiten und Kompetenzen (wieder) wertzuschätzen. Dabei stehen selbst erarbeitete Lösungen im Vordergrund, indem benachteiligte und/oder ausgegrenzte Menschen beginnen (bzw. es ihnen ermöglicht wird), ihre Angelegenheiten selbst in die Hand zu nehmen (Herriger 2020). So ist Empowerment beispielsweise in der Sozialen Arbeit ein zentrales Konzept. Empowerment kann beispielsweise in Form des Abbaus von Hierarchien in sozialpädagogischen Institutionen erfolgen, um den dort lebenden Menschen Mitbestimmung und Mitgestaltung zu ermöglichen, und reicht bis zu Möglichkeiten der Einflussnahme auf politischer Ebene. Auch in der Arbeitswelt ist Empowerment zu einem wichtigen Schlagwort geworden. Dabei wird die traditionelle Managementkultur des »*command & control*« infrage gestellt und Partizipation und Mitbestimmung der Mitarbeiter*innen gefördert (vgl. Boes et al. 2021).

## 3.5.3  Die Theorie der Ressourcenerhaltung

Die Theorie der Ressourcenerhaltung (*Conservation of Resources Theory*, Hobfoll 1998) entstand aus der Stressforschung heraus, betont aber anders als andere Stresstheorien die Bedeutung von Verlusten *und* Gewinnen. Ressourcen sind alle Dinge, die wir in unserer Lebensgestaltung wertschätzen, die wir für die Bewältigung unseres Lebens benötigen. Die Theorie besagt, dass Menschen bestrebt sind, Ressourcen zu erlangen, zu bewahren und zu schützen. Daraus resultiert auch die Motivation, sich weiterzubilden, zu arbeiten, sich weiterzuentwickeln. Fehlen Ressourcen, gehen Ressourcen verloren oder wird Ressourcenverlust befürchtet, entsteht Stress. Menschen können sich jedoch in guten Zeiten wappnen, indem sie Ressourcen aufbauen.

Der US-amerikanische Psychologe und Begründer der Theorie Stevan Hobfoll unterteilt Ressourcen in vier Kategorien:

1. Objekte: Dinge unserer materiellen Umwelt (zum Beispiel Wohnraum, Kommunikations- und Transportmittel, Kleidung usw.)
2. Bestimmte Lebensbedingungen oder -umstände: sozialer Status, Sicherheit, soziale Netzwerke, gesichertes Auskommen, gute Partnerschaft usw.
3. Personenmerkmale: Selbstwertgefühl, Bewältigungsoptimismus, soziale Kompetenz usw.
4. Energieressourcen: Geld, Zeit, Wissen etc.

Die Theorie postuliert drei Prinzipien. Das erste Prinzip besagt, dass Verluste schwerer wiegen als Gewinne. Demnach ist das Vermeiden von Verlusten wichtiger als das Gewinnen von Ressourcen. Das zweite Prinzip postuliert Folgendes: Um vorhandene Ressourcen zu schützen, sich von Verlusten zu erholen oder neue Ressourcen zu gewinnen, muss man Ressourcen investieren. Wenn sich beispielsweise jemand im Studium engagiert, nimmt die Person in Kauf, dass sie Geld investieren oder während der Prüfungszeit andere Aktivitäten (Sport, Pflege von Freundschaften etc.) reduzieren muss, um andererseits – nach erfolgreich beendetem Studium – einen höheren sozialen Status, ein höheres Einkommen, einen besseren Job u.Ä. zu gewinnen. Schließlich besagt das dritte Prinzip der Theorie, dass Menschen mit vielen Ressourcen weniger verletzlich gegenüber Verlusten sind und außerdem vorhandene Ressourcen eher gewinnbringend einsetzen können.

### DIE GEWINN- UND VERLUSTSPIRALE

Ressourcenverlust ist bedeutsamer als Ressourcengewinn, da dieser oft die Existenz gefährdet und zu einer Verlustspirale führen kann. So kann der Verlust eines Menschen, des Arbeitsplatzes, die Konfrontation mit einer Krankheit oder Ähnliches negativere Auswirkungen haben, als beispielsweise ein abgeschlossenes Studium positive Folgen haben kann. Wenn Ressourcenverluste nicht ausreichend kompensiert werden können, droht das Abgleiten in einen Teufelskreis, in die sogenannte »Verlustspirale«: Besonders Menschen mit geringen oder weniger Ressourcen sind anfälliger für einen Ressourcenverlust und können weniger leicht Ressourcen hinzugewinnen. Ihre geringen Ressourcen sind schneller erschöpft und anfängliche Verluste ziehen weitere nach sich.

Im positiven Fall wächst im Rahmen der Gewinnspirale der Ressourcenpool an. Menschen mit mehr oder größeren Ressourcen sind weniger anfällig für Ressourcenverlust und gewinnen eher dazu. Auf Ressourcengewinn folgt oft weiterer Ressourcengewinn.

### FALLBEISPIEL Verlustspirale

Ein Mann in seinen späten Fünfzigern sucht mich in meiner Praxis auf. Er hat einen beeindruckenden Lebenslauf, ist aber seit einigen Jahren buchstäblich in einer

Abwärtsspirale gefangen. Durch Corona hat sich seine Situation extrem verschärft. Er berichtet, viele Jahre im Ausland gelebt und beruflich äußerst erfolgreich gewesen zu sein. Aufgrund politischer Veränderungen musste er jedoch seine Stelle und sein Leben im Ausland überstürzt aufgeben (und beispielsweise sein Haus für einen viel zu geringen Betrag verkaufen). Zurück in Österreich sieht er sich gezwungen, einen Job unter seinen Qualifikationen anzunehmen, der auch schlechter bezahlt ist. Die gewohnte Anerkennung für seine Leistungen bleibt aus. Es habe ihn sogar das Gefühl beschlichen, seine erfolgreiche Auslandtätigkeit werde ihm im neuen Kolleg*innenkreis geneidet und seine nun schlechtere Lage mit einer gewissen Schadenfreude betrachtet. Dazu kommt, dass sein soziales Netz in Österreich mittlerweile sehr klein geworden ist. Einige Jahre vergehen, er lebt ganz gut, hat auch wieder eine Liebesbeziehung, die sich jedoch als schwierig und kräfteraubend erweist. Er bemerkt eine Zunahme an Ängstlichkeit, depressiver Verstimmung und sozialem Rückzug. Gewisse Persönlichkeitsmerkmale wirken sich zunehmend negativ aus. Er benötigt medikamentöse Unterstützung, um seinen Alltag zu meistern. Mit Ausbruch der Coronapandemie spitzt sich seine Situation zu. Da er an einer Autoimmunerkrankung leidet, ist er gezwungen, gut auf sich aufzupassen. Das bedeutet zu Beginn der Pandemie für ihn den Verzicht auf alle sozialen Kontakte. In Verbindung mit seiner erhöhten Ängstlichkeit entwickelt sich eine Angststörung. Auch Schutzmaßnahmen, die mit der Zeit verfügbar sind (Maske, Impfung), wirken nun nicht mehr. Er verlässt kaum noch das Haus, kann seinen Alltag nicht mehr bewältigen, nimmt Termine bei Ärzt*innen und bei mir nicht mehr wahr. Eine stationäre Aufnahme scheint unvermeidbar.

### 3.5.4  Ressourcenorientierte Gesprächsführung

Nun ist es aber nicht so, dass Menschen in Krisen einfach über Ressourcen verfügen, die nur noch aktiviert werden müssen. Häufig gibt es gar kein Bewusstsein mehr über innere und äußere Ressourcen. Menschen fühlen sich gefangen, hoffnungslos und hilflos, auch soziale Ressourcen sind oft nicht mehr zugänglich, man fühlt sich unverstanden, im Stich gelassen. Betroffene können oft gar nicht mehr sagen, was ihnen guttut, was sie stärkt, sie haben keine Kraft und keine Zuversicht mehr. Häufig muss indirekt gearbeitet werden – der*die Berater*in muss also erkennen, welche Fähigkeiten und Potenziale in einer Person schlummern, und diese dann gezielt nützen. Wenn jemand beispielsweise ein sehr strukturierter Mensch ist, lässt sich diese Fähigkeit vielleicht zur Problemlösung einsetzen. In einem ersten Schritt geht es oft noch gar nicht um den Einsatz dieser Ressourcen zur Bewältigung, sondern um das Erkennen und Ansprechen derselben, mit dem Ziel, das Selbstwertgefühl des Menschen wieder aufzubauen und ihm diese Ressource ins Bewusstsein zu rufen. Gut geeignet in diesem Zusammenhang ist der lösungsorientierte Ansatz, der von Steve de Shazer und Insoo Kim Berg entwickelt wurde. Dabei wird darauf abgezielt, verschüttete Fähigkeiten und

Kompetenzen aufzuspüren und zu reaktivieren. Der lösungsorientierte Ansatz bietet dabei eine Vielzahl an Fragetechniken und Interventionen. Mithilfe der Fragetechniken sollen neue Denkprozesse und Sichtweisen angeregt werden. Der Fokus wird weg vom Problem hin auf konstruktive Sichtweisen gerichtet. Im Folgenden werden einige dieser Fragetechniken vorgestellt. Diese Interventionen eignen sich allerdings wenig für den Einsatz in akuten Krisen und nach Notfällen, daher ist der Gesprächsführung in diesen Fällen ein eigenes Kapitel gewidmet (vgl. Kapitel 3.6).

## Systemische Fragen in der Beratung

Konstruktives Fragen setzt sich im systemischen Denken aus verschiedenen Komponenten zusammen (vgl. Buchner 2006), veranschaulicht in Abb. 3-7.

Konstruktives Fragen ist …

- ergebnisorientiert: »Angenommen, unsere Sitzungen wären erfolgreich – woran würden Sie (oder andere) es merken?«
- problemorientiert: »Woran merken Sie, dass es ein Problem gibt?« »Wer leidet am meisten darunter?« »Wie würde Ihr*e Kolleg*in das Problem beschreiben?«
- lösungsorientiert: »Was haben Sie bisher getan, um das Problem zu lösen?« »Was hat Ihnen dabei am meisten geholfen?« »Wen kennen Sie, der das Problem schon gelöst hat?«

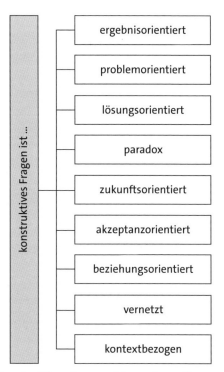

**Abb. 3-7:** Komponenten konstruktiven Fragens (eigene Darstellung nach Buchner 2006).

- paradox: »Wem nützt das Problem?« »Was wäre, wenn das Gegenteil wahr wäre?«
- zukunftsorientiert: »Angenommen, Sie würden eines Morgens aufwachen und das Problem wäre gelöst, woran würden Sie es merken?«
- akzeptanzorientiert: »Was könnte der Sinn hinter dem Verhalten von XY sein?« »Was müsste passieren, damit Sie das Verhalten von XY schätzen könnten?«
- beziehungsorientiert: »Was an meiner Art, mit Ihnen zu arbeiten, erleben Sie als hilfreich, was weniger?«
- vernetzt: »Wenn Sie Ihr Problem gelöst hätten, wer hätte dann ein Problem?« »Wenn Sie das tun, was wird dann die andere Person tun?«
- kontextbezogen: »In welcher Situation tritt das am häufigsten auf?« »Wer ist immer/selten/nie davon betroffen?«

Im systemischen Denken werden Fragen zur Wirklichkeitskonstruktion und Fragen zur Möglichkeitskonstruktion unterschieden. Während Fragen zur Wirklichkeitskonstruktion den Kontext des präsentierten Problems klären, entwerfen Fragen zur Möglichkeitskonstruktion eine Als-ob-Realität – neue Möglichkeiten werden in das System eingeführt (Buchner 2006). Letztere eignen sich besonders gut in der ressourcenorientierten Arbeit. In Tab. 3-2 sind einige Fragen zur Möglichkeitskonstruktion beispielhaft angeführt. Davor noch ein Zitat von Steve de Shazer, das die lösungsorientierte Sichtweise wunderbar auf den Punkt bringt: »Problem talking creates problems. Solution talking creates solutions.« Anmerken möchte ich dazu, dass damit keineswegs gemeint ist, dass nicht über Probleme und das damit verbundene Leid gesprochen werden soll. Es wird eben nur nicht vorrangig die Sicht auf die Probleme gerichtet.

| *Solution talk* (»Verbesserungsfragen«) | |
| --- | --- |
| Fragen nach Ausnahmen | »... Sie sind wahrscheinlich nicht 24 Stunden am Tag (gleich) verzweifelt? Wann waren Sie das letzte Mal nicht (so) verzweifelt? Was war da anders?« |
| Fragen nach Ressourcen | »Was hat Ihnen bisher geholfen?« »Könnten Sie sich vorstellen, mehr davon zu machen?« »Was schätzen Sie am meisten an sich?« »Wer hat Ihnen dabei geholfen?« »Was möchten Sie bewahren, so wie es ist?« »Was wurde schon unternommen?« |
| Wunderfrage | »Wie würde die Situation ohne das Problem aussehen?« »Stellen Sie sich vor, das Problem ist gelöst. Woran würden Sie das merken?« |
| *Problem talk* (»Verschlimmerungsfragen«) | »Worin besteht das Problem?« »Wie würden andere das Problem beschreiben?« »Ist das Problem immer da? Wann nicht?« »Was müssen Sie tun, damit das Problem schlimmer wird?« |

| Kombination aus lösungsorientierten und problemorientierten Fragen | |
|---|---|
| Fragen nach dem Nutzen, das Problem (vorläufig) zu behalten | »Was wäre schlechter, wenn das Problem nicht mehr da wäre?« |
| Zukunfts-Zeitpläne | »Wann werden Sie Ihr Problem vor die Türe setzen?« »Wie lange wäre es noch zu früh dafür?« |
| Als-ob-Technik | »… und wenn Sie es wüssten, wie wäre es dann?« »Wenn Ihr Problem wieder zurückgekehrt wäre, wie müssten Sie sich verhalten?« |
| Fragen nach dem »bewussten Rückfall« | »Wenn Sie Ihr Problem noch einmal einladen wollten, auch wenn Sie es schon längst verabschiedet haben: Wie könnten Sie das tun?« |

**Tab. 3-2:** Fragen zur Möglichkeitskonstruktion (nach Buchner 2006)

### Weitere Fragetechniken

- Hypothetische Fragen: »Wenn Zeit/Geld keine Rolle spielen würde, was würden Sie tun?«
- Zirkuläre Fragen: »Wie würde dein*e Partner*in das Problem beschreiben?«
- Paradoxe Intervention: »Gut, angenommen, all Ihre Ängste und Bedenken würden zutreffen, wie würde Ihre Situation dann aussehen?«
- Columbo-Technik (naives Fragen): »Das verstehe ich jetzt nicht. Bitte erklären Sie mir, wie Sie das geschafft haben!«
- *Future Pacing*: »Wenn Sie in einem Jahr hier sitzen, was würden Sie über Ihre jetzige Situation denken?«
- Ressourcen finden durch Fragen nach einer positiven emotionalen Erfahrung: »Wann in Ihrem Leben fühlten Sie sich geborgen und sicher/angenommen und geliebt/glücklich/kompetent und stolz/im Einklang mit sich selbst/ruhig und zufrieden/erleichtert/freudig und heiter?«

#### INNERE FRAGEN BEIM ZUHÖREN

Die Metaebene läuft immer mit:
- Was nehme ich wahr? Wie wirken Sprache, Körper, Stimme des Gegenübers auf mich?
- Was, stelle ich mir vor, bedeutet dies für den*die Klient*in?
- Wie fühle ich mich dabei? Welche Emotionen (Übertragung/Gegenübertragung) nehme ich wahr? Worauf weisen sie mich hin?
- Was möchte ich ausdrücken? Was hemmt mich dabei (ermüdet mich, lähmt mich)?
- Welche vorschnellen Hypothesen leiten mich?
- Was tue ich? Wie wirkt das auf den*die Klient*in?
  (nach Buchner 2006)

Unterstützend zur ressourcenorientierten Gesprächsführung können ressourcenorientierte Übungen eingesetzt werden, wie beispielsweise das »Sonnentagebuch«, in dem täglich alle (zumindest drei) positive Erfahrungen eintragen werden, das »Portfolio der Dankbarkeit«, in dem alles aufgeschrieben wird, wofür ich dankbar sein kann, die »Ressourcenlandkarte« (Welche Erfahrungen im Leben nähren mich?) oder der »Ressourcen-Rucksack«.

## 3.6 Gesprächsführung in akuten Krisen und Notfällen

Neben praktischer Unterstützung zur Bewältigung des Alltags ist das Gespräch die wichtigste Form der Krisenintervention. Dabei sind einige besondere Herausforderungen zu beachten. So sind die Betroffenen häufig in einem psychischen Ausnahmezustand und müssen erst schrittweise aus dem Schockzustand begleitet werden. Dazu kommt, dass Krisenintervention häufig von völlig fremden Helfer*innen durchgeführt wird – es muss also zuerst eine tragfähige Beziehung etabliert werden.

Die wissenschaftliche Begleitforschung des Berliner Krisendienstes hat die Gesprächsführung aus Sicht der Berater*innen untersucht (Zimmermann, Bergold 2003). Krisengespräche haben demnach unter anderem folgende Merkmale:

- Unterstützung, Ressourcenorientierung
- direktiv, lenkende Gesprächsführung, d. h. der*die Klient*in erhält Informationen und wird zu konkretem Tun aufgefordert
- Problembearbeitung, d. h. es geht um Problemanalyse, Problemdefinition, um Sensibilisierung oder Konfrontation

### 3.6.1 Grundprinzipien der Gesprächsführung in der Krise

#### Empathische Grundhaltung

Wie in Kapitel 2.5.2 angeführt, wünschen sich von akuten Krisen betroffene Menschen in einem ersten Schritt vor allem Zuwendung und Verständnis. Was bedeutet das für die Gesprächsführung? Basis eines Krisengesprächs ist demnach positive Wertschätzung und emotionale Wärme. Durch entsprechende Körpersprache und eine zugewandte Haltung wird ein einfühlendes Verstehen signalisiert. Die Betroffenen wollen ernst genommen werden. Das bedeutet, dass ihre Gefühle nicht gebremst, bagatellisiert oder kleingeredet werden, auch auf vorschnelle Lösungen oder tröstende Worte (»Das wird schon wieder!«) verzichten wir. Trost wird vor allem durch eine empathische Grundhaltung vermittelt, u. U. auch durch Körperkontakt. Starke Emotionen sind in solchen Ausnahmezuständen normal und ein Teil der Verarbeitung. Die Emotionen

von Betroffenen oder Angehörigen auszuhalten ist mitunter eine der größten Herausforderungen in der Krisenintervention.

### Zeit geben, Pausen aushalten

Menschen in Krisen haben oft »Chaos im Kopf«. D. h. sie brauchen Zeit, das Erlebte zu
ordnen, zu strukturieren. Häufig geschieht dies zirkulär – es werden immer wieder dieselben Fragen gestellt. Diese sollten immer wieder geduldig beantwortet werden. Die
»unbeantwortbaren« Fragen (»Warum?«) werden wahrgenommen, mit einem Nicken
oder »Mhh« als gehört quittiert, müssen aber so stehen gelassen werden. Evtl. kann der
dahinter stehende Schmerz angesprochen werden (»Ja, es ist furchtbar, was Ihnen/
Ihrem Kind/Ihrem Partner passiert ist.«). Betroffene brauchen Zeit, sich auszudrücken,
und Pausen, um ihre Gedanken zu sortieren. Das Verwenden einer einfachen, klaren
Sprache (kurze Sätze, keine Fremdwörter oder Fachbegriffe) macht es Betroffenen
leichter, dem Gesagten folgen zu können. Zudem ist es hilfreich, das Sprechtempo zu
drosseln und Gesprächspausen auszuhalten.

### Sicherheit, Ruhe und Struktur vermitteln

Durch nonverbale Gesten, eine ruhige Körpersprache und eine mitfühlende Haltung
ermöglichen wir Beruhigung und vermitteln Hoffnung, dass auch solche Situationen
aushaltbar sind und es irgendwie weitergehen kann. Menschen in Krisen benötigen
Helfer*innen, die belastbar sind und mit der Gefühlsansteckung umgehen können. Im
Gespräch zeigen wir Interesse, indem wir offene Fragen stellen. Das Erzählen hilft Betroffenen, das Erlebte zu strukturieren. Indem wir nachfragen, das Erzählte paraphrasieren, unterstützen wir diesen Prozess. Dabei können immer wieder psychoedukatives
Wissen eingeflochten und die auftretenden Stressreaktionen normalisiert werden.
Auch das Besprechen der nächsten Schritte wirkt stabilisierend und stärkt die Handlungsfähigkeit.

### Umgang mit dysfunktionalen Gedanken

Im Rahmen eines Krisengesprächs können dysfunktionale Gedanken identifiziert und
verändert werden – am besten »so nebenbei«. Je früher nicht hilfreiche Gedanken
»sanft korrigiert« werden, desto weniger haben sie eine Chance, sich zu verfestigen
und »wahr« zu werden. Solche Gedanken können sein: »Ich schaffe das nicht!« »Ich
habe noch nie etwas geschafft.« »Ich muss das alleine schaffen!« »Mein Leben ist vorbei / sinnlos geworden.« »Andere schaffen das alles viel leichter/besser.« »Niemand
hilft mir, ich bin allen egal.« In Krisengesprächen ist es natürlich nicht möglich, aus-
führlich an der Umstrukturierung von Denkstilen oder Glaubenssätzen zu arbeiten, es
ist aber möglich, derartige Gedanken infrage zu stellen oder eine andere Sicht auf die
Situation einzubringen. Beispielhaft sind einige dysfunktionale Gedanken und mögliche Reaktionen darauf in Tab. 3-3 angeführt.

| Dysfunktionaler Gedanke | Mögliche Reaktion darauf |
|---|---|
| »Ich schaffe das nicht!« | »Ich habe den Eindruck, Sie haben schon viel im Leben geschafft. Ich kann mir vorstellen, dass Sie auch einen Weg finden, diese schwierige Situation zu bewältigen.« |
| »Ich muss das alleine schaffen!« | »Ja, Sie schaffen das wohl auch alleine. Ich bin aber jetzt für Sie da.« |
| »Andere schaffen das alles viel leichter/besser.« | »Ja, das glaubt man immer ... es erzählt ja niemand von den dunklen Stunden der Verzweiflung. Ich finde, Sie machen das sehr gut.« |
| »Niemand hilft mir, ich bin allen egal.« | »Ja, das kommt einem oft so vor. Ich bin mir nicht sicher, ob das wirklich so ist.« |

**Tab. 3-3:** Möglicher Umgang mit dysfunktionalen Gedanken im Krisengespräch

### ABC-MODELL NACH ALBERT ELLIS

Eine Mail, die uns wütend macht, ein Foto, das uns zum Lächeln bringt, ein Termin, der uns Angst macht – Situationen, die bestimmte Gefühle in uns auslösen. Aber sind es tatsächlich die Situationen selbst? Woran liegt es, dass mich ein Auftrag meiner Chefin auf die Palme bringt, mein Kollege jedoch einfach lacht und sagt, »Ja, so is sie halt.«? Ein anderes Beispiel: Zwei Personen sitzen im Flugzeug. Die eine macht es sich gemütlich, holt Kopfkissen, Buch und Airpods raus, die andere stiert auf den Boden und versucht gegen die aufsteigende Panik anzukämpfen. Dieselbe Situation, völlig unterschiedliche Reaktionen. Es scheint also zwischen Reiz (im Flugzeug sitzen) und Reaktion (Vorfreude vs. Panik) noch etwas dazwischengeschaltet zu sein. Diesen Zwischenschritt beschreibt der Psychologe Albert Ellis in seinem ABC-Modell.

Die Grundannahme im ABC-Modell ist, dass nicht Ereignisse direkt zu bestimmten Gefühlen oder Verhaltensweisen führen, sondern dass die Interpretation quasi dazwischengeschaltet ist. Das bedeutet, unsere Gedanken entscheiden, wie viel Stress wir empfinden. Die Reaktionskette des ABC-Modells ist in Abb. 3-8 dargestellt.

Das auslösende Ereignis (*Activating Event*) kann ein Todesfall, eine Prüfung, eine Ungerechtigkeit, eine Kränkung o. Ä. sein. Unerwünschte Ereignisse aktivieren unsere Überzeugungssysteme und lösen bestimmte (automatische) Gedanken aus. Erst diese Interpretationen oder Annahmen führen zu bestimmten Gefühlen und Verhaltensweisen (Verzweiflung, Enttäuschung). Im Gegensatz zu den auslösenden Ereignissen sind unsere Überzeugungen (*Beliefs*) kontrollierbar und so auch die Auswirkungen (*Consequences*) veränderbar.

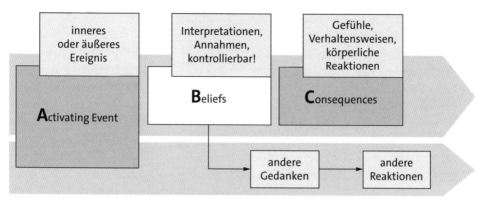

**Abb. 3-8:** ABC-Modell nach Albert Ellis (eigene Darstellung nach Ellis 1962).

Laut Ellis führen irrationale Überzeugungen zu ungesunden Reaktionen. Er unterscheidet vier Grundkategorien irrationaler Überzeugungen:

1. Absolute Forderungen: »Ich muss ...« »Die anderen müssen ...« »Die Welt muss ...«
2. Globale negative Selbst- und Fremdbewertungen: »Ich bin wertlos.« »Der Kollege ist ein Versager.«
3. Katastrophendenken: »Es wäre absolut fürchterlich, wenn ...«
4. Niedrige Frustrationstoleranz: »Ich könnte es nicht ertragen, wenn ...«

Indem die irrationalen und dysfunktionalen Denkmuster einer Person identifiziert und bewusst gemacht werden, können sie verändert, also umstrukturiert werden.

## 3.6.2 Leitfaden Krisengespräch

Der Ablauf eines Gesprächs in der Krisenintervention gliedert sich – grob gesagt – in vier Teile, dargestellt in Abb. 3-9: Beziehung herstellen – Explorieren – Intervenieren – Abschluss.

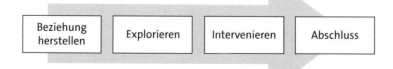

**Abb. 3-9:** Ablauf eines Krisengesprächs.

1. Zu Beginn steht die Herstellung einer Beziehung. Diesem Schritt kommt eine besondere Bedeutung zu, da sich in der Krisenintervention häufig Betroffene und Helfende noch nicht kennen. Dazu kommt, dass sich die betroffene Person in einem Ausnahmezustand befindet und nur bedingt neue Informationen aufnehmen kann. Es ist daher gar nicht so selten, dass Personen nach der Akutbetreuung zwar noch wissen, dass jemand da war (und wie es sich angefühlt hat, ob es hilfreich war), sich aber weder an Namen noch Gesicht erinnern können. Die Herstellung einer Beziehung beginnt mit der eigenen Vorstellung, wobei Name, Funktion und Aufgabe kurz angesprochen werden sollen (»Mein Name ist Johanna Gerngroß, ich bin vom Krisenteam, ich bin jetzt für Sie da.«). Üblicherweise sind Betroffene froh und dankbar, wenn jemand da ist und ihnen hilft. Sollte Unterstützung abgelehnt werden, kann man diese vielleicht ein wenig aufschieben und sich um jemand anderen kümmern oder etwas anderes organisieren (die betroffene Person aber am besten im Blick haben) und später noch einmal kommen. Manchmal wird Hilfe auch abgelehnt, weil die Betroffenen »alleine klarkommen«. Dann ist es günstig, dies zu verstärken (das ist ja das Ziel), sich aber dennoch ein eigenes Bild zu machen (»Ja, das finde ich toll, dass Sie alleine zurechtkommen. Könnten Sie mir nur kurz erzählen, was eigentlich passiert ist?«) (mehr zum Thema »Wenn Hilfe abgelehnt wird« in Kapitel 5.4). Nach der eigenen Vorstellung (vor Corona oft mit Händeschütteln) und Aufnahme von Blickkontakt fragt man, ob man hereinkommen kann. Auch eine vorsichtige Berührung kann für eine Kontaktaufnahme, den Beziehungsaufbau förderlich sein (vgl. auch Kapitel 2.5). Gelingt dieser erste Beziehungsaufbau nicht, ist eine Betreuung nicht möglich. Wenn dieser (seltene) Fall eintritt, wäre ein*e andere Kolleg*in hinzuziehen, der*die übernimmt.

   **FALLBEISPIEL  Misslungener Beziehungsaufbau**
   Eine Mutter von drei Söhnen wird von der Polizei zu Hause aufgesucht und informiert, dass einer ihrer Söhne auf dem Weg zur Arbeit tödlich mit dem Moped verunglückt ist. Die Mutter ist außer sich. Sie kann es nicht glauben und ist überzeugt, es handle sich um eine Verwechslung. Als kurz danach die Mitarbeiter*innen von der Krisenintervention eintreffen, stellen diese sich der Mutter vor und bekunden ihr Beileid zum Verlust ihres Sohnes. Diese Form der Konfrontation ist für die Mutter zu viel und zu früh. Sie ist davon überzeugt, dass dies nicht wahr sein kann. Wütend wirft sie das Kriseninterventionsteam hinaus.

2. Im zweiten Schritt, der sogenannten Exploration, geht es darum, den aktuellen Zustand und die Bedürfnisse der betroffenen Person zu erfassen. Es werden Fragen gestellt, die die Person zu einem ersten Erzählen animieren (»Was ist passiert?«). Dadurch wird das Geschehene zunehmend in eine zeitliche Abfolge gebracht und strukturiert. Dabei ist das Zuhören wichtiger als das Reden. Häufig verändert sich die Geschichte mit dem Erzählen. Wenn sie das erste Mal erzählt wird, ist sie oft noch kurz. Durch Nachfragen wird sie immer detaillierter und strukturierter. Wichtig ist: In der Akutphase liegt der Fokus auf den Fakten, weniger auf den Emo-

tionen, um die Überwältigung nicht noch zu fördern. Ziel ist es, die kognitive Ebene wieder verstärkt zu aktivieren. Mit zunehmender Distanz zum Geschehen kann vermehrt auf die Gefühle während und nach dem Ereignis eingegangen werden. Dann ist auch der Zeitpunkt, detaillierter nachzufragen, was in der Akutphase ebenfalls noch vermieden wird. Wenn Menschen (noch) nicht über das Erlebte sprechen wollen, ist diese Vermeidung zu respektieren. Dann kann der Fokus darauf gerichtet werden, was nun zu tun, zu organisieren ist. Es ist mir wichtig zu betonen, dass nicht die Helfer*innen die Interventionen bestimmen (außer, wenn Gefahr in Verzug ist), sondern die Betroffenen und deren Bedürfnisse.

3. Erst im dritten und letzten Schritt stehen gezielte Maßnahmen zur Unterstützung. Neben dem strukturierten Erzählen kann es dann darum gehen, notwendige Handlungsschritte zu planen, eine positive Bewältigung zu fördern, zu informieren, zu normalisieren. Welche Bedürfnisse hat die Person – was bringt ihr zumindest kurzfristig Entlastung? Sind Bezugspersonen vorhanden, die helfen oder bestimmte Aufgaben übernehmen können? Vielleicht müssen Prioritäten gesetzt werden (»Was ist jetzt am wichtigsten für Sie? Was kann jetzt am ehesten Entlastung bringen? Was ist als Erstes zu tun?«).

4. Die Krisenintervention ist abgeschlossen, wenn das soziale Netzwerk aktiviert ist, die ersten überschwemmenden Gefühle abgeflaut und die nächsten Schritte geplant sind. Die betroffene Person weiß, was als Nächstes zu tun ist, was als Nächstes passiert, zum Beispiel, wie sie nach Hause kommt und was sie dann dort erwartet. Beispielsweise kann es hilfreich sein, die Person durch eine*n (vorher gebriefte*n) Kolleg*in nach Hause bringen zu lassen und davor zu besprechen, was man dem*der Partner*in oder den Kindern erzählt, wie man den restlichen Tag oder die Nacht verbringt etc. Sollte es eine weitere psychologische Betreuung geben, sind auch dazu klare Vereinbarungen zu treffen. »Rufen Sie an, wenn es Ihnen schlecht geht.« ist zu wenig. Besser: »Ich rufe Sie morgen um 8 Uhr an und wir besprechen, ob Sie arbeiten gehen können.«

## 3.6.3 Emotionen in der Gesprächsführung

Menschen in akuten Krisen oder nach Notfällen sind häufig sehr emotional. Gefühle wie Wut, Trauer oder Schuld können überwältigend sein. Diese Gefühle gilt es auszuhalten, ohne sie zu verstärken. Das gemeinsame Aushalten ist der erste Schritt. In einem zweiten wird die betroffene Person dabei unterstützt, mit diesen Emotionen umzugehen. Die Gefühle können vorsichtig angesprochen, benannt werden. Der*die Helfende ist angehalten, immer wieder auf einer Metaebene zu reflektieren: Wann kann ich was wie ansprechen? Was ist dem Gegenüber zumutbar? Was ist hilfreich? Kein Nachbohren, keine zu detaillierten Fragen stellen. Abwehr sollte respektiert werden und als das angesehen werden, was sie ist: eine Stabilisierung des innerpsychischen Gleichgewichts.

Oft ist es hilfreich, Angehörige oder Kolleg*innen darüber zu informieren, wie sie mit starker Emotionalität der Betroffenen umgehen können. Angehörige fühlen sich oft hilflos angesichts von Verzweiflung und Wut, wollen unbedingt etwas tun, die Emotionen einbremsen, nehmen Vorwürfe persönlich usw.

Wichtigste Regel im Umgang mit starker Emotionalität: nichts persönlich nehmen – frei nach dem Motto: Wenn die Emotionen des Gegenübers auf mich einprasseln, ziehe ich meine Regenjacke an! Das bedeutet nicht, dass man nicht auch klare Grenzen setzen soll, es bedeutet aber, dass man sich nicht gekränkt, provoziert, verärgert, unter Druck gesetzt usw. fühlen muss!

**FALLBEISPIEL  Emotionaler Ausnahmezustand als Druckmittel**

Es kommt vor, dass emotionale Ausnahmezustände (auf Österreichisch spricht man von »Auszuckern«) auch als Druckmittel eingesetzt werden (natürlich ist das nicht immer zutreffend!). Ich habe es schon öfter erlebt, dass innerhalb von Familien alles getan wird, damit ein bestimmtes Familienmitglied sich bloß nicht aufregt, womit der Person eine unglaubliche Macht gegeben wird. In meiner Praxis trafen sich die Eltern und die bereits erwachsenen Kinder, da es einen massiven Konflikt gab und der Wunsch nach einem unabhängigen Dritten, der das Gespräch moderiert, da war. Es wurde schnell klar, woher dieser Wunsch kam. Denn unabhängig von diesem Konflikt gab es das Problem, dass die Mutter immer wieder gefürchtete »Anfälle« hatte (das waren emotionale Zusammenbrüche), welche die gesamte Familie völlig ratlos machten und unter großen Druck setzten. Es galt unter allen Umständen zu verhindern, dass dies passierte – das war ein ehernes Gesetz in dieser Familie. Im Laufe des Gesprächs kochten die Emotionen immer wieder hoch. Die Situation gipfelte darin, dass eine der Töchter der Mutter vorwarf, eine schlechte Mutter zu sein. Sie habe sich immer eine andere Mutter gewünscht. Daraufhin fing die Mutter an zu weinen und zu schreien, brach körperlich völlig zusammen und kroch – zu meinem großen Erstaunen – auf allen vieren aus dem Praxisraum hinaus in den Gang, wo sie liegen blieb. Was für eine Vorstellung. Die restlichen Familienmitglieder erstarrten vor Entsetzen. Der Vater sprang auf und wollte sich um seine Frau kümmern. Ich war anfangs etwas perplex, fing mich aber schnell wieder und wurde mir meiner Rolle bewusst. Ich bat also den Vater, sich wieder hinzusetzen, und ging hinaus zur Mutter. Ich schloss die Türe zum Praxisraum und setzte mich neben die schwer atmende Frau. Mit klarer Stimme und ohne viel Mitgefühl sagte ich zu ihr, es gebe nun zwei Möglichkeiten: Entweder sie sei so schlecht beieinander, dass sie nicht aufstehen könne, dann würde ich umgehend den Rettungsdienst rufen, da ich die Verantwortung nicht übernehmen könne. Oder sie stehe jetzt auf, trinke ein Glas Wasser, gehe ins Bad und erfrische sich ein wenig und komme dann wieder zu uns den Praxisraum. Nach kurzem Zögern begann sie sich aufzurichten. Ich vergewisserte mich, dass sie alleine stehen konnte und keine Gefahr gegeben war, und kehrte zu den anderen zurück. Nach kurzer Zeit kam sie zu uns. Wichtig war mir, zu signalisieren: »Ich habe keine Angst vor Ihren Zusammenbrüchen, sie belasten mich nicht und ich lasse mich davon auch nicht erpressen oder in meinem Handeln einschränken. Aber Ihnen geht es dabei schlecht. Wenn Sie das möchten – bitte. Ihre Entscheidung.« Das war eine wichtige Erfahrung für die ganze Familie, dass man mit diesen Zusammenbrüchen auch anders umgehen kann.

## Emotionale Stabilisierung

Eine starke Emotionalität ist typisch und normal in Krisen. Allerdings verhindern zu starke Emotionen, Ängste, vielleicht sogar Panik, einen überlegten, rationalen Zugang. Die Entscheidungs- und Handlungsfähigkeit wird dadurch sehr eingeschränkt. Daher ist eine emotionale Entlastung wesentlich für die Krisenbewältigung. Das bedeutet, es der betroffenen Person im Gespräch zu ermöglichen, kontrolliert ihre Gefühle auszudrücken, ohne zu stark davon überwältigt zu werden. Wenn dies der Person nicht möglich ist (weil das Gefühlschaos zu groß ist oder die Gefühle nicht benannt werden können), ist es unsere Aufgabe, die Gefühle zu benennen (»Ich habe den Eindruck, Sie fühlen sich gerade sehr hilflos.« »Neben der Trauer scheinen Sie auch viel Wut zu verspüren ... Ist dieser Eindruck richtig?«). Vielleicht ist es sogar notwendig, die angestauten Emotionen vor einem derartigen Gespräch abzubauen. Es macht keinen Sinn, einem Betroffenen zu sagen, »Komm, setz dich hin, beruhige dich, wir reden jetzt drüber«, wenn dieser noch voll mit »Adrenalin« ist. Dann empfiehlt es sich, vielleicht aufzustehen und zu sagen, »Kommen Sie, wir gehen jetzt gemeinsam einmal gemeinsam um den Häuserblock«. Betroffene erwarten Unterstützung und Verständnis für ihre Gefühle. Um mit der starken Emotionalität der Betroffenen umgehen zu können, muss die helfende Person selbst in Balance sein. Die betroffene Person sollte so weit stabilisiert werden, dass sie trotz Erregung, Betroffenheit und Schmerz ihre Gefühle ohne Kontrollverlust ertragen, den Alltag bewältigen und sachliche Probleme lösen kann.

### Interventionen zur emotionalen Stabilisierung

In einem ersten Schritt gilt es, Anteilnahme zu zeigen und eine zugewandte empathische Haltung einzunehmen. Zeigen Sie Verständnis auch für überschießende emotionale Reaktionen und bewahren Sie selbst die Ruhe. Fürsorgliche Handlungen drücken aus: »Du bist nicht alleine. Ich bin für dich da.« Wenn es der Situation angemessen ist, helfen vielleicht kleine Atemübungen zur Beruhigung (Bauchatmung) oder ein kleiner Spaziergang, um die Unruhe abzubauen. Auch das Erzählenlassen fördert eine erste emotionale Entlastung. Das Ansprechen zeitlicher Perspektiven vermittelt Hoffnung auf Bewältigung (»Was ist als Nächstes zu tun?«). Indem Handlungen festgelegt und kleine Entscheidungen getroffen werden, wird das Gefühl der Kontrolle gefördert. Wenn möglich, sollten Zusatzbelastungen vermieden werden, beispielsweise wenn zu hohe Erwartungen an sich oder andere gestellt werden (siehe Fallbeispiel unten). Oft ist es außerdem sinnvoll, konkrete Hilfestellungen zu geben, wie mit bestimmten belastenden Umständen umgegangen werden kann oder für den Fall, dass es der betroffenen Person besonders schlecht geht (wie kann ich mir dann selbst helfen – wen kann ich anrufen, beispielsweise das Kriseninterventionszentrum o. Ä.). In Krisen dominieren vielfach Ängste und Sorgen. Viele Sorgen betreffen künftige Ereignisse, die so gar nicht eintreten müssen. Eine Konzentration auf das Jetzt bringt Entlastung. Am Ende einer solchen Betreuung sollte die Person so weit stabilisiert sein, dass man sie guten Gewissens alleine oder in den Händen einer Vertrauensperson lassen kann. Niemand sollte in Aufruhr und Verzweiflung zurückgelassen oder aus dem Praxisraum entlassen werden. Wenn in meiner Praxis jemand sehr viel weint, ist es mir wichtig, die Person hinauszubegleiten, sie von anderen wartenden Personen abzuschirmen, und ihr die Möglichkeit zu geben, sich im Bad frisch zu machen und zu sammeln, bevor sie die Praxis verlässt. Niemand sollte sich für seine Emotionen schämen müssen und das Gefühl haben, sein Gesicht zu verlieren. Die »Bausteine« der emotionalen Stabilisierung sind in Abb. 3-10 zusammenfassend dargestellt.

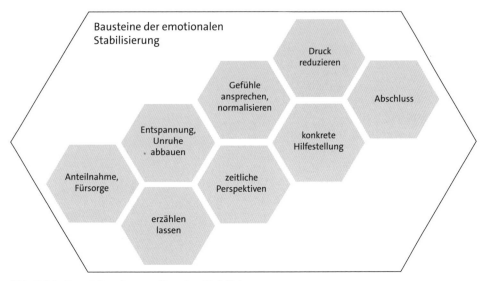

**Abb. 3-10:** Bausteine der emotionalen Stabilisierung.

**FALLBEISPIEL  Erwartungen an sich selbst**

Eine junge Frau erfährt vom Unfalltod ihres Vaters. Sie ist gerade in der Arbeit und soll in einer Viertelstunde eine Präsentation vor dem Vorstand halten. Paralysiert von der Nachricht macht sie sich daran, sich für die Präsentation vorzubereiten. Ihr Vorgesetzter fragt sie: »Glaubst du, dass das jetzt eine gute Idee ist?« Sie antwortet mit Ja und zieht die Präsentation durch. Ihren Vortrag erlebt sie wie im Nebel und kann sich danach kaum an etwas erinnern. Im Nachhinein kann sie es nicht fassen, dass sie weitergearbeitet hat, und sie kämpft mit Schuldgefühlen ihrer Mutter gegenüber. Dabei ist ihr Verhalten nicht überraschend. Als ehrgeiziger, pflichtbewusster Mensch hat sie ihren Plan umgesetzt. Sie hätte vermutlich jemanden gebraucht, der sich mit ihr hingesetzt und ihr geholfen hätte, zu realisieren, was passiert ist, und der die nächsten Schritte mit ihr besprochen hätte. Meiner Ansicht nach besteht ein Teil des Arbeitsschutzes auch darin, jemanden davor zu bewahren, sich in einer derartigen Ausnahmesituation so zu überfordern.

# 3.7 Mit traumatisierten Menschen sprechen

Viele Menschen kommen im Rahmen ihrer beruflichen Tätigkeit oder im privaten Kontext mit traumatisierten Menschen in Kontakt. Das kann zu Überforderung bei allen Beteiligten führen. Ich erinnere mich an eine Freundin, die mich völlig aufgelöst anrief, da ihre Cousine ihr bei einem Telefonat eröffnete, dass sie von ihrem Vater (also dem Onkel meiner Freundin) in ihrer Kindheit sexuell missbraucht worden war. Wie damit umgehen? Kann man der Cousine überhaupt glauben? Soll man ihrer Aufforderung nach eindeutiger Abgrenzung vom Onkel Folge leisten? Auf einmal steckt man selber im Zwiespalt, da der Onkel ja ein netter Mensch ist. Viele Menschen reagieren in einer derartigen Situation mit reflexhafter Abwehr: Es kann nicht sein, was nicht sein darf. Das potenzielle Opfer erlebt einmal mehr, dass ihm nicht geglaubt wird, ihm niemand hilft. Nun kann man nicht verlangen, dass sich jeder mit dem Thema Traumatisierung präventiv auseinandersetzt – sinnvoller ist es, sich bei Eintreten einer solchen Situation professionellen Rat zu holen. Für Personen, die beruflich mit traumatisierten Menschen zu tun haben, ist es in jedem Fall ratsam, sich vorab einige Grundlagen anzueignen. Das Thema Traumatisierung begegnet uns in unterschiedlichen Kontexten – in Institutionen, die sich mit Gewalt und Gewaltschutz beschäftigen, wie in Opferschutzeinrichtungen, Polizei oder Gerichten, aber auch in Gemeinschaftseinrichtungen aller Art, wie Schulen, Krankenhäusern, Gesundheitsversorgungsdiensten, Einrichtungen der Sozialen Arbeit und Flüchtlingsbetreuung oder Behörden usw. Nicht immer ist es erforderlich, die Hintergründe der Traumatisierung aufzuarbeiten, aber Wissen über Trauma und ein traumasensibles Vorgehen sind wünschenswert.

Kommt ein Trauma zur Sprache, kann dies in sehr unterschiedlicher Weise erfolgen (vgl. Döll-Hentschker 2018):

- Das Trauma wird von der betroffenen Person in abgemilderter Weise dargestellt, da es sonst zu einer unkontrollierbaren Überwältigung kommt.
- Das Erlebte wird detailliert, aber distanziert und emotionslos geschildert. Das bedeutet, die Affekte wurden abgespalten (dissoziiert), kommen aber in der zuhörenden Person umso heftiger zum Tragen.
- Das traumatische Ereignis wird erzählt. Die dabei auftretenden Gefühle von Hilflosigkeit und Ohnmacht sind bei der zuhörenden Person so stark, dass diese das Gefühl hat, unbedingt etwas tun zu müssen. Unter Umständen wird die traumatisierte Person dann dazu gedrängt, Anzeige zu erstatten oder andere Schritte einzuleiten.
- Die traumatische Erfahrung wird nur in Bruchstücken und lückenhaft, unzusammenhängend erzählt. Eine Ursache dafür kann sein, dass unerträgliche Inhalte abgespalten wurden und nicht mehr willentlich erinnert werden können (dissoziative Amnesie). Das ist typisch für schwere Traumatisierungen, wird aber gerade von Behörden (manchmal sogar von Gutachter*innen) häufig als »Beweis« für Unglaubwürdigkeit angesehen. Wird die Geschichte nur teilweise erzählt und verspürt die zuhörende Person daraufhin den Impuls, genauer nachzufragen, kann dies zu einer Überwältigung (Intrusionen) und dissoziativen Reaktionen führen. Eine weitere

Möglichkeit ist, dass die Angst vor dem Trauma auch bei der zuhörenden Person zu einer Erstarrung führt und dann beide in der Angst erstarren.

## 3.7.1 Hilfreiche Haltungen im Gespräch mit einer traumatisierten Person

Traumatisierungen haben etwas mit der Verletzung von Grenzen zu tun. Daher sollte in einem Gespräch mit einer traumatisierten Person unbedingt darauf geachtet werden, die Selbstbestimmung und Autonomie der Klient*innen zu fördern. Das bedeutet, weder zu viel noch zu wenig zu fragen (Gratwanderung zwischen Verhör und Desinteresse). Es kann vereinbart werden, dass die Klient*innen jederzeit unterbrechen können, wenn es ihnen zu viel wird. Sie sind es, die die Grenzen bestimmen. Hilfreich ist es außerdem, einen klaren Rahmen zu schaffen. Dies umfasst den Arbeitsauftrag, das gemeinsam festgelegte Ziel und Zeitbudget, evtl. das Hinzuziehen anderer Beratungs- oder Therapieangebote, Selbsthilfegruppen, Opferschutz o. Ä. Ein klarer Rahmen schafft Vertrauen und Sicherheit und beugt Missverständnissen und unerfüllten Erwartungen vor.

> **DAS TRAUMAVIERECK**
> Es sind ganz normale Dynamiken:
> - Kinder, Jugendliche oder Erwachsene, die uns zur Weißglut bringen, andere, die wir am liebsten mit nach Hause nehmen würden, und wieder andere, die uns eher gleichgültig sind – die »nebenher« laufen,
> - Klient*innen, die uns das Gefühl geben, eigentlich nicht in Urlaub fahren zu dürfen, weil es ihnen so schlecht geht,
> - klagende Personen, die uns auslaugen, erschöpfen oder
> - Personen, die uns – wider Willen – verletzend werden lassen.

Wenn Menschen vertrieben, geschlagen, missbraucht und ungerecht behandelt wurden, wird ihr Leid spürbar. Doch wo es Opfer gibt, gibt es auch Täter, Mitwisser. Als Retter würden wir gerne wiedergutmachen, was niemand wiedergutmachen kann. Es gibt Situationen, in denen wir in eigenartige Dynamiken geraten. Wir verstricken uns, verhalten uns auf eine Weise, wie wir es gar nicht wollten. Das ist ganz normal, wenn wir mit traumatisierten Menschen arbeiten. Wenn wir uns nicht mehr wohlfühlen, nicht mehr abschalten können, Wut empfinden, wo es keinen Sinn macht, dann sollten wir innehalten und uns fragen, ob wir gerade eine Position im sogenannten Traumaviereck einnehmen. Ist das der Fall, gilt es, wieder herauszutreten und innerlich Distanz zu finden. Eine mitfühlende Position als empathische Zeugin einzunehmen, die es uns ermöglicht, wieder hilfreich zu sein und uns selbst auch wieder gut zu fühlen. Das Traumaviereck mit seinen Positionen Opfer, Täter, Mitwisser und empathische Zeugin wurde von Lydia Handtke und Hans-Joachim Görges (Hantke, Görges 2012) beschrieben.

## 3.7.2 Reaktionsstile auf Konfrontation mit Trauma

Immer wieder werden Menschen auch von Fachkräften woandershin verwiesen, wenn eine Traumatisierung zur Sprache kommt. Sie fühlen sich nicht zuständig, nicht ausreichend dafür ausgebildet o. Ä. Dahinter steht oft der Mythos, dass nur speziell ausgebildete Menschen mit traumatisierten Menschen arbeiten können, dürfen, sollen. Das ist mitnichten so. Natürlich sollten nur dafür ausgebildete Personen eine Traumabehandlung oder Traumatherapie durchführen. Das heißt aber nicht, dass – sobald ein Trauma zur Sprache kommt – die jeweilige Behandlung oder Beratung abgebrochen werden soll. Häufig ist das eine unreflektierte Gegenübertragung. Menschen, die Traumatisches hinter sich haben, müssen oft erleben, dass das keiner aushält, sich niemand für zuständig hält, ihnen nicht geglaubt wird usw. Ein professioneller Umgang mit traumatisierten Menschen bedeutet eine klare Reflexion der eigenen Rolle, der damit verbundenen Aufgabe, des Auftrags, aber auch den Mut, sich gemeinsam dem Trauma zu stellen – im Rahmen des Auftrags und der Möglichkeiten, die die eigene Ausbildung und der Wissensstand bieten. Das soll kein Aufruf zum »Herumpfuschen« mit traumatisierten Menschen sein, sondern eine Anregung, ein reflexartiges Ablehnen dieser Klient*innengruppe zu überdenken und mögliche Gegenübertragungsphänomene in Betracht zu ziehen.

Fischer und Riedesser (Fischer, Riedesser 2020, S. 217) führen die folgenden konträren Reaktionsstile (auch von Fachkräften) an, wenn ein Trauma angesprochen wird:

- Abwehr: abweisender Gesichtsausdruck, Unfähigkeit oder Unwille, die Traumageschichte aufzunehmen oder zu glauben
- Überidentifikation: unkontrollierte Affekte, Rache- oder Rettungsfantasien, Rolle als Leidens- oder Kampfgenossin

Während die Abwehr zu defensivem Verhalten und Beteiligung an der »Verschwörung des Schweigens« (ebd., S. 31) führt, kommt es bei der Überidentifikation zu Grenzverlust, Überlastungssymptomen und auf lange Sicht zu Burn-out. Die mit der Überidentifikation einhergehende Selbstüberforderung kann auch irgendwann in Ablehnung, Wut und Hass auf die betroffene Person umschlagen.

## 3.7.3 Die Rolle der Beziehung

Wie immer im psychologischen und psychotherapeutischen Bereich ist auch in der Arbeit mit traumatisierten Menschen die Beziehung von grundlegender Bedeutung. Die bekannte Traumatherapeutin und Bestsellerautorin Luise Reddemann spricht von »diszipliniertem persönlichen Einlassen« (Reddemann et al. 2019) und betont, dass ein sicherer Ort und eine verlässliche, tragfähige Beziehung Voraussetzungen für eine heilsame Entwicklung seien. Denn traumatisierte Menschen sind oft nicht nur vom Leben, sondern auch von anderen Menschen enttäuscht. Sie werden häufig misstrauisch und testen die Beziehung immer wieder aus – ob sie auch wirklich hält, was sie verspricht. Luise Reddemann empfiehlt, diese Beziehungstests nicht persönlich zu nehmen, sondern mit Gelassenheit hinzunehmen (ebd.). Wichtig für die Beziehungsgestaltung zu wissen ist, dass eine distanzierte, neutrale Haltung, wie sie oft von Vertreter*innen von Gesundheitsberufen eingenommen wird, retraumatisierend wirken kann (ebd.), zudem sie als Abwehrreaktion zu werten ist (Fischer, Riedesser 2020). Traumatisierte Menschen brauchen andere Menschen, die solidarisch zu ihnen stehen und Partei für sie ergreifen. Fischer und Riedesser (ebd., S. 215) sprechen von »parteilicher Abstinenz« als Prinzip der Traumatherapie. Damit ist gemeint, dass die abstinente Therapeutin (abstinent vom »Egozentrismus des Helfers«, ebd., S. 208 ff.) die betroffene Person ihren eigenen Weg finden lässt und sich mit Bewertungen grundsätzlich zurückhält.

### 3.7.4  Die Kraft des Positiven

In der Arbeit mit traumatisierten Menschen ergibt es sich fast von selbst, den Fokus auf das Schlimme zu legen, das diese Menschen erleiden mussten. Doch neben einer Leidorientierung ist es hilfreich, bewusst immer wieder auch die »ressourcenreichen inneren Anteile«, wie sie Luise Reddemann (Reddemann et al. 2019) bezeichnet, in den Mittelpunkt zu rücken. Da, wie sie ausführt, positive Empfindungen das Gedanken- und Handlungsrepertoire eines Menschen vergrößern und den Aufbau mentaler, physischer und interpersonaler Ressourcen fördern, sollte jede Möglichkeit genutzt werden, um die Betroffenen angenehme Gefühlszustände erleben zu lassen, zum Beispiel, indem positive Erinnerungen wachgerufen werden. In der Begegnung mit geflüchteten Menschen können das beispielsweise gemeinsam eingenommene, von den Geflüchteten zubereitete Mahlzeiten sein. Die Speisen ihrer Heimatländer sprechen alle Sinne an, wecken positive Assoziationen und zusätzlich können sie ihre Kochkünste präsentieren, was viele oft auch mit Stolz tun. Ich war einmal bei einem jungen Mann und seiner Frau zu Besuch, die beide aus Somalia geflüchtet waren. Ich hatte ihn ein wenig unterstützt in der ersten Zeit nach seiner Ankunft in Österreich. Nun hatten die beiden vor Kurzem ein Baby bekommen und wollten es mir vorstellen. Zu diesem Anlass luden sie mich zum Essen in ihre winzige Wohnung ein. Es war eine riesige Platte mit Gemüse, Reis und Ziegenfleisch. Ich hatte ein richtig schlechtes Gewissen, dass sie sich für mich in solche Unkosten gestürzt hatten. Aber sie so zu sehen, in ihrer eigenen Wohnung (nicht mehr in der Flüchtlingsunterkunft), mit dem Baby, das war ein schönes Gefühl. Die Gastfreundschaft kannte kein Ende. Schließlich tauschten die junge Frau und ich die Kleidung und machten Fotos – es war ein großer Spaß für uns alle.

### 3.7.5 In Krisenzeiten

Es liegt in der Natur der Sache, dass traumatisierte Menschen vulnerabler sind als andere und damit auch gefährdeter für Krisen. Suizidalität ist für viele Betroffene ein stiller Begleiter, der sich immer wieder – mal stärker, mal schwächer – meldet. Laut Luise Reddemann und Kolleg*innen (Reddemann et al. 2019, S. 87 f.) braucht es in solchen Zeiten …

- eine engmaschige Unterstützung,
- das Miteinbeziehen von Vertrauenspersonen und
- das Aufrechterhalten der Hoffnung (»Ich will, dass du lebst, und halte mit dir gemeinsam aus«).

Zudem betont sie, dass einem »Hilferuf nach Beziehung und Halt aktiv entsprochen werden« solle (Reddemann et al. 2019, S. 87 f.). Als ich das gelesen habe, hat es mich sehr berührt. Es braucht nämlich einiges, um dem zu entsprechen – eigene Ausgeglichenheit, absolute Klarheit über persönliche Ressourcen, Möglichkeiten und Grenzen, um nur einige Punkte zu nennen. Oft höre ich von Fachkräften das Gegenteil: Sie möchten sich besser abgrenzen, fühlen sich ausgelaugt, unter Druck gesetzt. Diese Gratwanderung ist nicht einfach und es braucht ein ständiges Bemühen, damit sie gelingt.

## 3.8 Wie sag ich es meinem Kind? – Mit Kindern über Krisen sprechen

Klimakrise, Coronakrise, Energiekrise, der Überfall auf die Ukraine und zuletzt das furchtbare Erdbeben in der Türkei und Syrien – an Krisen mangelt es nicht. Da ist es schon eine Herausforderung, selbst damit zurechtzukommen und sich nicht in Ängsten zu verlieren – dann auch noch mit Kindern über belastende Inhalte zu sprechen, ist nicht leicht. Wir alle würden unsere Kinder wohl lieber davor bewahren. Dazu kommt: Wie etwas erklären, wofür wir selber keine Erklärung haben? Die Coronazeit hat Eltern gerade vor diese Aufgabe gestellt – sie mussten mit ihren Kindern über Angst vor Ansteckung, schwere Erkrankungen und Todesfälle sprechen. Vor allem, wenn man selbst verunsichert ist, traurig und betroffen, sind solche Gespräche eine besondere Herausforderung.

Die wichtigste Regel für schwierige Gespräche mit Kindern ist: sich von den Fragen des Kindes leiten lassen! Damit stellen wir sicher, dass das Kind nicht überfordert wird. Was aber häufig passiert, ist, dass ein Kind eine Frage stellt und statt einer Antwort auf genau diese Frage weit ausholende Erklärungen erhält, nach denen es gar nicht gefragt hatte. Kinder sind extrem feinfühlig. Wenn sie merken, da gibt es Themen, über die Mama oder Papa nicht sprechen wollen, werden sie sich hüten, Fragen dazu zu stellen, und bleiben mit ihrer Fantasie alleine. Es gilt also, eine Atmosphäre zu schaffen, in der das Kind sich traut, seine Fragen zu stellen, oder auch das Kind dazu zu ermutigen.

Im Folgenden sind einige Punkte zusammengefasst, die beim Gespräch mit Kindern über schwierige Themen hilfreich sind:

- **Die Fragen des Kindes offen und ehrlich beantworten**
  Wie beim bedürfnisorientierten Informieren (siehe Kapitel 2.4.1) gilt: Man muss nicht alles sagen, was man weiß, aber das, was man sagt, muss wahr sein. Sprechen Sie einen Teil Ihrer eigenen Gefühle an (»Papa und ich sind traurig und vermissen ...«). Das ermöglicht dem Kind, die Gefühle anderer zu verstehen und eigene Gefühle zu benennen (Warger 2022). Vielleicht müssen die Dinge dem Kind mehrmals erklärt werden, bis es eine für sich stimmige Geschichte gefunden hat. Wenn Kinder nicht über die Ereignisse sprechen wollen, sollten sie nicht dazu gezwungen werden. Wie bei Erwachsenen auch ist Abwehr zu respektieren.

- **Sicherheit und Hoffnung vermitteln**
  »Wir halten jetzt alle ganz besonders zusammen ... Es wird wieder besser.« Kinder brauchen Hoffnung. Erlauben Sie Ihrem Kind Auszeiten – Kinder halten negative Gefühle (noch) schlechter aus als Erwachsene und brauchen immer wieder »kleine Fluchten« – Spiel, Sport, Zeit mit Freund*innen usw. (Warger 2022). Vermeiden Sie eine Überforderung Ihres Kindes, indem Sie beispielsweise gemeinsam ständig Nachrichten anschauen, Ihr Kind das alles aber gar nicht verarbeiten kann.

- **Die Magie des Gewöhnlichen – »*The ordinary magic*«**
  In schwierigen Zeiten (auch das hat uns wohl Corona gelehrt) ist das Aufrechterhalten der Alltagsroutinen besonders wichtig. Vertraute Abläufe – Essenszeiten, Spielzeiten, Schlafenszeiten etc. – sollten unbedingt beibehalten oder so rasch wie möglich wieder eingeführt werden. In diesem Fall gilt der Spruch »Außergewöhnliche Zeiten erfordern außergewöhnliche Maßnahmen« definitiv nicht. Die US-amerikanische Psychologin und Universitätsprofessorin Ann Masten spricht im Gegenteil von der »Magie des Gewöhnlichen« (»*ordinary magic*«) (Masten 2014). Ihre Forschungsergebnisse zeigen, dass die Faktoren, die Kinder resilient machen, nicht irgendwelche außergewöhnlichen »Zutaten« sind, sondern ganz normale und gewöhnliche Ressourcen und Vorgänge, wie beispielsweise Familie und Vertrauenspersonen, die sich um das Kind kümmern, ein gut funktionierendes Gehirn, das sich in der Interaktion mit anderen Menschen entwickeln konnte, Eltern und Lehrer*innen, die Kinder zur Lösung von Problemen ermuntern. Masten geht davon aus, dass jedes Kind resilient ist und grundlegende Ermutigung und Möglichkeiten benötigt, um im Leben zu bestehen.

## 3.8.1 Das Überbringen schlechter Nachrichten an Kinder

Das Überbringen schlechter Nachrichten stellt für die meisten Menschen eine Herausforderung dar. Es ist eine belastende Vorstellung, jemandem etwas Schlimmes sagen zu müssen. Wir sorgen uns, nicht die »richtigen« Worte zu finden, es noch schlimmer zu machen, und fürchten uns vor den starken emotionalen Reaktionen des Gegenübers. Die Situation scheint schwer kontrollierbar. Eine Kollegin von mir, die im Krankenhaus auf einer onkologischen Station arbeitet und leider viel Erfahrung mit dem Überbringen schlechter Nachricht hat, drückte es einmal so aus: »Eine schlechte Nachricht kann man nicht gut überbringen, sondern nur schnell.« Daher gilt: Bereiten Sie sich möglichst gut auf das Gespräch vor. Holen Sie alle notwendigen (und abgesicherten) Informationen ein, schaffen Sie nach Möglichkeit ein ruhiges Setting (nicht einsehbarer Raum, Handy abschalten etc.) und nehmen Sie sich Zeit. Zu Beginn des Gesprächs steht eine kurze Einleitung (»Ich habe leider eine schlechte Nachricht für Sie.«), darauf folgt die Nachricht selbst mit klaren, unmissverständlichen Worten. Dann folgt eine Pause, d.h. Sie warten auf die Reaktion des Gegenübers. Ein häufiger Fehler ist, dass der Überbringer vor lauter sich unwohl fühlen weiterredet, die Pause nicht aushält, trösten will. Die Pause ist jedoch wichtig, da das Gegenüber nun die Möglichkeit hat, zu reagieren, zu »verdauen«, Fragen zu stellen.

Der Ablauf eines derartigen Gesprächs ist bei Kindern und Erwachsenen sehr ähnlich und wird in Abb. 3-11 dargestellt. Wie schon kurz beschrieben, steht zu Beginn des Gesprächs eine kurze Einleitung wie beispielsweise »Ich muss dir etwas Trauriges sagen.« Darauf folgt die Mitteilung der Nachricht »... ist gestorben.« Die Nachricht sollte kurz und direkt formuliert sein, damit keine Missverständnisse entstehen. Danach sollte dem Kind Zeit gegeben werden, zu reagieren, Fragen zu stellen. Wichtiger Hinweis: Aufgrund des magischen Denkens und ihres egozentrischen Weltbildes neigen Kinder dazu, immer einen Zusammenhang zu sich selbst zu sehen. Daraus resultieren Schuldgefühle. Es ist hilfreich, Kinder von vornherein zu entlasten und ihnen (immer wieder) zu sagen, dass das, was passiert ist, nichts mit ihnen zu habe, sie nicht schuld seien (»Der Papa ist tot und kann nicht wieder kommen. Aber das hat nichts mit dir zu tun!«).

**Abb. 3-11:** Überbringen von schlechten Nachrichten an Kinder – Ablauf (eigene Darstellung nach Warger 2022).

**FALLBEISPIEL  Der Junge und das Alpaka**

Ein 8-Jähriger hat gerade eine schwere Zeit hinter sich. Mitten unter dem Schuljahr verlässt die geliebte Lehrerin die Schule. Kurz darauf zieht auch noch sein bester Freund weg, mit dem er bis dahin viel Zeit verbracht hat. Um ihm etwas Gutes zu tun, denkt sich seine Mutter etwas besonders Schönes aus. Sie erinnert sich an eine Wanderung mit einem Alpaka, die dem Sohn sehr gefallen hatte. Ein bestimmtes Alpaka hatte er dabei besonders ins Herz geschlossen. Die Mutter schlägt dem Kind vor, eine Patenschaft für dieses Tier zu übernehmen. Sie fahren zum Alpaka-Hof, machen die Patenschaft »amtlich« (das Kind bekommt eine Urkunde) – die Freude ist groß. Nach wenigen Wochen ruft die Besitzerin der Alpakas an – das Tier, für welches das Kind die Patenschaft übernommen hatte, ist verunfallt und musste eingeschläfert werden. Die Eltern überlegen, ob und wie sie dem Kind die Hiobsbotschaft beibringen sollen. Wie wird er das verkraften? Schon wieder ein schlimmes Ereignis. Es zu verheimlichen geht nicht, da der nächste Besuch beim Alpaka schon geplant ist. Der Vater schlägt vor, diesen Besuch aufzuschieben, um Zeit zu gewinnen. Er möchte sein Kind schonen. Schließlich spricht die Mutter ein Machtwort: Der Junge muss die Wahrheit erfahren. Sie bringt es dem Sohn kurz und knapp bei und schlägt vor, Pate eines anderen Tieres zu werden, was das Kind jedoch ablehnt. Gemeinsam überlegen sie, was sie nun mit der Patenschaftsurkunde machen usw. Die Mutter ist der Überzeugung: Besser, das Kind kennt die Wahrheit und sie können gemeinsam überlegen, wie sie damit umgehen, als das Ganze monatelang hinauszuschieben, und dann kommt es doch irgendwann heraus.

Die Mutter in diesem Fallbeispiel hat intuitiv richtig reagiert. Statt dem nachvollziehbaren Bedürfnis nachzugeben, das Kind zu schonen, traute sie ihm zu, der Wahrheit ins Auge zu blicken und gemeinsam einen Weg zu finden, damit umzugehen.

Wie in Abb. 3-12 dargestellt, sind drei Punkte beim Überbringen einer schlechten Nachricht an Kinder wesentlich (dieses Schema ist nicht geeignet für Jugendliche):
1. Fakten erklären: »Das Alpaka hatte einen Unfall und musste eingeschläfert werden.«
2. Gefühle ansprechen: »Wir sind alle traurig, dass das passiert ist.«
3. Sicherheit geben: »Wir halten jetzt alle fest zusammen und überlegen, wie wir uns vom Alpaka verabschieden können.«

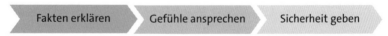

**Abb. 3-12:** Wesentliche Aspekte beim Überbringen einer schlechten Nachricht an Kinder (eigene Darstellung nach Warger 2022).

Die in diesem Kapitel angesprochenen Inhalte gewähren nur einen kleinen Einblick in ein großes Thema. Interessierte Leser*innen seien auf zahlreiche Bücher zum Thema Kinder und Tod, Trauer bei Kindern usw. verwiesen. Wichtige Themen, die jedoch den Rahmen des vorliegenden Buches sprengen würden.

# 4 Das Leid anderer ertragen – Helfen ist anstrengend

## 4.1 Stressmanagement: Wie gehe ich als Helfer*in mit Belastungen um?

Krisenzeiten machen Angst, und zwar nicht nur unseren Klient*innen, sondern auch uns selbst. Schon während der Coronakrise ergab sich für Menschen in helfenden Berufen eine neue Situation: Auf einmal wurden wir selbst auch zu Betroffenen einer Situation, die viele Menschen in Krisen stürzen ließ und zu erhöhten psychischen Belastungen führte. Was es sonst leichter macht, andere in Krisen zu unterstützen, brach auf einmal weg – nämlich die Distanz zu dem, was die Person gerade erlebt. Es erinnert mich an meine Tätigkeit bei den ÖBB als Leiterin des Notfallinterventionsteams. Ein Vorteil und zugleich Nachteil von Peers (also von Kolleg*innen, die ihre Kolleg*innen nach Notfällen unterstützen) ist, dass sie dieselbe Tätigkeit ausüben. Sie wissen also genau, wovon ihre betroffenen Kolleg*innen sprechen, und haben ähnliche Erfahrungen gemacht, vielleicht sogar selbst schon einen ähnlichen Notfall erlebt. Doch was eine Brücke in die Erfahrungswelt der Betroffenen ist und hilft, mögliche Hemmschwellen zu beseitigen, kann auch eine große Belastung sein. Denn: Eine Lokführerin, die eine Kollegin beispielsweise nach einem Suizid im Gleisbereich betreut, hat nicht nur vielleicht schon Ähnliches erlebt, sondern hat auch ein gewisses Risiko, es wieder zu erleben. Das erhöht die persönliche Betroffenheit massiv und birgt die Gefahr, dass bestimmte Erinnerungen oder Ängste in der Betreuungssituation (wieder) hochkommen. Ich habe damals immer wieder erlebt, wie wichtig es war, dass ich nicht aus demselben Tätigkeits- und Erfahrungsumfeld kam. Die dadurch vorhandene Distanz war wichtig, wenn es galt, bestimmte Entscheidungen zu treffen. Die eigene Betroffenheit erschwert uns dies häufig. Nun aber zurück zu Corona – wir sind nun in der Situation, ähnlichen Belastungen, Ängsten und Umständen ausgesetzt zu sein wie unsere Klient*innen. So haben viele Helfer*innen ebenfalls Angehörige durch Corona verloren oder erlebt, wie Angehörige schwer erkrankt sind. Sie mussten aber dennoch weiterhin ihre Klient*innen betreuen und mit der Angst vor eigener Ansteckung umgehen.

**FALLBEISPIEL Persönliche Betroffenheit**

Eine Psychotherapeutin, die seit vielen Jahren in freier Praxis tätig ist, wird zu Beginn der Coronazeit mit einer schweren Erkrankung ihrer Tochter konfrontiert.

Zuerst ist diese noch im Krankenhaus, wird mit Ausbruch der Pandemie (es werden die Betten benötigt) jedoch in die häusliche Pflege entlassen. Die Eltern werden von den Ärzt*innen darüber aufgeklärt, dass eine Coronaerkrankung ihrer Tochter einen schweren Verlauf nehmen und sogar tödlich enden könnte. Die Familie ist nun nicht nur damit konfrontiert, die Schwerkranke zu Hause pflegen zu müssen, sie fühlt auch die Verantwortung schwer auf sich lasten, ihr Kind nicht anzustecken. Abgesehen davon muss auch die Arbeit in der Praxis irgendwie fortgeführt werden. Was der Kollegin half, diese schwere Zeit durchzustehen, war die Fokussierung auf praktische Fragen: Was kann die ganze Familie tun, um das Risiko möglichst zu minimieren? Dazu kam eine positive Grundhaltung, dass es nicht zum Schlimmsten kommen muss. Ich möchte anmerken, dass die Familie diese schwere Zeit gut überstanden hat und die Tochter mittlerweile wieder gesund ist.

Viele Menschen in helfenden Berufen werden Ähnliches erlebt haben. Nun kam zur Coronakrise noch der Überfall auf die Ukraine mit all ihren Auswirkungen. Zum anfänglichen Schock, dass es überhaupt zu so einem Angriffskrieg »im Herzen Europas« kommen kann, gesellten sich Sorgen über die wirtschaftlichen Auswirkungen, Stichwort Teuerung und Energiekrise. Insbesondere junge Menschen artikulieren vermehrt Zukunftsängste, die auch unsere eigenen Ängste triggern können. Um nicht in den Sorgen zu versinken, kann es hilfreich sein, sich diesen bewusst zu stellen. Zudem ist es wohl erforderlich, dass wir Helfenden in dieser langen Zeit der Krise besonders gut auf uns achten. Während der Coronapandemie wurden vielfach Supervisionen und Intervisionen abgesagt. Ganz zu Beginn war das nachvollziehbar, aber jetzt haben wir seit Langem schon Möglichkeiten, uns auch im persönlichen Kontakt zu schützen. Gerade in der Krise braucht es diese Instrumente – nutzen wir sie.

## 4.1.1  Was sind Ängste?

Angst ist etwas Normales in einer Situation, die als bedrohlich eingeschätzt wird und unsere Bewältigungsmöglichkeiten überschreitet. Angst hat eine wichtige Funktion, da Schutzmechanismen aktiviert werden. So kann uns die Angst vor Ansteckung beispielsweise motivieren, uns impfen zu lassen, eine Schutzmaske zu tragen oder Ähnliches. Angst kann uns aber auch hemmen und dazu führen, dass wir uns zurückziehen oder gar eine psychische Störung entwickeln.

In unserer »zivilisierten« westlichen Welt brauchen wir keine Angst mehr vor wilden Tieren zu haben, aber viele Menschen haben neue Ängste entwickelt. Angst vor dem Klimawandel, vor einer atomaren Bedrohung, einer Wirtschaftskrise, Inflation, Terrorismus usw. Nicht immer lassen sich Ängste so genau verorten und ein diffuses Angstgefühl bringt einen erhöhten Stresspegel mit sich, der dann zu Panikattacken oder Phobien führen kann, ohne dass Betroffene die Ursachen dafür auf den ersten Blick zuordnen können. Der gefühlte Kontrollverlust kann sich auch in Essstörungen oder anderen Problematiken zeigen. Dabei ist wichtig, zu verstehen, dass diese Symptome einen Sinn haben – sie geben uns ein Stück weit Kontrolle zurück (wenn ich schon die Welt nicht kontrollieren kann, dann zumindest meinen Körper), machen uns auf etwas aufmerksam. Ähnlich wie in der Traumapädagogik gilt auch hier die »Annahme des guten Grundes«.

### DEFINITION VON ANGST

Angst ist ein als unangenehm erlebter emotionaler Zustand, der durch das subjektive Gefühl von Angespanntheit, Besorgnis und eine Erregung des autonomen Nervensystems gekennzeichnet ist (Spielberger 1972).

Häufig wird zwischen Angst und Furcht unterschieden. Während Angst ungerichtet ist, bezieht sich Furcht auf einen bestimmten Auslöser. Mit Angst ist eher ein Zustand der Besorgtheit, Nervosität und Anspannung gemeint (»Wie geht es wohl weiter in der Zukunft? Alles geht gerade den Bach runter …«). Furcht bezieht sich auf ein bestimmtes Objekt, das Angst auslöst. In Seminaren bringe ich manchmal augenzwinkernd folgendes Beispiel: Wenn wir im dunklen Wald spazieren gehen und uns immer wieder besorgt umdrehen, uns unwohl fühlen, ohne jedoch zu wissen, warum, dann ist das Angst. Wenn dann aber auf einmal der Höhlenbär vor uns steht, empfinden wir Furcht.

## 4.1.2 Stressmanagement

In Krisenzeiten sorgen anhaltende Verunsicherung, Zukunftsängste und Sorgen für einen erhöhten Stresspegel. Die meisten Ansätze zum Stressmanagement gehen dabei von einem transaktionalen Modell (Lazarus 1966; Lazarus, Folkman 1984) aus. Das bedeutet, dass zwischen dem Stress und den daraus resultierenden Reaktionen und Folgen ein komplexes Wechselspiel besteht. Ähnlich wie beim in Kapitel 3.6.1 beschriebenen ABC-Modell von Albert Ellis löst Stress (genauer gesagt: ein Stressor) laut Lazarus nicht direkt eine Reaktion aus. Dazwischen liegen individuelle Bewertungsprozesse, die dann die Reaktionen beeinflussen. Genau da – bei diesen Bewertungsprozessen – kann man ansetzen. Denn häufig können wir das, was im Außen passiert, nicht beeinflussen, sehr wohl aber unsere Bewertungen. Dieses Zusammenspiel von Stress, Bewertung und Reaktion erklärt auch, warum sich Stressoren sehr unterschiedlich auf verschiedene Personen auswirken. Sie kennen das vielleicht auch aus dem Büroalltag: Während mich am Montagmorgen allein der Gedanke an die vielen Mails, die mich erwarten, stresst, reibt sich der Kollege am Schreibtisch gegenüber die Hände und fängt grinsend an zu arbeiten. Dafür freue ich mich, wenn ich ein Seminar oder einen Vortrag halten darf (je mehr Zuhörer*innen, desto besser), was wiederum bei anderen Personen vor lauter Aufregung zu schlaflosen Nächten führt. Laut Lazarus wird eine Situation in der sogenannten primären Bewertung als irrelevant, positiv oder belastend eingeschätzt. Trifft Letzteres zu, handelt es sich um einen Stressor, welcher wiederum insofern beurteilt wird, ob dieser eine Bedrohung (»Das schaffe ich nie.« »Beim Vortrag werde ich kein Wort herausbringen.«) oder eine Herausforderung (»Jetzt kann ich endlich zeigen, was ich drauf hab.«) darstellt oder ob bereits ein Schaden oder Verlust (»Vor lauter Mails kann ich die Deadline für mein Buch nicht einhalten.«) eingetreten ist. Bei der sogenannten sekundären Bewertung wird eingeschätzt, ob die eigenen Bewältigungsfähigkeiten und -möglichkeiten ausreichen. Ist das nicht der Fall, liegt eine stressbezogene sekundäre Bewertung vor (»Ich halte diesen Stress nicht aus.« »Zu diesem Vortrag kommen nur Expert*innen, die stellen mir sicher Fragen, die ich nicht beantworten kann.«). Das Ergebnis der beiden Bewertungsprozesse bestimmt, ob eine Stressreaktion ausgelöst wird. Entsteht Stress, gibt es verschiedene Arten des Copings – also der Stressbewältigung. Abschließend wird bewertet, wie erfolgreich die Strategie zur Stressbewältigung war (bewertungsorientiertes Coping oder *Reappraisal*). Dabei wird beurteilt, ob sich eine Bedrohung in eine Herausforderung verwandelt hat oder ob eine Herausforderung zur Bedrohung wurde –wie erfolgreich also das Coping war. Es kann auch zu einem Lerneffekt kommen, im Sinne von »Ich kann das.«. Dieses *Reappraisal* kann man sich wie eine Rückkoppelungsschleife vorstellen, in der es zu einer Neubewertung der Anforderung kommt.

In der Bewältigung von Stress unterscheidet Lazarus zwischen problemorientiertem und emotionsorientiertem Coping – dargestellt in Abb. 4-1. Beim problemorientierten Coping wird direkt an der Veränderung der Situation gearbeitet, beispielsweise indem man sich über eine Krankheit informiert oder bei Termindruck versucht, bestimmte Aufgaben abzugeben oder auf später zu verschieben. Beim emotionsorientierten Coping ist bereits eine emotionale Erregung (Ärger, Neid usw.) entstanden, welche man durch bestimmte Strategien abzubauen versucht. Das kann beispielsweise durch einen sozialen Vergleich nach unten (»Anderen geht es noch viel schlechter.«) oder nach oben (»Andere schaffen noch viel mehr.«) geschehen. Gerade der soziale Vergleich ist eine wirkungsvolle Strategie. Als ich einen an Krebs erkrankten Freund im

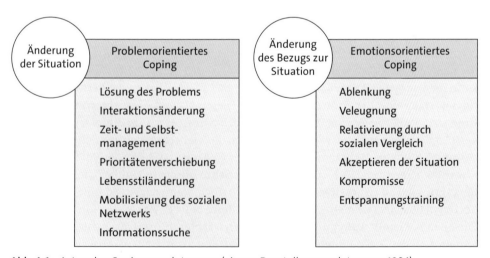

**Abb. 4-1:**  Arten des Copings nach Lazarus (eigene Darstellung nach Lazarus 1984).

Krankenhaus besuchte, erzählte er mir, seit er hier sei, habe er das Gefühl, er habe es noch gut getroffen. Während er zu Hause mit seinem Schicksal gehadert und tausend Ängste ausgestanden hatte, wie wohl die Operation und die anschließende Behandlung verlaufen würden, sehe er hier im Krankenhaus so viele, die es viel schlimmer erwischt habe, und er sei dankbar, dass er verhältnismäßig glimpflich davongekommen sei.

Ein Beispiel für die beiden Arten des Copings: Eine Klientin sagt einen Termin kurzfristig ab. Danach habe ich noch einige andere Termine. Ich verspüre Ärger, da es sowieso ein langer Tag ist. Emotionsorientiertes Coping bedeutet, ich könnte versuchen, in der »mir geschenkten« Zeit etwas Positives zu sehen, und so den (schon entstandenen) Ärger und die Unruhe abbauen. Problemorientiertes Coping könnte in dieser Situation bedeuten, ich kläre mit der Klientin die Frage der Verrechnung der ausgefallenen Stunde und überlege, welche Aufgaben ich in der verbliebenen Zeit erledigen könnte (telefonieren, meine Notizen vervollständigen, mit der Kollegin Termine absprechen).

Der deutsche Psychologe und Psychotherapeut Gert Kaluza greift in seiner Stressampel diesen transaktionalen Ansatz auf und unterscheidet drei Ansatzpunkte und darauf bezogene Hauptwege der individuellen Stressbewältigung (Kaluza 2011). Ihm zufolge setzt Stress sich aus drei Faktoren zusammen: den Stressoren (»Ich gerate in Stress, wenn …«), den persönlichen Stressverstärkern (»Ich setze mich selbst unter Druck, indem …«) sowie der Stressreaktion (»Wenn ich im Stress bin, dann …«). Diese drei Phasen sind eine Möglichkeit, ein individuelles Stressprofil zu erarbeiten. Zudem bieten sie Ansatzpunkte für die Bewältigung von Stress. Kaluza beschreibt dazu drei Wege: instrumentelle, mentale und regenerative Stresskompetenz.

Laut Kaluza (Kaluza 2011) setzt instrumentelle Stresskompetenz direkt am Stressor an, indem man versucht, diesen zu reduzieren oder ganz auszuschalten, zum Beispiel indem Arbeitsabläufe geändert, Hilfe organisiert oder »Nein« sagen gelernt wird. Instrumentelles Stressmanagement ist reaktiv (bezieht sich auf eine aktuelle, schon eingetretene Belastung) oder präventiv (zur Vermeidung zukünftiger Belastungssituationen). Mentale Stresskompetenz setzt an der Veränderung stressverstärkender Einstellungen und Denkmuster an. Häufige Stressverstärker sind unter anderem eine perfektionistische Haltung, Ungeduld, Einzelkämpfertum sowie Kontrollambitionen und Selbstüberforderung. Diese sollen bewusst gemacht, reflektiert und in hilfreiche Strategien umgewandelt werden. Bei der regenerativen Stresskompetenz geht es um die Kontrolle und Regulierung der körperlichen und psychischen Stressreaktionen. Körperliche Anspannung soll gelöst und innere Unruhe, Angst und Nervosität reduziert werden. Kaluza unterscheidet hier zwischen eher kurzfristigen Bewältigungsversuchen, die zu einer Erleichterung und Entspannung akuter Stressreaktionen führen (zum Beispiel Dampfablassen bei einer Freundin), und längerfristigen Strategien, die der regelmäßigen Erholung und Entspannung dienen (regelmäßiges Praktizieren von Entspannungstechniken, Ausüben von Hobbys usw.).

Aus den vorgestellten Stressmodellen lassen sich Ansätze zur individuellen Stressvorbeugung und -bewältigung ableiten. So können beispielsweise kognitive Techniken eingesetzt werden, um an der Bewertung von Situationen zu arbeiten, oder individuelle Strategien zur Stressbewältigung trainiert werden. Eine Möglichkeit zur Bewusstmachung und Reflexion von stressverstärkenden Gedanken wird in der folgenden Übung dargestellt.

> **PRAXISTIPP** Übung »Stressverstärker« (nach Wisniewski 2020)
> Beantworten Sie zunächst für sich die beiden folgenden Fragen:
> - Welche Situation führt im Moment bei Ihnen besonders zu Stress?
> - Welche Veränderungen (z. B. körperliche Reaktionen) beobachten Sie bei sich in dieser Situation?
>
> Erstellen Sie für sich eine Tabelle, ähnlich wie Tab. 4-1. Tragen Sie nun bitte in die Spalte »Stressverstärker« Gedanken ein, durch die sich Ihr wahrgenommener Stress in der vorher aufgeführten Situation noch erhöht (z. B. »Ich muss das mit mir selbst ausmachen.«, »Ich darf mir von anderen nichts anmerken lassen.«, »Ich darf mir mit der digitalen Technik keine Blöße geben.« etc.). Schreiben Sie dann zu jedem Stressverstärker eine mögliche andere Betrachtungsweise, zum Beispiel zu »Ich muss das mit mir selbst ausmachen.« den Satz »Ich darf mir Hilfe holen, das ist professionell.«.

| Stressverstärker | Förderliche Betrachtungsweise |
|---|---|
| »Ich muss das mit mir selbst ausmachen.« »Ich darf mir von anderen nichts anmerken lassen.« »Ich darf mir mit der digitalen Technik keine Blöße geben.« | »Ich darf mir Hilfe holen, das ist professionell.« »Die anderen kochen auch nur mit Wasser.« »Man muss nicht alles können.« |

**Tab. 4-1:** Vorlage Übung Stressverstärker

## 4.1.3  Exkurs: Ist der Mensch ein rationales Wesen?

Zur Bewertung von Ängsten kann es hilfreich sein, sich bewusst zu machen, dass wir uns häufig genau über die Dinge besonders viele Gedanken machen, die wir nicht nur nicht beeinflussen können, sondern die auch extrem unwahrscheinlich sind (Schwarzmalen, Worst-case-Denken). Wie schon im Kapitel zur Krisenintervention dargestellt hilft rationales Denken gegen überschießende Emotionen und erhöhten Stresspegel. Das dient dazu, den Sympathikus etwas »abzukühlen«. Dazu ein kleiner Exkurs in das Feld der Entscheidungspsychologie.

Immer noch unterliegen wir häufig der Fehleinschätzung, der Mensch sei ein rationales Wesen und treffe seine Entscheidungen analytisch, überlegt, von logischen Argumenten und Fakten geleitet. Das Gegenteil ist der Fall. Wir haben nur wenig Ähnlichkeit mit »Mr. Spock« (was ja vielleicht auch ganz gut ist). Wir treffen Entscheidungen vielfach aufgrund von Faustregeln (sogenannten »Heuristiken«, also mittels »kognitiver Abkürzungen« oder Entscheidungshilfen). Diese sollen Situationen vereinfachen und erlauben es uns, Urteile in komplexen Situationen, ohne ausreichend Informationen oder unter Zeitdruck zu fällen. Die Vor- und Nachteile liegen auf der Hand: Heuristiken erleichtern Urteilsprozesse, können aber auch zu systematischen Fehleinschätzungen führen. Menschen tendieren also in komplexen Entscheidungssituationen zu Vereinfachungen (siehe auch unten »Warum wir Lotto spielen und den Klimawandel nicht ernst genug nehmen«).

Wir halten fest:

- Der Mensch ist vorwiegend von seinen Emotionen geleitet.
- Der Mensch ist ambivalent.

Genauso wie wir nicht überrascht sein dürfen, dass sich Menschen nicht rational verhalten (wir erinnern uns an die Coronapandemie, Stichwort Klopapier, oder an die Tatsache, dass rational betrachtet Sparen in Inflationszeiten keinen Sinn ergibt), ist es auch keine Überraschung, dass »mehrere Herzen in unserer Brust schlagen«. Wir sind ambivalent. Einerseits wollen wir das Studium endlich beenden, andererseits haben wir Angst vor dem, was dann kommt. Wir schämen uns, weil wir im Streit Dinge gesagt haben, die nicht okay waren, gleichzeitig wollten wir es ihm einmal »zeigen«. Wir sagen das eine und tun das andere. Wir wollen, dass unsere Kinder eine gute Zukunft haben, sind aber nicht bereit, auf unser Auto zu verzichten. Wir sind uneindeutig, vielstimmig, widersprüchlich, zerrissen. Da Ambivalenzen zu intrapsychischen Spannungen (Dissonanzen) führen, haben wir uns eine Vielzahl von Strategien angeeignet, um mit uns selbst wieder ins Reine zu kommen. Wir finden Gründe, warum unser Verhalten doch in Ordnung war, warum die nicht erreichten Ziele sowieso nicht so wichtig waren usw. Die Erkenntnisse der Psychologie helfen uns, uns und andere besser zu verstehen. Vielleicht gelingt es uns damit zunehmend besser, mehr Klarheit und Stimmigkeit in unser Denken und Handeln und in unsere Beziehungen zu anderen zu bringen.

### WARUM WIR LOTTO SPIELEN UND DEN KLIMAWANDEL NICHT ERNST GENUG NEHMEN

Eine bedeutende Rolle bei der Erforschung von menschlichem Entscheidungsverhalten spielte der israelisch-US-amerikanische Psychologe Daniel Kahneman, der mit seinen legendären Experimenten zum Treffen von Entscheidungen bekannt wurde. Ihm wurde 2002 der Nobelpreis für Wirtschaftswissenschaften verliehen unter Nennung seines langjährigen Kooperationspartners Amos Tversky. Kahneman und Tversky entwickelten die sogenannte *Prospect Theory* (Neue Erwartungstheorie), in der sie das (wirtschaftliche) Entscheidungsverhalten in risikoreichen bzw. risikoarmen Situationen beschreiben (Kahneman, Tversky 1979). Das Spannende dabei ist, dass die Forscher in einer Vielzahl von Experimenten zeigen konnten, dass wir Menschen uns dabei völlig paradox verhalten! Ein Kernpunkt dieser Theorie besagt (etwas vereinfacht formuliert), dass uns Verluste mehr schmerzen, als

Gewinne uns Freude machen. Das führt dazu, dass sich Individuen eher dafür entscheiden, ihr bestehendes Vermögen zu erhalten, als etwas zu riskieren, um ihr Vermögen zu vergrößern. Menschen in Gewinnsituationen versuchen demnach, Risiken zu vermeiden, wählen paradoxerweise aber in Verlustsituationen eher die riskante als die sichere Alternative. Verluste verkraften wir also schlecht und versuchen wir zu vermeiden. Wir kennen das aus dem Alltag: Gewinne werden schnell als Selbstverständlichkeit betrachtet (zum Beispiel eine kleine Gehaltserhöhung). Ein Verlust hingegen tut uns noch lange weh. Dazu kommt, dass wir das Eintreten von Ereignissen mit objektiv geringen Wahrscheinlichkeiten eher überschätzen (Lotto, Glücksspiel, Terroranschlag) und Ereignisse mit hoher Auftretenswahrscheinlichkeit unterschätzen (Stichwort Klimawandel, Autounfälle).

Viele Menschen fragen sich, warum sich Verhaltensänderungen hinsichtlich des Klimawandels so schwer realisieren lassen. Einen Teil der Erklärung liefert das Modell von Mowen und Mowen (Mowen, Mowen 1991; Zeit- und Ergebnisbewertungsmodell): Zukünftige Gewinne erscheinen weniger wertvoll als aktuell realisierbare Gewinne. Also lieber heute noch bequem mit dem Auto fahren, als jetzt darauf verzichten für einen Gewinn, der sich irgendwann in der Zukunft einstellt. Allerdings: Wenn wir besser verstehen, warum wir uns so oder so verhalten, hilft uns das auch, uns zu »überlisten«, das Treffen rationaler Entscheidungen zu fördern und unrealistische Erwartungen und somit Enttäuschungen zu vermeiden.

Wir überschätzen also die Auftrittswahrscheinlichkeit von Ereignissen, die objektiv sehr unwahrscheinlich sind, und unterschätzen die Auftrittswahrscheinlichkeit von Ereignissen, die wahrscheinlich sind. So fürchten wir uns davor, mit einem Flugzeug abzustürzen, was extrem unwahrscheinlich ist, fahren aber unbesorgt mit dem Auto, obwohl die Wahrscheinlichkeit, einen Autounfall zu haben, ungleich höher ist. Wir fürchten uns eher vor einem Haiangriff als vor einem Mückenstich, obwohl Letzterer wahrscheinlicher ist und Krankheiten übertragen könnte. Obwohl erwiesenermaßen die Feinstaubbelastung in der Luft zu massiven Gesundheitsschäden führt, fürchten wir uns mehr vor Pestizidrückständen in Lebensmitteln oder vor Terroranschlägen. Diese Verzerrung führt dazu, dass wir uns irrational verhalten – so spielen wir zum Beispiel Glücksspiele, Lotto oder Ähnliches. Wir können Wahrscheinlichkeiten extrem schlecht einschätzen. So glauben wir beispielsweise, wenn dreimal hintereinander beim Roulette schwarz gekommen ist, müsste nun unbedingt rot kommen. Nein, die Wahrscheinlichkeit für rot oder schwarz ist bei jedem Spiel dieselbe. Wir unterliegen noch immer der Annahme, der Mensch sei ein Homo oeconomicus, ein rationales Wesen. Dem ist definitiv nicht so! Unsere Entscheidungen werden von unseren Emotionen geleitet. Wie der Nobelpreisträger Kahneman es ausdrückte: »*The emotional tail wags the rational dog.*« (Der emotionale Schwanz wedelt mit dem rationalen Hund.) Es sind also unsere Emotionen, die uns leiten. Im

Nachhinein wird dann gerne rationalisiert und viele Argumente werden gefunden, warum die getroffene Entscheidung die »logischste« war (vgl. *Prospect Theory*, Kahneman, Tversky 1979).

## 4.2 Gefühlsansteckung: Mitweinen erlaubt?

Bevor wir versuchen, diese Frage zu beantworten, ist es interessant, sich anzuschauen, wie es überhaupt zu einem Mitweinen kommen kann. Welche Vor- und Nachteile hat die Gefühlsansteckung und wie gehen wir in der praktischen Arbeit damit um? In Kapitel 2.2 wurden bereits die Begriffe Empathie und Mitgefühl beschrieben und die Unterschiede herausgearbeitet. Nun geht es also um die Frage der emotionalen Beteiligung und des Umgangs damit. Eines gleich vorweg: Ohne emotionale Beteiligung gelingt es Helfer*innen nicht, eine Bindung herzustellen, sei es in der Krisenintervention, in der Beratung, Sozialen Arbeit oder Therapie. Die eigene emotionale Beteiligung ist ein wesentliches Werkzeug. Wer dieses nicht beherrscht, richtet Schaden an bzw. erleidet selbst Schaden.

Dazu fällt mir eine Begebenheit aus meiner Notfallpsychologie-Ausbildung ein, die ich damals bei meinem geschätzten Kollegen Gernot Brauchle absolvierte. Bei einem der Seminare ging es genau um diese Frage: Wie kann ich mich einerseits »abgrenzen« und andererseits empathisch einfühlen? Das ist eine große Herausforderung in der Notfallpsychologie, da man bei dieser Tätigkeit mit sehr heftigen Situationen und Gefühlen konfrontiert ist. Wie hält man das also aus? Gernot Brauchle formulierte es damals (ungefähr) so: »Wenn dich die Schicksale einmal nicht mehr berühren, dir nicht mehr ab und zu die Augen feucht werden, dann ist es Zeit, den Job (als Notfallpsychologin) zu wechseln.« Das hat mich damals beeindruckt, aber auch etwas ratlos gemacht, wie man mit der eigenen Betroffenheit auf Dauer umgehen kann.

### 4.2.1 Was ist Gefühlsansteckung?

Wenn wir Menschen in Krisen begleiten und unterstützen, werden wir häufig mit starken Gefühlen unseres Gegenübers konfrontiert. Dabei kann es zum Phänomen der Gefühlsansteckung (Affektansteckung) kommen, d. h., wir werden vom selben emotionalen Zustand erfasst, in dem sich unser Gegenüber befindet (Angst, Trauer, Verzweiflung, Hilflosigkeit). Wir werden vom Gefühl der anderen Person »angesteckt«. Dabei ist die Abgrenzung zwischen einem selbst und der anderen Person aufgehoben. Das passiert auch häufig im Alltag und wir reagieren oft ganz unbewusst, ohne zu erkennen, was eigentlich vor sich geht. Ein Beispiel: Sie kommen abends müde von der Arbeit nach Hause und wollen Ihre*n Partner*in begrüßen. Doch bevor Sie noch etwas sagen können, schleudert Ihnen diese*r entgegen: »Wo hast du denn die Autoschlüssel hingetan? Du hast sie als Letztes gehabt. Warum musst du immer alles verlegen?« Sie spüren förmlich die Frustration und den Ärger in sich aufsteigen und antworten entsprechend unwirsch. Was ist passiert? Die Gefühle Ihres Gegenübers haben Sie angesteckt und Sie haben instinktiv – und damit »unbewusst« reagiert. Vielleicht kennen Sie solche Situationen aber auch schon und haben gelernt, vor Ihrer Antwort einige Sekunden verstreichen zu lassen, einmal tief durchzuatmen und sich bewusst zu machen, dass das nicht Ihre Gefühle sind, sondern die Ihres Gegenübers. Es ist nun also Ihre Entscheidung, ob Sie sich davon anstecken lassen oder nicht.

### AMYGDALA-HIJACK[12]

Daniel Goleman beschreibt in seinem Bestseller über emotionale Intelligenz (Goleman 2007) den Boxkampf zwischen Mike Tyson und Evander Holyfield in Las Vegas im Jahr 1997 als klassisches Beispiel für einen *Amygdala-Hijack*, also eine überschießende emotionale Reaktion auf eine Bedrohung. Der Kampf ging in die Boxgeschichte ein. Nachdem Holyfield seinem Gegner Mike Tyson einen Kopfstoß versetzt hat, sieht dieser rot und verliert völlig die Kontrolle – er verzichtet in der nächsten Runde auf seinen Mundschutz und beißt Holyfield einen Teil seines Ohres ab! Mir kommt ein weiteres Beispiel aus dem Sport in den Sinn. Vielleicht erinnern Sie sich an den Kopfstoß des französischen Nationalspielers Zinédine Zidane 2006 beim Finale der Fußballweltmeisterschaft gegen einen italienischen Spieler. (Funfact dazu: Ich habe in meinem ganzen Leben noch kein Fußballspiel angeschaut, aber just kurz vor dieser Szene drehe ich den Fernseher auf – und dann das.)
Vielleicht ist es Ihnen auch schon passiert – Ihnen sind »die Sicherungen durchgebrannt«, Sie haben die Kontrolle über sich verloren und sich danach dafür geschämt. Was passiert beim *Amygdala-Hijack*? Die Amygdala bildet mit anderen Strukturen das limbische System unseres Gehirns. Manchmal wird dieses auch »Sitz der Emotionen« genannt. Etwas komplizierter ausgedrückt: Das limbische System ist für die emotionale Steuerung unseres Verhaltens zuständig. Die Amygdala reguliert dabei die Kampf- oder Fluchtreaktionen. Stuft sie einen Reiz als bedrohlich ein, kann sie die Verbindung zum Neokortex, welcher zuständig ist für unser bewusstes, logisches Denken, unterbrechen (vgl. Kapitel 1.5). Was in lebensbedrohlichen Situationen zur Rettung führen kann (*fight-flight-freeze*), kann im Alltag zu einer unverhältnismäßigen emotionalen Reaktion führen, die man später bereut. Goleman beschreibt drei Stufen der Amygdala-Entführung: emotionale Reaktion, unangemessene Reaktion und späteres Bedauern.

---

12  Hijack (engl.): Entführung

Die Empfehlung, bei sich aufbauenden Emotionen bis 10 zu zählen oder tief durchzuatmen, bevor man reagiert, zielt darauf ab, den Neokortex (also die Gehirnstruktur, die für unser logisches Denken zuständig ist) wieder zu aktivieren. Die Amygdala ist evolutionsbiologisch eine sehr alte Struktur und sicherte das Überleben in der Steinzeit. Wenn wir aber heute im Stau stehen, geht es nicht um das nackte Überleben. Unsere Amygdala reagiert aber u. U. auf diese Situation wie auf eine Bedrohung und wir rasten – völlig unnötig – aus.

## Die Rolle der Spiegelneuronen

Als Spiegelneuronen werden Nervenzellen bezeichnet, die nicht nur bei der Planung und Ausführung, sondern auch bei der Betrachtung einer Handlung aktiviert werden. Sie werden daher auch als Simulations- oder Empathieneuronen bezeichnet (Stangl 2022). Dabei bilden die Spiegelneuronen beim zuschauenden Menschen nicht nur die Handlung nach, sondern auch Gefühle und Empfindungen. Sie könnten also die Grundlagen für Empathie sein, da durch die analoge neuronale Aktivität ein »inneres Bild« der Handlung des Gegenübers produziert wird. Die Spiegelneuronen reagieren als eine Art Resonanzsystem im Gehirn sehr sensibel auf die Gefühle und Stimmungen anderer und dürften daher nicht nur für unsere Empathiefähigkeit entscheidend sein, sondern auch für das Phänomen der Gefühlsansteckung (ebd.). Das Konstrukt der Spiegelneuronen wird jedoch sehr kontrovers diskutiert. Während einige Forscher*innen dieses sogar ganz ablehnen und viele es kritisch sehen, hat es in der Öffentlichkeit große Popularität erlangt. Was jedoch einzelnen Nervenzellen zugerechnet wird, dürfte eine komplexe Gesamtleistung unseres Gehirns sein und die Rolle der Spiegelneuronen dabei weit geringer ausfallen, als ihnen zugeschrieben wird (ebd.).

## Gefühlsansteckung belastet und erzeugt Ängste

Gefühlsansteckung – also das unbewusste Übernehmen belastender Gefühle – kann beim Gegenüber ebenfalls zu einem Belastungsgefühl führen. Werden diese Gefühle nicht reflektiert und als Gefühlsansteckung erkannt, kann es zu Angst vor Kontrollverlust und Hilflosigkeit kommen. Wird dies wiederum nicht bewusst wahrgenommen, kommt es zu Angstabwehr! Angstabwehr ist prinzipiell ganz normal und ein Versuch unserer Psyche, sich zu stabilisieren, das psychische Gleichgewicht wiederherzustellen. In der professionellen Arbeit führen die Mechanismen der Angstabwehr jedoch zu Fehlern in der Betreuung. Angstabwehr kann sich in der Arbeit mit Menschen in Krisen auf vielfältige Art und Weise äußern:

- Aggression auf die betroffene Person, häufig verbunden mit Beschuldigungen
- passive Aggression: Resignation, Zynismus, schwarzer Humor bis hin zu Weltverdrossenheit, Gefühl, nicht »genug« helfen zu können
- Aggressionshemmung / fehlender Mut, etwas anzupacken, sich für andere einzusetzen

- Bagatellisieren / Kleinreden von Problemen (um sich nicht damit beschäftigen zu müssen)
- Dramatisieren, um Probleme durch Aufmerksamkeit zu lösen
- Intellektualisierung: Gefühle werden durch theoretisch-distanziertes Analysieren reduziert, Flucht in die Fachsprache
- Delegieren an die »Offiziellen«, Abschieben der Verantwortung auf Vorgesetzte, Kolleg*innen, Familie, Verwandte
- übertriebener Einsatz, Flucht in die Arbeit
- genervt sein von »Ansprüchen« der Betroffenen
- vorzeitiger Abbruch der Betreuung
- Ablehnung von Klient*innen (»Für Trauma bin ich nicht zuständig, da kenne ich mich zu wenig aus.«)

Es ist ganz normal, dass wir immer wieder einmal in eine solche Dynamik geraten. Ähnlich wie beim Traumaviereck gilt es, dies zu erkennen, was einen Ausstieg aus der unerwünschten Verstrickung ermöglicht.

## 4.2.2  Zwischen Mitweinen und Ablehnung: ein Grenzgang

Wie der Psychologe und Psychotherapeut Roberto D'Amelio schreibt, kann eine »Überidentifizierung mit dem Schicksal des Patienten [...] zum Verlust des professionellen therapeutischen Umgangs und zu einer emotionalen Überlastung des Therapeuten führen« (D'Amelio 2010, S. 12 f.). Für die Helfer*innen besonders belastend sind die starken Emotionen des Gegenübers. Um diese nicht noch schlimmer zu machen (da man das selbst nicht aushält), kann es bei der Helferin zu einem Vermeidungsverhalten kommen – man traut sich nicht mehr, nachzufragen, wodurch es aber nicht mehr möglich ist, in die Welt des Gegenübers einzutauchen (Wilson, Lindy 1994; zit. n. D'Amelio 2010, S. 12 f.). Betroffene sind meist sehr sensibel gegenüber Anzeichen von Vermeidung und können diese als Desinteresse oder Ablehnung interpretieren. Sie fühlen sich erst recht alleingelassen mit ihren Problemen, was die Krisensituation weiter verschärfen kann. Was kann eine betroffene Person also von professionellen Helfer*innen erwarten? Laut Kanfer und Kolleg*innen (1996) sind das fachliche Kompetenz, Empathie, Verständnis und Akzeptanz für die Probleme, größtmögliche Transparenz und Übernahme von Verantwortung für den Behandlungsablauf.

Betrachten wir die zwei Pole »zu viel an Mitgefühl« und »zu wenig an Mitgefühl«, so ergeben sich jeweils folgende Probleme:
- Zu viel an Mitgefühl: »Mitweinen«
  - Helfer*in ist mit sich selbst beschäftigt, statt bei den Gefühlen der betroffenen Person zu bleiben.
  - Sicherheit geht verloren.

- – Dem Gegenüber wird zu viel zugemutet.
- – Grenzen werden nicht gewahrt.
- Zu wenig an Mitgefühl: Ablehnung, Distanz
  - – Gegenüber muss sich schützen vor Verletzungen oder Enttäuschungen.
  - – Ein positiver Bindungsaufbau ist nicht möglich.
  - – Verständnis für Probleme des anderen fehlt.

Mitgefühl und Empathie sind zwar Voraussetzung für einen guten Beziehungsaufbau, das alleine ist jedoch zu wenig. Es braucht ein Ziel, konkrete Maßnahmen, die Wiederermächtigung des Menschen in der Krise. Sonst handeln wir wie »Alltagsmenschen« (wie Eltern, Freund*innen) und laufen Gefahr, statt fachlich zu handeln, intuitiv vorzugehen. D. h. wir leiden mit, überfordern uns, es gibt keine klaren Verantwortlichkeiten und wir tappen in »Fallen« wie Opferbeschuldigung und Angstabwehr.

## 4.2.3 Umgang mit Gefühlsansteckung

Wie oben schon angedeutet, ist Gefühlsansteckung per se nichts Schlechtes, sondern notwendig, um zu spüren, was unser Gegenüber fühlt. Gefühlsansteckung stellt die emotionale Komponente der Empathie dar. Der professionelle Umgang mit Gefühlsansteckung erfordert das Wissen darum, dass es sich nicht um unsere eigenen Gefühle handelt (das ist die kognitive Komponente der Empathie). Es geht darum, ein Bewusstsein dafür zu entwickeln, was unsere eigenen Gefühle sind und was die des Gegenübers. Voraussetzung dafür ist die Aufarbeitung eigener traumatischer Erfahrungen, um eine Überschwemmung mit den eigenen Gefühlen zu vermeiden. Denn: Überschwemmt werden wir nicht von den Gefühlen unseres Gegenübers, sondern von unseren eigenen, die durch die Gefühlsansteckung getriggert werden. Um die eingangs gestellte Frage zum Mitweinen zu beantworten: Eine Träne zerdrücken ist »erlaubt«, zeugt von ehrlicher, mitfühlender Anteilnahme und wird beim Gegenüber nicht zu Überforderung führen. Wenn Sie feuchte Augen bekommen, lassen Sie es zu. Dagegen anzukämpfen würde nur die Aufmerksamkeit von Ihrer Aufgabe abziehen. Mitweinen jedoch würde eine Überwältigung mit eigenen Gefühlen bedeuten und ist definitiv unerwünscht, da eine Konzentration auf das Gegenüber nicht mehr möglich und die eigene Handlungsfähigkeit nicht mehr gegeben ist.

Wie auch bei der Gesprächsführung ist es hilfreich, immer die Metaebene mitlaufen zu lassen: Welche Gefühle spüre ich? Worauf weisen sie mich hin? Welche Handlungstendenzen lösen sie in mir aus? Gebe ich dem nach? Statt Abgrenzung und Angstabwehr ist es sinnvoll, sich kontrolliert auf die Person und deren Gefühle einzulassen (kontrollierter Kontrollverlust). Eine gute Vorbereitung, die Konzentration auf unsere Rolle (Was ist meine Aufgabe, was liegt in meiner Verantwortung?) und der bewusste Umgang mit den dabei entstehenden Gefühlen machen dies ohne Angst vor einem totalen Kontrollverlust möglich. Kommen wir dabei an unsere fachlichen, emotionalen oder körperlichen Grenzen, sollten wir möglichst rasch die Notbremse ziehen – eine Pause machen, Kolleg*innen oder Vorgesetzte aktivieren, ein Entlastungsgespräch führen, essen, trinken, schlafen.

Hier zusammenfassend noch einmal die wichtigsten Bausteine zum Umgang mit Gefühlsansteckung:

- Aufarbeitung eigener traumatischer Erfahrungen, um eine Überschwemmung mit eigenen Gefühlen zu vermeiden
- Bewusstes Wahrnehmen der entstehenden Gefühle
- Kontrollierter Kontrollverlust: sich einlassen können ohne die Angst vor totalem Kontrollverlust
- Bewusste Kenntnisnahme der eigenen Handlungstendenzen: handeln statt agieren, sich Zeit lassen
- Bewusste Verantwortlichkeit: sich so lange verantwortlich fühlen, wie die Betreuung dauert
- Sich der eigenen Grenzen bewusst sein (emotional, körperlich, fachlich)

## 4.3 The cost of caring – Trauma ist ansteckend

Wer mit hochbelasteten Menschen arbeitet, kennt das Phänomen der »Empathieermüdung«, auch »Mitgefühlserschöpfung« oder »*Compassion Fatigue*« genannt. (Figley 1995). Die im vorigen Kapitel beschriebene Gefühlsansteckung ist belastend, manchmal hat man das Gefühl, »nicht noch eine tragische Geschichte« hören und – vor allem – spüren zu wollen. Es schleicht sich eine gewisse »Genervtheit« oder »Gereiztheit« ein, vielleicht sogar der Gedanke: »Nicht schon wieder diese Klientin!« Möglicherweise macht sich sogar eine Veränderung der eigenen Sicht auf die Welt bemerkbar, eine Resignation, Ermüdung. Die Motivation, anderen zu helfen, nimmt ab. Man möchte sich nicht mehr in das Leid anderer einfühlen müssen.

Der US-amerikanische Psychologe und Traumaforscher Prof. Charles Figley sprach ursprünglich von »*Secondary Traumatic Stress*«, führte dann aber den Begriff »*Compassion Fatigue*« ein, da dieser weniger stigmatisierend sei. Da die Begriffe Mitgefühlserschöpfung und sekundäre Traumatisierung uneinheitlich verwenden werden und sich inhaltlich nicht ganz decken, wird im folgenden Kapitel einheitlich von sekundärer Traumatisierung gesprochen.

Es ist ganz normal, dass man nicht immer gleich belastbar ist und manchmal vielleicht auch überlastet. Wichtig ist allerdings, solche Anzeichen immer ernst zu nehmen und als Alarmsignale zu beachten: Jetzt muss ich ein paar Schritte zurücktreten, sonst bin ich auf dem besten Weg ins Burn-out. Sekundäre Traumatisierung beginnt typischerweise schleichend. Das macht es schwer zu erkennen, was sich da anbahnt. Günstig ist es daher, wenn man nicht nur auf die eigene Wahrnehmung angewiesen ist, sondern es neben individuellen auch institutionell verankerte Maßnahmen zur Prävention gibt (regelmäßige Supervision, Traumascreening, strukturierte Intervision, Resilienztrainings o. Ä.). Solche Ansätze zur Prävention von sekundärer Traumatisierung sind in Kapitel 4.3.3 dargestellt.

## 4.3.1 Was ist »sekundäre Traumatisierung«?

In der Arbeit mit traumatisierten Menschen kann es zu einer sekundären Traumatisierung kommen. Dabei entwickeln Helfer*innen ähnliche Symptome wie die traumatisierten Personen selbst, wie intrusive Bilder, Albträume, Vermeidungsverhalten sowie Übererregung wie Konzentrationsprobleme, Gereiztheit oder Schlafstörungen (Daniels 2003). Die Ursachen liegen in einer intensiven Konfrontation mit Traumamaterial und dem individuellen Leid der betroffenen Person. Für eine (primäre wie sekundäre) Traumatisierung ist eine dissoziative Verarbeitung des Traumamaterials ausschlaggebend, da in diesem speziellen Zustand Gedächtnisprozesse verändert ablaufen: Das Traumamaterial wird ohne Informationen zu Ort und Zeitpunkt (»Es ist vorbei.«) sowie mit einer geringeren Differenzierung zwischen der eigenen und anderen Person abgespeichert. So kommt es zu dem Gefühl einer anhaltenden, beständigen Bedrohung (Daniels 2003).

Sind Helfer*innen sekundär traumatisiert, sind sie nicht mehr in der Lage, klar zu denken, ihre Emotionen zu regulieren und auf jene des Gegenübers adäquat einzugehen sowie Hoffnung und Zuversicht aufrechtzuerhalten. Es kann zu Mechanismen der in Kapitel 4.2 beschriebenen Angstabwehr kommen – Klient*innen wird nicht geglaubt oder es kommt zu einer Überengagiertheit, die die Klient*innen letztlich in ihren Selbstheilungskräften schwächt.

> **DEFINITION VON SEKUNDÄRER TRAUMATISIERUNG**
>
> Laut der Psychologin Judith Daniels versteht man unter »sekundärer Traumatisierung« die Belastung, die im zwischenmenschlichen Kontakt entsteht, ohne eigene sensorische Eindrücke und mit zeitlichem Abstand zum traumatischen Ereignis (Daniels 2003). In diese Definition fallen also einerseits Familienangehörige, zum Beispiel Kinder oder Partner*innen von Traumatisierten (beispielsweise Kriegsveteranen), und andererseits Psychotherapeut*innen oder Menschen in ähnlichen Berufe, die sich in ihrer sozialpädagogischen oder therapeutischen Arbeit intensiv mit traumatisierten Menschen beschäftigen.

### Wer kann sekundär traumatisiert werden?

Daniels grenzt eine mögliche Traumatisierung von Einsatzkräften wie Sanitäter*innen, Feuerwehrleuten, Polizist*innen usw. von der sekundären Traumatisierung ab. Da diese eigene sensorische Eindrücke haben und in zeitlicher Nähe zum traumatisierenden Ereignis arbeiten, wäre eine Traumatisierung durch die Kriterien einer Posttraumatischen Belastungsstörung (als primäre Traumatisierung) laut ICD oder DSM abgedeckt.

Mit sekundärer Traumatisierung beschreibt Daniels (Daniels 2003) zwei Gruppen: die innerfamiliäre Übertragung (zum Beispiel auf Kinder/Familien von Kriegsveteranen) oder die Rückwirkungen der sozialpädagogischen und therapeutischen Arbeit mit traumatisierten Menschen auf die Behandler*innen.

Interessant dabei ist, dass Verwandte oder Psychotherapeut*innen selbst keine eigenen Bilder, Geräusche, Gerüche wahrgenommen haben. Zudem war »das Ereignis« nicht unvorhersehbar und unkontrollierbar. Dennoch können sie PTBS-Symptome bis hin zu einer Veränderung der Sicht auf die Welt entwickeln, als wären sie selbst einem traumatischen Ereignis ausgesetzt gewesen. Die Traumatisierung wird »übertragen«. Wie kann es dazu kommen, dass Fachkräfte, die über ein spezifisches Wissen über Trauma verfügen, dem Ereignis mit seinen sensorischen Eindrücken und der sensorischen Überflutung gar nicht ausgesetzt waren und der Konfrontation mit dem Traumamaterial geplant ausgesetzt sind, durch ein Trauma angesteckt werden? Forschungsergebnisse legen nahe, dass neben der Dissoziation bestimmte Formen der Empathie dabei eine Rolle spielen.

## Die Rolle der Empathie

Bei Empathie geht es einerseits darum, die Situation vom Standpunkt einer anderen Person aus zu betrachten (kognitive Perspektivenübernahme), andererseits um die Fähigkeit, sich in die emotionale Verfasstheit des Gegenübers hineinzuversetzen (affektive Emotionsübernahme).

In einer Forschungsstudie aus dem Jahr 2015 von Püttker, Thomsen und Bockmann wurden zwei Faktoren identifiziert, die auf eine Gefährdung für eine sekundäre Traumatisierung hinweisen: Menschen mit einer hohen Empathiefähigkeit und niedriger Akkomodationsfähigkeit sind besonders gefährdet, eine sekundäre Traumatisierung zu entwickeln. »Beim akkommodativen Coping verändert das Individuum seine Sichtweise auf das Problem, zum Beispiel durch kognitives (entlastendes) Umdeuten, entlastende Vergleiche, das Fokussieren auf positive Aspekte des Problems oder durch die Abwertung von alten und die Aufwertung von neuen Zielen.« (Püttker et al. 2015, S. 256). Menschen in psychosozialen, therapeutischen oder pädagogischen Berufen benötigen eine hohe Empathiefähigkeit, um ihre Arbeit gut machen zu können. Diese ermöglicht es ihnen, zu spüren, was in ihrem Gegenüber vorgeht. Bleibt man in der Empathie jedoch »stecken«, fühlt man sich durch die Gefühle belastet und läuft Gefahr, selber Schaden zu erleiden. Es bedarf somit einer kognitiven Leistung, um sich davor zu schützen. In Seminaren werde ich häufig gefragt, wie man sich besser »abgrenzen« kann. Dahinter steckt genau dieses Problem: Es geht nicht darum, die Empathie zu reduzieren, weniger mit unseren Klient*innen mitzuschwingen und die schwer belastete Person weniger empathisch zu begleiten. Sondern darum, auf die eigene Akkommodationsfähigkeit zu achten und sie zu stärken. Es fällt mir selbst oft schwer, nicht in der emotionalen Empathie hängen zu bleiben. Es hat mir aber sehr geholfen, zu wissen, dass es eine bestimmte Art der kognitiven Verarbeitung braucht, um mit belastendem Material besser umgehen zu können, und ich versuche, meine Akkomodationsfähigkeit bewusst zu stärken. Ein kleines Beispiel aus dem Alltag, bei dem entlastendes Umdeuten eine Rolle spielt:

Wie so oft saß ich im Zug, als ein Mann neben mir vorbeigehen wollte. Das Schwanken des Zuges brachte ihn zum Stürzen. Dabei krachte er mit voller Wucht mit dem Kopf gegen die Wand. Ohne zu zögern, rappelte er sich auf und ging schwankend weiter, eine Bierdose in der Hand. Ich sprach ihn an, ob er sich verletzt habe, und bemerkte, dass einer seiner Finger in einem 90-Grad-Winkel abstand. Er antwortete nicht, sondern wankte weiter. Meine Sitznachbarin meinte, der sei betrunken, da brauche man sich nicht drum kümmern. Als »gelernte Notfallpsychologin« sprang mein Wissen über prosoziales Verhalten, Verantwortungsdiffusion und pluralistische Ignoranz jedoch sofort an. Ich lief dem Mann nach und traf auf den Zugbegleiter, den ich bat, nach dem Verletzten zu sehen. Nach kurzer Zeit kam der Zugbegleiter zurück und berichtete, der Mann habe sich tatsächlich den Finger gebrochen, wolle jedoch keine Hilfe, sondern nur nach Hause. Meine Sitznachbarin meinte daraufhin, der Betrunkene habe sich die Verletzung selbst zuzuschreiben. Doch mir tat der Mann leid und das fehlende Mitgefühl meines Umfelds ärgerte mich. Wenige Minuten später stieg ich aus und kam noch ganz unter dem Eindruck des Vorfalls bei meinem Ziel an. Dort erzählte ich die Geschichte einem Kollegen, der ebenfalls Mitgefühl für den betrunkenen Mann hatte, aber meinte, ein gebrochener Finger verheile rasch und es sei gut, dass nicht mehr passiert sei. Er würde wohl, wenn er seinen Rausch zu Hause ausgeschlafen habe, ins Krankenhaus fahren und versorgt werden. Zudem wurde ich gelobt, den Zugbegleiter informiert zu haben. Rasch fühlte ich mich entlastet.

## 4.3.2 Bausteine für eine sekundäre Traumatisierung

In der therapeutischen oder traumapädagogischen Arbeit mit traumatisierten Personen spielt die emotionale Empathie eine große Rolle. Dazu kommt, dass die eigenen emotionalen Reaktionen kaum gezeigt, also unterdrückt werden müssen. Die eigene Bestürzung, persönliche Ängste dürfen nicht den Klient*innen umgehängt werden. Laut Daniels (Daniels 2003) kann die entstandene Stressreaktion nicht abgebaut, nicht in Bewegung umgesetzt werden. Zum Schutz unserer eigenen Psyche kommt es zur Dissoziation. Wie wir bereits gesehen haben, führt Dissoziation während des Traumas zu einer (sekundären) Traumatisierung.

Für Judith Daniels sind somit folgende Elemente für die Entstehung der sekundären Traumatisierung verantwortlich:

- emotionale Empathie,
- die Unterdrückung der emotionalen Reaktionen sowie
- Dissoziation.

Unter Dissoziation versteht man eine Art von Abspaltung. Das Kontinuum der Dissoziation reicht von fehlendem Emotionserleben über ein Gefühl der Entfremdung (das Gefühl, auf »Autopilot« zu sein) bis hin zu »out of body«-Erlebnissen (Depersonalisation).

> **EXKURS**  *Kindling* **oder die Sensibilisierung der Amygdala**
>
> In ihrer neuropsychologischen Theorie der sekundären Traumatisierung beschreibt Judith Daniels (Daniels 2006) die traumatogene Verarbeitung von Therapeutinnen mit drei Prozessen, die im menschlichen Organismus angelegt sind: Empathie, *Kindling* und Dissoziation.
>
> Wie schon ausgeführt spielt Empathie eine wichtige Rolle bei der Entstehung der sekundären Traumatisierung. Dabei scheint ausschlaggebend zu sein, ob die Unterscheidung zwischen Selbst- und Fremdperspektive beibehalten werden kann. Forschungsergebnisse legen nahe, dass eine »Ansteckung« mit dem Leid der beobachteten Person dann zu erwarten ist, wenn die Unterscheidung von Selbst- und Fremdperspektive entfällt. Dieser Ausfall der Selbst-Fremd-Differenzierung ist typisch für Dissoziation. Wie kann es aber dazu kommen, dass Therapeut*innen dissoziieren? Daniels erklärt dies mit »*Kindling*«. Dabei kommt es zu einer zunehmenden Sensibilisierung der Amygdala durch wiederholte unterschwellige Aktivierungen. Eine Therapeutin erlebt also durch Konfrontation mit Traumamaterial immer wieder selbst eine Angsterregung. Durch die Wiederholung dieses Vorgangs kommt es dazu, dass die Aktivierungsschwelle der Amygdala für Angstreaktionen immer weiter herabgesetzt wird. Schließlich genügen immer schwächere Stressoren, um Angst und dissoziative Reaktionen auszulösen. Dies würde auch erklären, warum einige Personen nach dem Erleben eines traumatischen Ereignisses wieder zu ihrem normalen Erregungsniveau zurückkehren und andere eine Traumafolgestörung entwickeln.

## Auslöser für eine sekundäre Traumatisierung

Für die Entwicklung einer sekundären Traumatisierung können viele Faktoren verantwortlich sein, hier einige davon, ohne Anspruch auf Vollständigkeit:

- zu viel Traumamaterial
- Dissoziation der Klient*in
- zu viel emotionale Empathie
- eigene Vortraumatisierung
- eigenes potenziell traumatisierendes Ereignis
- Parallele zum eigenen Leben
- zu wenig geschlafen oder getrunken

Interessant in diesem Zusammenhang ist eine Arbeit von Laura Waschulin aus dem Jahr 2013. Sie befragte 146 Psychotherapeut*innen verhaltenstherapeutischer Orientierung in Österreich mittels Online-Fragebogen zu sekundärer Traumatisierung bzw. sekundärem posttraumatischem Wachstum. Die Ergebnisse lassen vermuten, dass die Belastung durch eine eigene traumatische Vergangenheit eine wichtige Rolle spielt. Diese Variable stellte sich als einziger signifikanter Prädiktor für sekundären traumatischen Stress heraus. Damit stellt sich die Frage, ob es sich bei der sekundären Traumatisierung tatsächlich um eine Belastung handelt, die durch die sekundäre Traumaexposition entstand, oder um primäre Folgen eines eigenen Traumas. Diese Frage wird immer wieder heiß diskutiert. Die Auseinandersetzung mit eigenen traumatischen Ereignissen dürfte daher eine der wichtigsten Maßnahmen zur Verhinderung einer sekundären Traumatisierung (im Sinne von Primärprävention) sein.

## 4.3.3 Transformation ermöglichen – Schutz vor sekundärer Traumatisierung

Sich vor anhaltender Überlastung zu schützen, ist wohl in jedem Beruf eine Herausforderung. Strategien des Stressmanagements zu entwickeln, den Umgang mit Konflikten, Niederschlägen und Kränkungen zu lernen, das sind Entwicklungsaufgaben für jeden von uns. Die Arbeit in helfenden Berufen, speziell mit hochbelasteten, traumatisierten Menschen, fordert uns in ganz spezieller Art und Weise heraus. Vorteilhaft dabei ist: Was unsere Klient*innen stärkt, hilft auch uns selbst. Wir können also an uns arbeiten, uns weiterbilden, Übungen zur Entspannung und Verringerung von Erregung und Stress einsetzen. Zudem sind Maßnahmen der Selbstfürsorge hilfreich, um langfristig ausgeglichen, gelassen und optimistisch mit beruflichen und privaten Herausforderungen umzugehen. Ich finde es allerdings wichtig zu erwähnen, dass wir ohne strukturelle Maßnahmen zum Schutz vor sekundärer Traumatisierung auf lange Sicht nicht erfolgreich sein können. Die Arbeit mit hochbelasteten Menschen bzw. Menschen in Krisen wirkt sich auf das Team und das ganze System, die Institution aus. Viele Einrichtungen haben dies bereits erkannt. Für eine professionelle Arbeit sind neben dem individuellen Bemühen (Selbstschutz, Verhaltensprävention) auch strukturelle Ansätze (Verhältnisprävention) für einen sinnvollen Umgang mit Stressoren erforderlich. So wie sich Resilienz immer aus einem Zusammenspiel von individuellen und sozialen Schutzfaktoren entwickelt, sind für die Erhaltung der psychischen Gesundheit von Mitarbeiter*innen nicht nur individuelle, sondern auch strukturelle Maßnahmen notwendig. Das gilt neben der Prävention von sekundärer Traumatisierung auch für die Entstehung von Burn-out. Aus der Forschung wissen wir, dass nicht nur persönliche Risikofaktoren eine Rolle spielen, sondern auch Aspekte der Führung und der Arbeit selbst. Dabei kommt dem eigenen Handlungsspielraum eine besondere Rolle zu (Nerdinger, Röper 1999).

### VERHÄLTNIS- UND VERHALTENSPRÄVENTION

In der (betrieblichen) Gesundheitsförderung unterscheidet man zwischen Verhältnis- und Verhaltensprävention. Während Verhältnisprävention an den Arbeits- bzw. Lebensbedingungen ansetzt, geht es bei der Verhaltensprävention um das Verhalten der einzelnen Person. Beispiele für Maßnahmen der Verhältnisprävention sind gesundheitsfördernde Arbeitsplätze wie die ergonomische Gestaltung der Arbeitsumgebung und Arbeitsmittel, der Abbau belastender Arbeitsbedingungen, die Verbesserung des Kooperationsklimas, die Erweiterung von Handlungsspielräumen oder ein Rauchverbot in Gaststätten. Die Verhaltensprävention nimmt hingegen Einfluss auf das Gesundheitsverhalten des Einzelnen. Dazu können Aufklärung und Information eingesetzt werden sowie die Vermittlung von Bewältigungstechniken wie Bewegungsprogramme, Anti-Stress-Programme, Ernährungskurse oder Entspannungstrainings.

## Verhaltensprävention: Individuelle Maßnahmen

Um sich vor sekundärer Traumatisierung zu schützen, bedarf es um Wissen über dieses Phänomen. Dazu sind Fortbildungen hilfreich oder das Lesen einschlägiger Fachliteratur, Supervisionen oder der Austausch mit Kolleg*innen. Ein wichtiger Schutzfaktor ist Fachwissen über einen adäquaten Umgang mit Menschen in Krisen. Das Nicht-Verstehen oder Nicht-Einordnen-Können von Symptomen und Unsicherheit über das »richtige« Vorgehen führen zu Belastungen, Frustration und Überforderung. Dazu fällt mir Marlene Biberacher ein, eine Pionierin auf dem Gebiet der Traumapädagogik aus Deutschland (Beckrath-Wilking et al. 2013), die bei der Eröffnung eines unserer Traumapädagogik-Lehrgänge, nachdem sie einige herzergreifende Fallbeispiele von traumatisierten Kindern erzählt hatte, sinngemäß mit den Worten schloss: So schlimm das auch ist, es ist kein Grund für Depression und Hoffnungslosigkeit, denn die Traumapädagogik liefert so viele Ansätze, wie wir diese Menschen unterstützen können. Sie selbst geht mit gutem Beispiel voran mit ihrer positiven, freundlichen und herzlichen Art und zeigt, dass es möglich ist, jahrzehntelang in einem so sensiblen Bereich zu arbeiten, ohne selbst Schaden zu nehmen. Neben dem nötigen Fachwissen kann das Trainieren emotionaler Bewältigungsstrategien und der Körperwahrnehmung sowie das Zusammenstellen eines individuellen »Notfallsets« hilfreich sein. Ein »Notfallset« besteht beispielsweise aus Distanzierungs-, Achtsamkeits- und Entspannungsübungen, die uns helfen, Stress und Anspannung zu reduzieren.

### Selbstfürsorge

Maßnahmen der Selbstfürsorge helfen, eine optimistische Lebenshaltung einzunehmen, Arbeits- und Privatleben in Balance zu halten und den Herausforderungen des Lebens mit Gelassenheit und Ausgeglichenheit entgegenzutreten. Hilfreich dafür sind die Fähigkeit zur Reflexion und Selbstöffnung sowie ein stark ausgeprägtes Kohärenzgefühl. Mit Letzterem ist die Fähigkeit gemeint, das, was uns in unserem Leben begegnet, einzuordnen, auf innere und äußere Ressourcen zu vertrauen und unserem Leben einen Sinn zu geben (zum Kohärenzgefühl vgl. Kapitel 2.4.1). Selbstfürsorge praktisch angewendet bedeutet, mit anderen Menschen über Erlebtes zu sprechen, Hilfe in Anspruch zu nehmen und mit sich und persönlichen Ressourcen achtsam umzugehen (ausreichend zu schlafen, ausgewogen und regelmäßig zu essen, sich zu bewegen, Sport zu treiben). Auch kreative Tätigkeiten oder Zeit in der Natur und mit Tieren zu verbringen, kann hilfreich sein. Kontrollieren Sie Ihre Gedanken, schaffen Sie sich hilfreiche Imaginationen und Bilder, machen Sie nicht mehrere Dinge auf einmal, atmen Sie immer wieder bewusst, ärgern Sie sich nicht über »die anderen«. Wenn Sie Lust haben, setzen Sie diese Liste bitte fort – ergänzen Sie sie und adaptieren Sie sie, sodass sie für Sie und Ihr Leben passt. Drucken Sie sich die Liste aus und hängen Sie sie ins Bad, ins Klo, an den Kühlschrank, neben den Spiegel, sodass Sie sich immer wieder daran erinnern. Stellen Sie sich immer wieder die Frage, ob Sie Ihre eigenen Empfehlungen auch tatsächlich umsetzen!

## Verhältnisprävention: Strukturelle Ansätze

In die Verhältnisprävention fallen Themen wie Arbeitsabläufe, Arbeitszeiten, Informationsfluss, Zusammenarbeit mit Kolleg*innen und Vorgesetzten sowie Autonomie und Abwechslung in der Tätigkeit selbst. Fort- und Weiterbildungsmöglichkeiten, innovative Laufbahngestaltung und *Diversity-Management* sind weitere Schlagwörter, die in diesem Zusammenhang von Bedeutung sind. Ein gesundes Miteinander im Team, die soziale Einbettung sowie Anerkennung und Verantwortungsübernahme im Team sind in belastenden Zeiten eine große Unterstützung. Ein gut funktionierendes Team bildet sich meist nicht von selbst, sondern es ist eine Führungsaufgabe, die Voraussetzungen dafür zu schaffen.

EXKURS Clinical Risk Management Team

Die Arbeit mit traumatisierten Menschen ist emotional anspruchsvoll und kann zu starken Gefühlen in den Helfer*innen und im gesamten Team führen. Traumatisierte Menschen haben oft Schwierigkeiten in der Beziehungsgestaltung sowie in der Selbstregulation. Ihr Verhalten ist manchmal irritierend und Krisen sind an der Tagesordnung. Janet Geller und ihre Kolleg*innen (Geller et al. 2004) entwickelten ein Modell für eine strukturierte Intervision für Menschen, die traumatisierte Personen behandeln, um Frustration, Burnout und sekundärer Traumatisierung vorzubeugen. Sie gehen davon aus, dass die Helfer*innen – wie die Klient*innen auch – einen sicheren Raum brauchen, um über ihre Erfahrungen, Sorgen und Anliegen zu sprechen. Das sogenannte »*Clinical Risk Management Team*« (CRMT) besteht aus zwei Komponenten: erstens aus einem strukturierten Protokoll zur Fallbesprechung und zweitens aus einem kollegialen Team, das einen sicheren Rahmen für die Reflexion zur Verfügung stellt. Das strukturierte Protokoll soll ein geordnetes Durchbesprechen des »Falls« ermöglichen, um sich nicht in der

»Verwirrung« der Traumageschichten zu verlieren, während das Team Verbundenheit und Unterstützung bietet und so gegen die isolierenden Effekte von Trauma angeht. Durch die starke Strukturierung, quasi Manualisierung, kann das CRMT leicht in Institutionen implementiert werden.

Die wichtigsten Punkte des CRMT sind zusammengefasst:

- entwickelt durch Supervisor*innen im ambulanten multiprofessionellen Team in New York City
- Basiselemente: strukturiertes Protokoll und kollegiale Beratung
- Strukturierung von Gedanken mit traumatischen Inhalten und Diskussion
- Förderung von Verständnis unter den Mitarbeiter*innen hinsichtlich Belastung durch Intervision
- Funktionsunabhängige Rollenverteilung ermöglicht eine Aufteilung der Verantwortung und Kontrolle des Prozesses

Abschließend werden noch einige Möglichkeiten zum Selbstschutz und der Psychohygiene vorgestellt, die mir besonders wertvoll erscheinen.

## ABC zum Schutz vor sekundärer Traumatisierung

Das ABC zum Schutz vor sekundärer Traumatisierung von Saakvitne und Pearlman (Saakvitne, Pearlman 1996) ist eine einfache, gut zu merkende Strategie und setzt sich aus drei Komponenten zusammen (dargestellt in Abb. 4-2): Bewusstsein, Ausgleich und Verbindung schaffen.

1. *Awareness* (Bewusstsein schaffen): Sich seiner Bedürfnisse, Grenzen und »Alarmsignale« für Stress bewusst werden ebenso wie der eigenen Stärken und Ressourcen im Umgang mit Stress, wiederholte Orientierung am »Jetzt«

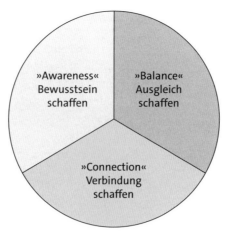

**Abb. 4-2:** ABC zum Schutz vor sekundärer Traumatisierung (eigene Darstellung nach Saakvitne, Pearlman 1996).

2. *Balance* (Ausgleich schaffen): Ausgleich zwischen Ruhe und Anstrengung, Spiel und Arbeit schaffen und erhalten, Vielfalt der Aktivitäten
3. *Connection* (Verbindung schaffen): Ermöglichen und Nähren von Verbindungen zu sich selbst, zu anderen (Menschen und Tieren), zur Natur, zu etwas Transzendentem, Ermöglichen von Kommunikation über Schmerz und Ohnmacht

Margarete Udolf (Udolf 2008) formulierte ähnlich drei Schutzfaktoren:
- A wie Achtsamkeit: Achte auf dich selbst, auf deine Bedürfnisse, Grenzen und Ressourcen.
- B wie Balance: Achte auf dein Gleichgewicht zwischen Arbeit, Freizeit und Ruhe.
- C wie Connection: Bleibe in Verbindung mit dir selbst, Menschen und der Natur.

## Prävention von sekundärer Traumatisierung nach Judith Daniels

Wie Judith Daniels (Daniels 2003) ausführt, ist eine sekundäre Traumatisierung nicht nur sehr beeinträchtigend, sondern birgt auch ein hohes Chronifizierungsrisiko. Da eine sekundäre Traumatisierung ein Stresssyndrom ist, sollte die Entspannungsfähigkeit schon bevor es zu Belastungssymptomen kommt trainiert werden. Da bei der Entstehung einer Traumatisierung Dissoziation eine große Rolle spielt, ist es von Vorteil, die eigenen kognitiven Verarbeitungsstile zu kennen und gegebenenfalls zu verändern. Allgemeine Präventionsansätze sollten laut Daniels daher drei Bereiche umfassen:
1. Regelmäßiges Screening auf Traumasymptome
2. Individuelle Stressbewältigungsprogramme, zum Beispiel bestehend aus Sport, Imaginationsübungen oder Yoga (Ziel ist die Regulierung der Amygdala-Aktivierung)
3. Prozessierung des Traumamaterials, zum Beispiel in Form von Debriefing, Supervision, Berichten oder Symbolisierungen

Daniels (Daniels 2003) empfiehlt zudem den Einsatz von Dissoziations-Stopps, um unwillkürliche Dissoziationen zu verhindern. Neben einer Selbstbeobachtung, in welchen Situationen man zu Dissoziationen neigt, sind folgende Techniken hilfreich:
- Körpererleben wachhalten
- kognitive Trennung: Hier und jetzt vs. dort und damals (»Es ist vorbei.«)
- aktiv Unterschiede zwischen damals und jetzt wahrnehmen
- therapeutische Techniken: Bildschirm-Technik, unterbrechen, strukturieren, dosieren
- Imaginationen (Schutzmantel)

Forschungsergebnisse zeigen, dass Menschen, die einen höheren Kohärenzsinn aufweisen, mehr Freizeitaktivitäten unternehmen (Weberling et al. 2015; Thomsen et al. 2017; zit. n. Daniels 2019) und sich sowohl privat durch Freund*innen/Partner*innen/Familie als auch bei der Arbeit durch die Leitungsebene und Kolleg*innen als sozial unterstützt wahrnehmen (Hensel et al. 2015), weniger Belastung durch sekundäre Traumatisierung erleben.

### Einsatz von Distanzierungstechniken

In der täglichen Arbeit mit traumatisierten Menschen kann es hilfreich sein, mit bestimmten Techniken die kognitive Empathie zu erhöhen, um nicht in der emotionalen Empathie hängen zu bleiben. Dafür kommen verschiedene Methoden der Distanzierung zum Einsatz:

- Konzentration auf Therapietechniken und die eigene Rolle (Welche Funktion, Verantwortung habe ich und wann endet diese? Welche Unterstützung gibt es zusätzlich? etc.)
- Unterbrechungen nutzen
- zwei Kamerapositionen: mitfühlen und beobachten/analysieren
- Verbalisieren: Fachausdrücke, verschriftlichen, abstrahieren
- sich abstrakte visuelle Vorstellungen machen – sich Steine statt Personen vorstellen

Hilfreich ist auch ein Ressourcenkoffer (Daniels 2003), der vor, während und nach belastenden Gesprächen eingesetzt werden kann. Zur Vorbereitung dienen Fragen wie:

- Was tue ich (innerlich oder äußerlich) vor einem belastenden Gespräch/einer belastenden Situation?
- Was tue ich (innerlich oder äußerlich) während eines belastenden Gesprächs/einer belastenden Situation?
- Was tue ich (innerlich oder äußerlich) nach einem belastenden Gespräch/einer belastenden Situation?

# 5 Über das Helfen

## 5.1 Warum fühlt helfen sich gut an?

Auch wenn Helfen zu Überforderung, Burn-out, Frustration oder Mitgefühlserschöpfung führen kann, so mehren sich Studien und Hinweise, dass es sich sehr positiv auf die helfende Person selbst auswirkt. Gutes tun fühlt sich gut an. Dass dabei sogar ein Hochgefühl entstehen kann, diese Erfahrung machen viele Menschen, die sich für andere einsetzen. Tausende suchen Möglichkeiten zu helfen, engagieren sich ehrenamtlich, verleihen ihrem Leben dadurch einen Sinn und beziehen durch das Helfen auch selber viel Kraft. Das Ehrenamt hat gerade in Österreich und Deutschland eine lange Tradition. Menschen engagieren sich als Deutschlehrer*innen, Fußballtrainer*innen, bei der Freiwilligen Feuerwehr oder dem Roten Kreuz, machen Besuchsdienste, begleiten Sterbende, Trauernde, arbeiten in Suppenküchen usw. Im Jahr 2015, als viele geflüchtete Menschen in Deutschland und Österreich ankamen, war eine Welle der Hilfsbereitschaft zu spüren (die allerdings rasch wieder abflaute und ins Gegenteil umschlug). Menschen strömten zu den Bahnhöfen und versuchten, sich dort nützlich zu machen. Warum machen wir das, und noch dazu unbezahlt? Der deutsche Sozialwissenschaftler und Glücksforscher Jürgen Schupp vom Deutschen Institut für Wirtschaftsforschung erklärt, dass Freizeitaktivitäten, die der Gemeinschaft dienen, wesentlich mehr Zufriedenheit bringen als beispielsweise eine Gehaltserhöhung. Geld macht also (doch) nicht glücklich?

### 5.1.1 Helfen wir, weil wir Altruisten sind?

Die Motive, zu helfen, also sich altruistisch zu verhalten, sind vielfältig. Faktoren wie soziale Verantwortlichkeit, Mitgefühl mit leidenden Lebewesen und das Erleben von Selbstwirksamkeit spielen dabei eine Rolle sowie Schuldgefühle, das Gefühl, etwas zurückgeben zu wollen, oder Fairness. Ist helfen (man spricht auch von »prosozialem Verhalten«) tatsächlich Ausdruck von Altruismus oder machen wir das nur, um uns selbst besser zu fühlen ob der Ungerechtigkeit der Welt oder um uns von unseren eigenen Problemen abzulenken? Der amerikanische Psychologe Daniel Batson hat sich mit genau dieser Frage auseinandergesetzt und unterscheidet zwei Motivationssysteme, die dem Helfen zugrunde liegen: das altruistische und das egoistische Motivationssystem. Batson und Mitarbeiter*innen (Batson et al. 2015) formulierten die Empathie-Altruismus-Hypothese, der zufolge Menschen nur dann altruistisch handeln, wenn sie Empathie empfinden. Durch Empathie wird Besorgnis um jemanden ausgelöst, was dazu führt, dass wir uns um diese Personen kümmern. Hilfeverhalten kann aber auch ohne Empathie stattfinden und durch das egoistische Motivationssystem aktiviert werden. Das wäre dann der Fall, wenn wir helfen, um unser persönliches Unbehagen zu reduzieren. Helfen wir jedoch aus egoistischen Gründen, stellen wir eine Art Kosten-Nutzen-Rechnung auf: Wir wählen jene Handlungsalternative, welche die niedrigsten Kosten und die größte Belohnung verspricht. Es kann also sein, dass wir die Flucht-möglichkeit wählen, wenn wir uns unbeobachtet glauben, obwohl eine Person unsere Hilfe benötigt (beispielsweise bei einem Autounfall). Überwiegt jedoch die empathi-sche Besorgnis, werden wir eher helfen, auch wenn wir eine einfache Fluchtmöglich-keit hätten. Während bei empathischer Besorgnis Gefühle wie Wärme, Weichherzig-keit oder Mitgefühl vorherrschen, fühlt man sich bei persönlichem Unbehagen alarmiert, beunruhigt und niedergedrückt, wenn man mit dem Leid des Opfers kon-frontiert wird. Das Empfinden von empathischer Sorge beim Beobachten einer Notlage wird durch bestimmte Faktoren wahrscheinlich – wie beispielsweise durch eine enge Beziehung mit dem Opfer, die durch Ähnlichkeit, Nähe oder Zuneigung gekennzeich-net ist, das eigene Erleben der Notlage des Opfers in der Vergangenheit oder das aktive Hineinversetzen in die Lage des Opfers (Dorsch, Lexikon der Psychologie 2022). Die Empathie-Altruismus-Hypothese wurde durch zahlreiche Experimente empirisch belegt (zum Beispiel Bierhoff, Rohmann 2004).

## 5.1.2  Wer anderen hilft, lebt länger und ist zufriedener

Wie der Sozialpsychologe Prof. Dr. Bierhoff (Bierhoff 2013) ausführt, belegen Studien, dass Menschen, die Freund*innen, Verwandte oder Nachbar*innen unterstützten oder den Lebenspartner pflegten, ein signifikant reduziertes Sterblichkeitsrisiko aufwie-sen. Und zwar unabhängig von Alter oder sozialer Einbindung. Umgekehrt, also für die Personen, die Unterstützung erhielten, galt das jedoch nicht (Brown et al. 2003, zit. n. Bierhoff 2013). Auch für die Freiwilligenarbeit ist gut belegt, dass diese die Lebenszu-friedenheit erhöht (Bierhoff 2013). Altruismus fühlt sich also nicht nur gut an, sondern trägt auch wesentlich zum persönlichen Wohlbefinden und der Lebenszufriedenheit bei. Helfen steigert zudem das Selbstwertgefühl, wie Prof. Bierhoff erklärt (ebd.). Da man in Übereinstimmung mit seinen Einstellungen handelt, komme ein Kreislauf der Selbstverstärkung in Gang. Man macht die Erfahrung, etwas bewirken zu können, und das steigere das Selbstwertgefühl (ebd.).

> **WAS HELFEN UND SEX GEMEINSAM HABEN**
> Helfen kann zu positiven Gefühlen bei der helfenden Person führen. Ähnlich wie sportliche Betätigung (»*Runner's High*«) kann Helfen zum sogenannten »*Helper's High*« führen. Charity hat im US-amerikanischen Raum eine lange

Tradition. So erstaunt es nicht, dass die Auswirkungen von Freiwilligenarbeit oder Spendentätigkeit gut erforscht sind. Einer Studie an über 3000 US-Amerikaner*innen, die freiwillige Arbeit leisteten, zufolge dauerte das daraus resultierende Hochgefühl einige Wochen an und trat sogar dann wieder auf, wenn sich die Personen nur an die Tätigkeit erinnerten (Luks 2001, zit. n. Dossey 2018). US-Neurowissenschaftler*innen fanden heraus, dass bei Freiwilligenarbeit oder Spendentätigkeit dasselbe Hirnareal aktiviert wird, das auch bei anderen freud- und lustvollen Tätigkeiten wie Sex oder Essen reagiert – man spricht auch vom Belohnungssystem im Gehirn. Dieses Hirnareal (das mesolimbische System) schüttet dabei die sogenannten »feel-good«-Neurotransmitter aus, wie Oxytocin und Vasopressin. Das hat zur Folge, dass Menschen sich beim Helfen tatsächlich gut fühlen und diesen Zustand wieder herbeiführen möchten. Spannend dabei ist, dass das entsprechende Hirnareal schon allein durch das Denken an eine wohltätige Tätigkeit aktiviert wird. Es lässt sich also sagen: Helfen produziert Glücksgefühle, stärkt das Immunsystem und reduziert Stress.

## 5.2 Helfersyndrom und hilflose Helfer*innen

Sich um andere Menschen zu kümmern ist etwas Positives. Es tut uns selbst gut und es braucht in einer Gemeinschaft Personen, die sich für andere einsetzen und verantwortlich fühlen. Um langfristig in helfenden Berufen gesund zu bleiben oder sich auch privat um andere Menschen zu kümmern, muss eine Balance gefunden werden zwischen der Hilfestellung für andere und den eigenen Bedürfnissen. Es fällt auf, dass gerade Menschen in helfenden Berufen häufig an Burn-out leiden. Das hat sicher einerseits damit zu tun, dass es eben anspruchsvolle Tätigkeiten sind, psychisch und manchmal auch physisch anstrengend. Auch die Arbeitsbedingungen sind oft nicht gerade rosig. Dazu kommt aber ein weiterer Aspekt: Es sind oft ganz bestimmte Menschen, die sich solche Berufe suchen. Menschen, die versuchen, eigene Defizite mit diesen Berufen auszugleichen. Man spricht vom »Helfersyndrom«. Bitte nicht falsch verstehen: Nicht alle Menschen in helfenden Berufen oder die in ein Burn-out geraten, haben ein Helfersyndrom (nach dem Motto: selbst schuld). Aber es ist ein Aspekt, mit dem man sich auseinandersetzen sollte. Unter dem Begriff des Helfersyndroms versteht man ein übermäßiges Helfen, so dass die Menschen sich selbst und häufig auch den anderen schaden. Sie helfen ungefragt, haben Schwierigkeiten, Nein zu sagen und sich um sich selbst zu kümmern.

### FALLBEISPIEL Die einzige Vertraute

Frau M. ist 28 Jahre alt, ausgebildete Sozialpädagogin und arbeitet in einer Unterkunft für geflüchtete Menschen. Sie ist eine beliebte Kollegin, freundlich, warmherzig, und setzt sich für die ihr verantworteten Menschen nach Kräften ein. Ein junger Mann hat es ihr besonders angetan. Die furchtbaren Erfahrungen, die er in seinem Leben machen musste, haben ihn schwer gezeichnet. Immer wieder wird er suizidal. Dann wendet er sich meist an Frau M. Obwohl es für sie schwierig ist, immer für ihn da zu sein, gibt sie ihr Bestes. Wenn er anruft, lässt sie alles andere stehen und liegen und eilt zu ihm. Das hat bereits zu Unstimmigkeiten im Team und auch zu Hause geführt. Auch Frau M. selbst wird es manchmal zu viel. Sie weiß aber nicht, wie sie anders damit umgehen soll, und will ihn nicht im Stich lassen. Zudem schmeichelt es ihr, dass sie seine einzige Vertraute ist. Ihr Umfeld fragt sich allerdings, wie lange sie das alles noch aushalten wird.

## 5.2.1  Helfersyndrom versus Altruismus

Der Begriff des »Helfersyndroms« wurde vom deutschen Psychologen und Psychoanalytiker Wolfgang Schmidbauer in seinem 1977 erschienenen Buch geprägt. Ihm ging es darum, die besonderen seelischen Risiken von Personen in helfenden Berufen zu erkennen, nicht zuletzt um ein »Ausbrennen« engagierter und idealistischer Helfer*innen zu verhindern. Sein Buch wurde zum Bestseller, heute sind laut den Angaben auf seiner Website fast dreihunderttausend Exemplare verkauft. Der Begriff hat Eingang in die Alltagssprache genommen, wird jedoch oft anders verwendet als von Schmidbauer beschrieben. Schmidbauer stellte die Hypothese auf, dass Menschen mit einem Helfersyndrom in ihrer Kindheit nicht die notwendige Erfahrung bedingungsloser Zuwendung, Liebe und Unterstützung gemacht haben. Dies führte zu Gefühlen von Verzweiflung, des Alleinseins und zu großen Zweifeln am eigenen Selbst. In der Folge entwickelte sich ein stark schwankendes Selbstwertgefühl zwischen dem Gefühl der eigenen Wertlosigkeit und Größenfantasien hinsichtlich der eigenen Wichtigkeit und des eigenen Werts. Um in der Zukunft in Beziehungen Abhängigkeiten zu vermeiden, die zu Kränkungen und Zurückweisungen führen könnten, werden Beziehungen zu Schwächeren gesucht. Indem sich die betroffenen Personen für andere aufopfern, kompensieren sie ihre eigenen Wünsche und Sehnsüchte. Das Helfen als sozial erwünschtes Verhalten gibt ihnen Anerkennung und Bestätigung. Durch das Ausleben des Helfersyndroms wird eine frühe Kränkung verarbeitet (Pschyrembel online 2016).

Was einst eine Funktion hatte, birgt aber auch Risiken – für beide Seiten. Menschen mit Helfersyndrom fühlen sich nur dann geliebt und wertvoll, wenn sie gebraucht werden, sich für andere »aufopfern«. Dabei werden sie auch helfend tätig, ohne gefragt zu werden, übernehmen sich aber dabei, achten nicht auf ihre eigenen Bedürfnisse und machen die Probleme der anderen zu ihren eigenen. Wenn sie auf sich schauen und sich etwas Gutes tun, bekommen sie schnell ein schlechtes Gewissen. Sich selbst Hilfe zu holen, eigene Schwächen und Fehler einzugestehen, fällt ihnen schwer. Einige dieser Menschen ergreifen im Erwachsenenalter einen helfenden Beruf, um unbewusst diese Bedürfnisse zu befriedigen, was sich als problematisch erweisen kann.

Die wichtigsten Aspekte von echter, sinnvoller Hilfe sind in Tab. 5-1 dem Helfersyndrom gegenübergestellt. Unter echter, also altruistischer Hilfe, versteht man Hilfe, die nötig und erwünscht ist und nicht der Befriedigung eigener Defizite dient. Echte Hilfe ist Hilfe zur Selbsthilfe, das Wohl anderer steht im Vordergrund. Es werden weder Dankbarkeit noch Gegenleistungen erwartet. Menschen mit Helfersyndrom hingegen helfen auch ungebeten, wollen anderen alles abnehmen, verhalten sich oft übergriffig. Es besteht die Gefahr des Ausbrennens und der Abhängigkeit zwischen Helfer*in und Hilfsempfänger*in. Während altruistische Helfer*innen gut auf eigene Bedürfnisse achten, gehen Menschen mit Helfersyndrom mit sich selbst äußerst streng um und gestehen sich keine Fehler oder Schwächen zu.

| Altruismus | Helfersyndrom |
|---|---|
| Echtes Interesse am Wohl anderer | Helfen als Selbstzweck zur Befriedigung eigener Defizite |
| Helfen, wenn Hilfe nötig und erwünscht | Auch ungebeten helfen, ohne gefragt zu werden |
| Hilfe zur Selbsthilfe | Anderen alles abnehmend, sich aufopfernd, übergriffig, Dank erwartend |
| Hilfe ohne Erwartung von »Dankbarkeit« oder einer Gegenleistung | Eigene Schwäche oder Hilfsbedürftigkeit kann nicht zugelassen werden |
| Helfen, ohne die eigenen Bedürfnisse zu vergessen | Vernachlässigung eigener Bedürfnisse – Gefahr des »Ausbrennens« |
|  | Gefahr der Abhängigkeit zwischen Helfendem*r und Hilfsempfänger*in |
|  | Viel Verständnis für Probleme und Schwächen anderer, aber große Strenge gegen sich selbst |

**Tab. 5-1:** Altruismus versus Helfersyndrom

## 5.5.2 Möglichkeiten der Veränderung

### Erkennen

Der erste Schritt der Veränderung ist die Erkenntnis, dass der Begriff des Helfersyndroms auf einen selbst zutreffen könnte. Dass man sich übermäßig, oft vielleicht sogar unerwünschterweise, für andere aufopfert, um damit eigene Defizite auszugleichen. Personen, die in einschlägigen Berufen tätig sind, haben dies vielleicht in der Supervision bereits bearbeitet. Dass die Motivation, einen helfenden Beruf zu ergreifen, etwas mit der eigenen Geschichte zu tun hat, verwundert nicht. Wichtig dabei ist die Bewusstmachung der eigenen Motivation. Personen, die nicht regelmäßig in Supervision sind oder die ihr Helfersyndrom im privaten Bereich ausleben, haben es da schon schwieriger. Ohne einen Blick, eine Hilfestellung von außen, ist es naturgemäß schwieriger, sich – wie Baron Münchhausen – »am eigenen Schopf aus dem Sumpf zu ziehen«. Vielleicht ist es dann sinnvoll, sich Unterstützung zu holen, eine Psychotherapeutin oder Psychologin zu konsultieren. Sehen Sie das als ersten großen Schritt zur Veränderung an, denn gerade Menschen mit Helfersyndrom fällt es bekanntlich besonders schwer, sich selbst Hilfe zu holen.

### Beobachten, ohne zu bewerten

Wenn Ihnen die oben beschriebenen Verhaltensweisen bekannt vorkommen, können Sie beginnen, sich genauer zu beobachten. Wie geht es mir, wenn ich allein bin, mich niemand braucht? Wie gehe ich mit Mitmenschen um, denen es (vermeintlich) nicht gut geht, die Hilfe brauchen könnten? Helfe ich anderen Menschen ungefragt, vielleicht mehr, als mir selbst und ihnen guttut? Fühle ich mich dann vielleicht sogar überfordert und ärgere ich mich über ausbleibenden Dank? Versuchen Sie, sich zu beobachten, ohne zu bewerten. Welche Gefühle löst es in mir aus, wenn ich anderen helfe? Wie fühle ich mich, wenn ich das unterlasse? Woher kommt mein Bedürfnis, anderen zu helfen?

### Alternativen finden

Wagen Sie das eine oder andere Experiment in Ihrem Alltag: Schalten Sie Ihr »Appellohr« bewusst ab. Unterlassen Sie es, jemandem zu helfen, wenn Sie nicht darum gebeten wurden. Sollten Sie um Hilfe gebeten werden, überlegen Sie zuerst genau, ob Sie gerade die dafür nötigen Ressourcen haben. Wenn Ihnen jemand lang und breit von persönlichen Problemen erzählen will, beobachten Sie, welche Gefühle das in Ihnen weckt. Fühlen Sie sich geschmeichelt, gebraucht zu werden? Ergründen Sie, was Ihnen guttut, und tun Sie das für sich. Verbringen Sie Zeit allein und gestalten Sie diese bewusst für sich. Wie könnten Sie Ihr Bedürfnis, wertvoll zu sein, noch befriedigen, ohne dabei anderen zu helfen? Wie können Sie Ihre fürsorglichen Qualitäten auf sich selbst beziehen, für Ihre eigenen Bedürfnisse ebenso sensibel werden wie für die der anderen, wie mit sich selbst ebenso wohlwollend umgehen wie mit anderen?

## 5.2.3  Das Drama-Dreieck

Martina hat einen Konflikt mit ihrer Kollegin Franziska. Da Lisa sich mit beiden gut versteht und vermitteln möchte, bezieht sie beide Kolleginnen in ihr neues Projekt ein, in der Hoffnung, die gemeinsame Arbeit werde den beiden helfen, sich wieder anzunähern. Doch nun zeigen sich sowohl Martina als auch Franziska ihr gegenüber feindselig. Sie versteht die Welt nicht mehr.

Max und Fritz streiten. Max hat Fritz sein Spielzeug weggenommen. Der Vater greift ein und sagt Max, er soll es Fritz wieder zurückgeben. Dass Fritz vorher Max getreten hat, weiß er nicht.

Eine Seminarteilnehmerin beginnt nach einem Video über einen Unfall zu weinen und läuft aus dem Seminarraum hinaus. Ohne abzuwarten, wie die Seminarleiterin reagiert, läuft ihr eine andere Teilnehmerin hinterher.

Der Mann sucht das Katzenfutter und sagt zu seiner Frau, die gerade das Abendessen zubereitet:»Ich kann das Katzenfutter schon wieder nicht finden.«. Die Frau legt den Kochlöffel beiseite und kommt ihm zu Hilfe. Dabei schimpft sie:»Bin ich denn für alles hier im Haushalt verantwortlich?«

Die Mutter jammert am Telefon über ihr Leben. Der Sohn fühlt sich hilflos und ärgert sich gleichzeitig. Ohne danach gefragt worden zu sein, bietet er an, öfter bei ihr vorbeizukommen, obwohl er gar nicht weiß, wie er das schaffen soll.

Vielleicht kommt Ihnen das eine oder andere Beispiel bekannt vor? Es handelt sich dabei um Beschreibungen sozialer Interaktionen. Der US-amerikanische Psychiater Eric Berne begründete die Transaktionsanalyse, um Grundmuster menschlicher Beziehungen erkennen und verändern zu können. Ein Modell aus der Transaktionsanalyse ist das von Stephen Karpman (Karpman 1968) beschriebene Drama-Dreieck. Im Drama-Dreieck gibt es drei Rollen: Opfer – Verfolger – Retter. Das Drama-Dreieck stellt dar, wie diese drei Rollen zusammenhängen und sich ändern können. Dabei folgen die Rollen bestimmten Regeln, Rollenerwartungen, die von den beteiligten Personen unwillkürlich befolgt werden. Die Rollen können aber auch bewusst – manipulativ – eingesetzt werden. Das Spannende dabei ist, dass sich die Rollen ständig ändern können, es gibt keinen Anfang und kein Ende. Man startet vielleicht in der Retter-Rolle und findet sich alsbald in der Opfer-Rolle wieder. Das führt dazu, dass sich die Beteiligten verwirrt, überrascht und unverstanden fühlen. Manche Menschen nehmen in ihrem Leben in bestimmten Situationen eine Lieblingsrolle ein. Zu erkennen, welche das ist, ermöglicht den Ausstieg aus dem Drama. Das Drama-Dreieck kann man zu dritt, aber auch zu zweit oder sogar allein spielen, in einer Art inneren Dialog. Wenn es gelingt, nicht in das Drama-Dreieck einzusteigen und neutral zu bleiben, lassen sich Beziehungsdramen vermeiden. Dafür kann man einerseits durch das eigene Verhalten niemand anderen zum Drama einladen und andererseits einer Einladung zum Drama nicht folgen.

1. Die Opfer-Rolle: Die Person in dieser Rolle fühlt sich hilflos und ohnmächtig. Sie übernimmt keine Verantwortung und drängt andere in die Täter-Rolle, will ihnen ein schlechtes Gewissen machen. Sie signalisiert: Ich kann das nicht! Achtung: Diese Rolle hat nichts mit echten Opfern zu tun, die in einer Notsituation sind, Hilfe brauchen und diese auch erhalten sollen!

2. Die Retter-Rolle: Die Person in der Retter-Rolle will gebraucht werden und Anerkennung erhalten. Der Retter macht andere kleiner, damit er größer sein kann. Er hilft ungebeten und übermäßig. So befeuert er das Drama noch. Menschen mit Helfersyndrom nehmen typischerweise diese Rolle ein.

3. Die Verfolger- oder Täter-Rolle: Personen in der Täter-Rolle wissen alles besser, kritisieren andere, drohen und schüchtern andere ein. Sie sind streng und überkri-

tisch, fühlen sich anderen überlegen. Ihre Haltung ist: Du bist bzw. die anderen sind schuld!

## Der Ausstieg aus dem Drama

Erkennen Sie Ihre Lieblingsrolle? Wenig überraschend besteht meine Lieblingsrolle in der Retter-Rolle. Das merke ich u. a. auch daran, dass ich mich darüber ärgere, wenn es jemand anderer schafft, diese Rolle nicht sofort und ungefragt einzunehmen. Ich finde es immer wieder spannend, mich auf dem Retter-Ohr taub zu stellen und zu schauen, was dann passiert.

Nehmen Sie »Einladungen«, die Sie in diese Rolle bringen, nicht an! Helfen Sie nicht ungefragt, sondern dann, wenn Sie darum gebeten werden. Hören Sie auf, Dinge zu tun, die Sie nicht wollen. Häufig tun wir etwas für andere, das beiden nicht guttut – wir hören uns zum Beispiel stundenlang das Gejammer einer Freundin an, obwohl wir wissen, dass es ihr nichts bringt und wir uns selbst danach ausgelaugt fühlen. Trauen Sie sich selbst etwas zu und übernehmen Sie Verantwortung für Ihr Leben. Was möchten Sie erreichen? Was können Sie dafür tun?

### DIE TRANSAKTIONSANALYSE

Die Transaktionsanalyse (TA) wurde Mitte des 20. Jahrhunderts vom US-amerikanischen Psychiater Eric Berne entwickelt (zum Beispiel Berne 2006) und von einem Kreis an Therapeut*innen erweitert und ergänzt. Die TA ist eine Theorie der menschlichen Persönlichkeit. Sie befasst sich mit Kommunikation und ermöglicht es, zwischenmenschliche Beziehungen zu beschreiben und zu erklären. Zielsetzung ist die Förderung der menschlichen Entwicklung, der Autonomie. Die TA ermöglicht es, menschliches Verhalten beschreibbar, verstehbar und gestaltbar zu machen. Berne ging davon aus, dass die Einsicht von Menschen in ihre psychischen Strukturen, in Transaktionen und Spiele, die in zwischenmenschlichen Beziehungen ablaufen, ihnen hilft, ihr Verhalten und Denken zu ändern und somit mehr Autonomie zu erlangen. Viele Konzepte und Werkzeuge der TA sind sehr bekannt geworden, wie beispielsweise das Strukturmodell der Ich-Zustände (Kind-Ich, Erwachsenen-Ich, Eltern-Ich), die vier Grundhaltungen (Ich bin okay, du bist okay. Ich bin okay, du bist nicht okay. Ich bin nicht okay, du bist okay. Ich bin nicht okay, du bist nicht okay.), das Lebensskript, psychologische Spiele oder die inneren Antreiber (Sei perfekt! Sei stark! Mach es anderen recht!). Mit der TA können wir uns selbst und andere besser verstehen, unsere Kommunikation verändern, sie zielführender einsetzen und damit Konflikten vorbeugen oder diese lösen.

## 5.2.4 Hilflose Helfer*innen

Helfer*innen fühlen sich hilflos, wenn sie sich unrealistische Ziele setzen, sich überfordern, Verantwortung für Dinge übernehmen, die sie nicht beeinflussen können. Manche Ereignisse lassen sich nicht mehr ändern, nicht rückgängig machen. Gerade aus der Notfallpsychologie kenne ich das nur allzu gut: Weder die Helfer*innen noch die Betroffenen können verändern, was passiert ist, aber wir können dabei unterstützen, die Reaktionen zu verändern (beispielsweise Angst, Schuldgefühle) und die Bewertung (beispielsweise unsere Sicht auf uns und die Welt). Statt also zu versuchen, das Unveränderliche zu verändern und zum Beispiel das Leid von Hinterbliebenen nach einem plötzlichen Todesfall verringern zu wollen, ist es sinnvoller, den Blick auf das zu richten, was in unserer Hand liegt. Helfende können empathisches Mitgefühl zeigen, das Leid der Betroffenen anerkennen, ihnen helfen, sich besser zu verstehen, Hilflosigkeit reduzieren und eine Zukunftsperspektive zu entwickeln. Wenn wir unsere Aufgaben aber aus dem Fokus verlieren und unrealistische Ziele verfolgen, werden wir immer das Gefühl haben, »zu wenig« tun zu können, »nicht genug« helfen zu können. Wir werden uns hilflos und schuldig fühlen, weil wir als Helfer*innen versagt haben.

### CO-ABHÄNGIGKEIT

Ein Mann in seinen Fünfzigern muss einen schlimmen Schicksalsschlag hinnehmen: Nach der Scheidung von seiner Frau nimmt sich einer der Söhne das Leben. In seiner Trauer beginnt er, mehr und mehr dem Alkohol zuzusprechen, schon bald verliert er die Kontrolle über sein Trinkverhalten. In der Firma, in der er arbeitet, hat er eine gute Stellung, er wird von seinen Kolleg*innen respektiert und in dieser schweren Zeit auch gut unterstützt. Mit der Zeit wirkt sich sein Alkoholkonsum jedoch auf seine Arbeit aus, er kommt morgens häufig zu spät, wirkt ungepflegt und hat manchmal eine »Fahne«. Die Kolleg*innen haben Mitleid mit ihm und versuchen, so gut es geht, sein Fehlverhalten »nach oben« zu decken. Dies gelingt über viele Monate. Der Alkoholmissbrauch wird immer schlimmer, Herr M. kommt manchmal gar nicht mehr zur Arbeit und ist auch nicht mehr erreichbar. Irgendwann lässt sich der Grund für seine Ausfälle nicht mehr vertuschen und der Abteilungsleiter lädt ihn zu einem Gespräch ein. Er macht ihm klar, dass sein Alkoholmissbrauch in der Firma nicht geduldet wird. Durch dieses Gespräch wird Herrn M. klar, dass er etwas ändern muss, wenn er seine Arbeit nicht auch noch verlieren will. Er erhält in seinem Betrieb Hilfe durch die Arbeitsmedizin und Arbeitspsychologie. Ihm wird deutlich gemacht, dass er einen Entzug und eine Therapie machen müsse, da es eine »Null-Toleranz-Politik« in Bezug auf Alkohol gebe.

Häufig werden Menschen von Angehörigen, Freund*innen oder Kolleg*innen über Jahre in ihrer Sucht unterstützt. Die Ehefrau besorgt den Alkohol und entschuldigt den Mann, findet Ausflüchte und Ausreden, wenn er wieder einmal wegen Trunkenheit nicht ins Büro geht. Die Mutter finanziert die

Sucht des Sohnes mit, seine Freund*innen bagatellisieren und legitimieren diese als »Partyverhalten«. Durch falsch verstandene »Hilfe« wird der Leidensdruck der betroffenen Person verringert und die Motivation zu einer Verhaltensänderung, Therapie oder »echter« Hilfe reduziert. Stattdessen verlängert sich die Krankheit und chronifiziert sich erst recht. Das Konzept der Co-Abhängigkeit ist nicht ganz unumstritten. Was man jedoch daraus – auch unabhängig von Suchterkrankungen – ableiten kann, ist die Frage, ob unsere Hilfe tatsächlich einen Weg raus aus der Krise ermöglicht oder aber die Person vielleicht sogar in der Krise gefangen hält, damit – ganz im Sinne unseres eigenen Helfersyndroms – die Abhängigkeit zwischen Helfendem und Hilfsempfänger bestehen bleibt.

## 5.3  Gaffen statt helfen

Ein Mann, tadellos gekleidet im Anzug, liegt, das Gesicht nach unten, vor den Stufen einer Bank im Zentrum einer Stadt. Er bewegt sich nicht. Um ihn herum Hektik. Es ist frühmorgens, alle strömen zur Arbeit. Die Menschen um ihn herum scheinen keine Notiz von ihm zu nehmen, viele tun so, als würden sie ihn gar nicht bemerken, und machen einen Bogen um ihn. Andere schauen länger zu ihm hin und blicken sich um, gehen dann aber ebenfalls weiter. Manche steigen direkt über ihn drüber. Was ist da los? Warum geht niemand zu ihm hin und versucht, ihm zu helfen, oder ruft zumindest den Rettungsdienst? Das ist doch ein Notfall, oder nicht?

Wer hat eine derartige Situation nicht schon selber erlebt? Wie haben Sie sich verhalten, wie Ihr Umfeld? Vielleicht haben Sie sich schon darüber geärgert, dass andere Menschen nicht nur nicht helfen, sondern die Einsatzkräfte sogar behindern? Wie ist dieses Verhalten zu erklären?

### 5.3.1  Der Zuschauereffekt

Das Internet ist voll von Videos, in denen gezeigt wird, wie ein Mensch in Not ignoriert wird. Bei manchen Situationen handelt es sich um echte Notfälle, andere Videos zeigen sozialpsychologische Experimente zum sogenannten »Zuschauereffekt«. Der englische Ausdruck »*Bystander-Apathy*« trifft das, was hier passiert, noch besser. Unter dem Zuschauereffekt versteht man das Phänomen, dass in Notfallsituationen Personen, die sich zufällig in der Nähe befinden, einfach nur »herumstehen« und »zuschauen«, ohne einzuschreiten oder Hilfe zu leisten, wenn andere Menschen anwesend sind. Heutzutage wird vielleicht sogar das Handy gezückt und gefilmt oder Fotos gemacht, statt helfend einzuschreiten. Interessant dabei: Je mehr Personen nicht handeln und zuschauen, desto geringer ist die Wahrscheinlichkeit, dass überhaupt jemand aktiv wird und eingreift.

> **FALLBEISPIEL  Messerstecherei am Bahnhofsvorplatz**
>
> Eines Abends stieg ich in Salzburg aus dem Zug und wollte zu meinem Hotel gehen. Es war schon dunkel und ich überquerte den großen Platz vor dem Bahnhof. Dabei fiel mir eine Gruppe junger Personen auf, die sich sichtlich in den Haaren lagen. Es ging recht laut dabei zu, Messer wurden gezückt. Dem Aussehen nach zu urteilen, waren es Personen aus der Drogenszene. Mir wurde angst und bang und ich blieb in sicherer Entfernung stehen, unschlüssig, was ich tun sollte. Daneben ging das Leben seinen gewohnten Gang, niemand schien dieser Szene viel Beachtung zu schenken. Kurz entschlossen wählte ich den Polizeinotruf. Ich meldete, was ich sah, und fügte hinzu, nicht sicher zu sein, wie gefährlich die Situation tatsächlich sei. Verletzt sei jedenfalls bis jetzt noch niemand. Die Dame an der Leitstelle stellte noch ein paar Fragen und beruhigte mich – die nächste Polizeidienststelle befinde sich gleich ums Eck, in wenigen Minuten komme eine Streife vorbei. Es sei jedenfalls richtig gewesen, anzurufen. Gleich nachdem das Gespräch beendet war, kam die Polizeistreife. Erleichtert ging ich weiter.

## Hätten Sie geholfen? Der Mordfall Kitty Genovese

Der brutale Mord an einer jungen Frau in Queens im Jahr 1964 schockierte und erregte großes Aufsehen. Der Fall hatte zur Folge, dass Sozialpsycholog*innen begannen, sich mit dem Phänomen des prosozialen Verhaltens zu beschäftigen. Was war an diesem Mord so besonders gewesen? Catherine Susan Genovese fuhr am frühen Morgen des 13. März 1964 nach Hause (um 3:15 Uhr). Auf dem Weg vom Parkplatz zu ihrem Haus näherte sich ihr Winston Moseley, begann auf sie einzustechen und sie zu vergewaltigen. Genoveses Schreie wurden von mehreren Nachbar*innen wahrgenommen, keiner rief jedoch die Polizei. Als einer der Nachbarn das Fenster öffnete und laut fragte, was los sei, rannte Moseley davon, woraufhin Genovese sich gegen 3:30 Uhr zu ihrer Wohnung um die Ecke des Gebäudes schleppte. Moseley kehrte zurück, folgte Genoveses Blutspur, vergewaltigte sie abermals, raubte sie aus und stach achtmal auf sie ein. Gegen 3:50 Uhr – über eine halbe Stunde nach dem ersten Angriff – rief ein Mann die Polizei. Minuten später trafen Polizei und Rettungskräfte am Tatort ein. Die junge Frau verstarb auf dem Weg ins Krankenhaus. Spätere Untersuchungen ergaben, dass mindestens 38 Personen in der Nähe Teile des Angriffs gesehen oder beobachtet hatten, doch niemand kam ihr zu Hilfe.

## Der barmherzige Samariter

Bereits im Jahr 1973 führten die Psychologen John M. Darley und C. Daniel Batson von der Princeton University ein heute legendäres Experiment durch: Der »barmherzige Samariter« (Darley, Batson 1973). Die beiden Forscher fragten sich, ob Hilfeverhalten stärker von der Situation oder von Persönlichkeitsfaktoren abhinge. Für ihr Experiment luden sie 40 Theologiestudierende des Priesterseminars der Princeton University ein. Die Studienteilnehmer (Probanden) wurden in zwei Gruppen eingeteilt. Die erste Gruppe sollte eine Predigt über das Gleichnis des »Barmherzigen Samariters« vorbereiten (der Samaritaner bietet einem von Räubern Überfallenen Hilfe an, nachdem ihn ein Levit und ein jüdischer Priester achtlos liegen ließen), die zweite Gruppe eine Predigt zu beruflichen Themen. Nach der Vorbereitungszeit mussten sie in ein anderes Gebäude wechseln – wobei sie unterschiedlich stark unter Zeitdruck gesetzt wurden. Auf dem Weg zu diesem lag eine Person, die offensichtlich Hilfe benötigte – sie hustete und stöhnte. Das Verhalten der Probanden (Wurde die Hilfsbedürftigkeit wahrgenommen? Wurde Hilfe angeboten?) wurde dokumentiert. Einige Probanden stiegen einfach über die am Boden liegende Person hinweg und ärgerten sich, dass sie im Weg herumlag. Die Ergebnisse zeigten, dass die durch die Aufgabe evozierten Gedanken (Vortrag über den barmherzigen Samariter oder über die Arbeit) keinen signifikanten Einfluss auf das gezeigte Hilfeverhalten hatte, hingegen der Stress und Zeitdruck schon: 63 Prozent der Probanden, die nicht in Eile waren, zeigten ein Hilfeverhalten, jedoch nur 10 Prozent derjenigen, die in Eile waren. Das Ergebnis zeigt also eindeutig den Einfluss situativer Faktoren auf das Hilfeverhalten.

## 5.3.2  Helfer*in in der Not?

Um prosoziales Handeln zu erklären, hilft die Auseinandersetzung mit einigen speziellen psychologischen Phänomenen. Denn als Erklärung für den Zuschauereffekt spielen pluralistische Ignoranz und Verantwortungsdiffusion eine Rolle.

### Pluralistische Ignoranz

Wie wir beim Zuschauereffekt gesehen haben, verringert die Anwesenheit anderer Personen die Wahrscheinlichkeit, dass geholfen wird. Was paradox klingt, ist das Ergebnis von Vergleichsprozessen: Das Verhalten anderer (in diesem Fall das Nicht-Helfen) wird als Beleg für die Harmlosigkeit der Situation interpretiert und führt dazu, dass wir selbst auch nicht aktiv werden. Wir halten uns vorerst mit einer Reaktion zurück, weil wir uns am Verhalten anderer orientieren und Angst vor einer öffentlichen Blamage haben. Sind Zuschauer*innen also unsicher, ob es sich um einen Notfall handelt bzw. jemand Hilfe benötigt, orientieren sie sich am Verhalten anderer. Vor allem in mehrdeutigen Situationen neigen Personen in Gruppen dazu, den Notfall zu ignorieren. Es »überzeugt« dabei einer den anderen davon, dass alles in Ordnung ist. Das Ergebnis ist pluralistische Ignoranz der Notsituation.

## Verantwortungsdiffusion

Zur Orientierung am Verhalten anderer kommt außerdem, dass das eigene Verantwortungsgefühl für die Hilfeleistung mit der Anzahl der Zuschauer*innen sinkt. Man ist ja nicht alleine dort – sollen doch die anderen etwas tun. Somit nimmt die subjektive individuelle Verantwortung ab, wenn viele handlungsfähige Personen anwesend sind. Die Verantwortungsdiffusion ist umso höher, je unklarer ist, ob schon jemand eingegriffen hat, und tritt besonders dann auf, wenn viele Personen vor Ort sind.

## Helfen als Entscheidungsprozess

Sind andere Personen anwesend, orientieren wir uns an deren Verhalten, fühlen uns selbst weniger verantwortlich und delegieren die Verantwortung eher an die anderen Anwesenden. Zudem haben wir Angst, uns zu blamieren, wenn wir als Einzige aktiv werden und aus der Gruppe »heraustreten« (Bewertungsangst).

In einer (unklaren) Notfallsituation einer fremden Person zu helfen, ist somit ein komplexer Entscheidungsprozess, bei dem einige Hemmschwellen zu überwinden sind, wie Latané und Darley dies in ihrem »*Model Of The Intervention Process*« beschreiben (Latané, Darley 1969). Der Entscheidungsprozess zu helfen, ist dargestellt in Abb. 5-1. Dieser beginnt mit der Wahrnehmung des Ereignisses, d. h. zuerst müssen wir erst einmal wahrnehmen, dass etwas »faul« ist. Wenn unsere Aufmerksamkeit durch Stress und Zeitdruck sehr eingeschränkt ist, beeinträchtigt dies unsere Wahrnehmung. Außerdem muss die Situation als Notfall erkannt werden. Danach folgt eine Stufe, in der potenzielle Helfer*innen ihre eigene Verantwortlichkeit erkennen und bewerten und im Anschluss die Entscheidung für eine bestimmte Art der Hilfe treffen. Dabei kann an jedem Punkt dieses Prozesses die Entscheidung getroffen werden, nicht zu helfen.

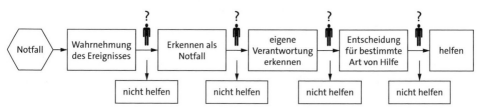

**Abb. 5-1:** Entscheidungsprozess, zu helfen (eigene Darstellung nach Latané, Darley 1969 »*Model Of The Intervention Process*«).

## Der Einfluss der Gruppe

Wie sehr Gruppenprozesse unser prosoziales Verhalten beeinflussen, zeigt das folgende erstaunliche sozialpsychologische Experiment: Das »*Smokey Room Experiment*« von John Darley und Bibb Latané (Latane, Darley 1969). Darin wurden Proband*innen aufgefordert, einen Fragebogen auszufüllen. Im Nebenraum befanden sich die Versuchsleiter*innen. Die Proband*innen saßen entweder allein oder gemeinsam mit anderen (zum Experiment gehörenden) Personen im Raum. Nun begann sich der Raum langsam mit (ungefährlichem) Rauch zu füllen. Die anderen Personen im Raum schienen dies nicht zu bemerken und reagierten nicht, zuckten bei entsprechenden Hinweisen lediglich mit den Schultern. Während drei Viertel der Proband*innen, die allein im Raum waren, innerhalb von drei Minuten die Versuchsleiter*innen über den Rauch informierten, taten das im zweiten Fall nur zehn Prozent der Proband*innen. Nun gab es noch eine dritte Versuchsanordnung: Dabei befanden sich drei Personen im Raum, die alle nicht informiert waren über den Hintergrund des Experiments. In diesem Fall meldeten 38 Prozent der Proband*innen den Rauch. Obwohl der Raum voller Rauch war, der Husten auslöste und die Sicht trübte, saßen die meisten »brav« vor ihren Fragebögen und füllten diese ordnungsgemäß aus.

Zusammenfassend lässt sich sagen: Ob wir anderen Menschen in Not helfen oder nicht, hängt von vielen Faktoren ab:

- Eindeutigkeit des Notfalls: Ist die Situation als (lebens-)bedrohlich erkannt worden?
- Zeit und Ort: Bei Dunkelheit und wenig bekanntem Umfeld wird weniger oft geholfen, man hat vielleicht Sorge, sich selbst zu gefährden.
- Zahl und Verhalten der anderen Anwesenden: Pluralistische Ignoranz und Verantwortungsdiffusion kommen zum Tragen.
- Kommunikationsmöglichkeiten: Häufig besteht eine Scheu, miteinander zu kommunizieren, wenn man einander nicht kennt.
- Helfer-Opfer-Beziehung: Gibt es ein Gefühl besonderer Verantwortung, zum Beispiel, wenn man die in Not befindlichen Personen kennt, oder handelt es sich um eine fremde Person, der man sich nicht verpflichtet fühlt? Hat das Opfer Augenkontakt zu potenziellen Helfenden aufgenommen oder diese gar angesprochen, fällt es ebenfalls schwerer, nicht zu helfen.
- Ressourcen der Umwelt: Besteht eine Art Aufforderungscharakter zum Helfen, etwa durch einen bereitstehenden Rettungsring, Verbandskasten usw.
- Ausmaß der Gefahr für die helfende Person: Besteht nach subjektiver Einschätzung das Risiko, selbst verletzt zu werden, wenn man eingreift?
- Vorerfahrungen: Gibt es bereits Erfahrungen mit derartigen Situationen? Personen aus dem Gesundheits- oder Sozialbereich sind es eher gewohnt, auch mit fremden Menschen Kontakt aufzunehmen und zu helfen. Sie wissen, was in solchen Situationen zu tun ist, und greifen daher eher ein.
- eigene Befindlichkeit: Bei Stress oder Zeitdruck wird weniger geholfen.

### FALLBEISPIEL Eine unklare Situation

Eines Nachts ging ich von der U-Bahn zu meiner Wohnung, als ich mitten auf dem Weg einen Menschen liegen sah. Ich blieb stehen. Er rührte sich nicht. Mir kamen Filme in den Sinn, in denen jemand einen Notfall vortäuscht, um dann – wenn die helfende Person nah genug kam – aufzuspringen und die Person zu überfallen. Kurz gesagt, ich traute mich nicht vorbei, war mir aber nicht sicher, ob die Person Hilfe braucht. Und wie das Leben so spielt, war der Akku meines Handys leer. Da sonst niemand zu sehen war, ging ich zu einer Polizeidienststelle in der Nähe und schilderte die Situation. Die beiden diensthabenden Beamten waren sehr hilfsbereit, zogen ihre Jacken an und gingen – mit dem Hinweis, ich solle etwas hinter ihnen bleiben – voraus. Bei der Person angekommen, untersuchten sie diese kurz und teilten mir dann mit, ich könne nach Hause gehen, es sei ein sturzbetrunkener Mann, zudem amtsbekannt. Sie würden sich um ihn kümmern bzw. den Rettungsdienst alarmieren. Für mich war es ein gutes Gefühl, ich hatte meine Verantwortung wahrgenommen, war dafür gelobt und von den Beamten äußerst freundlich behandelt worden. Es war zudem gut für mich zu wissen, dass sich jemand um die Person kümmert.

**Fazit**

- Bei eindeutigen Notfällen wird eher geholfen.
- Wenn sich Personen einer Gruppe untereinander kennen, wird eher geholfen.
- Positive Wirkung von Aufklärung und Schulung: Personen, die um diese Effekte Bescheid wissen, fühlen sich auch bei unklaren Situationen verantwortlich, fragen eher nach, ob Hilfe benötigt wird, und greifen bei Notfällen oder Übergriffen eher ein.

**Übernehmen Sie Verantwortung**

In Situationen, in denen auch andere Zuschauer*innen vor Ort sind, fühlt sich oft niemand verantwortlich, direkt Hilfe anzubieten. Wenn man etwas Seltsames bemerkt und eine Situation als möglichen Notfall interpretiert, müssen wir uns entscheiden, dass es in unserer Verantwortung liegt zu handeln – und nicht in der Verantwortung von jemand anderem! Wenn Sie aktiv werden, ist die Wahrscheinlichkeit, dass andere ebenfalls eingreifen, größer. Sie können auch andere Personen »akquirieren«, indem Sie diese direkt ansprechen, beispielsweise: »Sie, der Herr mit der braunen Lederjacke. Rufen Sie bitte den Rettungsdienst an.« Helfend einzugreifen, ist durch die Verfügbarkeit von Handys einfacher denn je. Man kann also auch helfen, ohne direkt in das Geschehen einzugreifen oder sich selbst in Gefahr zu bringen.

## 5.4 Wenn Hilfe abgelehnt wird

Die Gründe, warum Hilfe abgelehnt wird, sind vielfältig. Häufig wird in diesem Zusammenhang von »mangelnder *Compliance*« gesprochen, also von der mangelnden Mitarbeit, »unkooperativem Verhalten« der Patient*innen oder Klient*innen. Wenn Personen ärztlichen oder psychotherapeutischen Empfehlungen nicht folgen, kann das beabsichtigt oder unbeabsichtigt geschehen – dazwischen gibt es wohl noch einen

Graubereich, wenn unbewusste Glaubenssätze oder Einstellungen die *Compliance* blockieren. Vielleicht glaubt die Patientin nicht an die Therapie oder steht noch woanders und müsste dort abgeholt werden. Im Englischen wurde der Begriff der *Compliance* durch den der Adhärenz (*adherence*) abgelöst. Mit Adhärenz wird das Ausmaß bezeichnet, in welchem ein*e Patientin oder Klient*in den vereinbarten Behandlungsplan befolgt, allerdings hier ausdrücklich unter Berücksichtigung der individuellen Bedürfnisse der betreffenden Person und der Faktoren, die ihr das Einhalten der Vereinbarungen u. U. erschweren. Adhärenz berücksichtigt somit die gemeinschaftliche Entscheidungsfindung von Klient*in/Patient*in und Therapeut*in. Dies macht deutlich, dass mangelnde *Compliance* oder Adhärenz oder sogar das Ablehnen von Hilfe keine »Einbahnstraße« ist. Klient*innen sind nicht »zu eigensinnig«, um die ihnen vorgeschriebenen Maßnahmen umzusetzen, sondern es geht um einen gemeinsamen Prozess, bei dem es an der Ärztin oder dem Therapeuten liegt, diesen so zu gestalten, dass die Klientin mit ins Boot geholt wird.

## 5.4.1  Der freundliche Affe

»Lass dir aus dem Wasser helfen oder du wirst ertrinken«, sagte der freundliche Affe und setzte den Fisch behutsam auf den Baum.

Wenn wir Menschen in einer schwierigen Zeit unterstützen wollen, macht es Sinn, sich vorab einige Fragen zu stellen. Ist Hilfe überhaupt erwünscht? Wenn ja, mit welchem Ziel? Wenn nein, warum nicht? Gab es frühere schlechte Erfahrungen oder (zu) große Ansprüche an sich selbst? Macht es Sinn, diese anzusprechen? In welcher Rolle kann die Unterstützung erfolgen? In welchem Ausmaß? Verfüge ich überhaupt über die Ressourcen, um diese Hilfe leisten zu können, oder übernehme ich mich damit persönlich und evtl. auch fachlich? Welches Ziel hat die angebotene Hilfe? Ist sie überhaupt sinnvoll oder kann es zu unbeabsichtigten Folgen kommen?

> **FALLBEISPIEL  Wenn Hilfe abgelehnt wird**
> Die Eltern einer jungen Frau sind verzweifelt. Eine ihrer Töchter wird von ihrem Ex-Freund immer wieder bedroht. Er verlangt Geld von ihr, steht oft stundenlang vor ihrer Wohnung auf der Straße, ruft ständig an usw. Die junge Frau ist schon im gesamten Freundes- und Bekanntenkreis verschuldet und geht sogar so weit, wertvolle Gegenstände aus ihrer Wohnung, der Wohnung ihrer Eltern und der Großmutter zu veräußern. Obwohl sie sich vor dem Mann fürchtet, willigt sie immer wieder ein, ihn zu treffen, steigt zu ihm ins Auto, wo es dann zu schrecklichen Situationen kommt. Die Eltern schalten Polizei und Staatsanwaltschaft ein, doch immer, wenn es ernst wird, macht die junge Frau einen Rückzieher und erstattet keine Anzeige. Auch eine Beratung bei einer Opferschutzeinrichtung wird von der jungen Frau abgelehnt. Das Umfeld ist ratlos, verzweifelt und kann ihre Beweggründe nicht nachvollziehen.

Was hier passiert, ist nicht untypisch. Problematisch dabei ist, dass das Opfer – die junge Frau – nicht nur vom Täter, sondern auch von ihrem Umfeld massiv unter Druck gesetzt wird. Es ist absolut nachvollziehbar, dass man in so einem Fall helfen will. Das führt aber in eine Sackgasse, wenn das Opfer nicht mitspielt.

Es stellt sich also die Frage, ob es sich um die Hilfe handelt, die die Person braucht oder will. Dazu einige Beispiele: Eine Achtzigjährige bekommt ein Handy für Notfälle, kennt sich aber mit der neuen Technik nicht aus und will sich auch nicht mehr damit auseinandersetzen. Ihr Mann klagt über Schmerzen. Es werden ihm Schmerztabletten verabreicht, er weigert sich aber, diese zu nehmen. Erst ein Angehöriger, der sich Zeit nimmt, findet heraus, dass er sich statt der Medikamente eine Einreibung wünscht. Körperkontakt und Zuwendung, vielleicht verbunden mit einem Gespräch, waren für diese Person das heilsame Element. Auch die Motive, (auf eine bestimmte Weise) helfen zu wollen, sind es wert, hinterfragt zu werden. Nicht immer geht es dabei nur um das Wohl des anderen – häufig sind es egoistische Gründe, wie wir in den vorangegangenen Kapiteln gesehen haben. Vielleicht halten wir die Emotionen der betroffenen Person nicht mehr aus, fühlen uns selbst belastet und wollen deshalb unbedingt etwas tun?

Zudem muss man sich bewusst sein, dass die Person, der geholfen wird, dadurch immer »kleiner« gemacht wird. Vielleicht ist es »hilfreicher«, nichts zu tun oder die Person so weit zu stärken, dass sie das Problem schließlich selber lösen kann. Als ich meine kleine Stadtwohnung renovieren ließ, hat mir mein Umfeld unisono geraten, unbedingt meinen Partner in allen Belangen zu befragen und am besten auch nur mit ihm gemeinsam die Handwerkertermine wahrzunehmen, denn er sei in praktischen Dingen sehr erfahren, im Gegensatz zu mir. Wenn das die Handwerker merkten, hätten sie leichtes Spiel mit mir, würden mich übers Ohr hauen usw. Als Frau habe man es überhaupt schwer. Interessanterweise habe ich diese Sichtweise völlig unreflektiert übernommen und wollte meinen Partner gleich »einspannen«, hatte die Rechnung allerdings ohne den Wirt gemacht. Er hielt sich zurück, blieb passiv und meinte nur, er sei sicher, ich würde das schaffen, ich sei ja eine intelligente Person. Am Anfang ärgerte mich das, vor allem, weil ich zu Beginn tatsächlich einige negative Erfahrungen machte. Doch als ein Handwerker mal zu mir sagte, er sei von meinem technischen Verständnis beeindruckt, platzte ich fast vor Stolz. Diese neue Erfahrung konnte ich aber nur machen, weil es mir zugetraut und mir nicht sofort alles abgenommen wurde.

»Ich möchte so gern helfen!« Manchmal sind die Hilfsangebote auch zu viel, sodass die betreffende Person sich überfordert fühlt. Zudem stellt sich die Frage: Ist es der richtige Zeitpunkt? Muss noch etwas reifen? Manchmal müssen Menschen noch länger in schwierigen Situationen bleiben, bis sie sich zu wichtigen Veränderungen durchringen. Wir kennen das vielleicht von Trennungen. Das Umfeld »wartet« oft schon darauf und wundert sich, dass man es »so lange ausgehalten« habe. Dabei sind Veränderungen eben Prozesse, die reifen müssen.

All diese Überlegungen spielen eine Rolle, wenn Hilfe abgelehnt wird oder Interventionen nicht den gewünschten Effekt haben.

## 5.4.2 Ablehnung von Hilfe in akuten Krisen

In der Krisenintervention wird Unterstützung typischerweise »aufsuchend« angeboten. D. h. im Idealfall müssen sich die Betroffenen nicht selbst um die Organisation von Hilfe kümmern, sondern Helfende kommen aktiv auf sie zu. Natürlich steht es betroffenen Menschen dann frei, diese Unterstützung anzunehmen oder abzulehnen. Wenn einem Menschen ganz plötzlich die Nachricht überbracht wird, dass ein geliebter Angehöriger verstorben ist, sei es durch Unfall oder Suizid, ist die Überwältigung und der psychische Ausnahmezustand so groß, dass viele einfach nur froh sind, wenn jemand da ist, der sie durch die ersten schrecklichen Stunden begleitet (zur aufsuchenden Hilfe in der Krisenintervention siehe auch Kapitel 2.5.2). Das aktive Anbieten von Unterstützung ist jedoch für Helfer*innen manchmal eine Hürde und erfordert ein gewisses Umdenken. Psycholog*innen oder Psychotherapeut*innen beispielsweise sind es gewohnt, von Klient*innen kontaktiert zu werden, und nicht umgekehrt. In anderen Bereichen wie der Sozialen Arbeit oder der mobilen Familienbetreuung sind aufsuchende Konzepte Bestandteil der täglichen Arbeit. Wie also damit umgehen, wenn Betroffene die angebotene Unterstützung ablehnen? Selbstverständlich sind Vermeidung und ablehnendes Verhalten zu respektieren, dennoch ist es empfehlenswert, nach Möglichkeit vorerst noch in der Nähe zu bleiben und etwas später wieder einen Kontaktversuch zu unternehmen – gerade auch, weil in akuten Krisensituationen Suizidalität eine Rolle spielen könnte. Häufig wird Ablehnung nur indirekt geäußert: »Danke, aber es geht mir gut, ich schaff das schon, kümmern Sie sich lieber um andere, die es mehr brauchen.« Darauf kann man beispielsweise mit Anerkennung reagieren: »Ich finde es toll, wie gut Sie sich halten. Ich kümmere mich auf jeden Fall auch um die anderen. Wollen Sie mir vorher noch erzählen, was Sie erlebt haben, dann kann ich mir ein besseres Bild von der Situation machen.« Manchmal macht es Sinn, einfach mit einer Tasse Kaffee zu einer Person zu gehen und eher beiläufig zu plaudern, sodass diese sich nicht »betreut« fühlt (zum Beispiel, wenn die Betreuung durch Kolleg*innen erfolgt). Es geht um eine Begegnung von Mensch zu Mensch. Gerade unter Stress und in Krisen ist vielfach das Selbstwertgefühl von Betroffenen bedroht oder gar reduziert. Umso wichtiger ist es, zwar sicher und kompetent aufzutreten, aber immer so, dass man das Selbstwertgefühl der Person stärkt und ihm nicht noch zusätzlich einen Dämpfer versetzt oder es bedroht.

In Einsatzorganisationen oder in Krankenhäusern, wo es häufig zu »außergewöhnlichen Ereignissen« kommt, wäre es wünschenswert, dass nach kritischen Ereignissen routinemäßig notfallpsychologische Prozesse ablaufen. Natürlich sollte niemand gezwungen werden, an einer Maßnahme teilzunehmen, aber es kann sinnvoll sein, auch im Sinne einer wertschätzenden Organisationskultur, dass Maßnahmen der Krisenintervention nach bestimmten Vorfällen planmäßig stattfinden und diese nicht irgendwer irgendwo »bestellen« oder anfordern muss. So kann auch dazu beigetragen werden, dass psychologische Unterstützung nicht weiterhin den Nimbus des Außergewöhnlichen hat (»nur für die Schwachen«), sondern als zu einem normalen Ablauf gehörend wahrgenommen wird.

Meine Erfahrung ist, dass Unterstützungsangebote in akuten Krisen eher selten abgelehnt werden (dies deckt sich mit den Beobachtungen von Organisationen der Kriseninterventionen). Wenn überhaupt, wird diese mit einem großen Dankeschön freundlich abgelehnt, weil es der betreffenden Person »gut« gehe. Dabei wird meist betont, wie schön es sei, dass jemand nachgefragt habe.

## 5.5  Wann ist professionelle Hilfe notwendig und wo finde ich diese?

Helfen fühlt sich besser an, als Hilfe anzunehmen. Selbst Hilfe zu brauchen, wird oft als persönliche Schwäche ausgelegt – vor sich selbst und anderen gegenüber. Sich selbst einzugestehen, dass man Hilfe braucht, ist oft ein Prozess. An dessen Beginn steht meist der Versuch, alleine mit Schwierigkeiten fertigzuwerden – je nach Bewältigungsstrategie wendet man sich dann vielleicht an Freund*innen, Partner*in oder Verwandte. Man informiert sich möglicherweise im Internet, liest Ratgeber oder Ähnliches. Vielfach wird es mit den bewährten Problembewältigungsstrategien auch gelingen, schwierige Situationen zu meistern. Manchmal kommt man aber an einen Punkt im Leben, an dem all die bewährten Strategien nicht aus der Krise führen. Dann stellt sich die Frage nach professioneller Unterstützung. Der erste Weg führt dann oft zur Hausärztin. Ich habe die Erfahrung gemacht, dass erfahrene Hausärztinnen oft gut weiterhelfen, auch wenn es um psychische oder psychosoziale Anliegen geht. Sie motivieren vielfach, psychologische oder psychotherapeutische Unterstützung zu suchen, und verfügen über entsprechende Kontaktadressen. Diese Brückenfunktion von vertrauten Fachleuten ist enorm wichtig, da der Schritt, sich an eine Psychologin oder Therapeutin zu wenden, oft ein großer ist und vielfach keine Erfahrung damit vorhanden ist. Zudem wissen viele Menschen gar nicht, wohin sie sich überhaupt wenden können, welche Kosten auf sie zukommen usw.

Da der Beginn einer schweren Krise oft schleichend ist, ist es für die Betroffenen schwer einzuschätzen, wann man professionelle Hilfe braucht. Das hat häufig zur Folge, dass lange gewartet wird und die Situation dann schon recht verfahren ist, was einen raschen Durchbruch im Sinne von »raus aus der Krise« erschwert.

**FALLBEISPIEL  Eine verfahrene Situation**
Eine Dame sucht auf Anraten ihres Umfeldes meine Praxis auf. Ihr Mann sei vor einigen Monaten überraschend gestorben und es gehe ihr sehr schlecht. Sie komme einfach nicht mehr auf die Beine. Sie wirkt auf mich gereizt, ärgerlich, wütend, was in so einer Situation natürlich normal ist. Dennoch spüre ich kaum Veränderungswillen. Sie ist voller Vorwürfe an ihr Umfeld, das ihr ihrer Meinung nach zu wenig helfen würde, kein Verständnis habe usw. Auch mir gegenüber betont sie, skeptisch zu sein. Sie wisse nicht, was das bringen solle. Nach der ersten Stunde schreibt sie

mir eine Nachricht, dass sie sich noch immer nicht besser fühle, die Stunde mit mir habe nichts gebracht. Zum nächsten vereinbarten Termin erscheint sie nicht. Ich habe Mitgefühl mit ihr, hatte aber von Anfang an den Eindruck, sie habe sich schon so »eingemauert« in ihren Gefühlen, dass ein Zugang nur schwer möglich scheint. Die Erwartung nach einer sofortigen Besserung wurde nicht erfüllt, was wie eine Bestätigung ihrer skeptischen Haltung scheint – eine sich selbst erfüllende Prophezeiung.

## 5.5.1 Wann also professionelle Hilfe aufsuchen?

Diese Frage wird mir häufig gestellt – beispielsweise von Eltern, die wissen wollen, was noch »normal« sei und wann ihr Kind professionelle Unterstützung benötige. Sie wollen nichts übersehen. Diese aufmerksam beobachtende Haltung an sich ist schon sehr hilfreich. Sich bereits vor einer Zuspitzung zu erkundigen, wann und wo man Hilfe bekommen könnte, kann beruhigend sein. Zu wissen, worauf man achten soll, ebenso. Nicht immer ist das möglich, aber wenn, dann ist so eine proaktive Herangehensweise für alle Beteiligten hilfreich. Man bleibt »in control« und fühlt sich der Situation nicht ausgeliefert, ohne Handlungsmöglichkeiten.

Vielleicht ist es auch ein Missverständnis, das viele Menschen davon abhält, sich frühzeitig professionelle Hilfe zu suchen. Ich habe oft den Eindruck, dass dies erst in Betracht gezogen wird, wenn die Krise schon voll ausgeprägt ist, man am Ende seines Lateins ist. Prinzipiell ist kein Problem zu klein, um es mit einem Außenstehenden zu besprechen. Man kann das als Coaching sehen zur Erhaltung der psychischen Fitness, bevor sich eine Situation so zuspitzt, dass eine längerfristige Behandlung notwendig ist. Durch die rechtzeitige Inanspruchnahme von Hilfe kann das Entstehen bzw. die Chronifizierung einer psychischen Erkrankung verhindert werden. Gerade in Bezug auf Ängste oder Essstörungen höre ich häufig von Klient*innen, dass die Probleme schon seit Jahren bestehen, zuerst nur leicht, doch dann haben sie sich immer mehr ausgeweitet. Das ist leider typisch für psychische Probleme – wenn man nichts tut, wird es meist nicht besser, sondern es kommt zu einem Phänomen, das in der Fachsprache »Generalisierung« (Verallgemeinerung) heißt. Das bedeutet, dass beispielsweise Ängste zunehmen. Zu Beginn stand vielleicht ein (ungewohntes) Unbehagen in bestimmten sozialen Situationen wie beim Sprechen vor einer Gruppe. Das Unbehagen entwickelte sich zu Angst und Vermeidung dieser Situationen, was irgendwann dazu führt, dass man nicht einmal mehr unbeschwert einkaufen gehen kann, weil man im Supermarkt auf viele Menschen trifft.

Im Folgenden finden Sie einige wichtige Anlässe und Hinweise zusammengefasst, die darauf hindeuten, dass professionelle Hilfe aufgesucht werden sollte. Dazu auch einige Anregungen, welche psychosozialen Anlaufstellen Unterstützung anbieten. Eine ausführliche Aufstellung zu psychosozialen Anlaufstellen der Krisenintervention in Deutschland, Österreich und der Schweiz findet sich im Anhang.

- In jedem Fall bei Suizidalität: Wenn Sie oder jemand Ihnen Bekannter häufig an den Tod denkt, eine Sehnsucht nach Pause, Ruhe, »Wegsein« hat, einen Wunsch verspürt oder äußert, sich das Leben zu nehmen, vielleicht sogar schon konkrete Suizidabsichten (geäußert) hat, dann suchen Sie bitte unbedingt professionelle Hilfe auf. Das kann als erster Schritt ein Anruf oder Mail an eine Kriseninterventionsstelle sein, diese können helfen einzuschätzen, welche Art der Hilfe benötigt wird (Unterstützung durch eine niedergelassene Therapeutin oder ein stationärer Aufenthalt bei akuter Gefährdung). Scheuen Sie sich nicht, in solchen Situationen Hilfe zu suchen, es geht unter Umständen um Leben und Tod! Hilfreich in akuten Gefährdungssituationen sind auch psychiatrische Notdienste, diese erscheinen zum Teil auch vor Ort.
- Wenn Sie Opfer einer Gewalttat wurden oder einen Unfall, einen Notfall erlebt haben oder Zeug*in eines solchen wurden. Wenn eine geliebte Person plötzlich verstorben ist (Suizid, Unfall). Wenn Sie die Bilder an einen solchen Vorfall nicht mehr loswerden, Sie sich verändert fühlen, unter Ängsten und Schreckhaftigkeit, Schlaf- und Konzentrationsstörungen leiden. Zögern Sie nicht, bei Opferschutzeinrichtungen oder Kriseninterventionszentren anzurufen.
- Wenn Sie oder eine Ihnen nahestehende Person eine schlimme Diagnose erhalten haben. Es ist normal, dass man gerade zu Beginn durch eine derartige Nachricht aus der Bahn geworfen wird. Holen Sie sich jede Hilfe, die Sie kriegen können. Es gibt so viele Fragen zu klären, wie man selber damit umgehen kann, wie es weitergeht, was man den Kindern sagt usw.
- Wenn es den Verdacht gibt, dass Ihr Kind Opfer eines Übergriffs wurde bzw. sexualisierte, körperliche oder psychische Gewalt erlebt hat. Wenden Sie sich unverzüglich an eine Kinderschutzeinrichtung.

Neben diesen konkreten Anlässen möchte ich nun noch ein paar allgemeine Anzeichen anführen:
- wenn die eigenen Ressourcen nicht mehr ausreichen,
- bei Überforderung, wenn Sie das Gefühl haben, alleine nicht mehr weiterzukommen,
- wenn Sie Probleme haben, den Alltag zu bewältigen,
- bei wiederkehrenden Problemen,
- bei anhaltenden zwischenmenschlichen Konflikten,
- wenn körperliche Probleme ohne medizinische Ursache auftreten oder Sie über einen längeren Zeitraum unter Schlaf- oder Konzentrationsproblemen leiden,
- bei anhaltender Freudlosigkeit, Interesselosigkeit, Niedergeschlagenheit, Gereiztheit, Nervosität, die man sich selber nicht erklären kann, ohne konkrete »Ursache«,
- bei anhaltenden oder sich ausweitenden Ängsten (vor bestimmten sozialen Situationen, Orten), bei Essproblemen, übertrieben gehobener Stimmung.

## 5.5.2 Wann braucht mein Kind professionelle Unterstützung?

Für Eltern ist es oft schwierig einzuschätzen, wann ihr Kind professionelle Hilfe benötigt. Es gibt entwicklungsbedingt schwierige Phasen, die normal sind und auch wieder vorübergehen. Gerade beim Thema Suizidalität sind Eltern oft verunsichert, ob die Beschäftigung ihrer Teenager-Kinder mit diesem Thema noch normal ist. Wenn Sie sich diese Frage stellen, könnte das auf Überforderung hinweisen, dann wäre vielleicht ein erster sinnvoller Schritt, Informationen einzuholen. Rufen Sie bei einer Kriseninterventionsstelle an und schildern Sie Ihre Situation. Vielleicht reicht das bereits aus und Sie können Ihrem Kind die notwendige Unterstützung geben. Sollten Sie sich weiterhin oder anhaltend mit der Situation überfordert fühlen, große Verhaltensänderungen bei Ihrem Kind bemerken oder sich nicht sicher sein, ob es eine psychische Störung entwickelt (hat), sollten Sie sich professionelle Hilfe suchen. Wichtige Fragen dabei sind: Gibt es eine mögliche Ursache für eine Verhaltensveränderung, kann man sich diese erklären? Wie lange dauert diese an?

Im Folgenden zusammengefasst einige Hinweise, wann professionelle Hilfe aufgesucht werden sollte, die speziell für Kinder gelten:

- wenn altersgemäße Entwicklungsstufen nicht bewältigt werden (zum Beispiel sauber werden) oder wenn es zu Rückschritten in der Entwicklung (regressives Verhalten wie Bettnässen) ohne ersichtlichen Grund kommt,
- bei aggressivem und gewalttätigem Verhalten, Reizbarkeit, Hyperaktivität, häufigen Wutausbrüchen, großer Impulsivität, Leistungsverweigerung, verantwortungslosem Verhalten ohne ersichtliche Ursache,
- bei Angst, Übervorsichtigkeit, anhaltender Traurigkeit oder Besorgnis, dem Verlust persönlicher Interessen, Konzentrationsschwierigkeiten, Leistungsrückgang ohne erkennbaren äußeren Grund,
- bei psychosomatischen Beschwerden wie Bauchschmerzen, Übelkeit, Kopfschmerzen, nächtlichen Ängsten, ungewohntem »Klammern«, Schlafstörungen oder Albträumen,
- Kopfschmerzen, Müdigkeit, Muskel-, Rücken- und Gliederschmerzen ohne medizinische Ursache (typisch bei Jugendlichen),
- bei selbstverletzendem Verhalten wie Schneiden oder Ritzen der Haut, auffälligem Ess- und Trinkverhalten, wiederholtem Lügen oder Widerwillen, zur Schule zu gehen, plötzlichem Leistungseinbruch,
- bei auffälligem Rückzugsverhalten.

## 5.5.3 Wie viel Hilfe ist notwendig?

Eine psychologische oder psychotherapeutische Unterstützung muss nicht immer über einen längeren Zeitraum erfolgen, oft sind einige wenige Sitzungen im Sinne einer Krisenintervention ausreichend für eine Stabilisierung. Danach kann überlegt werden, ob zugrunde liegende Schwierigkeiten eine Psychotherapie sinnvoll machen, ob der Zeitpunkt gerade passt usw.

Wie auch immer Unterstützungsangebote vereinbart werden, in Krisen steht die Hilfe zur Selbsthilfe im Vordergrund. Menschen sollen gestärkt werden, um sich selbst helfen zu können. Je nach Anlass und Person kann das unterschiedlich viel an »Starthilfe« erfordern. Jedenfalls gilt der Grundsatz: so viel Hilfe wie nötig, aber so wenig wie möglich. Es geht um *Empowerment,* um Wiederermächtigung. Menschen haben ein unglaubliches Potenzial, auch mit schwierigsten Lebensbedingungen zurechtzukommen. Dieses gilt es zu aktivieren und zu stärken. Werden Menschen in Abhängigkeit gehalten, besteht die Gefahr der erlernten Hilflosigkeit (vgl. Kapitel 2.2). Es ist wichtig für die psychische Gesundheit, sich als selbstwirksam und handlungsfähig zu erleben.

### WAS-HILFE UND WIE-HILFE

In der Sozialen Arbeit, der Pflege, aber auch in der psychologischen Arbeit geht es häufig darum, Menschen Hilfestellungen zu geben. Dabei ist die erste Stufe in der Hilfestellungspyramide »keine Hilfe«. Wir schauen, ob die Person alleine die Situation bewältigen kann. Wenn das nicht (in ausreichendem Maße) der Fall ist, kommt der zweite Schritt: die Was-Hilfe (»Thomas, nimm das Handtuch.«). Wir sagen, was zu tun ist, und unterstreichen dies vielleicht mit einer Geste (Ich deute auf das Handtuch.). Manchmal genügt es nicht, zu sagen, was zu tun ist, sondern es ist notwendig, zu erklären, wie es getan werden soll (die sogenannte Wie-Hilfe), vielleicht sogar verbunden mit einer Demonstration (Ich nehme das Handtuch.). Ein Beispiel aus dem psychologischen Kontext: »Beruhigen Sie sich!« und »Entspann dich!« sind Was-Hilfen, die bei starker Erregung wenig Wirkung zeigen und die Anspannung und Verärgerung vielleicht sogar noch verstärken. Hilfreicher sind Wie-Hilfen: »Ich merke, Sie sind sehr aufgebracht. Atmen Sie doch einmal tief ein und kräftig wieder aus. Trinken Sie einen Schluck Wasser. Gehen wir ein paar Schritte. Schütteln Sie sich aus! Das hilft Ihnen vielleicht, die Anspannung zu reduzieren.« So lernt die betreffende Person Möglichkeiten kennen, wie sie sich in Zukunft selbst beruhigen kann.

# 6   Wenn die Verzweiflung zu groß wird – Suizidalität und Suizid

Als ich das erste Konzept zu diesem Buch entwarf, wollte ich das Thema Suizidalität und Suizid bewusst aussparen. Es erschien mir zu groß, zu wichtig, um es nur als kleines Kapitel in diesem Buch unterzubringen, zumal ich bereits ein eigenes Buch dazu herausgegeben habe. Inspiriert von einem Vortrag, den ich dazu hielt und der mir die Bedeutung dieses Themas erneut vor Augen führte, war es dann jedoch das erste Kapitel, das ich für dieses Buch verfasste.

Beim Thema Suizidalität und Suizid werden selbst routinierte Fachkräfte nervös. Es ist angstbesetzt und kann zu einem Gefühl der Hilflosigkeit, zu Zeit- und Verantwortungsdruck führen und heftige Gefühle auslösen. Menschen, die in ihrem Umfeld einen Suizid erleben mussten, empfinden häufig Scham und Schuldgefühle, es kommt zu Tabuisierung und Sprachlosigkeit. Ich erinnere mich gut an mein erstes Gespräch mit einer suizidalen Person – ich betreute damals als junge Psychologin ein Krisentelefon und hatte mich schon vor einem derartigen Anruf gefürchtet. Ich habe mich damals gefragt, wie ich eine suizidale Person am Telefon gut betreuen könnte. Was, wenn die Person einfach auflegt? Was, wenn ich ihr nicht helfen kann? Wäre ich dann (mit-)schuld am Suizid?

Aufklärung über Suizidalität und eine gute Vorbereitung sind auf jeden Fall der Schlüssel bei diesem heiklen Thema. Wie immer, wenn es um Krisen geht, ist eine (pro-)aktive Haltung förderlich, so kann Hilflosigkeit und einem Gefühl der Ohnmacht entgegengesteuert werden.

Die Bedeutung des Themas wird deutlich, wenn man sich Zahlen und Fakten zu Suizid ansieht. Die Weltgesundheitsorganisation WHO stuft Suizid als eines der größten Gesundheitsprobleme der Welt ein – jährlich nehmen sich rund eine Million Menschen das Leben. Das ist ein Suizid alle 40 Sekunden. Jedes Jahr kommen durch Suizid mehr Menschen ums Leben als durch alle Kriege der Welt. Als Ursachen für Suizid nennt die WHO neben psychischen Erkrankungen impulsive Handlungen in akuten Krisensituationen, ausgelöst durch finanzielle Probleme, Trennungen oder chronische Schmerzen und Erkrankungen. Die WHO macht aber auch darauf aufmerksam, dass die Suizidrate in bestimmten Personengruppen erhöht ist – vor allem bei Menschen, die Diskriminierung erleben, wie geflüchtete Menschen, Migrant*innen, homosexuelle, bisexuelle, transgender oder intersex Personen (LGBTQIA+) oder inhaftierte Menschen. Diese Personengruppen sind durch ihre speziellen Lebenssituationen besonders anfällig für Krisen und damit auch für Suizide.

# 6.1 Lebensgefährliche Vorurteile – Suizidmythen

Sind Themen belastend, komplex und/oder tabuisiert, kommt es häufig zu einer Mythenbildung. So gibt es beispielsweise Katastrophenmythen. Nach Naturkatastrophen wie dem verheerenden Hurrikan Katrina im Großraum New Orleans im August 2005 berichten die Medien immer wieder von Plünderungen und Vergewaltigungen. Ich möchte nicht behaupten, dass es diese nicht gegeben hat, jedoch übersteigt nach Katastrophen das Ausmaß der gegenseitigen Hilfe und Unterstützung meist jede Erwartung und ist viel größer als die Schattenseiten. Mythen und Vorurteile über Suizid halten sich ebenfalls hartnäckig und können dazu führen, dass die Gefahr von Suizidalität nicht richtig eingeschätzt und auf Suizidankündigungen nicht reagiert wird. Es kann Leben retten, über fundiertes Wissen zu verfügen, weshalb in diesem Kapitel Tatsachen den häufigsten Suizidmythen gegenübergestellt werden.

- Mythos: Menschen, die über Suizid sprechen, tun es nicht.
  Faktum: 80 Prozent der Menschen, die einen Suizid unternehmen, kündigen diesen vorher an (Lasogga, Gasch 2011, S. 447; Sonneck et al. 2016)! Dies ist eine Möglichkeit für die Umwelt, diesen Menschen zu helfen.
- Mythos: Wer sich wirklich umbringen will, ist nicht aufzuhalten.
  Faktum: Die meisten Suizide werden im Rahmen von Krisen durchgeführt; durch entsprechende Krisenintervention kann der Suizid verhindert werden (Sonneck et al. 2016).
- Mythos: Ein Suizidversuch ist nur Erpressung.
  Faktum: Ein Suizidversuch löst bei der Umwelt häufig großen Druck aus. Es ist jedoch vor allem ein Zeichen, wie groß das Bedürfnis des*der Betroffenen ist, seine*ihre Not der Umwelt mitzuteilen.
- Mythos: Spricht man jemanden auf seine*ihre suizidale Absicht an, bringt man ihn*sie erst auf die Idee.
  Faktum: Die Möglichkeit, mit jemandem über Suizidgedanken zu sprechen, bringt für den*die Betroffene*n meist eine erhebliche Entlastung und lockert die suizidale Einengung.
- Mythos: Wenn ein Mensch einmal einen Suizidversuch gemacht hat, bleibt er sein ganzes Leben lang gefährdet.
  Faktum: Rund 80 Prozent aller Suizidversuche sind einmalige Ereignisse im Leben der Betroffenen. Die höchste Suizidgefahr nach einem Suizidversuch besteht im ersten halben Jahr danach (Sonneck et al. 2016).
- Mythos: Suizidgedanken zu haben ist nicht normal.
  Faktum: Die meisten Menschen haben schon einmal an Suizid gedacht. Sich Gedanken um Leben und Tod zu machen, ist normal (Illes et al. 2015, S. 149).
- Mythos: Zu Weihnachten gibt es mehr Suizide als sonst im Jahr.
  Faktum: Dieser Trend ist nicht feststellbar. Es gibt einen signifikanten Gipfel im Frühjahr und einen kleinen im Spätherbst. Nach Feiertagen gibt es eine Häufung von sozialen Krisen (Sonneck et al. 2016).
- Mythos: Männer wenden »harte« Suizidmethoden an und Frauen eher »weiche«.

Faktum: Sowohl bei Frauen als auch Männern ist die häufigste Suizidmethode das Erhängen oder Strangulieren (d.h. sich durch Erdrosseln töten). Die Unterscheidung zwischen »harten« und »weichen« Suizidmethoden gilt heute als überholt.

In Österreich und der Schweiz (ohne assistierte Suizide) nehmen sich pro Jahr jeweils etwas mehr als 1000 Menschen das Leben, wobei das Verhältnis Männer zu Frauen 3:1 beträgt. Zum Vergleich: Im Jahr 2020 gab es in Österreich 1072 Suizide und 369 Verkehrstote. In Deutschland starben im Jahr 2021 insgesamt 9215 Personen durch Suizid – das sind 25 Personen pro Tag (Statistisches Bundesamt 2023). Die anteilsmäßig meisten Suizide werden im mittleren Lebensalter begangen (Altersgruppe 45–59 Jahre: rd. 28 Prozent der Suizide). Betrachtet man jedoch die bevölkerungsbezogene Suizidrate (darunter versteht man die Anzahl der Gestorbenen, bezogen auf den mittleren Bevölkerungsbestand eines Jahres), so steigt diese mit dem Alter stark an. Das Suizidrisiko ist in der Altersgruppe der 75- bis 79-Jährigen fast zweieinhalbmal, in der Altersgruppe der 85- bis 89-Jährigen über viereinhalbmal so hoch wie jenes der Durchschnittsbevölkerung. Alte Männer haben dabei das höchste Suizidrisiko. Neben den bisher genannten Risikofaktoren ist somit »alt, einsam und männlich« einer der Hauptrisikofaktoren für Suizid.

### SUIZID UND ALKOHOL

Für die Prävention besonders wichtig zu wissen: Das Suizidrisiko ist durch Alkoholisierung um das 120-Fache(!) erhöht (Lasogga, Gasch 2011, S. 322). Bedenkt man, dass Menschen in Krisen häufig auf Alkohol zurückgreifen, um ihren Problemen zumindest kurzzeitig zu entkommen, zeigt diese Zahl, wie wichtig es ist, Betroffenen auch andere Möglichkeiten des Umgangs mit belastenden Situationen aufzuzeigen.

## 6.2 »Niemand bringt sich gerne um« – Ursachen für Suizid

Es gibt bestimmte Personengruppen, die ein erhöhtes Risiko haben, einen Suizid zu begehen. Das sind – wie oben schon kurz erwähnt – Menschen mit einer chronischen psychischen Erkrankung (vor allem Depression und Suchterkrankungen) oder auch mit chronischen Schmerzen oder schweren körperlichen Krankheiten (Krebs, Aids, Diabetes, Niereninsuffizienz). Dazu kommen diskriminierte Personen, alte Menschen, aber auch Menschen in Krisen oder die ein traumatisches Ereignis wie den plötzlichen Verlust eines geliebten Menschen erleben mussten. Auch Menschen, die bereits frühe Traumatisierungen erfahren haben, beispielsweise durch Vernachlässigung oder (sexualisierte) Gewalt, sind häufig suizidgefährdet. Sie haben durch die Traumatisierung oft schwere seelische Narben davongetragen. Zusätzlich zu diesen Risikogruppen haben Personen, die über kein soziales Netz verfügen, die einsam und isoliert sind, ein besonders hohes Suizidrisiko. Zudem dürften impulsive Menschen ebenfalls gefährdeter sein als andere. Menschen in akuten Krisen, die sich noch in der Schock- oder Überwältigungsphase befinden, die also stark erregt sind, sind ebenfalls gefährdet, in diesem Zustand einen Suizid oder Suizidversuch zu begehen. Das Risiko, einen Suizid zu verüben, ist aber nicht nur auf die genannten Gruppen beschränkt. Jeder von uns kann in eine Situation geraten, die uns ausweglos erscheint. Suizidalität ist kein Entweder-oder, sondern ein Kontinuum, auf dem wir uns bewegen.

## 6.2.1 Mögliche Auslöser für Suizid

Beziehungskonflikte können sich zuspitzen und zu Suiziden führen oder ein Suizidversuch kann als Erpressung, als Wunsch, die soziale Umwelt zu kontrollieren, angedroht oder durchgeführt werden. Auch kann ein Suizid(-versuch) als Racheakt im Sinne einer Bestrafung von einem*einer Partner*in vollzogen werden. Derartige manipulative Suizidankündigungen oder -versuche lösen in der Umgebung oft starke Abwehrreaktionen aus, weil man sich dadurch in die Ecke gedrängt und dennoch verantwortlich fühlt. Es werden damit ähnliche Gefühle ausgelöst, wie die suizidale Person sie hat – Hilflosigkeit, Ohnmacht und Kontrollverlust. In solchen Situationen gilt es, einen kühlen Kopf zu bewahren und sich nicht von diesen Emotionen überschwemmen zu lassen. Das Hinzuziehen professioneller Hilfe ist sicherlich anzuraten, um diese große Belastung aushalten zu können.

Starke Schuld- oder Schamgefühle können ebenfalls in einem Suizid münden, wenn sich Menschen nach einem Unfall oder plötzlichen Todesfall die Schuld daran geben. Dabei reicht es schon aus, sich schuldig zu fühlen, ohne es tatsächlich zu sein. Zudem ist direkt nach einem Unglücksfall – beispielsweise einem Autounfall – oft noch gar nicht klar, wer wie viel Verantwortung dafür trägt.

Eine wichtige Rolle bei Suizidalität spielen Kränkungen. Neben bereits erlittenen Kränkungen kann bereits die Erwartung einer solchen zum Suizid führen, wenn dies als einzige Möglichkeit erscheint, das Selbstwertgefühl noch zu retten. Dabei spielt die subjektive Einschätzung eine Rolle, ob man sich der Situation ausgeliefert fühlt oder noch Handlungsspielräume für sich sieht.

FALLBEISPIEL **Die große Kränkung**

Ein Mann, Anfang vierzig, erst wenige Jahre verheiratet, hatte noch nie ein Händchen für finanzielle Dinge. Er gab zumeist mehr aus, als er verdiente, geriet aber bisher nie in größere Schwierigkeiten. Vor wenigen Jahren beschloss er, seinen Job zu kündigen und sich selbstständig zu machen. Obwohl er genügend Aufträge hatte, war das Geld immer knapp, er lebte gerne auf großem Fuß und war auch großzügig anderen gegenüber. Als eine große Nachzahlung von Finanzamt und Sozialversicherung ins Haus stand, verabschiedete er sich eines Morgens von seiner Frau, fuhr jedoch nicht ins Büro, sondern in seine Zweitwohnung und nahm sich dort das Leben. Sein bester Freund fand ihn stranguliert am Türgriff des Wohnzimmers. Es ging insgesamt um eine Summe von nicht einmal 15 000 Euro.

Alte Menschen (insbesondere alte Männer) haben ein besonders hohes Suizidrisiko. Wenn es um den Suizid von alten Menschen geht, kommen schnell Sätze wie »Wenn man so alt ist, hält einen nicht mehr viel im Leben.«, »Ich würde mich dann auch umbringen wollen.« »Die haben ihr Leben ja schon gehabt.«. Dies ist aber nur die halbe Wahrheit, denn wir wissen, dass gerade bei alten Menschen der Hauptrisikofaktor für Suizid die Einsamkeit ist. Dass alte Menschen nicht mehr leben wollen, ist also keine logische Folge des Altseins, sondern hat mit den Lebensumständen zu tun, die vielfach sehr wohl änderbar wären.

### FALLBEISPIEL  Sich sterben lassen

Die Coronakrise und die damit einhergehenden Einschränkungen haben die Situation von Menschen in schwierigen Lebensverhältnissen besonders verschärft. Gerade ältere und alte Menschen waren stark betroffen. So auch eine 85-jährige Dame, die bereits seit einigen Jahren in einem Seniorenheim wohnte. Kurz vor Ausbruch der Coronapandemie zog ihre Tochter weit weg und da das Verhältnis zu ihrem Sohn angespannt war, fühlte sie sich – obwohl rüstig und bei guter Gesundheit – schon vor der Coronapandemie oft einsam und sinnentleert. Die Situation verschärfte sich durch die strengen Besuchsregeln, die die Pandemie mit sich brachte. Sie erhielt kaum noch Besuch, konnte den gewohnten Aktivitäten nicht mehr nachgehen und verlor zunehmend ihren Lebenswillen. Schleichend begann sie immer weniger zu essen, hörte dann ganz auf, etwas zu sich zu nehmen, und starb innerhalb weniger Wochen. Dieses leise »Sich-sterben-Lassen« ist eine häufige Suizidmethode bei alten Menschen.

### EINTEILUNG VON SUIZIDEN

- Bilanzsuizid: Suizid als rationale Konsequenz, wenn Betreffende ihre Lebenssituation als aussichtslos einschätzen; geschieht unauffällig und effizient
- Suizid von psychisch kranken Personen
- sozialkonfliktärer Suizid: Probleme in den Beziehungen zu anderen Menschen stehen im Vordergrund; Suizid evtl. als »Appell« an die Umgebung
- »salvatorischer« Suizidversuch: Wunsch nach Ruhe, Beruhigung, Pause vor den Problemen (parasuizidale Pause), wird meist mit Schlafmitteln herbeigeführt, schwache suizidale Absicht

Zusammengefasst können konkrete Auslöser für suizidales Verhalten sein:
- schwere körperliche oder psychische Erkrankungen, besonders die Zeit der Diagnosestellung oder bei Verschlechterung der Krankheit,

- Niederlagen oder Zurückweisungen in wichtigen Bereichen,
- Kränkungen, Trennungen, Verluste, Beziehungskrisen, Distanzierung von wichtigen Menschen oder allein schon die Erwartung solcher Ereignisse,
- massive Angriffe auf das Selbstwertgefühl, die von den Betroffenen als unentrinnbar erlebt werden, oder
- drohende oder erlebte Gewalt, Krieg, Terror, Vertreibung, Diskriminierung.

## 6.2.2 Suizid als rationale Entscheidung?

Häufig wird ein Suizid als »rationale« Konsequenz von aussichtslos erscheinenden Lebenssituationen dargestellt. Ohne ausschließen zu wollen, dass diese Art des Suizids möglich ist, soll dennoch darauf hingewiesen werden, dass Menschen in Krisen – und besonders in suizidalen Krisen – nicht mehr rational denken, sondern ihr Denken geprägt ist von einem »Tunnelblick«, den Fachleute suizidale Einengung nennen. Wer kennt das nicht, dass man in akuten Krisen vermeintlich keinen Ausweg sieht, sich allein und von allen im Stich gelassen fühlt? Dabei wird meist übersehen, dass es sehr wohl Optionen und Ressourcen gibt und Menschen, die sich für einen interessieren. Aber häufig sind Ressourcen gerade in Krisensituationen nicht zugänglich und man zieht sich von den Mitmenschen zurück. Das ist ein normales Verhalten in Krisen. Der erste Schritt raus aus der Krise kann sein, dass man sich jemandem anvertraut, der einem Hoffnung gibt und Möglichkeiten aufzeigt, ohne gleich Lösungen anzubieten. Dies verändert die Denkweise und lockert die suizidale Einengung. Mehr zum Thema Einengung findet sich im nächsten Kapitel 6.3 (präsuizidales Syndrom).

> **HÄUFIGE MESSAGE VON SUIZIDALITÄT**
> Statt »Ich möchte nicht mehr leben!«: »Ich möchte *so* nicht mehr (weiter-) leben!«
> Die häufigste Form des Suizids oder Suizidversuchs ist jener, der aus einem Wunsch nach Ruhe und Pause vor den Problemen resultiert. Viele Menschen, die lebensüberdrüssig sind, wollen nicht »tot« sein, sondern der Suizid erscheint ihnen als einziger Ausweg vor all den Problemen, die nicht bewältigbar erscheinen.

## 6.2.3 Wie fühlen sich suizidale Menschen?

Menschen in suizidalen Krisen fühlen sich hilflos, ohnmächtig, ausgeliefert, isoliert und verlassen. Sie wollen geliebt werden, vermissen Sicherheit, Vertrauen, Zuwendung. Sie haben die Hoffnung auf Veränderung verloren und machen immer weniger die Erfahrung der Selbstwirksamkeit, also, die Kontrolle über ihr Leben zu haben und dass ihre Handlungen die gewünschten Folgen nach sich ziehen. In diesem Zustand der Ohnmacht und des Kontrollverlusts erscheint der Suizid häufig als einzige »Lösung«. Wie Dorrmann (Dorrmann 2021) ausführt, stehen suizidale Personen unter enormem psychischem Druck. Sie suchen verzweifelt nach Lösungen, jedoch schlagen alle Problembewältigungsversuche fehl. Unter der Verzweiflung liegen Gefühle wie Schuld, Scham, Verletztheit oder Trauer. Zudem neigen suizidale Menschen häufig zu einem Schwarz-Weiß-/Alles-oder-nichts-Denken. Es gibt nur Leben oder Tod. Auffallend ist die Ambivalenz – sie wollen Hilfe und wollen sie zugleich doch nicht. So kann es sein, dass eine suizidale Person noch bei einem Krisentelefon anruft oder zum Hausarzt geht, in der Hoffnung, dass sie doch noch jemand von der Tat abhält, obwohl sie schon einen Suizidentschluss gefasst hat.

## 6.3  Wie wird man suizidal? – Die suizidale Entwicklung

Die meisten Menschen haben schon einmal darüber nachgedacht, sich das Leben zu nehmen. Das Nachdenken über den Tod ist normal und sogar Teil bestimmter Entwicklungsphasen. So ist beispielsweise die Zeit der Pubertät eine Phase der gedanklichen Beschäftigung mit Sterben und Tod. In Verbindung mit dem in dieser Zeit vorherrschenden Jugendegozentrismus treibt das zum Teil seltsame Blüten. Vielleicht erinnert sich der eine oder die andere, dass man sich in diesem Alter über ein Verbot der Eltern so geärgert hat, dass man sich vorgestellt hat, sich das Leben zu nehmen, und die weinenden Eltern dann am eigenen Grab stehen sah, die sich dachten: »Hätten wir ihr doch erlaubt, auf das Rockkonzert zu gehen!« Solche Vorstellungen sind meistens unbedenklich und müssen nicht zu einer suizidalen Handlung führen. Je stärker Suizidgedanken aber werden, je öfter sie auftreten und je drängender sie sind, desto größer ist die Suizidgefahr – es kommt zum bereits erwähnten »Tunnelblick«, zur suizidalen Einengung.

### SUIZIDGEDANKEN – SUIZIDABSICHT – SUIZIDENTSCHLUSS
Ein Suizidgedanke heißt nicht Suizidabsicht! Eine Suizidabsicht ist noch kein Entschluss!
Es ist normal, in Krisenzeiten auch an Suizid zu denken. Gefährlich wird es, wenn die Suizidgedanken drängender und zur einzigen denkbaren Lösung werden. Über die Möglichkeit nachzudenken, sich das Leben zu nehmen, ist nicht gleichzusetzen mit einer suizidalen Absicht. Unter Absicht versteht man »das Wollen, den Vorsatz« (DWDS 2022). Eine Suizidabsicht bedeutet, sich bereits – mehr oder weniger – konkrete Gedanken über die Umsetzung zu machen. Wird eine Suizidabsicht geäußert, ist die Suizidgefahr bereits erhöht. Entsprechende Aussagen sollten immer ernst genommen werden. Doch auch wenn bereits ein Suizidentschluss gefasst wurde, besteht

immer noch eine Restambivalenz – vielleicht gelingt ja der Suizidversuch nicht, dann »sollte« es nicht sein, die Entscheidung wird in »höhere Hände« gelegt.

## 6.3.1 Die drei Stadien nach Pöldinger

Walter Pöldinger war ein österreichischer Psychiater, der in seinem Modell die Entwicklung von Suizidalität von ersten Suizidgedanken bis hin zum Suizidentschluss in drei Stadien beschrieben hat (Pöldinger 1968). Sein Modell der suizidalen Entwicklung ist in Abb. 6-1 dargestellt.

1. Stadium: Erwägung

   In diesem Stadium wird Suizid als mögliche »Problemlösung« in Betracht gezogen. Typisch für diese Phase sind sozialer Rückzug und Suizidgedanken sowie eine erhöhte Aufmerksamkeit für einschlägige Berichte in Medien oder Filmen über Suizid. Diese können suizidale Tendenzen verstärken (wir erinnern uns zum Beispiel an die Netflix-Serie »13 reasons why«, die zu zahlreichen Nachahmungssuiziden von Jugendlichen führte).

2. Stadium: Ambivalenz oder Abwägung

   In der zweiten Phase verstärken sich die Suizidgedanken. Es findet ein innerer Kampf zwischen selbsterhaltenden und selbstzerstörerischen Tendenzen statt, ein Abwägen zwischen Leben und Tod. Verschiedene Bereiche des Lebens werden »verhandelt«, wobei das Denken geprägt ist vom Tunnelblick, der suizidalen Einengung. So ist es denkbar, dass eine Person zu dem Ergebnis kommt, es sei besser, wenn sie nicht mehr da sei, da sie sowieso nur eine Last für die Kinder sei, diese sich für sie schämen würden oder Ähnliches. Typisch für dieses Stadium sind direkte oder indirekte Suizidankündigungen (Andeutungen, Drohungen, Voraussagen). Diese Appelle und Notrufe dürfen nicht überhört werden! Einige Betroffene gehen in dieser Phase zum Arzt oder rufen bei einem Krisentelefon an.

3. Stadium: Entschluss

   Dieses Stadium wird auch »Ruhe vor dem Sturm« genannt. Es kommt zu einer scheinbaren Beruhigung, da das Hin- und Herüberlegen ein Ende hat, die Last der Entscheidung von den Schultern genommen ist. Wenn überhaupt, werden in dieser Phase nur noch indirekte Suizidankündigungen gemacht. Es kommt zu Vorbereitungshandlungen (Testament machen, Unterlagen ordnen, Verschenken persönlicher Dinge etc.), schließlich wird die Suizidhandlung vollzogen. Der Begriff des Entschlusses sollte nicht suggerieren, dass es sich hier um einen rationalen, nicht mehr rückgängig zu machenden Entschluss handelt. Im Gegenteil: Die Ambivalenz besteht bis zum bitteren Ende. Solange die Person noch lebt, gibt es auch noch lebensbejahende Anteile. Diese zu stärken ist unsere Aufgabe!

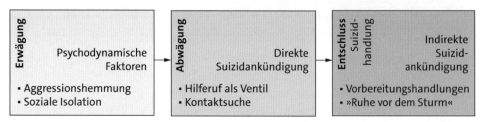

**Abb. 6-1:** Die suizidale Entwicklung nach Pöldinger (eigene Darstellung nach Pöldinger 1968).

### RUHE VOR DEM STURM ODER ECHTE BESSERUNG?

Wie oben bereits erwähnt, kommt es in der dritten Phase der suizidalen Entwicklung nach Pöldinger zu einer scheinbaren Beruhigung. Dabei ist es für Helfer*innen und Angehörige wichtig, eine echte Besserung des Zustandes nicht mit der »Ruhe vor dem Sturm« zu verwechseln. Schon oft habe ich von Suizid-Hinterbliebenen die bittere Enttäuschung gehört, sie hätten gedacht, die Krise sei überwunden, es gebe Hoffnung, ein Aufwärtstrend sei in Sicht ... und dann, für sie völlig unverständlich, der Suizid. Wie aber lassen sich die beiden Zustände unterscheiden? Hinweise können u. a. zwei Faktoren geben: einmal die Frage nach dem Vorhandensein einer Zukunftsorientierung. Gibt es Pläne, Gedanken, die in die Zukunft reichen? Der zweite Punkt bezieht sich darauf, ob es eine Veränderung gegeben hat, womit sich die Besserung des Zustands erklären ließe.

Die Darstellung der drei Stadien erweckt leicht den Eindruck, dass es sich hier um eine nicht aufhaltbare Entwicklung handelt. Natürlich muss ein Stadium nicht zwingend zum nächsten führen, die Suizidalität kann auch wieder abflauen oder der Krisenanlass wegfallen, sodass es zu keiner weiteren suizidalen Entwicklung kommt. Manche Menschen bleiben in einem der Stadien über Jahre »stecken«. Über die Dauer der einzelnen Stadien gibt es keine Angaben. Diese Entwicklung kann sich über Tage, Wochen oder auch Monate und Jahre ziehen.

### FALLBEISPIEL  Suizidgedanken als Entlastung

Ich erinnere mich an eine junge Mutter, die ich längere Zeit begleitete. Sie hatte sich vom Kindsvater vor der Geburt ihres Kindes getrennt. Die Geburt und die erste Zeit mit dem Baby waren schwierig, es schrie sehr viel und schlief »nie«. Kurz nach der Geburt ging die junge Mutter aus finanziellen Gründen Vollzeit arbeiten. Es gab kaum ein soziales Netz, ihre Eltern wohnten weit weg. Kurzum, die Situation war für sie kaum aushaltbar, Schuldgefühle ihrem Kind gegenüber (zu wenig Zeit, das Gefühl, eine schlechte Mutter zu sein) gaben ihr den Rest. Suizidalität war immer wieder Thema. Als wir das erste Mal darüber sprachen, gestand sie mir, dass der Gedanke, »jederzeit Schluss machen zu können«, sie am Leben hielt, so paradox das auch klingen mag. Denn wenn es noch schlimmer würde, könne sie ihr Kind nehmen und »irgendwo runterspringen«. Zugegeben, dieses Bild beschäftigte mich einigermaßen und bescherte mir einige schlaflose Nächte. Die junge Frau befand sich über lange Zeit im Stadium der »Erwägung« und wohl auch in jenem der »Ambivalenz«, es kam aber nie zu einem Entschluss. Nach einigen Jahren stabilisierte sich ihre Situation. Sie lernte einen patenten jungen Mann kennen, der sie sehr unterstützte, und ließ diese lange Zeit der Krise hinter sich, glücklicherweise ohne Suizidversuch.

## 6.3.2  Das präsuizidale Syndrom

Der österreichische Psychiater, Neurologe und Individualpsychologe Erwin Ringel untersuchte 700 gerettete Suizidant*innen und beschrieb einen charakteristischen psychischen Zustand von Menschen vor einer Suizidhandlung – das »präsuizidale Syndrom« (Ringel 1969). Erwin Ringel gilt als einer der wichtigsten Suizidforscher und baute 1948 in Wien das erste Suizidverhütungszentrum in Europa auf. Aus dieser »Lebensmüdenfürsorge« wurde 1975 das heute noch in Wien existierende »Kriseninterventionszentrum«. Der Zustand des präsuizidalen Syndroms geht nach Erwin Ringel typischerweise einer Suizidhandlung voraus und kann als Alarmsignal für eine suizidale Gefährdung gewertet werden. Es ist durch drei Merkmale gekennzeichnet:

1. Einengung: Es entsteht ein immer stärkeres Einengungsgefühl, die Lebensumstände werden vermehrt als bedrohlich, unveränderbar und unüberwindbar empfunden, der Suizid schließlich als einzige Lösung gesehen. Die Person fühlt sich hilflos, ohnmächtig, ausgeliefert. Stimmung und Gedanken gehen nur mehr in eine Richtung, es kommt zu Interessenlosigkeit, Gleichgültigkeit und einer weiteren Schädigung des Selbstwertgefühls durch die unzureichende praktische Wertverwirklichung. Auch auf der Beziehungsebene erfolgt eine Einengung und Entwertung – die suizidale Person fühlt sich einsam, isoliert, verlassen und unverstanden. Sie isoliert sich zunehmend und zieht sich zurück.
2. Gehemmte und gegen die eigene Person gerichtete Aggression: Sich das Leben zu nehmen erfordert ein hohes Maß an Aggression, die nicht nach außen abgeführt werden kann. Die verstärkte und gleichzeitig gehemmte Aggression wird letztlich gegen die eigene Person gerichtet (Aggressionsumkehr).
3. Suizidfantasien: Während zu Beginn die Suizidgedanken noch vage sind und aktiv als Entlastung herbeigeholt werden, drängen sich die Suizidgedanken zunehmend auf und werden unkontrollierbar. Die Fantasien verselbstständigen sich. Häufig verstehen Betroffene nach Abklingen der Krise oft selbst nicht mehr, wie es zu diesen Gedanken kommen konnte. Je konkreter und detaillierter die Fantasien Methode und Vorstellung der Selbsttötung umfassen, desto größer ist die Gefahr. Zum Suizid ist es dann nur noch ein kleiner Schritt.

Der Zustand des präsuizidalen Syndroms kann auch zur Einschätzung der Suizidgefahr eingesetzt werden. So geben das Ausmaß der Einengung und die Art der Suizidgedanken Hinweise auf den Grad der Gefährdung.

### 6.3.3 Die akute Überwältigungsreaktion

Die bisher beschriebenen Modelle der suizidalen Entwicklung – von der entlastenden Funktion der Suizidgedanken bis hin zu einem unkontrollierbaren Teufelskreis – sind abzugrenzen von der sogenannten »akuten Überwältigungsreaktion« (Andreatta, Beck 2006), einer Art impulsiven Übersprungshandlung nach dem Erleben eines traumatischen Ereignisses. Um diese Art des Suizids zu verdeutlichen, möchte ich zwei Fallbeispiele voranstellen:

**FALLBEISPIEL**

Der 17-jährige Sohn verstirbt bei einem schweren Unfall mit seinem Moped in der Nacht von Freitag auf Samstag. Beim Überbringen der Todesnachricht durch die Polizei springt die Mutter plötzlich und ohne ersichtliche Vorzeichen durch die offene Balkontüre aus dem fünften Stock in den Tod.

**FALLBEISPIEL**

Der 76-jährige Großvater verbringt mit seinem sechsjährigen Enkel einen Sommertag am Schwimmteich, nur wenige Meter vom eigenen Haus entfernt. Das Kind spielt mit einigen Nachbarskindern im seichten Wasser, der Großvater unterhält sich in der Zwischenzeit angeregt mit ein paar Anglern. Als er nach seinem Enkelkind Ausschau hält, kann er es nicht erblicken. Alarmiert läuft er am Wasser entlang, wo ihn auf einmal andere Badende laut rufend darauf aufmerksam machen, dass das Kind leblos im Wasser treibt. Er stürzt ins Wasser, holt es heraus und beginnt sofort mit Erste-Hilfe-Maßnahmen. Andere Badegäste verständigen den Notarzt. Als Rettungsdienst und Notarzt eintreffen und das Kind reanimieren, verschwindet der Großvater unbemerkt. Er geht in sein Haus und erschießt sich mit seinem Jagdgewehr.

Während im ersten Fallbeispiel die Überwältigung nach dem Erhalt der Nachricht über den Tod des eigenen Sohnes zum Suizid geführt hat, sind es im zweiten die Verzweiflung und unerträglichen Schuldgefühle, die den Großvater zu dieser akuten Überwältigungsreaktion getrieben haben. Anders als bei dem von Pöldinger beschriebenen Modell gibt es in diesen Fallbeispielen keine suizidale Entwicklung. Stattdessen führt ein Notfall, ein plötzlicher furchtbarer Verlust, zu einer suizidalen Handlung ohne jede Vorbereitung. Hier sind es also nicht schwierige Lebensumstände, die zu dem Wunsch nach Ruhe, Pause und Unterbrechung führen, sondern der Suizidgedanke dient der Vermeidung des psychischen Schmerzes. Im Zustand der Überwältigung nach einem traumatischen Ereignis ist es für die Betroffenen schier unvorstellbar, wie das Leben weitergehen könnte. Typische Aussagen, die in solchen Situationen auf Suizidalität hinweisen, sind: »So kann ich nicht weiterleben!«, »Das überleb ich nicht!« »Ich bin schuld am Tod/Unfall/Unglück.« »Ohne sie*ihn hat das Leben keinen Sinn mehr.« Weitere Alarmzeichen sind spontaner Rückzug oder plötzliches Hinausstürmen. Eine erste Anerkennung des Verlusts reduziert die Suizidalität, wenn Hinterbliebene sich von der verstorbenen Person verabschieden können und eine erste Zukunftsorientierung hergestellt werden kann. Bleibt die Suizidalität unverändert, darf die Person nicht alleine gelassen werden, evtl. muss an eine stationäre Unterbringung gedacht werden.

## 6.4  Wann wird es gefährlich? – Signale und Einschätzung von Suizidalität

Viele Suizidhinterbliebene berichten, sie hätten vor dem Suizid ihres Angehörigen nie gedacht, dass die Person so etwas tun könnte. Das kann man gut nachvollziehen. Auch wenn es Schwierigkeiten oder Konflikte gibt, denken wohl die wenigsten daran, dass sich ein Familienmitglied/eine Freundin/Kollegin das Leben nehmen könnte. Wenn man nicht beruflich damit zu tun hat oder schon eine leidvolle Erfahrung mit einem Suizid im eigenen Familien- und Bekanntenkreis machen musste, ist das Thema für die meisten von uns wohl recht weit weg. Betrachtet man allerdings die Suizidzahlen (und die weitaus höhere Zahl an Suizidversuchen), so wird deutlich, dass es ein Thema ist, das uns alle betreffen kann.

Häufig gibt es nur indirekte Signale für eine Suizidgefährdung, versteckte Hinweise. Das können Aussagen sein wie »Ich bin eh nicht mehr lang da.« oder »Es hat ja alles keinen Sinn mehr.«. Es können aber auch direkte Suizidankündigungen formuliert werden wie »Ich bring mich um!«. Es lohnt sich, auf solche Bemerkungen mit einer Nachfrage zu reagieren. Zeigen Sie, dass Sie diese Aussagen ernst nehmen, und sprechen Sie die Person direkt auf die vermutete Suizidalität an. Sollte sich jemand in Ihrem Familien- oder Bekanntenkreis auffällig verändern, ist es ebenfalls empfehlenswert, nachzufragen, worauf diese Veränderung zurückzuführen ist. Es muss nicht immer Suizidalität dahinterstecken, aber vielleicht ist die Person in einer Situation, die sich zu einer suizidalen Krise zuspitzen könnte. Die Veränderungen können sich auf Verhalten, Stimmung oder soziale Aktivitäten beziehen – wenn sich eine sonst aktive Person von ihren gewohnten Hobbys und sozialen Aktivitäten zurückzieht, sich jemand über einen längeren Zeitraum ungewohnt reizbar, pessimistisch oder zynisch zeigt, könnten das Signale für eine persönliche Krise sein, die nicht übergangen werden sollten.

### 6.4.1  Mögliche Signale für eine Suizidgefahr

Um einer suizidgefährdeten Person helfen zu können, müssen Signale für eine mögliche Suizidgefahr als solche erkannt werden. Mögliche Anzeichen für Suizidalität können sein:

- Vorliegen einer akuten psychischen Krise mit Gefühlen der Verzweiflung und Hoffnungslosigkeit, Sinnlosigkeit, Pessimismus

- Interessen- oder Teilnahmslosigkeit
- Konzentrations- und Schlafstörungen, Appetitlosigkeit, Schwierigkeiten in Schule oder Beruf
- Äußerung von Suizidgedanken oder -plänen
- Schreiben von Abschiedsbriefen oder Verschenken persönlich wichtiger Dinge
- Besorgen von Suizidmitteln (Horten von Tabletten, Besorgen einer Waffe)
- Übermäßige Beschäftigung mit dem Tod, häufiges Sprechen über den Tod
- Rückzug von Aktivitäten oder Abbrechen von Kontakten
- plötzliche Stimmungsaufhellung nach einer schweren Krise bei fehlenden Zukunftsideen (»Ruhe vor dem Sturm«)
- Weglaufen (bei Jugendlichen), Reduktion oder Abbruch der Nahrungsaufnahme
- Absetzen wichtiger Medikamente
- Hochrisikoverhalten (riskantes Autofahren) oder selbstverletzendes Verhalten

Viele der genannten Verhaltensweisen zeigen sich nicht nur bei Suizidalität, sondern tauchen auch allgemein im Rahmen von Krisen auf. Die Abgrenzung ist daher nicht immer einfach.

## 6.4.2 Hinweise auf akute Suizidgefahr

Akute Suizidgefahr besteht, wenn eine Person eine konkrete Suizidabsicht äußert oder sogar eine Suizidhandlung geplant oder bereits vorbereitet hat. Gefährlich ist es ebenfalls, wenn eine Person konkrete Suizid-Anweisungen z. B. durch akustische Halluzinationen (d. h. Stimmen-Hören mit Suizidaufforderung) oder andere Einflussnahmen erfährt oder wenn einer Person der Leidensdruck (»seelischer Schmerz«) nicht mehr ertragbar erscheint (und damit hoher suizidaler Handlungsdruck gegeben ist). Sollte eine Person autoaggressiv und nicht mehr steuerungsfähig und damit nicht absprachefähig sein, liegt ebenfalls hohe Suizidgefahr vor. Sind einige dieser Faktoren gegeben, darf die Person keinesfalls alleine gelassen werden. Rufen Sie umgehend den Rettungsdienst. Wenn Sie sich unsicher sind, können Sie auch bei einem Kriseninterventionszentrum anrufen oder beispielsweise bei einem psychiatrischen Krisendienst. Letztere kommen in vielen Fällen sogar vor Ort. Manchmal werden diese Maßnahmen unterlassen, weil man die betreffende Person nicht in eine für sie beschämende Lage bringen möchte. Doch lieber eine unangenehme Situation als ein Suizid.

**FALLBEISPIEL**

Ein Mann im mittleren Alter hat den Verdacht, dass seine Frau ein Verhältnis hat. Eines Abends spitzt sich die Lage zu und er spricht sie darauf an. Nachdem sie es zuerst vehement abgestritten hat, gibt sie es schließlich zu und eröffnet ihm, dass sie ihn nicht mehr liebe und sich eigentlich schon lang trennen wolle. Sie habe es nur nie geschafft, es ihm zu sagen. Für ihn bricht eine Welt zusammen. Es kommt zu einem Streitgespräch, es wird geweint, geschimpft, geschrien, sich gegenseitig Vorwürfe gemacht. Irgendwann hält der Mann es nicht mehr aus und stürzt mit den Worten »Ich bring mich um, Du wirst schon sehen!« hinaus in die Dunkelheit. Die Frau bleibt zurück und ruft sofort ihre Nachbarin an. Was sie jetzt tun solle? Sie trommelt die ganze Familie zusammen. Alle sind in extremer Sorge. Doch gemeinsam beschließen sie, nicht die Polizei einzuschalten, um ihm die »Schmach« zu ersparen.

Geringe Suizidgefahr besteht, wenn keine akute Krise vorliegt und Suizid als eine Möglichkeit von mehreren in Betracht gezogen wird sowie die Gefühle von Hoffnungslosigkeit, Ohnmacht und Verzweiflung nicht überwältigend sind. Dennoch: Wann immer das Thema Suizid im Raum steht, holen Sie sich bitte unbedingt professionelle Unterstützung!

# 6.5  Was tun bei Suizidalität?

## 6.5.1  Suizidalität ansprechen

### DIE WICHTIGSTE INTERVENTION BEI SUIZIDALITÄT

Wenn Sie das Gefühl haben, Ihr Gegenüber könnte an Suizid denken, fragen Sie bitte nach! Scheuen Sie sich nicht, die vermutete Suizidalität direkt anzusprechen. Stellen Sie Fragen wie: »Ich habe den Eindruck, du hast dich in letzter Zeit sehr verändert. Du sprichst immer wieder davon, keinen Sinn mehr im Leben zu haben. Was meinst du damit? Denkst du daran, dir das Leben zu nehmen? Ich mache mir Sorgen um dich. Möchtest du mit mir darüber sprechen?«

Was hier so einfach klingt, bedarf häufig einer Überwindung. Viele Menschen haben Angst, dieses heikle Thema direkt anzusprechen. Was, wenn es gar nicht so ist? Bringe ich die Person damit erst auf die Idee? Könnte sie ärgerlich werden? Dazu kommt die Frage, was zu tun ist, wenn sie die Frage bejaht. Häufig werden Suizidankündigungen nur indirekt gemacht (»Ich weiß nicht mehr weiter.«) oder als Drohung (»Ihr werdet schon sehen, wenn ich einmal nicht mehr da bin ...«). Bitte fragen Sie auch bei solchen Aussagen immer ganz konkret nach, was damit gemeint ist. Dies kann beispielsweise so aussehen: »Du hast gerade gesagt, dass du gar nicht mehr weiterweißt – was genau meinst du denn damit? Meinst du damit, dass du dir das Leben nehmen willst?« oder »Wenn ich höre, dass du sagst, dass wir schon sehen werden, was ist, wenn du nicht mehr da bist, kommt in mir Sorge hoch – meinst du damit, dass du daran denkst, dich umzubringen?«

Bejaht die suizidale Person die Frage nach Suizidplänen oder -absichten, geht es in einem weiteren Schritt darum, nach genauen Plänen und Absichten zu fragen. Auch hier gilt: Scheuen Sie sich nicht, diese Fragen zu stellen. Keine Sorge, Sie bringen damit niemanden erst auf die Idee! Wenn die suizidgefährdete Person von konkreten Suizid-plänen berichtet, evtl. sogar schon Methode, Ort und Zeitpunkt festgesetzt hat, dann ist Alarmstufe rot und man muss unbedingt handeln. Die Faustregel: Je konkreter die Pläne, desto größer die Gefahr.

Menschen, die sich in einem Zustand der suizidalen Einengung befinden, sind häu-fig davon überzeugt, dass sich sowieso niemand für sie interessiert. Ein aufmerksames, offenes, nicht beurteilendes Gespräch ist somit ein wichtiger Schritt, um die lebensbe-jahenden Tendenzen zu verstärken. Im Gespräch mit einem suizidgefährdeten Men-schen geht es nicht darum, diesen davon zu »überzeugen«, weiterzuleben (dies würde uns nur in eine Gegenposition bringen und zu Widerstand beim Gegenüber führen) oder eine schnelle Lösung zu finden. Wir übernehmen damit auch nicht die Verant-wortung dafür, dass sich die Person nicht umbringt, sondern wir versuchen, vorerst Zeit zu gewinnen und die suizidale Einengung zu lockern.

## Keine Geheimnisse!

Es kommt vor, dass man gebeten wird, die Suizidalität als Geheimnis zu bewahren und beispielsweise den Eltern oder Pädagog*innen nichts davon zu erzählen. Dieses Ver-sprechen sollte auf keinen Fall gegeben werden. Suizidalität kann man nicht alleine stemmen, es braucht dringend die Aktivierung des sozialen Netzwerkes und bei akuter Suizidgefahr gegebenenfalls auch eine offizielle Meldung an andere Fachpersonen, eine schriftliche Dokumentation o. Ä. Diese Haltung sollte von Anfang an transparent gemacht werden, um die Beziehung nicht zu gefährden.

## Was brauchen suizidgefährdete Menschen?

Suizidgefährdete Menschen brauchen in erster Linie jemanden, der sie ernst nimmt, der ruhig und neutral die Suizidalität anspricht, jemanden, der nicht mit Schock, Vor-würfen oder Ratlosigkeit reagiert, sondern mit Mut, Zuversicht und Ruhe. Jemanden, der sich Zeit nimmt, zuzuhören, ohne gleich Lösungen oder Ratschläge zu geben, jemanden, der Hoffnung ausstrahlt und sich nicht von der Hilflosigkeit und der »Logik«, dass es keinen anderen Ausweg gäbe, anstecken lässt!

## Mörderische Aggression

Im Umgang mit suizidalen Menschen wird häufig die Aggression dieser Menschen stark spürbar und ihre tiefe Frustration. Diese heftigen Gefühle sind manchmal für das Gegenüber schwer aushaltbar und führen, wenn sie nicht reflektiert werden, unter Umständen dazu, dass man Aggressionen gegenüber der suizidalen Person entwickelt. Die Verzweiflung und Hilflosigkeit von Angehörigen und mitunter auch Helfenden in Verbindung mit der »mörderischen«, aber gehemmten Aggression der suizidalen Person kann sich in Konflikten entladen. So ist mir der Bericht einer pflegenden Person, die in einer psychiatrischen Station tätig war, in Erinnerung. Sie erzählte von einem Streitgespräch zwischen einem chronisch suizidalen Patienten, der immer wieder wegen schwerer Depressionen stationär aufgenommen werden musste, und einer Angehörigen, die ihm ins Gesicht sagte: »Dann bring dich eben um, vielleicht wäre das ja für alle das Beste!« Die Krankenpflegerin konnte die Angehörige gut verstehen, weil sie selber immer wieder den Impuls verspürt hatte, dasselbe zu sagen (und sich allein schon für diesen Gedanken schämte). Zu wissen, woher diese starken Gefühle kommen, dass es sich hier um Gefühlsansteckung handelt, also um die Gefühle des Gegenübers, die sich mit den eigenen vermischen, kann helfen, damit umzugehen. So können die empfundenen Gefühle besser kontrolliert und eingeordnet werden.

## 6.5.2 Gespräche mit suizidgefährdeten Personen

Eine persönliche Beziehung aufzubauen, Vertrauen und Nähe herzustellen sind die wichtigsten Elemente für ein Gespräch mit einer suizidalen Person sowie auch für eventuelle weitere Maßnahmen (andere einbeziehen, vielleicht sogar eine stationäre Aufnahme in einem Krankenhaus). Dafür ist es förderlich, angenehme Rahmenbedingungen herzustellen, einen Ort aufzusuchen, an dem man sich ungestört unter vier Augen unterhalten kann, sich Zeit zu nehmen, das Handy abzustellen und so weiter. Die Person sollte unbedingt in ihrer Verzweiflung wahrgenommen und ernst genommen werden. Sie sollte die Möglichkeit haben, ihre Geschichte zu erzählen, ohne dass sofort Beurteilungen, Lösungen oder Ratschläge auf sie einprasseln. Aktives Zuhören und ab und zu nachfragen ist das Gebot der Stunde (»Verstehe ich Sie richtig, dass …?« Wie ist es dazu gekommen, dass …?«). Doch bitte kein Verhör, kein Nachbohren. Dabei ist es wichtig, authentisch zu sein. Wenn Sie mit gewissen Aussagen Schwierigkeiten haben, sollten Sie nicht einfach zustimmen, sondern können sie durchaus auf sanfte Art und Weise kritisch hinterfragen (»Ich kann Ihre Verzweiflung sehen, dennoch frage ich mich, ob tatsächlich schon alle Mittel ausgeschöpft sind … ob es sich nicht lohnen würde, xy zu versuchen …«). Versuchen Sie, die aktuelle Problemlage zu erfassen, fragen Sie aber auch nach bisherigen Lösungsversuchen (und warum diese nicht funktioniert haben). Mit derartigen Fragen können Sie versuchen, die Ambivalenz zu stärken und herauszufinden, was die Person noch im Leben hält und was für sie für den Suizid spricht bzw. wo man vielleicht noch ansetzen kann (beispielsweise: »Ich habe Angst, schwer krank zu überleben.« »Was geschieht dann mit meinen Kindern? Werden sie mir das verzeihen?«). Vielleicht können Sie Hoffnung auf Veränderbarkeit der Situation wecken. Es ist jedoch nicht notwendig, sofort Lösungen zu finden. Im Gegenteil, das würde die Person noch mehr abwerten. Denn sie fühlt sich ja hilflos, ohne Handlungsmöglichkeiten, ohne Hoffnung auf Veränderung – und dann kommt da jemand, der nach kurzer Zeit schon weiß, wie man alles lösen könnte …? Zum Abschluss des Gesprächs empfiehlt es sich, die nächsten Schritte zu planen – wie sehen die nächsten

Stunden/Tage aus? Wie kann die Person die kommende Nacht überstehen? Wer kann helfen? Wohin kann sie sich wenden?

> **ZUSAMMENFASSUNG: GESPRÄCHE MIT SUIZIDALEN PERSONEN**
> - persönliche Beziehung aufbauen und Nähe herstellen
> - aufmerksam, wertschätzend, nicht beurteilend
> - Situation erfassen
> - keine vorschnellen Lösungen und Ratschläge formulieren, sondern aktiv zuhören, ohne nachzubohren
> - offenes und direktes Ansprechen von Suizidfantasien und -plänen
> - nachfragen, wie konkret die Suizidgedanken sind
> - Ambivalenz zwischen Lebens- und Sterbewunsch verstärken
> - Druck rausnehmen
> - Welche Ressourcen erhalten (noch) am Leben (Werte, Beziehungen etc.)?
> - Hoffnung auf Veränderbarkeit der Situation aufbauen
> - Zukunftsperspektive aufbauen

- Konkrete Fragen können sein:
  - Denken Sie daran, sich das Leben zu nehmen?
  - Wie würden Sie es tun? Haben Sie schon Vorbereitungen getroffen?
  - Denken Sie bewusst daran oder drängen sich derartige Gedanken, auch wenn Sie es nicht wollen, auf?
  - Haben Sie schon mit jemandem über Ihre Absichten gesprochen?
  - Haben Sie Ihre Interessen, Gedanken und zwischenmenschlichen Kontakte im Vergleich zu früher eingeschränkt und reduziert?
  - Gibt es etwas, was Ihnen wichtig ist, Sie am Leben hält?
- Was Sie NICHT tun sollten:
  - über das Thema Suizid schweigen, Suizidgedanken nicht ansprechen
  - Entwertungen, Aussagen nicht ernst nehmen (»Das ist nicht Ihr Ernst!«, »Das dürfen Sie gar nicht denken!«)
  - bagatellisieren (»So schlimm ist das nicht.«, »Das haben andere auch überstanden.«)
  - Floskeln (»So ist das Leben eben.«)
  - Ratschläge (»Machen Sie einfach ...«, »Sie müssen jetzt ...«)
  - weitere emotionale Belastungen (bspw. durch moralisierende Vorwürfe: »Wie kann man als Mutter/Vater ...?«)
  - sich zu wenig Zeit nehmen
  - halbherzig zuhören
  - eigenmächtig vorschnelle Schritte unternehmen

# 6.5.3 Handlungsmöglichkeiten bei Suizidalität

Angemessene Unterstützung bei (vermuteter) Suizidalität gliedert sich in drei Schritte: wahrnehmen – unterstützen – handeln.

1. Wahrnehmen: Suizidalität überhaupt »auf dem Schirm haben« und sich verantwortlich fühlen; Suizidalität muss erkannt und direkt angesprochen werden.
2. Unterstützen: offenes Gespräch über Suizidalität führen, emotional entlasten, Zeit gewinnen, Hoffnung auf Veränderung aufbauen, eine Beziehung etablieren, dabei bleiben.
3. Handeln: potenzielle Suizidmittel entfernen, aktivieren des privaten und/oder professionellen Netzwerks, Unterstützung organisieren, nächste Schritte planen.

Der erste und wichtigste Schritt ist das direkte Ansprechen auf die vermutete Suizidalität. Daraus kann sich ein offenes, wertschätzendes und vorurteilsfreies Gespräch über die Suizidalität und ihre Hintergründe ergeben. Das Sprechen über die Situation entlastet und lockert die suizidale Einengung. Ziel ist, es eine Zukunftsorientierung herzustellen und Zeit zu gewinnen. Aus Sicherheitsgründen sollte die Person nicht allein gelassen und mögliche Suizidmittel entfernt werden. Suizidalität kann man nicht allein stemmen. Daher ist es wichtig, das soziale Netzwerk zu aktivieren und bei akuter Suizidalität in jedem Fall professionelle Helfer*innen hinzuzuziehen, um die weiteren Schritte abzusprechen. Abb. 6-2 fasst die angeführten Unterstützungsmöglichkeiten zusammen.

| Wahrnehmen | Unterstützen | Handeln |
|---|---|---|
| Suizidalität »auf dem Schirm haben« | offenes Gespräch über Suizidalität, emotional entlasten | Suizidmittel entfernen |
| Suizidalität erkennen | Zeit gewinnen | soziales Netzwerk aktivieren |
| sich verantwortlich fühlen | Hoffnung auf Veränderung aufbauen | Unterstützung organisieren |
| direktes Ansprechen | dabei bleiben | nächste Schritte |

**Abb. 6-2:** Angemessene Unterstützung bei Suizidalität.

Neben einem vorurteilsfreien Gespräch über Suizidalität können Sie Folgendes tun:

- **Entfernen von Suizidmitteln**

  Die leichte Verfügbarkeit von Suizidmitteln stellt ein großes Problem im Zusammenhang mit Suizidalität dar. So ist bekannt, dass bestimmte Berufsgruppen, für die Suizidmittel besonders leicht verfügbar sind, erhöhte Suizidraten aufweisen (beispielsweise Anästhesist*innen – diese wissen Bescheid, wie sie sich schmerzlos und rasch das Leben nehmen können, und haben Zugang zu den entsprechenden Medikamenten). Wir wissen zudem, dass Impulsivität einen besonderen Risikofaktor für Suizid darstellt. Wenn also Suizidmittel leicht verfügbar sind, kann es in akuten Krisen leichter zu einem Suizid oder Suizidversuch kommen. So banal es klingen mag: Das Wegräumen von Suizidmitteln und das Nicht-alleine-Lassen von suizidalen Personen stellen wichtige Handlungsmöglichkeiten bei akuter Suizidalität dar.

- **Zeit gewinnen**

  Wir wissen, dass die sogenannte »suizidale Spitze« oft nur kurze Zeit (wenige Stunden) andauert und sich die akute Suizidalität dann wieder legt. Versuchen Sie, Zeit zu gewinnen, soziale Netzwerke zu aktivieren und/oder professionelle Hilfe zu organisieren.

- **Nicht alleine lassen!**

  Lassen Sie die gefährdete Person auf keinen Fall alleine. Auch wenn Ihnen die Suizidgefahr nicht akut erscheint, sollten Sie versuchen, das soziale Netzwerk zu aktivieren, und die Person motivieren, professionelle Unterstützung anzunehmen. Gegebenenfalls braucht sie Ihre Unterstützung dabei. Je konkreter Sie eine Hilfe organisieren, desto besser. »Ich ruf morgen beim Kriseninterventionszentrum an« ist zu wenig. Vielleicht können Sie jetzt schon gemeinsam dort anrufen.

  Bei anhaltender akuter Suizidgefahr die Person nicht alleine lassen, den Rettungsdienst rufen, u. U. auch gegen den Willen der betreffenden Person. Wenn die Sanitäter*innen eintreffen und die suizidale Person die Situation bagatellisiert, bleiben Sie dabei und berichten Sie von Ihren Befürchtungen. Hilfreich kann es sein, wenn Sie sich vorab Unterstützung durch ein Kriseninterventionszentrum oder den psychiatrischen Krisendienst holen und mit diesen die Vorgehensweise besprechen.

Viele Menschen haben Hemmungen, den Rettungsdienst zu alarmieren und die suizidale Person in eine psychiatrische Klinik bringen zu lassen. Das ist verständlich. Dabei ist aber zu bedenken, dass es für einen Menschen, der am Ende seiner Kräfte ist, sogar eine entlastende Vorstellung sein kann, endlich an einem Ort zu sein, wo man sich um nichts kümmern muss, wo die Probleme der Welt draußen bleiben. Natürlich darf man nicht zu hohe Erwartungen haben – ein stationärer Aufenthalt verändert die Lebenssituation nicht, kann aber ein erster Schritt sein. Nicht immer können die Patient*innen stationär aufgenommen werden, weshalb auf jeden Fall das soziale Netzwerk aktiviert werden sollte. Um die Beziehung zur gefährdeten Person nicht zu belasten, ist es wichtig, gerade bei schwierigen Schritten transparent zu sein: Teilen Sie ihr mit, was

Sie machen und warum. Sie müssen dabei nicht jeden Schritt diskutieren, gewisse Maßnahmen werden Sie einfach durchführen müssen.

## 6.6  Besorgte Eltern – Suizidalität bei Jugendlichen

Die letzten Jahre mit der Coronapandemie und den damit verbundenen sozialen Einschränkungen, Unsicherheiten und Maßnahmen haben vor allem junge Menschen hart getroffen. So zeigen aktuelle Studien eine deutliche Zunahme an depressiven Symptomen, Angstsymptomen und Schlafstörungen insbesondere bei Kindern und Jugendlichen.

Eine von der Donauuniversität Krems, Department für Psychotherapie und psychosoziale Gesundheit, im Zeitraum von Oktober bis November 2021 durchgeführte Studie untersuchte österreichweit rund 1500 Schüler*innen im Alter von 14 bis 20 Jahren. Dabei zeigten 62 Prozent der weiblich gelesenen Jugendlichen und 38 Prozent der männlich gelesenen Jugendlichen eine mittelgradige depressive Symptomatik. 20 Prozent der Mädchen und 14 Prozent der Jungen berichteten von wiederkehrenden suizidalen Gedanken: Sie denken entweder täglich oder an mehr als der Hälfte der Tage an Selbsttötung (Dale et al. 2021).

Aktuellen Schätzungen zufolge lebt jeder siebte junge Mensch zwischen zehn und 19 Jahren weltweit mit einer diagnostizierten psychischen Beeinträchtigung oder Störung wie Angststörungen, Depressionen oder Verhaltensauffälligkeiten. Weltweit nehmen sich jedes Jahr rund 46 000 junge Menschen zwischen zehn und 19 Jahren das Leben – ein junger Mensch alle elf Minuten. In der Altersgruppe der 15- bis 19-Jährigen ist Suizid die vierthäufigste Todesursache nach Verkehrsunfällen, Tuberkulose und Gewalttaten (Unicef 2021). Dabei wird die Coronapandemie als eine Art Brandbeschleuniger beschrieben, die Selbstverletzung, Depression und Ängste bei Jugendlichen verstärkt habe (ebd.).

Schlimm genug, scheint auch die nahe Zukunft eher düster mit dem Überfall auf die Ukraine, der hohen Inflation und der Energiekrise sowie der Bedrohung durch die Klimaerwärmung. Die Ungewissheiten der Zukunft treffen naturgemäß junge Menschen besonders und führen zu einer hochgradigen Verunsicherung.

Suizide werden von Jugendlichen häufig im Rahmen von akuten Krisen als impulsive Handlung ohne Anzeichen oder suizidale Entwicklung durchgeführt. Als besonderer Risikofaktor hat sich Mobbing erwiesen.

> **FALLBEISPIEL  Suizid als impulsive Handlung**
>
> Besonders gut in Erinnerung ist mir der Suizid eines Jugendlichen, über den auch medial breit berichtet wurde. Er wurde von seinen Schulkolleg*innen immer wieder über *Social Media* beschimpft und beschämt. Eines Tages war er bei einem Freund zu Besuch, die beiden spielten ein Computerspiel, als der Jugendliche plötzlich auf-

stand und sagte, er habe genug vom Spielen und wolle heimgehen. Sein Nachhausweg führte über Eisenbahngleise, wo er sich vor den nächsten Zug warf. Sein Freund gab an, dass »nichts Außergewöhnliches« passiert sei, sein Freund jedoch Nachrichten auf seinem Handy erhalten habe, bevor er weggegangen sei.

Diese Situation ist natürlich das Horrorszenario aller Eltern. Dem kann man entgegenhalten, dass das Suizidrisiko bei Kindern und Jugendlichen von allen Altersgruppen am geringsten ist (bezogen auf den Bevölkerungsanteil). Dennoch muss gesagt werden, dass die Suizidhäufigkeit nach der Pubertät ansteigt, was in Zusammenhang mit dem Beginn depressiver Erkrankungen und Substanzmissbrauch in der Pubertät stehen könnte. Andere Ursachen können sein: familiäre und schulbezogene Probleme, die tatsächlich vorhanden sind oder antizipiert werden, sowie andere Stressoren in dieser vulnerablen Phase (beispielsweise Diskriminierung aufgrund der sexuellen Orientierung).

Zur Veranschaulichung: Die Anzahl der Suizide in Österreich im Jahr 2018 betrug in der Altersgruppe der 10- bis 14-Jährigen ein Junge und ein Mädchen, in der Altersgruppe der 15- bis 19-Jährigen 26 Jungen und sechs Mädchen und in der Altersgruppe der 20- bis 24-Jährigen 39 junge Männer und vier junge Frauen. Zu Suizidversuchsraten gibt es keine verlässlichen Daten, da es hier keine Melde- und Dokumentationspflicht gibt. Die Forschung legt nahe, dass die Zahl der Suizidversuche die Zahl der vollzogenen Suizide um ein Vielfaches überschreitet und dass Frauen wesentlich häufiger Suizidversuche unternehmen (Juen, Kratzer 2020, S.136).

Es mag schockieren, dass es bereits in der Gruppe der 10- bis 14-Jährigen Suizide gibt. Bei Kindern unter 10 Jahren ist das Suizidrisiko jedoch gering. Was schützt also jüngere Kinder? Folgende Faktoren dürften eine Rolle spielen (Bründel 2004, S.51):
- engere Beziehung und größeres Vertrauen zu den Eltern/Erziehungsberechtigten
- größere Ausdrucksbereitschaft ihrer Gefühle
- größere Unfähigkeit, langfristig zu planen
- größere Unfähigkeit, geplante Handlungen zielstrebig auszuführen
- geringere Neigung zur Selbstentwertung
- entwicklungspsychologisch relevantes Todesbewusstsein

Bei Jugendlichen zeigen sich geschlechtsspezifische Unterschiede insofern, als Jungen deutlich mehr Suizide begehen, Mädchen hingegen mehr Suizidversuche, aber die Motive sind ähnlich: Diese reichen von ungelösten Beziehungskonflikten über heftige Gefühle der Enttäuschung und Kränkung, der Beschämung und Verzweiflung über die Angst vor Liebesverlust bis hin zu Versagensängsten u.Ä. Natürlich gibt es auch hier eine hohe Dunkelziffer durch Verkehrsunfälle, Drogentod u.Ä. (vgl. Bründel 2004). Suizidprävention bei Jugendlichen wird erschwert durch die Besonderheiten, die diese Entwicklungsphase mit sich bringt und die alle Eltern nur allzu gut kennen: die besondere Bedeutsamkeit der Gleichaltrigengruppe, was dazu führt, dass Geheimnisse mit Erwachsenen oft nicht geteilt werden und alle Probleme nur mehr innerhalb der Peergroup zu lösen versucht werden.

## 6.6.1 Suizidgedanken und -fantasien als normaler Teil dieser Entwicklungsphase

Die Pubertät und das frühe Erwachsenenalter sind interessante Zeiten voller Möglichkeiten. Es sind aber auch Phasen großer Veränderungen, enormen Drucks, der Konflikte – Entscheidungen sind zu treffen, Leistung muss erbracht werden. Diese Zeit des Übergangs ist geprägt vom sogenannten Jugendegozentrismus, der auch bei suizidalen Handlungen eine Rolle spielt.

Jugendliche sind davon überzeugt, dass die Aufmerksamkeit anderer stets auf sie gerichtet ist und ihre Erfahrungen und Gefühle einmalig sind (»Noch nie war jemand so verliebt/enttäuscht wie ich ...«). Sie verhalten sich, als würden sie von einem imaginären Publikum beobachtet werden. Diese egozentrische Denkweise wirkt sich auch auf das Risikoverhalten aus – Jugendliche halten sich für besser geschützt, Schaden tritt nur bei anderen ein (»Mir passiert schon nichts.«). Zudem sind Jugendliche anfälliger für den gefürchteten Nachahmungseffekt, da sie sich verstärkt an Vorbildern orientieren. Der jugendspezifische Lebensstil, der durch eine gewisse Sorglosigkeit, ein Bedürfnis nach Spannung und Nervenkitzel geprägt ist, kann suizidales Verhalten befeuern. Eine (auch hormonell bedingte) Neigung zu Risikoverhalten, bei dem der Tod nicht direkt gewollt, aber in Kauf genommen wird, wird als lustvoll und mutig wahrgenommen. Da – wie erwähnt – Suizidgedanken und -fantasien bei Jugendlichen häufig vorkommen und normal in dieser Entwicklungsphase sind, sollte darauf geachtet werden, welcher Art diese sind: wie konkret sie sind – werden sie willentlich aktiviert oder drängen sie sich auf und bekommen eine Eigendynamik?

Die Angst vor dem Nachahmungseffekt führt häufig dazu, dass mit Jugendlichen nicht über Suizid gesprochen wird. Das Thema zu tabuisieren führt jedoch nicht dazu, dass es sich in Luft auflöst. Ein sachliches Sprechen über Ursachen und Erkennen von Suizidalität holt die Jugendlichen in ihrer Gefühlswelt ab und zeigt ihnen Möglichkeiten auf, wie sie damit umgehen können.

## 6.6.2 Umgang mit suizidalen Jugendlichen

Die deutsche Lehrerin, Psychologin und Buchautorin Heidrun Bründel, spezialisiert auf Jugendsuizidalität, gibt folgende Empfehlungen für den Umgang mit suizidalen Jugendlichen (Bründel 2004, S. 176):
- Ihre Gefühle unbedingt ernst nehmen.
- Ihnen Aufmerksamkeit schenken.
- Ihnen helfen, negative Denkmuster zu überwinden.
- Ihnen Mut machen.
- Ihnen bei Leistungsschwierigkeiten auf jeden Fall zusätzliche Hilfe anbieten.
- Misserfolge minimieren.
- Ihre Integration in die Klasse fördern.

- Wenn notwendig, Gespräch mit der Klasse.
- Gemeinsam Unterstützungsmaßnahmen planen.

Die Forschung zeigt, dass familiärer Zusammenhalt einen wichtigen Schutzfaktor in Bezug auf Jugendsuizidalität darstellt. Insbesondere die Empathie der Familienmitglieder, ein verstehen-wollendes Klima ohne Ablehnung oder Verurteilung, spielt eine entscheidende Rolle. Versuchen Sie, mit Ihrem Kind in Kontakt zu bleiben, verbringen Sie Zeit mit Ihrem Kind, nutzen Sie professionelle Unterstützungsangebote. Für die Jugendlichen selbst gibt es spezielle Angebote wie beispielsweise niederschwellige Chatberatungen. Wie auch bei Erwachsenen ist Suizidalität bei Jugendlichen ein verzweifelter Versuch der »Problemlösung«. Sie wollen nicht sterben, können aber »so« nicht mehr weiterleben. Diese Botschaft zu hören und ernst zu nehmen, ist der erste Schritt in Richtung Veränderung.

# Danksagung

Die Übung in Dankbarkeit hat eine starke Kraft – das wurde auch im Rahmen dieses Buches bereits angesprochen. In diesem Licht betrachtet, bekommt das Verfassen dieser Danksagung eine tiefere Bedeutung. Es ist keine reine Formsache oder etwas, das man tut, weil es den Gepflogenheiten entspricht. Ich darf kurz ausholen: Just in der Zeit, die ich mir – mühsam – für meine Manuskriptarbeit abzwacken wollte, steckte ich mich nach drei Jahren Pandemie erstmals mit Covid-19 an. Anstatt endlich mit meinem Buch ein großes Stück voranzukommen, lag ich mit Fieber im Bett. Ich bin kein gutes Vorbild für Akzeptanz – ich habe mich wahnsinnig geärgert. Dann kam mir in den Sinn, dass ich ja noch eine Danksagung schreiben »müsste«, und ich begann, mir darüber Gedanken zu machen. Eigentlich eine gute Zeit, mich zu fragen, wofür ich dankbar sein kann, anstatt mich zu grämen. Die Auseinandersetzung mit dieser Frage hat mir gutgetan.

An erster Stelle möchte ich hier Dr.in Nadja Urbani nennen, meine Lektorin und Ansprechpartnerin bei Schattauer/Klett-Cotta. Mich beeindruckt, wie sie mit allen Schwierigkeiten stets geduldig, freundlich und professionell umgeht. Ich konnte mich immer mit meinen Ideen an sie wenden und fühlte mich von ihr stets gut unterstützt. Ihr habe ich es zu verdanken, dass meine Visionen tatsächlich Gestalt annahmen. Ebenfalls viel Geduld mit mir bewies Karla Seedorf, die mein Manuskript lektorierte. Wenn mein Buch – wie ich hoffe – »rund« geworden ist, dann habe ich es ihr zu verdanken. Neben diesen beiden wichtigen Menschen, die mich auf professioneller Ebene so gut begleitet haben, gilt meine Dankbarkeit vielen Menschen aus meinem beruflichen und privaten Umfeld. Erst das Nachdenken, wem ich denn eigentlich dankbar sein darf, machte mir bewusst, wie sehr mich andere unterstützen. Ich kann hier nicht alle Menschen aufzählen, daher seien nur einige wenige Namen stellvertretend genannt. So war es mein Kollege Dr. Martin Prein, ein bekannter österreichischer Thanatologe, der mich überhaupt auf die Idee brachte, ein derartiges Buch zu schreiben. Meine langjährige Freundin Caroline Wellner – selbst Übersetzerin und Lektorin – hat mich in manchen dunklen Stunden aufgemuntert und mich bei jedem Buch persönlich und mit ihrem Fachwissen unterstützt. Mein größter Dank gilt meinem Partner, der mein größter Fan und zugleich größter Kritiker ist. Ohne ihn wäre ich nicht dort, wo ich heute bin.

# Literatur

## Kapitel 1

Brauchle, G. (2008). Unveröff. Skriptum Notfallpsychologie Modul 2 der Gesellschaft kritischer Psychologen und Psychologinnen.

Caplan, G. (1964). Principles of preventive psychiatry. New York: Basic Books.

Calhoun, L. G., Tedeschi, R. G. (2006). Handbook of posttraumatic growth: Research & practice. New York, NY: Lawrence Erlbaum Associates Publishers.

Cannon, W. B. (1915). Bodily changes in pain, hunger, fear and rage, an account of recent researches into the function of emotional excitement. New York, London: D. Appleton and Co.

Covey, S. R. (2018). Die 7 Wege zur Effektivität: Prinzipien für persönlichen und beruflichen Erfolg (58. überarb. Aufl.). Offenbach: Gabal.

Cullberg, J. (1978). Krisen und Krisentherapie. In: Psychiatrische Praxis, 5, 25–34.

Duden online (2022). Krise. Berlin: Cornelsen Verlag GmbH. Verfügbar unter https://www.duden.de/rechtschreibung/Krise.

Erichsen, J. E. (1866). On railway and other injuries of the nervous system. London: Walton and Maberly.

Erikson, E. (1973). Identität und Lebenszyklus. Frankfurt am Main: Suhrkamp.

Fischer, G., Riedesser, P. (2020). Lehrbuch der Psychotraumatologie (5. aktual. Aufl.). Stuttgart: UTB.

Gemoll, W. (2006). Griechisch-deutsches Schulwörterbuch und Handwörterbuch (10., neubearb. Aufl.). München: Oldenbourg Wissenschaftsverlag.

Gerngroß, J. (Hg.) (2020). Suizidalität und Suizidprävention bei Kindern, Jugendlichen und Erwachsenen. Stuttgart: Schattauer.

Hausmann, C. (2021). Interventionen der Notfallpsychologie. Was man tun kann, wenn das Schlimmste passiert (2. überarb. Aufl.). Wien: Facultas.

Hebb, D. (2005). The organization of behavior. A neuropsychological theory. London: Taylor & Francis.

Herman, J. (1992). Trauma and Recovery. The Aftermath of Violence from Domestic Abuse to Political Terror. New York: Basic Books.

Hiller, W., Goebel, G. (1992). A psychometric study of complaints in chronic tinnitus. In: Journal of psychosomatic research, 36 (4), 337–348.

Huber, M. (2009). Trauma und die Folgen. Trauma und Traumabehandlung, Teil I (4. Aufl.). Paderborn: Junfermann.

Janoff-Bulman, R. (1992). Shattered Assumptions. New York: Free Press.

Kernstock-Redl, H. (2020). Schuldgefühle. Wien: Goldegg.

Kuhl, J. (2001). Motivation und Persönlichkeit. Interaktionen psychischer Systeme. Göttingen: Hogrefe.

Lazarus, R. S., Folkman, S. (1984). Stress, appraisal and coping. New York: Springer.

Maercker, A., Zoellner, T. (2004). The Janus face of self-perceived growth: Toward a two-component model of posttraumatic growth. In: Psychological Inquiry, 15, 41–48.

Seligman, M. E. P. (2011). Flourish: A visionary new understanding of happiness and well-being. New York: Free Press.

Selye, H. (1936). A Syndrome produced by Diverse Nocuous Agents. In: Nature, 138, 32–32.

Sonneck, G., et al. (Hg.) (2016). Krisenintervention und Suizidverhütung (3. Aufl.). Wien: UTB
facultas WUV.

Terr, L. C. (1991). Childhood traumas: an outline and overview. In: American Journal of Psychiatry, 148 (1), 10–20. doi: 10.1176/ajp.148.1.10. PMID: 1824611.

# Kapitel 2

Antonovsky, A. (1997). Salutogenese. Zur Entmystifizierung der Gesundheit. Tübingen: DGVT-
Verlag.

Boss, P. (2022). Verlust, Trauma und Resilienz (2. Aufl.). Stuttgart: Klett-Cotta.

Burch, C. (2021). Atmung – das Tor zum Vegetativum. In: Ders. Entspannungstechniken in der
Physiotherapie. Berlin, Heidelberg: Springer.

D'Amelio, R. (2010). Studienbrief: Krise und Krisenintervention. Verfügbar unter https://www.
bing.com/search?q=positiver+verlauf+krise&form=QBLH&sp=-1&pq=positiver+verlauf+
krise&sc=8-23&qs=n&sk=&cvid=3CBBB0903D6841A88924D5A9F57A8776&ghsh=0&ghacc=
0&ghpl=&ntref=1

Everly, G. S., Mitchell, J. T. (2002). CISM – Stressmanagement nach kritischen Ereignissen. Wien:
Facultas.

Eggenhofer, C. (2022). Unveröff. Skriptum zum Universitätslehrgang Traumapädagogik und
traumazentrierte Fachberatung der Sigmund Freud Privatuniversität Wien.

Ehlers, A., Clark, D. (2000). A cognitive model of posttraumatic stress disorder. In: Behaviour
Research and Therapy, 38, 319–345.

Everly, Jr., G. S., et al. (2017). The SAFER-R Model – Psychological Crisis Intervention. In: Inter-
national Critical Incident Stress Foundation (Hg.): Field Guide Series. Bd. 2, 92.

Faltermaier, T. (2020). Salutogenese. Verfügbar unter https://leitbegriffe.bzga.de/alpha
betisches-verzeichnis/salutogenese/ doi:10.17623/BZGA:224-i104-2.0

Faltermaier, T., Dietrich, R. (2021). Kohärenzgefühl. In: Wirtz, M. A. (Hg.). Dorsch Lexikon der Psychologie. Verfügbar unter https://dorsch.hogrefe.com/stichwort/kohaerenzgefuehl

Fischer, G., Riedesser, P. (2020). Lehrbuch der Psychotraumatologie (5. aktual. Aufl.). München:
UTB.

Gerngroß, J. (Hg.) (2015). Notfallpsychologie und psychologisches Krisenmanagement. Stuttgart: Schattauer.

Graber, R., Pichon, F., Carabine, E. (2015). Psychological resilience. State of knowledge and future
research agendas. ODI Working Paper 425. Verfügbar unter https://www.academia.edu/
es/16483953/Psychological_resilience_State_of_knowledge_and_future_research_
agendas_ODI_Working_Paper_425

Hausmann, C. (2021). Interventionen der Notfallpsychologie. Was man tun kann, wenn das
Schlimmste passiert (2. überarb. Aufl.). Wien: Facultas.

Hiroto, D. S. (1974). Locus of control and learned helplessness. In: Journal of Experimental Psychology, 102 (2), 187.

Hobfoll, S. E., et al. (2007). Five Essential Elements of Immediate and Mid-Term Mass Trauma
Interventions: Empirical Evidence. In: Psychiatry, 70 (4), 283–315.

Horowitz, M. J. (1986). Stress response syndromes (2. Aufl.) New York: Jason Aronson.

Laucht, M., et al. (1992). »Risikokinder«: Zur Bedeutung biologischer und psychosozialer Risiken
für die kindliche Entwicklung in den beiden ersten Lebensjahren. In: Praxis der Kinderpsychologie und Kinderpsychiatrie, 41 (8), 275–285.

Lazarus, R. S., Folkman, S. (1984): Stress, Appraisal, and Coping, New York: Springer, 53.

Lösel, F., Bender, D. (1999). Von generellen Schutzfaktoren zu differenziellen protektiven Prozessen: Ergebnisse und Probleme der Resilienzforschung. In: Opp, G., et al. (Hg.). Was Kinder

stärkt. Erziehung zwischen Risiko und Resilienz. München, Basel: Ernst Reinhardt Verlag, 37–58.

Mourlane, D. (2017). Resilienz. Die unentdeckte Fähigkeit der wirklich Erfolgreichen (8. Aufl.). Göttingen: BusinessVillage.

Reddemann, L. (2011). Psychodynamisch Imaginative Traumatherapie: PITT® – Das Manual. Ein resilienzorientierter Ansatz in der Psychotraumatologie. Stuttgart: Klett-Cotta.

Reddemann, L. (2012). Trauma heilen. Ein Übungsbuch für Körper und Seele. Stuttgart: Trias.

Rönnau-Böse, M., et al. (2022). Resilienz und Schutzfaktoren. Verfügbar unter https://leit begriffe.bzga.de/alphabetisches-verzeichnis/resilienz-und-schutzfaktoren/ doi:10.17623/ BZGA:224-i101-1.0

Rothschild, B. (2011). Der Körper erinnert sich (5. Aufl.). Essen: Synthesis.

Salkovskis, P. M. (1985). Obsessional-compulsive problems: a cognitive-behavioural analysis. Behaviour Research and Therapy, 25, 571–583.

Salkovskis, P. M. (1996). Cognitive-behavioural approaches to the understanding of obsessive-compulsive problems; In: Rapee, R. M. (Hg.): Current Controversies in the Anxiety Disorders. New York, Guilford, 103–133.

Schnyder, U. (2000). Die psychosozialen Folgen schwerer Unfälle. Monographien aus dem Gesamtgebiet der Psychiatrie, Band 98, Darmstadt: Dr. Dietrich Steinkopff Verlag.

Wells, A. (2011). Metakognitive Therapie bei Angststörungen und Depression. Weinheim, Basel: Beltz.

Werner, E. E., Smith, R. S. (1992). Overcoming the Odds: High Risk Children from Birth to Adulthood. Ithaca, NY: Cornell University Press.

Zimmermann, R.-B., Bergold, J. (2003). Wissenschaftliche Begleitforschung des Berliner Krisendienstes. Bd. 1 und Bd. 2. Blaue Reihe. Berlin Zentrum Public Health.

# Kapitel 3

American Psychological Association (2022). APA Dictionary of Psychology. Verfügbar unter https://dictionary.apa.org

Bandura, A. (1977). Self-efficacy: Toward a unifying theory of behavioral change. In: Psychological Review, 84, 191–215.

Bengel, J., Lyssenko, L. (2012). Resilienz und psychologische Schutzfaktoren im Erwachsenenalter. 43. Forschung und Praxis der Gesundheitsförderung. Köln: BzgA. https://www.bzga. de/botmed_60643000.html.

Boes, A., Gül, K., Kämpf, T., Lühr, T. (2021). Empowerment in der agilen Arbeitswelt. In: Bauer, W., et al. (Hg.). Arbeit in der digitalisierten Welt. Wien: Springer, 307–319.

Brinkmann, R. (2014). Angewandte Gesundheitspsychologie. Pearson Deutschland GmbH. http://ebookcentral.proquest.com/lib/zhaw/detail.action?docID=5133516.

Buchner, R. (2006). Unveröff. Skriptum zum Universitätslehrgang Master in Training and Development MTD. Coaching und Supervision. SMBS.

Dauber, H., Döring-Seipel, E. (2013). Was Lehrerinnen und Lehrer gesund hält: Empirische Ergebnisse zur Bedeutung psychosozialer Ressourcen im Lehrerberuf. Kölner Reihe – Materialien zu Supervision und Beratung. Göttingen: Vandenhoeck & Ruprecht.

De Shazer, S. (2009). Worte waren ursprünglich Zauber. Von der Problemsprache zur Lösungssprache. Heidelberg: Carl-Auer.

Döll-Hentschker, S. (2018). Gesprächsführung mit traumatisierten Menschen. Die traumatische Erfahrung und ihre Folgen. In: Dr. med. Mabuse. Zeitschrift für alle Gesundheitsberufe (0173-430X), 43, 29–31.

Ellis, A. (1962). Reason and Emotion in Psychotherapy (8. Aufl.). New York: Lyle Stuart.

Faltermaier, T. (2017). Gesundheitspsychologie (2. überarb. u. erw. Aufl.). Stuttgart: Kohlhammer.

Fischer, G., Riedesser, P. (2020). Lehrbuch der Psychotraumatologie (5. aktual. Aufl.). Stuttgart: UTB.

Gelso, C. J., et al. (2014). Counseling psychology (3. Aufl.). Washington, D. C.: American Psychological Association.

Gordon, T. (2004). Familienkonferenz. München: Heyne.

Hantke, L., Görges, H.-J. (2012). Handbuch Traumakompetenz. Basiswissen in Therapie, Beratung und Pädagogik, Paderborn: Junfermann.

Herriger, N. (2020). Empowerment in der Sozialen Arbeit. Eine Einführung (6. erw. u. aktual. Aufl.). Stuttgart: Kohlhammer.

Hobfoll, S. E. (1998). Stress, culture, and community. New York: Springer.

Hobfoll, S., Buchwald, P. (2004). Die Theorie der Ressourcenerhaltung und das multiaxiale Copingmodell – eine innovative Stresstheorie. In: Buchwald, P., et al. (Hg.). Stress gemeinsam bewältigen – Ressourcenmanagement und multi-axiales Coping. Göttingen: Hogrefe, 11–26.

Kabat-Zinn, J. (2019). Achtsamkeitsbasierte Stressreduktion (Mindfulness-Based Stress Reduction – MBSR). München: Knaur.

Kulessa, C. (1985). Gesprächsführung mit Suizidpatienten im Rahmen der Krisenintervention. In: Wedler, H. (Hg.). Umgang mit Suizidpatienten im Allgemeinkrankenhaus. Regensburg: Roderer.

Lenz, A. (2003). Ressourcenorientierte Beratung – Konzeptionelle und methodische Überlegungen. In: Praxis der Kinderpsychologie und Kinderpsychiatrie, 52 (4), 234–249.

Lohmann-Haislah, A. (2012). Stressreport Deutschland 2012. Psychische Anforderungen, Ressourcen und Befinden. Berlin: Bundesanstalt für Arbeitsschutz und Arbeitsmedizin. Verfügbar unter https://www.baua.de/DE/Angebote/Publikationen/Berichte/Gd68.pdf%3F__blob%3DpublicationFile.

Mai, J. (2021). Erfolgreiche Gesprächsführung: Regeln, Techniken, Fragen. Verfügbar unter https://karrierebibel.de/gespraechsfuehrung/

Margraf, J., Schneider, S. (2009). Lehrbuch der Verhaltenstherapie Bd. 1. (3. Aufl.) Heidelberg: Springer, 485–497.

Masten, A. (2014). Ordinary Magic: Resilience in Development. New York: Guilford Press.

Miller, W. R., Rollnick, S. (2002). Motivational interviewing: Preparing people for change (2. Aufl.). New York: Guilford Press.

Nußbeck, S. (2019). Einführung in die Beratungspsychologie (4. aktual. Aufl.). München: Ernst Reinhardt Verlag.

Rappaport, J. (1985). Ein Plädoyer für die Widersprüchlichkeit. Ein sozialpolitisches Konzept des ›empowerments‹ anstelle präventiver Ansätze. In: Verhaltenstherapie und psychosoziale Praxis, 17, 257–278.

Reddemann, L., et al. (2019). Trauma ist nicht alles. Stuttgart: Klett-Cotta.

Rogers, C. R. (1985). Die nicht-direktive Beratung. Frankfurt am Main: Fischer.

Scheier, M. F., et al. (1986). Coping with stress: Divergent strategies of optimists and pessimists. In: Journal of Personality and Social Psychology, 51, 1257–1264.

Scheier, M. F., Carver, C. S. (1992). Effects of optimism on psychological and physical well-being: Theoretical overview and empirical update. In: Cognitive Therapy and Research, 16, 201–228.

Schulz von Thun, F. (2018). Miteinander reden: 1. Störungen und Klärungen. Reinbek: Rowohlt.

Sickendieck, U., et al. (2008). Beratung. Eine Einführung in sozialpädagogische und psychosoziale Beratungsansätze (3. Aufl.). Weinheim: Juventa.

Stabenow, M. (2018). Widerstände im Change-Prozess erfolgreich überwinden. In: Brodbeck, F. C. (Hg.). Evidenzbasierte Wirtschaftspsychologie (23). Ludwig-Maximilians-Universität München. Verfügbar unter http://www.evidenzbasiertesmanagement.de.

Warschburger, P. (2009). Beratungspsychologie. Wien: Springer.

Warger, R. (2022). Akute Krisen und Traumatisierungen bei Kindern und Jugendlichen. Unveröff. Skriptum zum Universitätslehrgang Notfallpsychologie und psychologisches Krisenmanagement der Sigmund Freud Privatuniversität.

Watzlawick, P., et al. (2011). Menschliche Kommunikation (12. unveränd. Aufl.). Bern: Hogrefe.

Zimmermann, R.-B., Bergold, J. (2003). Wissenschaftliche Begleitforschung des Berliner Krisendienstes. Bd. 1 und Bd. 2. Blaue Reihe. Berlin Zentrum Public Health.

## Kapitel 4

Beckrath-Wilking, U., et al. (2013). Traumafachberatung, Traumatherapie & Traumapädagogik. Paderborn: Junfermann Verlag.

D'Amelio, R. (2010). Studienbrief: Krise und Krisenintervention. Verfügbar unter https://www.bing.com/search?q=positiver+verlauf+krise&form=QBLH&sp=-1&pq=positiver+verlauf+krise&sc=8-23&qs=n&sk=&cvid=3CBBB0903D6841A88924D5A9F57A8776&ghsh=0&ghacc=0&ghpl=&ntref=1

Daniels, J. (2003). Sekundäre Traumatisierung – kritische Prüfung eines Konstruktes anhand einer explorativen Studie. Diplomarbeit: Universität Bielefeld.

Daniels, J. (2006). An epidemiological study on secondary traumatization among therapists. Unveröff. Manuskript. Universität Bielefeld.

Daniels, J. (2019). Wie vermeide ich eine Sekundäre Traumatisierung? Unveröff. Workshop-Hand-out. Verfügbar unter https://sekundaertraumatisierung.de/

Geller, J. A., et al. (2004). Secondary Trauma: A Team Approach. In: Clinical Social work Journal, 32 (4), 415–430.

Goleman, D. (2007). EQ. Emotionale Intelligenz (19. Aufl.). München: dtv.

Hensel, J. M., et al. (2015). Meta-Analysis of Risk Factors for Secondary Traumatic Stress in Therapeutic Work With Trauma Victims. In: Journal of Traumatic Stress, 28 (2), 83–91.

Kahneman, D., Tversky, A. (1979). Prospect theory: An analysis of decision under risk. In: Econometrica, 47 (2), 263–291.

Kaluza, G. (2011). Stressbewältigung. Trainingsmanual zur psychologischen Gesundheitsförderung (2. vollst. überarb. Aufl.). Berlin, Heidelberg: Springer.

Kaluza, G. (2014). Stress und Stressbewältigung. In: Erfahrungsheilkunde, 63, 261–266.

Kanfer, F. H., et al. (1996). Selbstmanagement-Therapie. Berlin: Springer.

Lazarus, R. S. (1966). Psychological stress and the coping process. New York: McGraw Hill.

Lazarus, R. S. (1998). Fifty years of the research and theory of R. S. Lazarus. Mahwah: Erlbaum.

Lazarus, R. S., Folkman, S. (1984). Stress, appraisal and coping. New York: Springer.

Mowen, J. C., Mowen, M. M. (1991). Time and Outcome Valuation: Implications for Marketing Decision Making. In: Journal of Marketing, 55 (4), 54–62. https://doi.org/10.1177/002224299105500404

Nerdinger, F. W., Röper, M. (1999). Emotionale Dissonanz und Burnout im Pflegebereich. In: Zeitschrift für Arbeitswissenschaft, 53 (3), 187–193.

Püttker, K., et al. (2015). Sekundäre Traumatisierung bei Traumatherapeutinnen. Empathie als Risiko- und akkommodatives Coping als Schutzfaktor. In: Zeitschrift für Klinische Psychologie und Psychotherapie, 44 (4), 254–265.

Saakvitne, K. W., Pearlman, L. A. (1996). Transforming the Pain: A Workbook on Vicarious Traumatization. New York: Norton.

Siebecke, D., Kaluza, G. (2012). Stressmanagement. In: Hallenberg, F., Lorei, C. Grundwissen Stress. Frankfurt am Main: Verlag für Polizeiwissenschaft.

Spielberger, C. D. (1972). Anxiety as an Emotional State. In: Ders. (Hg.). Anxiety: Current Trends in Theory and Research, 1, 23–49.

Stangl, W. (2022). Spiegelneuronen – Online Lexikon für Psychologie und Pädagogik. Verfügbar unter https://lexikon.stangl.eu/932/spiegelneuronen

Udolf, M. (2008). Sekundäre Traumatisierung bei pädagogischen Fachkräften in der Kinder- und Jugendhilfe. Verfügbar unter www.traumapädagogik.de

Waschulin, L. (2013). Sekundäre Traumatisierung und sekundäres posttraumatisches Wachstum bei Psychotherapeuten und Psychotherapeutinnen in Österreich. Unveröff. Diplomarbeit: Universität Wien.

Wilson, J. P., Lindy, J. D. (1994). Countertransference in the treatment of PTSD. New York: The Guilford Press.

Wisniewski, B. (2020). Umgang mit eigenen psychischen Belastungen als Lehrerin oder Lehrer im Zusammenhang mit der COVID-19-Krise. Verfügbar unter https://www.km.bayern.de/download/23293_Begleitmaterial_Videofortbildung-Lehrer2-1.pdf

## Kapitel 5

Batson, C. D., et al. (2015). The empathy-altruism hypothesis. In: Schroeder, D. A., Graziano, W. G. (Hg.). The Oxford handbook of prosocial behavior. Oxford: Oxford University Press 259–281.

Berne, E. (2006). Die Transaktions-Analyse in der Psychotherapie: Eine systematische Individual- und Sozialpsychiatrie (2. Aufl.). Paderborn: Junfermann.

Bierhoff, H.-W. (2013). Wer anderen hilft, lebt länger und ist zufrieden. Neue Caritas. Verfügbar unter https://www.caritas.de/neue-caritas/heftarchiv/jahrgang2013/artikel/wer-anderen-hilft-lebt-laenger-und-ist-z

Darley, J. M., Batson, C. D. (1973). From Jerusalem to Jericho: A study of situational and dispositional variables in helping behavior. In: Journal of Personality and Social Psychology, 27, 100–108.

Darley, J. M., Latané, B. (1968). Bystander intervention in emergencies: Diffusion of responsibility. In: Journal of Personality and Social Psychology, 8 (4, Pt.1), 377-383. doi:10.1037/h0025589

Dorsch Lexikon der Psychologie (2022). Empathie-Altruismus-Hypothese. Verfügbar unter https://dorsch.hogrefe.com/stichwort/empathie-altruismus-hypothese

Dossey, L. (2018). The Helper's High. In: Explore, 14 (6), 393–399. https://doi.org/10.1016/j.explore.2018.10.003.

Karpman, St. (1968). Fairy tales and script drama analysis. In: Transactional Analysis Bulletin, 7 (26), 39–43.

Latané, B., Darley, J. (1969). Bystander »Apathy«. In: American Scientist, 57, 244–268.

Pschyrembel online (2016). Helfersyndrom. Verfügbar unter https://www.pschyrembel.de/Helfersyndrom/T021D

Schmidbauer, W. (2007). Das Helfersyndrom. Hilfe für Helfer. Hamburg: Rowohlt.

## Kapitel 6

Andreatta, P., Beck, T. (2006). Die suizidale Überwältigungsreaktion und ihre Bedeutung in der Akutbetreuung. In: Zeitschrift für Psychotraumatologie, Psychotherapiewissenschaft und Psychologische Medizin ZPPM, 4 (3), 81–95.

Bründel, H. (2004). Jugendsuizidalität und Salutogenese. Hilfe und Unterstützung für suizidgefährdete Jugendliche. Stuttgart: Kohlhammer.

Dale, R., et al. (2021). Mental health burden of high school students 1.5 years after the beginning of the COVID-19 pandemic in Austria. Advance. Preprint. https://doi.org/10.31124/advance.17260130.v1

Dorrmann, W. (2021). Suizid (10. Aufl.). Stuttgart: Klett-Cotta.

DWDS – Digitales Wörterbuch der deutschen Sprache (2022). Absicht. Hg. v. d. Berlin-Brandenburgischen Akademie der Wissenschaften. Verfügbar unter https://www.dwds.de/wb/Absicht

Illes, F., et al. (2015). Suizide im beruflichen Kontext. Bewältigungsstrategien für Mitarbeiter im Gesundheitswesen und Rettungsdienst. Stuttgart: Schattauer.

Juen, B., Kratzer, D. (2020). Suizidalität und Suizidprävention bei Kindern und Jugendlichen. In: Gerngroß, J. (Hg.). Suizidalität und Suizidprävention bei Kindern, Jugendlichen und Erwachsenen. Stuttgart: Schattauer, 135–164.

Lasogga, F., Gasch, B. (2011). Notfallpsychologie. Lehrbuch für die Praxis (2. überarb. Aufl.). Heidelberg: Springer.

Pöldinger, W. (1968). Zur Abschätzung der Suizidalität. Bern, Stuttgart, Wien: Huber.

Ringel, E. (Hg.) (1969). Selbstmordverhütung. Bern: Huber.

Sonneck, G., et al. (Hg.) (2016). Krisenintervention und Suizidverhütung (3. Aufl.). Wien: UTB facultas WUV.

Statistisches Bundesamt (2023). Todesursachen – Suizide. Verfügbar unter https://www.destatis.de/DE/Themen/Gesellschaft-Umwelt/Gesundheit/Todesursachen/Tabellen/suizide.html.

Unicef, (2021). Die psychische Gesundheit von Kindern und Jugendlichen steht auf dem Spiel! Verfügbar unter https://unicef.at/news/einzelansicht/die-psychische-gesundheit-von-kindern-und-jugendlichen-steht-auf-dem-spiel/.

# Anhang: Settings und Anlaufstellen der Krisenintervention

## Settings der Krisenintervention

Allgemein zu unterscheiden sind folgende Settings der Krisenintervention, wobei viele Einrichtungen mehrere Möglichkeiten der Kontaktaufnahme bzw. Unterstützung bieten:

- telefonische Krisenintervention (Helplines)
- Online-Krisenintervention
- mobile Krisenintervention
- ortsgebundene Einrichtungen
- stationäre/psychiatrische Aufnahme

Besonderheiten der *telefonischen Krisenintervention*:
Angebote der telefonischen Krisenintervention bieten den Vorteil, dass sie niederschwellig, häufig rund um die Uhr, erreichbar sind. Es ist keine Terminvereinbarung, keine Anfahrt notwendig, ein erstes Gespräch kann rasch, unbürokratisch und anonym erfolgen. Gerade in akuten Krisen ist diese Art der Unterstützung extrem hilfreich. Durch den Wegfall nonverbaler Kommunikation ist für die beratende Person die Einschätzung der Situation und einer möglichen suizidalen Gefährdung jedoch erschwert. Auch lassen sich komplexe Themen in einem Telefonat nur bedingt besprechen. Lange Gespräche am Telefon lassen die Gesprächspartner*innen rasch ermüden, auch Handyempfang und Ladezustand des Akkus können Schwierigkeiten bereiten. Telefonische Krisenintervention eignet sich besonders für eine erste Entlastung in einer akuten Ausnahmesituation, zu Zeiten, wenn andere Hilfsangebote nicht zur Verfügung stehen (beispielsweise in der Nacht, an Feiertagen) oder als Überbrückung, bis ein Therapieplatz verfügbar ist. Für eine längere Begleitung oder Beratung ist das persönliche Gespräch vorzuziehen.

*Online-Krisenintervention:*
Gerade wird das Online-Beratungsangebot in vielen Einrichtungen der Krisenintervention massiv ausgebaut. Anstoß dazu gab sicherlich die Coronapandemie mit ihren Kontaktbeschränkungen, aber Online-Angebote sind auch aus anderen Gründen vorteilhaft. Manchen Menschen fällt es schwer, persönlich zu einer Beratungseinrichtung zu kommen oder dort anzurufen. Online-Krisenintervention bietet Beratung synchron (Chat) oder asynchron (Mail) oder über virtuelle Beratungsstellen (Sofortberatung mit oder ohne Termin). Diese Angebote sind zeitlich und räumlich flexibel sowie verschlüsselt und anonym. Online-Videoberatungen ermöglichen zudem einen persönlicheren Kontakt als ein Telefongespräch und haben den Vorteil, dass Termine

zumeist auch kurzfristig vergeben werden können. Häufig ist jedoch das Anlegen eines Postfachs/Accounts erforderlich, was u. U. eine Hemmschwelle sein könnte. Zudem sind asynchrone Angebote zeitversetzt und daher in akuten Krisen oder bei akuter Suizidalität weniger geeignet. Mail- oder Chatberatung setzt zudem eine gewisse schriftliche Ausdrucksfähigkeit voraus. Online-Angebote sind aber auf jeden Fall eine gute Ergänzung zu telefonischer oder persönlicher Krisenintervention und insbesondere für eine erste Kontaktaufnahme gut geeignet.

*Ortsgebundene Einrichtungen:*
Das Angebot an ortsgebundenen Einrichtungen ist groß, aber meist auch schwer durchschaubar. Es gibt unterschiedliche fachliche Ausrichtungen, teilweise kostenlose Angebote und verschiedene Anbieter, oft auch je nach Bundesland unterschiedlich. Laien, aber auch Fachkräfte benötigen daher oft etwas Ausdauer, um das für sie richtige Angebot herauszufinden. Da kann es günstig sein, bei einer Helpline anzurufen, diese sind meist gut vernetzt und können auch bei der Wahl eines passenden ortsgebundenen Angebots in Wohnortnähe helfen. Ein Vorteil ortsgebundener Einrichtungen ist, dass meist eine persönliche und längerfristige Betreuung möglich ist. Allerdings gibt es häufig lange Wartezeiten und eingeschränkte Öffnungszeiten. Psychiatrische Ambulanzen oder Kliniken aufzusuchen, ist zudem tabuisiert und mit großen Hemmschwellen verbunden. Die stationäre psychiatrische Aufnahme ist in Österreich wohnort-/bezirksgebunden organisiert. Für akute Krisen stehen sozialpsychiatrische Notdienste zur Verfügung, die man anrufen, aber auch ambulant aufsuchen kann. Vielfach werden außerdem mobile (psychiatrische) Krisendienste angeboten, die beispielsweise bei akuter Suizidalität vor Ort kommen.

Beispiele für ortsgebundene Einrichtungen:
- Kriseninterventionszentren
- psychiatrische Notfallambulanzen
- psychosoziale Beratungsstellen
- Ambulatorien für Kinder und Jugendliche, ältere Menschen, Menschen mit Behinderungen, psychisch kranke Menschen, Menschen mit Erkrankungen aus dem Autismusspektrum
- Einrichtungen der Sucht- und Drogenberatung
- Frauenhäuser
- Notschlafstellen
- Krisenplätze für Kinder und Jugendliche
- Selbsthilfegruppen für psychisch Kranke, Angehörige nach Suizid
- Kinderschutzzentren

# Wo finde ich Hilfe? Angebote der Krisenintervention in Österreich, Deutschland und der Schweiz

### Anlaufstellen Österreich
Die angeführten Anlaufstellen stellen lediglich eine Auswahl dar und sollen vor allem als Anregung und Ideenspender dienen. Die angegebenen Telefonnummern und Öffnungszeiten können sich immer wieder ändern.

*Helplines:*
- Telefonseelsorge (Tel.: Notruf 142, täglich rund um die Uhr)
- Telefonische Gesundheitsberatung (Tel.: 1450, täglich rund um die Uhr), für gehörlose und schwerhörige Menschen: Telefon-Dolmetschdienst Relay-Service: www.relayservice.at oder App »DEC 112«: Zur Kontaktaufnahme mit der Hotline bitte den Rettungsnotruf 144 anklicken und z.B. folgende Nachricht schreiben: »Bitte um Gesundheitsberatung 1450«.
- Kriseninterventionszentrum Wien (Tel.: 01/406 95 95, Mo bis Fr von 8 bis 17 Uhr)
- Ö3 Kummernummer (Tel.: 116 123, täglich von 16 bis 24 Uhr)
- Rat auf Draht (Tel.: 147, für Kinder, Jugendliche und Angehörige, täglich rund um die Uhr)
- Frauenhelpline gegen Gewalt (Tel.: 0800/222 555, täglich rund um die Uhr)
- 24-Stunden Frauennotruf der Stadt Wien (Tel.: 01/71 71 9, täglich rund um die Uhr)
- Corona-Sorgenhotline Wien (Tel.: 01/4000-53000, Mo bis So von 8 bis 20 Uhr)
- Männernotruf (Tel.: 0800/246 247, täglich rund um die Uhr)
- Time4friends (Tel.: 0664/1070 144, Jugendliche »Peers« beraten auf WhatsApp, täglich von 18 bis 22 Uhr)
- Kindernotruf (Tel.: 0800/567 567, täglich rund um die Uhr, für Kinder und Angehörige)
- Krisenhilfe OÖ (Tel.: 0732/2177, täglich rund um die Uhr)
- Sozialpsychiatrischer Notdienst (24-Stunden-Notruf, Tel.: 01/31 33 0)
- Ambulante Krisenintervention Pro Mente Salzburg (Tel.: 0662/43 33 51, täglich rund um die Uhr)
- Babyhotline (Schwangere in Not) der Pro Mente Salzburg (Tel.: 0800/539 935, täglich rund um die Uhr)
- Psychosozialer Krisendienst Tirol (Tel.: 0800/400 120, täglich von 8 bis 20 Uhr)
- SMS-Notruf an Polizei für Gehörlose (Tel.: 0800/133 133)
- Verbrechensopferhilfe »Weißer Ring« (Opfer Notruf: 0800/112 112, täglich rund um die Uhr)
- Gewaltschutzzentren in jedem Bundesland verfügbar (Tel.: 0800/700 217, Mo bis Fr von 8.30 bis 20 Uhr, Sa und So von 10 bis 18 Uhr)

*Online-Beratung:*

- Kriseninterventionszentrum Wien (E-Mail-Beratung)
- Verbrechensopferhilfe »Weißer Ring« (Mail, Chat, Online-Sofortberatung zu bestimmten Zeiten)
- Rat auf Draht (online, Chat, Online-Videoberatung für Eltern)
- Onlineberatung der Telefonseelsorge (Sofortchat, Mail)
- Onlineberatung der Caritas
- Arcus Sozialnetzwerk (online)
- WEIL – Weiter im Leben, bis 25 Jahre (online, Mail)
- open2chat: Online-Beratung von Jugendlichen für Jugendliche

*Mobile Krisenintervention:*

Neben sozialpsychiatrischen Krisendiensten, die in akuten Krisen angerufen werden können und auch Unterstützung vor Ort anbieten, gibt es Einrichtungen der mobilen Krisenintervention, die Menschen unmittelbar nach traumatischen Ereignissen wie plötzlichen Todesfällen oder schweren Unfällen unterstützen. Diese differieren je nach Bundesland und werden üblicherweise über die Leitstelle der Berufsrettung alarmiert, können also nicht von Privatpersonen angefordert werden.

Kontaktdaten zu Einrichtungen der mobilen Krisenintervention finden sich unter: www.plattform-akutbetreuung.at.

- Kriseninterventionsteams der Rettungsorganisationen (Rotes Kreuz, Arbeiter-Samariter-Bund)
- ABW (Akutbetreuung Wien)
- AKUTteam NÖ
- KIT- Land Steiermark
- Krisenhilfe Oberösterreich (ProMente)
- Kriseninterventionsteam des Arbeiter-Samariter-Bundes
- Heerespsychologischer Dienst
- Notfallseelsorge (katholisch, evangelisch)

*Ortsgebundene Einrichtungen (Auswahl):*

- Queer Base (Beratungsstelle für queer refugees): https://queerbase.at/
- Beratungsstelle Courage die Partner*innen-, Familien- & Sexualberatungsstelle, österreichweit: https://www.courage-beratung.at/
- Frauenberatung für geflüchtete Frauen: https://www.diakonie.at/unsere-angebote-und-einrichtungen/frauenberatung-wien
- Integrationshaus (psychosoziale Beratungsstelle für Asylwerber*innen): https://www.integrationshaus.at/de/beratungsstelle

### Krisentelefone/Anlaufstellen Deutschland

- Nummer gegen Kummer Elterntelefon (Tel.: 800/111 0 550)
- Nummer gegen Kummer Kinder- und Jugendtelefon (Tel: 116 111)
- Hilfe-Telefon Sexueller Missbrauch (Tel.: 800/22 55 530)

- Hilfe-Telefon Gewalt gegen Frauen (Tel.: 8000/116 016)
- Hilfe-Telefon Schwangere in Not (Tel.: 0800/40 40 020)
- Deutsche Depressionshilfe (Tel.: 800/33 44 533)
- Sozialpsychiatrische Dienste in den Regionen (»Sozialpsychiatrischer Dienst« und den Namen der Stadt eingeben)
- Materialien für psychosoziale Notfallversorgung in verschiedenen Sprachen: www. pknds.de/mitglieder/themenportal/psychosoziale-notfallversorgung/
- Medizinische Kinderschutzhotline: bundesweites, kostenfreies und 24 Stunden erreichbares telefonisches Beratungsangebot für Angehörige der Heilberufe, Kinder- und Jugendhilfe und Familiengerichte bei Verdacht auf Misshandlung, Vernachlässigung oder sexuellen Missbrauch (Tel.: 0800/19 210 00 rund um die Uhr)

### Krisentelefone/Anlaufstellen Schweiz

- Die Dargebotene Hand, Schweizer Sorgentelefon (Tel.: 143, täglich rund um die Uhr; Kosten pro Anruf 20 bis 70 Rappen (Handy))
- Notrufnummer für Kinder & Jugendliche (Tel.: 147, täglich rund um die Uhr)
- Krisenintervention stationär in Zürich (Psychiatrische Universitätsklinik Zürich) (Tel.: 044/296 73 10)
- Das Ärztefon im psychiatrischen Notfall (Tel.: 0800/22 66 55)

# Sachverzeichnis